● 마인드맵   ● 우선순위

링크랭크
VOCA 수능

링크랭크 수능 VOCA

지은이 임현우 이선희 이진국 홍명진 홍유석 (영어 교재연구 모임_Back to the Basic) / 김동영 (메가스터디 단어 암기 전문 강사)

원어민 검토 Ian Andrew Revell

이 책의 기획·검토에 도움을 주신 분들 곽승호(팀스잉글리쉬) 김규진(우신고) 김능황(에듀탑 스쿨) 김대식(진성어학원) 김문보(근영여고) 김선진(원광여고) 김수영(군산농고) 김일환(AE School) 김재환(원광고) 김주창(진성고) 김창수(대전학원) 김형태(원광고) 나은진(화곡고) 류운철(매직영어교실) 문호식(소명여고) 민경진(명문고) 박성용(한서고) 손재근(경해여고) 송민선(남성여고) 신상민(진천고) 엄기영(맥스잉글리쉬) 여정현(한영고) 유덕기(원광고) 유민재(백영고) 윤재원(화정고) 이성용(전북외고) 이영조(대아고) 이영준(서해고) 이장원(광명북고) 이충기(아이스터디) 임순선(서해고) 임옥순(행신고) 임채균(명신고) 장진석(배재학원) 전윤호(제일여고) 정균상(해룡고) 조승엽(예일학원) 조영득(강북중앙학원) 최부근(진성고) 최수경(수앤희학원) 홍덕기(How To Study)

2판3쇄 2018년 1월 3일 **펴낸이** 신원근 **펴낸곳** ㈜진학사 교육컨텐츠개발본부 **주소** 서울시 종로구 경희궁길 34
학습 문의 02 2013 0737 **영업 문의** 02 734 7999 **팩스** 02 722 2537 **출판 등록** 제 300-2001-202호

www.jinhak.com

링크랭크
V_{수능}OCA

j i n h a k

Tomorrow
better than today

환경을 사랑하는 **JINHAK**
진학사 〈링크랭크〉시리즈는 친환경용지로 만듭니다.

CONTENT

차 례

section **I** ································· **1**순위 **VOCA 744** section **II** ········· **2**순위 **VOCA** 446

section **III** ········· **0**순위 **IDIOM** 300

Making 링.크.랭.크

● 과학적인 Selection
최근 10년간의 수능, 평가원 모의고사, EBS 등의 전 지문에서 반복적으로 출제되는 중요 어휘들을 데이터베이스화하고, 그 중 수능에 꼭 필요한 단어 약 1,500개를 선별하였습니다.

● 체계적인 Priority
선별한 단어를 다시 우선순위와 빈도순에 맞춰 1순위 및 2순위로 분류하였습니다. 숙어는 무조건 꼭 외워야 하는 것들을 따로 모아 0순위로 엮었습니다.

● 테마별 Category
각각의 순위 안에서도 연관된 단어들끼리 묶어 50개의 테마로 범주화하였습니다. 단어들 간의 연관성은 마인드맵으로 시각화하였습니다.

COMPOSITION

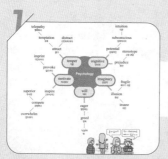

마인드맵
테마별 단어를 마인드맵으로 연결하여 한번에 쉽게 외울 수 있게 하였습니다.

1순위 VOCA 744
수능에 빈출되는 필수 단어들을 1순위 VOCA로 담았습니다.

마인드맵으로 Link
우선순위로 Rank

● **수능 중요단어 50일 완성!**

링크랭크 하나면 수능에서 단어 때문에 고생할 걱정은 끝! 수능 필수단어를 하루에 약 30개씩 50일 분량으로 담아, 총 1500+α개의 어휘를 학습할 수 있습니다.

● **수준별 영단어 맞춤 학습!**

링크랭크는 '고등 VOCA'와 '수능 VOCA' 2권으로 구성된 시리즈입니다. 기본기가 부족하다면 '고등 VOCA'를, 실력을 업그레이드하고 싶다면 '수능 VOCA'로 공부하시면 좋습니다.

● **풍성한 예문 + Test + MP3**

단어별 예문이 구(句) 2개, 문장 1개씩 담겨 있어 뜻의 뉘앙스까지 알 수 있습니다. 또한 빈칸 넣기, 독해 지문 등 다양한 방식의 테스트로 자기 실력을 확인할 수 있습니다. 무료 MP3로 듣기 실력까지 늘리세요!

2순위 VOCA 446
수능 고득점을 위한 선택 어휘를 2순위 VOCA로 담았습니다.

0순위 IDIOM 300
수능에 나올 확률 90% 이상인 숙어들을 0순위 IDIOM에 담았습니다.

1순위
VOCA 744

person   society

Link

system

culture

science

Rank

연예인 닮은꼴 99%, 즐거운 결함

Day 01

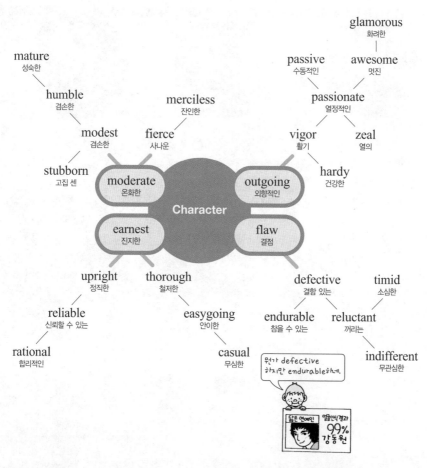

glamorous
화려한

mature
성숙한

passive
수동적인

awesome
멋진

humble
겸손한

merciless
잔인한

passionate
열정적인

modest
겸손한

fierce
사나운

vigor
활기

zeal
열의

stubborn
고집 센

moderate
온화한

outgoing
외향적인

hardy
건강한

Character

earnest
진지한

flaw
결점

upright
정직한

thorough
철저한

defective
결함 있는

timid
소심한

reliable
신뢰할 수 있는

easygoing
안이한

endurable
참을 수 있는

reluctant
꺼리는

rational
합리적인

casual
무심한

indifferent
무관심한

뭔가 defective 하지만 endurable하네.

닮은 연예인 열굴인식결과 99% 강동원

□ 0001
moderate
[mάːdərət]

⑧ 온화한 ; 적당한, 보통의
moderate prices 알맞은 가격 **moderate** speed 적당한 속도
Engage in half an hour of *moderate* physical activity at
least five days per week. 일주일에 최소 5일은 30분씩 적당히 운동해라.
moderation ⑲ 적당함

□ 0002
modest
[mάːdist]

⑧ 겸손한 ; 보통의 ; 수수한
too modest 지나치게 겸손한 **a modest increase** 약간의 증가
A middle-class person's *modest* living standards did not
allow for the acquisition of luxury goods. 중산층 사람의 보통 생활
수준으로는 사치품을 구입할 수 없었다.

□ 0003
humble
[hʌ́mbl]

⑧ 겸손한 ; 초라한
a humble request 겸손한 요구
a humble beginning 초라한 시작
He's very *humble*, a very nice guy. 그는 매우 겸손하고 좋은 사람이다.
humbly ⑨ 겸손하여
➕ **voca** ↔ arrogant 오만한

□ 0004
mature
[mətʃúər]

⑧ 성숙한, 성인이 된 ⑧ 성숙하다, 성인이 되다
a mature woman 성인 여성 **mature age** 분별력 있는 나이
The *mature* man thinks that troubles belong only to the
present. 성인은 문제점들이 현재에만 국한된다고 생각한다. 〔기출〕
maturity ⑲ 성숙
➕ **voca** premature 조숙한 ↔ immature 미숙한

□ 0005
fierce
[fíərs]

⑧ 사나운, 격렬한
fierce temper 사나운 성미 **fierce fighting** 격렬한 싸움
It is difficult to study the eagle's habits because it is
dangerous and *fierce*. 독수리는 위험하고 사납기 때문에 독수리의 습성을 연구
하는 것은 어렵다.

□ 0006
merciless
[mə́ːrsilis]

⑧ 잔인한, 무자비한
merciless killing 잔인한 살해 **merciless attack** 무자비한 공격
This ice storm had been almost as *merciless* as the earlier
one. 이번 눈보라는 저번 것만큼 잔인했다.
➕ **voca** ↔ merciful 자비로운

□ 0007
stubborn
[stʌ́bərn]

형 고집 센 ; 다루기 힘든

stubborn resistance 끈질긴 저항 **stubborn** problems 난제들
He had always focused on the *stubborn* belief that writing a
book was too big a project. 그는 항상 책을 쓰는 것은 너무 큰일이라는 고
집스러운 생각에 집중했다. (기출)

□ 0008
outgoing
[áutgòuiŋ]

형 외향적인 ; 떠나는

an **outgoing** boy 외향적인 소년 the **outgoing** tide 썰물
Color psychologists have generally thought that *outgoing*
people like bold, bright colors. 색채 심리학자들은 일반적으로 외향적인
사람들이 과감하고 밝은 색을 좋아한다고 생각해 왔다.

□ 0009
vigor
[víɡər]

명 활기, 생기

have great **vigor** 원기 왕성하다
the **vigor** of a plant 식물의 생장력
I have gotten my strength back and feel full of *vigor*.
나는 기운을 회복해서 원기가 왕성하다.

vigorous 형 활기찬, 정력적인

□ 0010
hardy
[háːrdi]

형 건강한 ; 대담한

a **hardy** race 굳건한 민족 a **hardy** young man 건강한 젊은 남자
Roses look difficult to grow but are very *hardy* plant.
장미는 기르기 어려워 보이지만, 매우 강인한 식물이다.

hardiness 명 대담 : 단단함

□ 0011
passionate
[pǽʃənit]

형 열정적인

a **passionate** advocate 열렬한 옹호자
a **passionate** speech 열정적인 연설
He was very *passionate* when he spoke about his kids.
그는 그의 아이들에 대해 이야기할 때 매우 열정적이었다.

passion 명 열정
➕ voca = enthusiastic 열광적인 = eager 열성적인

□ 0012
zeal
[ziːl]

명 열의, 열중

fiery **zeal** 불같은 열의 with **zeal** 열의를 갖고
In my *zeal* to impress, I had lost sight of a more important
principle of entertaining. (사람들에게) 감동을 주려는 열정 때문에, 나는 예능
의 더 중요한 원칙을 놓쳤다.

☐ 0013
awesome
[ɔ́:səm]

(형) **멋진, 경외감을 주는**
an **awesome** guy 멋진 남자　an **awesome** game 대단한 경기
I still remember the *awesome* feeling I had on that day.
나는 아직도 그날의 멋진 느낌을 기억한다. (기출)

☐ 0014
glamorous
[glǽmərəs]

(형) **화려한, 매혹적인**
a **glamorous** life 화려한 삶
a **glamorous** movie star 매혹적인 영화배우
Specific information on the hotel's prices and services
would be more informative than images of a *glamorous*
vacation. 호텔의 가격과 서비스에 대한 구체적인 정보는 매혹적인 휴가의 사진들보
다 더 유익할 것이다.

☐ 0015
passive
[pǽsiv]

(형) **수동적인, 소극적인**
the **passive** voice 수동태　**passive** resistance 소극적인 저항
You will have avoided being merely a *passive* observer in
your spectator experience. 너는 관중으로서의 경험에서 단순히 수동적인
관찰자가 되는 일을 피할 것이다. (기출)
voca = inactive 활동하지 않는

☐ 0016
earnest
[ɔ́:rnist]

(형) **진지한, 성실한**
in **earnest** 진지하게, 진심으로　an **earnest** girl 성실한 소녀
It was about then that she began to read in *earnest*. 그녀가 진지
하게 책을 읽기 시작한 것은 그때쯤이었다.

☐ 0017
upright
[ʌ́pràit]

(형) **직립한 ; 곧은**
an **upright** post 수직 기둥　an **upright** person 곧은 사람
The children's toys had a short wooden post held *upright*
on the floor. 그 아이들용 장난감에는 바닥에 수직으로 세워진 짧은 나무 기둥이
있었다. (기출)

☐ 0018
reliable
[rilái əbl]

(형) **신뢰할 수 있는**
reliable sources 확실한 소식통
a **reliable** person 신뢰할 수 있는 사람
How *reliable* is this process, then? 그렇다면 이 과정은 얼마나 신뢰할
수 있는가?
reliance (명) 신뢰 ; 의지　rely (동) 믿다 ; 의지하다
voca = dependable, trustworthy 믿을 수 있는

□ 0019
rational
[rǽʃənl]

(형) 합리적인, 이성적인
a **rational** reason 합리적인 이유
a **rational** system 합리적인 시스템
It is not a *rational* attitude to expect miracles. 기적을 바라는 것은
합리적인 태도가 아니다.
rationalize (동) 합리화하다
VOCA = reasonable 합리적인 ↔ irrational 비이성적인

□ 0020
thorough
[θɔ́:rou]

(형) 철저한
thorough investigation 철저한 조사
thorough knowledge 깊은 조예
I think the investigation might have been more *thorough*.
나는 그 조사가 좀 더 철저했을 수도 있다고 생각한다.

□ 0021
easygoing
[íːzigóuiŋ]

(형) 안이한, 태평한
an **easygoing** person 태평한 사람
easygoing money 노력하지 않고 얻는 돈
It's so fun and *easygoing*. 그것은 매우 재미있고 태평하다.

□ 0022
casual
[kǽʒuəl]

(형) 무심한 ; 평상시의
casual attitude 무심한 태도   **casual** wear 평상복
Our *casual* setting doesn't mean that we compromise on
the food or the hospitality. 우리의 간소한 차림이 음식이나 서비스의 질까지
타협한다는 의미는 아니다.

□ 0023
flaw
[flɔː]

(명) 결점, 흠
a character **flaw** 성격상의 결함   a **flaw** in a jewel 옥에 티
It's very difficult indeed to find a person who doesn't have
some kind of *flaw*. 결점이 없는 사람을 찾는 것은 정말 매우 어렵다.
flawless (형) 흠이 없는

□ 0024
defective
[diféktiv]

(형) 결함 있는
defective gene 결함 있는 유전자
a **defective** memory 불완전한 기억력
Each year, millions of people are harmed by *defective*
products. 매년 수백만 명의 사람들이 결함이 있는 제품에 의해 피해를 입는다.
defect (명) 결함

□ 0025
reluctant
[rilʌ́ktənt]

(형) 꺼리는, 내키지 않는
reluctant to help 돕기를 꺼리는
reluctant to admit the truth 진실을 인정하기를 꺼리는
The government was *reluctant* to invest money into building a road. 정부는 도로를 건설하는 데 돈을 투자하는 것을 꺼렸다.
🔲 voca = unwilling 꺼리는

□ 0026
indifferent
[indífərənt]

(형) 무관심한
indifferent to praise 칭찬에 무관심한
indifferent to politics 정치에 무관심한
The older man looked *indifferent* to the storyteller. 그 노인은 그 이야기꾼에 대해 무관심해 보였다.
🔲 voca = apathetic, unconcerned 무관심한

□ 0027
endurable
[indjúərəbl]

(형) 참을 수 있는
endurable insults 참을 만한 모욕
boring but endurable 지루하지만 참을 만한
The isolation was made more *endurable* by the chance to work with Robert. Robert와 함께 일할 기회가 생기면서 고독은 더 참을 만해졌다.

□ 0028
timid
[tímid]

(형) 소심한, 겁 많은
rather timid 다소 소심한   **timid as a rabbit** 매우 겁이 많은
If you tend to be *timid*, give yourself a push to be more aggressive. 소심한 편이라면 좀 더 적극적인 사람이 되도록 스스로를 자극하라.

□ 0029
distinctive
[distíŋktiv]

(형) 특이한
distinctive flavor 독특한 정취
distinctive characteristics 특징
"Self-taught" artists develop *distinctive* painting styles. '독학한' 예술가들은 특이한 화법을 개발한다.
distinct (형) 별개의 distinction (명) 구별 distinguish (동) 구별하다

□ 0030
gigantic
[dʒaigǽntik]

(형) 거대한
a man of gigantic build 거인같이 큰 남자
a gigantic tree 거목
That is a *gigantic* amount of money. 그것은 엄청난 액수의 돈이다.
🔲 voca = immense 엄청난 = giant 거대한

A 영어는 우리말로, 우리말은 영어로 쓰시오.

① zeal _____ ⑪ 수동적인 _____

② flaw _____ ⑫ 무심한 _____

③ reliable _____ ⑬ 외향적인 _____

④ endurable _____ ⑭ 직립한 _____

⑤ modest _____ ⑮ 안이한 _____

⑥ reluctant _____ ⑯ 열정적인 _____

⑦ merciless _____ ⑰ 화려한 _____

⑧ earnest _____ ⑱ 거대한 _____

⑨ humble _____ ⑲ 사나운 _____

⑩ rational _____ ⑳ 건강한 _____

B 빈칸에 공통으로 들어갈 단어는?

① a _____ woman 성인 여성   _____ age 분별력 있는 나이

② _____ resistance 끈질긴 저항   _____ problems 난제들

③ _____ to praise 칭찬에 무관심한   _____ to politics 정치에 무관심한

④ _____ flavor 독특한 정취   _____ characteristics 특징

C 다음 빈칸에 알맞은 단어를 〈보기〉에서 골라 넣으시오. (필요하면 형태를 변형하시오.)

┌─────────── **[보기]** ───────────┐

timid   moderate   defective   thorough   awesome   vigor

└──────────────────────────────┘

① I still remember the (   ) feeling I had on that day.

② Each year, millions of people are harmed by (   ) products.

③ I have gotten my strength back and feel full of (   ).

④ If you tend to be (   ), give yourself a push to be more aggressive.

⑤ I think the investigation might have been more (   ).

⑥ Engage in half an hour of (   ) physical activity at least five days per week.

D 이번 테마를 다룬 독해 지문을 읽으면서 관련 어휘의 뜻을 확인해 보자.

Many social scientists have believed for some time that birth order can be a **reliable** indicator of personality in adult life. In fact, people have been using birth order to account for personality factors,  such as **outgoing** behavior or a **passive** temperament. One might say, "Oh, I'm the eldest of three sisters, so I have a lot of **vigor**," or "I'm not very successful in business, because I'm the youngest child and thus more **timid** than my older brothers and sisters." But, some psychologists are **reluctant** to accept this belief as truth. They believe that this myth is **defective**. That is because while birth order may define your role within a family, as you **mature** into adulthood, birth order becomes insignificant.

Translation 많은 사회 과학자들은 얼마 동안 출생 순서가 성년기 성격의 **reliable**한 지표가 될 수 있다고 믿어 왔다. 사실 사람들은 **outgoing**한 행동이나 **passive**한 기질과 같은 성격 요인을 설명하기 위해 출생 순서를 사용해 왔다. 사람들은 "나는 세 자매 중 첫째야. 그래서 **vigor**가 넘치거든.", 또는 "나는 사업에서 성공하지 못할 거야. 왜냐하면 나는 막내여서 오빠들과 언니들보다 **timid**하기 때문이야." 그러나 몇몇 심리학자들은 이러한 믿음을 진실로 받아들이기를 **reluctant**한다. 그들은 이러한 통념은 **defective**하다고 믿는다. 왜냐하면 출생 순서가 한 가족 내에서의 당신의 역할을 정의할 수는 있지만, 당신이 성인으로 **mature**하면서, 출생 순서는 중요하지 않게 되기 때문이다.

Words • indicator 지표 • personality 성격 • account for ~을 설명하다 • temperament 기질 • myth 통념 • define 정의하다 • adulthood 성인 • insignificant 중요하지 않은

정답 🔒

B ① mature ② stubborn ③ indifferent ④ distinctive
C ① awesome ② defective ③ vigor ④ timid ⑤ thorough ⑥ moderate

Day

환상은 깨지기 쉽다?

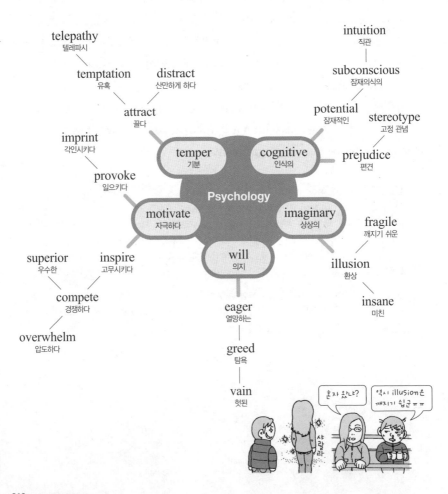

telepathy
텔레파시

temptation
유혹

distract
산만하게 하다

attract
끌다

imprint
각인시키다

provoke
일으키다

intuition
직관

subconscious
잠재의식의

potential
잠재적인

stereotype
고정 관념

prejudice
편견

temper
기분

cognitive
인식의

Psychology

motivate
자극하다

imaginary
상상의

fragile
깨지기 쉬운

superior
우수한

inspire
고무시키다

will
의지

illusion
환상

compete
경쟁하다

eager
열망하는

insane
미친

overwhelm
압도하다

greed
탐욕

vain
헛된

혼자 왔냐?

역시 illusion은
깨지기 쉽군 ㅠㅠ

샤랑라

□ 0031
temper
[témpər]

⑲ 성질 ; 기분 ; 화 ⑧ 부드럽게 하다
a hot temper 급한 성미 **in a bad temper** 기분이 나쁜
Don't lose your *temper*. 화 내지 마라.

□ 0032
attract
[ətrǽkt]

⑧ (주의, 흥미 등을) 끌다
attract a person's attention 어떤 사람의 주의를 끌다
opposites attract 정반대되는 사람들은 서로에게 끌린다
People from various backgrounds and experiences were *attracted* to certain colors. 다양한 배경과 경험을 가진 사람들은 특정 색깔들에 끌렸다.
attraction ⑲ 끌림, 매력 attractive ⑱ 매력적인
➕ **voca** = draw (마음을) 끌다

□ 0033
temptation
[temptéiʃən]

⑲ 유혹
fall into temptation 유혹에 빠지다
a great temptation 크게 마음을 끄는 것
Nobody could resist the *temptation* of buying such a nice car. 아무도 그렇게 멋진 차를 사는 유혹을 이길 수 없을 것이다.
tempt ⑧ 유혹하다, ~할 생각이 나게 하다

□ 0034
telepathy
[təlépəθi]

⑲ 텔레파시, 이심전심
the power of telepathy 텔레파시 능력
use telepathy 텔레파시를 쓰다
Jessica believed she possessed a unique form of *telepathy*. Jessica는 그녀가 독특한 형태의 텔레파시를 가지고 있다고 믿었다.

□ 0035
distract
[distrǽkt]

⑧ 산만하게 하다
distract one's attention ~의 주의를 산만하게 하다
distract the mind from grief 슬픔을 가시게 하다
Lately I've been *distracted* so easily. 최근에 나는 너무 쉽게 산만해진다.
distractive ⑱ 주의를 산만하게 하는
➕ **voca** = divert (생각을) 다른 데로 돌리다

□ 0036
cognitive
[kάgnətiv]

⑱ 인식의, 인지의
cognitive power 인식력 **cognitive functions** 인지 기능
She is a famous scholar in *cognitive* science. 그녀는 인지 과학에서 유명한 학자이다.
cognition ⑲ 인식, 인지

□ 0037
potential
[pəténʃəl]

(형) 잠재적인 (명) 잠재력, 가능성
potential clients 잠재적 고객들
a **potential** genius 천재의 소질이 있는 사람
The *potential* damage would be devastating for the whole country. 잠재적인 손해는 전 국가에 엄청난 타격을 줄 것이다. (기출)
➕ voca = possibility 가능성

□ 0038
subconscious
[sʌbkánʃəs]

(형) 잠재의식의 (명) 잠재의식
the **subconscious** feeling 잠재적 감정
embedded in the **subconscious** 잠재의식 속에 내재된
People have a *subconscious* need to show their companions that they agree with them. 사람들은 동료들에게 동의한다는 것을 보여 주려는 잠재적인 욕구를 갖고 있다.

□ 0039
intuition
[ìntʃuːíʃən]

(명) 직관(력)
by **intuition** 직감적으로   female **intuition** 여자의 직감
She used her *intuition*, not a map, to find my house. 그녀는 우리 집을 찾는 데 지도가 아니라 그녀의 직관을 이용했다.
intuitive (형) 직관에 의한
➕ voca = instinct 직감

□ 0040
stereotype
[stériətàip]

(명) 고정 관념 (동) 고정 관념을 형성하다
the ethnic **stereotype** 민족 고유의 고정 관념
stereotyped phrase 진부한 문구
You can't just assume you know something about someone because of a *stereotype*. 너는 고정 관념 때문에 어떤 사람에 대해서 무언가를 안다고 가정할 수 없다.

□ 0041
motivate
[móutivèit]

(동) 동기를 부여하다
motivate players 선수들을 격려하다
motivate the staff 직원들에게 동기를 부여하다
It is important to *motivate* children to do things for themselves. 아이들이 스스로 하도록 동기를 부여하는 것은 중요하다.
motivation (명) 동기 부여, 자극

□ 0042
inspire
[inspáiər]

(동) 고무시키다 ; (사상, 감정을) 불어넣다
inspire self-confidence 자신감을 불어넣다
inspire false stories 헛소문을 퍼뜨리다
The themes of many of Rembrandt's paintings were *inspired* by stories in the Bible. 렘브란트의 그림들 중 다수의 주제는 성경 속의 이야기들에서 영감을 얻었다. (기출)
inspiration (명) 영감, 고무
➕ voca = stimulate 자극하다

□ 0043
compete
[kəmpíːt]

동 경쟁하다
compete for a prize 상을 타려고 경쟁하다
compete on price 가격으로 경쟁하다
Many unemployed people *competed* in the contests in order to win monetary prizes. 많은 실업자들이 상금을 타기 위해서 그 대회에서 경쟁했다. (기출)
competition 명 경쟁 ; 대회
voca = contend 겨루다

□ 0044
overwhelm
[òuvərhwélm]

동 압도하다
overwhelm a person in numbers 사람을 수로 압도하다
overwhelm a person with questions 질문 공세를 펴다
An impending surge appeared ready to *overwhelm* the ship.
들이닥칠 듯한 파도가 그 배를 뒤덮을 것 같았다. (기출)

□ 0045
superior
[suːpíriər]

형 우수한 ; 상급의 명 상급자
superior quality 우수한 품질 **an immediate superior** 직속상관
It was found to be *superior* to the usual referee's signal of waving a handkerchief. 그것은 손수건을 흔드는 보통의 심판의 신호보다 우수한 것으로 드러났다. (기출)
voca ↔ inferior 열등한 ; 하급자

□ 0046
imaginary
[imǽdʒənèri]

형 상상의, 가상의
imaginary things 상상의 일들
imaginary friends 가상의 친구들
He speaks and moves in the manner in which the *imaginary* character whose part he is playing would do.
그는 그가 연기하는 가상의 등장인물이 하는 방식으로 말하고 행동한다. (기출)

□ 0047
illusion
[ilúːʒən]

명 착각, 환영, 환상
be under an illusion 착각을 하고 있다
break an illusion 환상을 깨다
The sketch is an example of an optical *illusion*. 그 스케치는 착시의 한 예이다. (기출)
voca = delusion 착각

□ 0048
fragile
[frǽdʒəl]

형 부서지기 쉬운 ; 허약한
fragile goods 파손되기 쉬운 물건 **in fragile health** 몸이 약한
She looks soft, but she's not *fragile*. 그녀는 부드러워 보이지만 연약하지 않다.
voca = weak 약한 = vulnerable 취약한

• • •

□ 0049
insane
[inséin]

(형) 미친

go insane 미치다   **insane jealousy** 광적인 질투심
She went *insane* after losing her entire family during the war. 그녀는 전쟁 동안 가족 전부를 잃어버린 후 미쳐버렸다.
insanity (형) 정신 이상
➕**voca** = crazy 정신 이상인   ↔ sane 제정신인

□ 0050
will
[wil]

(명) 의지(력), 의도 ; 유언(장) (동) (조동사) ~일 것이다

good will 선의   **make a will** 유서를 쓰다
If the *will* to communicate is strong enough, language *will* not be an unconquerable obstacle. 의사소통하려는 의지가 충분히 강하다면, 언어는 정복 불가능한 장애물이 되지 않을 것이다. (기출)

□ 0051
eager
[íːgər]

(형) 열망하는 ; ~에 열심인

eager for knowledge 지식을 갈망하는
in eager pursuit 열심히 추구하여
Most children are *eager* to please their parents. 대부분의 아이들은 부모들을 기쁘게 하는 데 열심이다.

□ 0052
greed
[griːd]

(명) 탐욕

out of greed 탐욕 때문에   **greed for gain** 이득에 대한 욕심
Unable to restrain his *greed*, he popped up from the center of the lake and spoke in a loud voice. 그는 탐욕을 억제할 수 없어 호수가운데에서 튀어나와 큰 목소리로 말했다. (기출)

□ 0053
vain
[vein]

(형) 헛된

vain efforts 헛수고   **a vain boast** 허세 부리기
He tried in *vain* to construct a picture of her in his mind. 그는 마음속에 그녀의 모습을 그려 보려고 노력했으나 허사였다.

□ 0054
provoke
[prəvóuk]

(동) (감정 등을) 일으키다, 화나게 하다 ; 선동하다

provoke pity 동정을 일으키다   **provoke a riot** 폭동을 선동하다
These works have *provoked* many debates on what art actually is. 이러한 작품들은 예술이 실제로 무엇인가에 대한 많은 논의를 일으켰다.
provocation (명) 도발, 자극

□ 0055
imprint
[ímprint]

⑧ 각인시키다 ; 찍다 ⑩ 날인, 자국
imprint footsteps in the snow 눈 위에 발자국을 남기다
imprint a receipt with a seal 영수증에 날인하다
I got a thank-you note from Fred, which will be *imprinted* on my heart forever. 나는 Fred에게서 감사 쪽지를 받았는데, 그것은 내 마음에 영원히 각인될 것이다. (기출)
➕ **voca** = engrave 새기다

□ 0056
ego
[íːgou]

⑩ 자아, 자존심
alter **ego** 또 다른 자아   boost one's **ego** 자부심을 높이다
The difficulty might change your *ego* and give you a nice big one. 그 시련은 너의 자아를 바꿔 훌륭하고 큰 자아를 줄 수도 있다.

□ 0057
psychological
[sàikəláːdʒikəl]

⑱ 정신적인, 심리학적인
a **psychological** effect 심리적 효과
Freud's **psychological** theories 프로이트의 심리학 이론들
How is the patient's *psychological* state? 환자의 심리적 상태는 어떤가요?

□ 0058
outlet
[áutlèt]

⑲ 배출구 ; 대리점 ; 할인점
an **outlet** for anger 화물이할 곳
a retail **outlet** 소매점
She was battling the noontime crowd at this popular *outlet*. 그녀는 이 인기 있는 할인점에서 한낮의 인파와 싸우고 있었다.

□ 0059
prejudice
[prédʒudis]

⑳ 편견 ⑧ 편견을 갖게 하다
racial **prejudice** 인종적 편견   get over **prejudice** 편견을 극복하다
This method stimulated significantly more friendship and less *prejudice* among racial groups. 이 방법은 인종 집단 간에 우정을 두터이 하고 편견을 줄이도록 상당히 자극했다. (기출)
➕ **voca** = bias 편견

Link 어원 〉 **pre-** 미리, 먼저

- **prescribe** 처방전을 쓰다
- **precede** ~에 앞서다
- **precautious** 조심하는
- **precondition** 전제 조건
- **prevent** 예방하다, 막다
- **previous** 이전의, 앞선
- **predecessor** 전임자 ; 전의 것
- **precedented** 전례가 있는
- **preserve** 보존하다
- **prevision** 예견하다
- **preschooler** 미취학 아동
- **preposition** 전치사
- **premise** 전제
- **predict** 예측하다
- **prefix** 접두사

A 영어는 우리말로, 우리말은 영어로 쓰시오.

① greed _____ ⑪ 자아 _____

② subconscious _____ ⑫ 인식의 _____

③ psychological _____ ⑬ 배출구 _____

④ overwhelm _____ ⑭ 텔레파시 _____

⑤ imprint _____ ⑮ 일으키다 _____

⑥ attract _____ ⑯ 고정 관념 _____

⑦ insane _____ ⑰ 산만하게 하다 _____

⑧ prejudice _____ ⑱ 의지 _____

⑨ imaginary _____ ⑲ 잠재적인 _____

⑩ motivate _____ ⑳ 경쟁하다 _____

B 빈칸에 공통으로 들어갈 단어는?

① _____ self-confidence 자신감을 불어넣다

_____ false stories 헛소문을 퍼뜨리다

② be under an _____ 착각을 하고 있다 break an _____ 환상을 깨다

③ a hot _____ 급한 성미 in a bad _____ 기분이 나쁜

④ _____ quality 우수한 품질 an immediate _____ 직속상관

C 다음 빈칸에 알맞은 단어를 〈보기〉에서 골라 넣으시오. (필요하면 형태를 변형하시오.)

┌─────────────[보기]─────────────┐
vain fragile intuition eager temptation
└───────────────────────────────────┘

① She looks soft, but she's not ( ).

② Most children are ( ) to please their parents.

③ Nobody could resist the ( ) of buying such a nice car.

④ He tried in ( ) to construct a picture of her in his mind.

⑤ She used her ( ), not a map, to find my house.

D 이번 테마를 다룬 독해 지문을 읽으면서 관련 어휘의 뜻을 확인해 보자.

Life is experienced through consciousness and awareness, in which we may also include unconscious processes. Because only living things are **inspired** by awareness, it seems that awareness is a function of life. As wisdom is not active in non-living matter, so wisdom is also experienced as a characteristic or result of some awareness. Wisdom has been pursued competitively in every age and society. So how is it found? To perceive what something non-material is, we may use our **psychological intuition**. Then we can employ reasoning to ascertain whether our **intuitive cognition** is correct or will work. Where is wisdom found? To be able to find it, one has first to liberate oneself from such masters as **greed** and envy, **prejudice** and discrimination. The stillness following liberation — even if only momentary — produces insights of wisdom which are obtainable in no other way.

> **Translation** 삶은 의식과 인지를 통해서 경험되며, 그 안에는 또한 무의식적인 과정이 포함될지도 모른다. 단지 살아 있는 것들만이 인지에 의해서 inspire되기 때문에, 인지는 삶의 한 기능인 것 같다. 지혜가 무생물에서는 활성화되어 있지 않기 때문에 지혜 또한 어떤 인지의 특징이나 결과로서 경험된다. 지혜는 모든 시대와 사회에서 경쟁적으로 추구되어 왔다. 그러면 어떻게 지혜가 발견될까? 비물질적인 어떤 것이 무엇인가를 인식하기 위해서는 psychological intuition을 사용해야 할지 모른다. 그러면 우리는 우리의 intuitive cognition이 올바른가 혹은 효과가 있을까를 확인하는 데 추론을 사용할 수 있다. 지혜는 어디에서 발견되는가? 지혜를 찾기 위해서 먼저 greed와 시기, prejudice와 차별과 같은 지배자들로부터 자신을 자유롭게 해야만 한다. 해방에 따르는 그 고요함은 비록 일시적이라도 다른 어떤 방법으로도 얻을 수 없는 지혜의 통찰력을 만들어 낸다.

> **Words** • awareness 인지 • process 과정 • characteristic 특징 • pursue 추구하다
> • perceive 인식하다 • reasoning 추론 • ascertain 확인하다 • liberate 자유롭게 하다
> • discrimination 차별 • stillness 고요함 • momentary 일시적인 • insight 통찰력 • obtainable 획득할 수 있는

정답 🔊

Day

03

감정

당황스러운
시추에이션

fascinate 매혹하다	**content** 만족하는	**cozy** 편안한	**carefree** 걱정이 없는	**leisurely** 한가한
irritate 짜증나게 하다	**offend** 화나게 하다	**resent** 분개하다	**furious** 격노한	**hostile** 적대적인
solitary 고독한	**dreary** 침울한	**mourn** 슬퍼하다	**desperate** 절망적인	**frustrate** 좌절시키다
dreadful 무서운	**anxiety** 걱정	**distress** 고뇌	**encourage** 격려하다	**gratitude** 감사
startle 깜짝 놀라게 하다	**stun** 기절시키다	**abrupt** 갑작스런	**dismay** 실망	**embarrass** 당황하게 하다

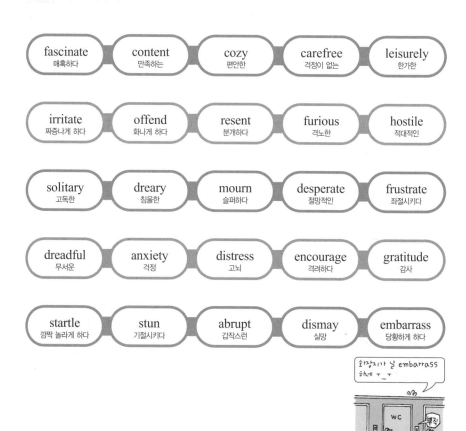

□ 0060
fascinate
[fǽsənèit]

⑧ 매혹하다
fascinate people 사람들을 매혹하다
be **fascinated** with ~에 홀리다
They are *fascinated* by the beauty of wild plants in Korea.
그들은 한국의 야생 식물들의 아름다움에 매혹되었다. 〔기출〕
fascination ⑲ 매혹

□ 0061
content
[kəntént]

⑲ 만족하는 ⑲ 만족
be **content** with ~에 만족하다 in **content** 만족하여
He said he was *content* with your decision. 그는 당신의 결정에 만
족한다고 말했다.
contentment ⑲ 만족
➕ VOCα ↔ discontented 불만족한

□ 0062
cozy
[kóuzi]

⑲ 편안한, 아늑한
cozy furniture 편안한 가구 a **cozy** corner (실내의) 아늑한 구석
It is said that a *cozy* hat is a must on a cold winter's day.
편안한 모자는 추운 겨울에 필수품이라고 한다.
➕ VOCα = comfortable 편안한

□ 0063
carefree
[kɛ́ərfriː]

⑲ 걱정이 없는, 근심 없는
a **carefree** life 걱정이 없는 생활 **carefree** travel 태평스런 여행
I was quite wild and *carefree* at 24 years old. 나는 24살 때 꽤 거
칠고 걱정이 없었다.

□ 0064
leisurely
[líːʒərli]

⑲ 한가한, 여유로운
go **leisurely** 천천히 가다 a **leisurely** manner 여유 있는 태도
We walked around *leisurely*. 우리는 한가하게 주변을 산책했다. 〔기출〕
leisure ⑲ 여가

□ 0065
irritate
[írətèit]

⑧ 짜증나게 하다 ; 자극하다
irritate a person ~에게 화를 내다
irritate a wound 상처를 자극하다
John's refusal to pay *irritated* the bus driver. John의 요금 지불 거
부는 그 버스 운전기사를 짜증나게 했다.
irritation ⑲ 짜증나게 함 : 짜증 irritative ⑲ 짜증나게 하는

□ 0066
offend
[əfénd]

동 화나게 하다 ; 위반하다
offend the ear 귀에 거슬리다　**offend** the statute 규칙을 위반하다
He was afraid that she might be *offended* if she noticed that
he was watching her. 그는 그가 그녀를 보고 있다는 사실을 그녀가 알면 불쾌
해 할까봐 두려웠다.
offense 명 위반 ; 공격 ; 화나게 함　**offensive** 형 공격적인 ; 화나게 하는

□ 0067
resent
[rizént]

동 분개하다, 화를 내다
resent an unfavorable criticism 비호의적인 비평에 분개하다
resent constant interruptions 계속되는 방해에 화를 내다
He will *resent* your triumph. 그는 너의 승리에 분개할 것이다.

□ 0068
furious
[fjúəriəs]

형 격노한 ; 맹렬한
a **furious** fight 맹렬한 싸움　**furious** speed 맹렬한(매우 빠른) 속도
Henry glanced at his coach who looked *furious* as he
screamed at him. Henry는 격노해서 그에게 소리를 지르는 그의 코치를 흘긋 보
았다. (기출)
fury 명 격노 ; 격렬함

□ 0069
hostile
[hástl]

형 적대적인
become **hostile** 화를 내다　**hostile** forces 적군
They became very *hostile*, and started shooting up the
place. 그들은 매우 적대적으로 변해서 그곳을 총으로 쏘아 대기 시작했다.
hostility 명 적대감
➕ **voca** = unfriendly 비우호적인

□ 0070
solitary
[sálətèri]

형 고독한 ; 혼자 하는
solitary game 혼자 하는 게임　**solitary** studies 독학
His motivation for the long, *solitary* walk was to decide
whether or not to get married. 그가 길고 고독한 산책을 하기로 한 동기는
결혼을 할지 말지 결정하는 것이었다.
solitude 명 고독

□ 0071
dreary
[dríəri]

형 침울한 ; 지루한
dreary reading 지루한 읽을거리
a **dreary** week 재미없는 한 주
I have news that will bring light into your *dreary* existence.
너의 침울한 생활에 빛이 되어 줄 소식이 있어.

□ 0072
mourn
[mɔːrn]

(동) **슬퍼하다, 애도하다**
mourn the death of a friend 친구의 죽음을 슬퍼하다
mourn for a person 죽은 사람을 애도하다
"Now I've got someone to *mourn* me when I'm gone," he said. "이제 나도 내가 죽었을 때 나를 애도해 줄 누군가가 생겼구나." 라고 그가 말했다.
mournful (형) 슬픔에 잠긴

□ 0073
desperate
[déspərət]

(형) **절망적인 ; 필사적인 ; 극심한**
make desperate efforts 필사적인 노력을 하다
desperate poverty 극심한 빈곤
A strong impulse moved him to battle with his *desperate* fate. 강력한 충동이 그를 움직여 절망적인 운명에 맞서 싸우게 했다. (기출)
desperation (명) 절망   desperately (부) 필사적으로

□ 0074
frustrate
[frʌstreit]

(동) **좌절시키다**
frustrate a plan 계획을 좌절시키다
be frustrated with ~에 좌절하다
I was sometimes very *frustrated* and confused in my teens.
나는 10대 때 가끔 매우 좌절하고 혼란스러웠다.
frustration (명) 좌절, 낙담

□ 0075
dreadful
[drédfəl]

(형) **무서운 ; 지독한**
a dreadful movie 무서운 영화
a dreadful bore 몹시 따분하게 하는 사람
There may be *dreadful* animals on those planets, like the monsters in science fiction stories. 그러한 행성들에는 공상 과학 소설에 나오는 괴물들처럼 무서운 동물들이 있을지도 모른다.

□ 0076
anxiety
[æŋzáiəti]

(명) **걱정, 불안 ; 염원**
with great anxiety 크게 걱정하여
anxiety for knowledge 지식욕
Doctors recommend walking as a treatment for mild depression and *anxiety*. 의사들은 산책을 가벼운 우울증이나 불안의 치료법으로 추천한다.
anxious (형) 걱정하는 ; 염원하는

□ 0077
distress
[distrés]

(명) **고통 ; 곤경** (동) **괴롭히다**
emotional distress 정서적 고통   **distress work** 빈민 구제 사업
I will not be *distressed* when no one is available to help me. 나를 도울 사람이 아무도 없을 때에도 나는 괴로워하지 않을 것이다. (기출)
distressful (형) 고민이 많은, 괴로운

□ 0078
encourage
[inkə́:ridʒ]

(동) **격려하다, 용기를 북돋다**
encourage warmly 따뜻하게 격려하다
encourage a student to learn 학생이 공부하도록 하다
It was self-confidence that *encouraged* him to achieve anything he went after. 그가 추구했던 모든 것을 성취할 수 있도록 장려했던 것은 바로 자신감이었다.

➕ **VOCA** ↔ discourage 의욕을 꺾다

□ 0079
gratitude
[grǽtətjùːd]

(명) **감사(한 마음)**
express gratitude 감사한 마음을 표현하다
a letter of gratitude 감사 편지
Energize your life by starting each day with *gratitude*.
매일 감사한 마음으로 하루를 시작함으로써 인생에 활력을 불어넣어라.

gratify (동) 기쁘게 하다 ; 만족시키다   grateful (형) 고맙게 여기는

□ 0080
startle
[stáːrtl]

(동) **깜짝 놀라게 하다**
be startled at ~에 깜짝 놀라다   **startle from sleep** 깜짝 놀라 깨다
When *startled*, the animal can jump straight upward about four feet into the air. 깜짝 놀랐을 때 그 동물은 공중으로 4피트 정도 곧장 뛰어오를 수 있다.

□ 0081
stun
[stʌn]

(동) **기절시키다 ; 놀라게 하다**
stun an animal with a club 동물을 몽둥이로 때려 기절시키다
stun a person ~을 어리벙벙하게 하다
I got out of the car and was immediately *stunned* by the power and weight of the scene. 나는 차에서 내리자마자 그 풍경의 힘과 무게에 놀라고 말았다.

□ 0082
abrupt
[əbrʌ́pt]

(형) **갑작스런 ; 퉁명스러운**
an abrupt death 급사   **come to an abrupt stop** 갑자기 서다
He made an *abrupt* turn, into his own room, and shut the door. 그는 갑자기 돌아 그의 방으로 들어가서 문을 닫았다.

□ 0083
dismay
[disméi]

(명) **실망** (동) **실망하게 하다**
in utter dismay 완전히 실망하여   **with dismay** 실망하여, 낙담하여
He was most *dismayed* when his publisher told him it would not be issued. 그는 출판사가 자신에게 그의 책이 출판되지 않을 것이라고 말했을 때 매우 실망했다.

□ 0084
embarrass
[imbǽrəs]

동 **당황하게 하다**
embarrass a person with questions 질문하여 사람을 당황하게 만들다
be **embarrassed** in one's affairs 재정난에 빠지다
Many people thought he would *embarrass* his wife. 많은 사람들은 그가 그의 아내를 무안하게 만들곤 한다고 생각했다.
embarrassment 명 어색함, 난처함

□ 0085
cynical
[sínikəl]

형 **냉소적인**
cynical humor 냉소적인 유머
cynical quote about love 사랑에 관한 냉소적인 인용구
He takes a somewhat *cynical* view of Valentine's Day.
그는 밸런타인데이에 대해 다소 냉소적인 견해를 취한다.
cynically 부 냉소적으로

□ 0086
daze
[deiz]

동 **멍하게 하다** 명 **멍한 상태**
be **dazed** 어쩔하다 in a **daze** 멍하니
She just looked around and stared, almost in a *daze*. 그녀는 얼떨떨하여 주변을 돌아보며 응시했다.

□ 0087
splendid
[spléndid]

형 **멋진, 훌륭한**
a **splendid** hand 멋진 글씨 **splendid** talents 뛰어난 재능
We admired the *splendid* Niagara Falls. 우리는 멋진 나이아가라 폭포를 감탄하며 바라봤다.

□ 0088
rigid
[rídʒid]

형 **단단한 ; 경직된, 완고한**
rigid knives 단단한 칼 **rigid** thinking 경직된 사고
If the system is *rigid*, it will not fit people's individual circumstances. 그 시스템이 완고하다면, 그것은 사람들의 개별적인 상황에 맞지 않을 것이다.
rigidity 명 단단함
voca = stiff 뻣뻣한, 딱딱한

□ 0089
luxurious
[lʌgʒúəriəs]

형 **사치스러운, 호화로운**
luxurious food 사치스러운 음식 **luxurious** liners 호화 정기선
Woven silk ties are the most *luxurious* of all. 비단으로 짠 넥타이가 전체 중 가장 화려하다. (기출)
luxury 명 사치, 호화로움

A 영어는 우리말로, 우리말은 영어로 쓰시오.

① startle	_____	⑪ 고독한	_____
② resent	_____	⑫ 기절시키다	_____
③ anxiety	_____	⑬ 걱정이 없는	_____
④ fascinate	_____	⑭ 격려하다	_____
⑤ dreadful	_____	⑮ 사치스러운	_____
⑥ cozy	_____	⑯ 짜증나게 하다	_____
⑦ furious	_____	⑰ 당황하게 하다	_____
⑧ splendid	_____	⑱ 냉소적인	_____
⑨ mourn	_____	⑲ 만족하는	_____
⑩ dismay	_____	⑳ 고통	_____

B 빈칸에 공통으로 들어갈 단어는?

① go _____ 천천히 가다   a _____ manner 여유 있는 태도

② make _____ efforts 필사적인 노력을 하다   _____ poverty 극심한 빈곤

③ _____ the ear 귀에 거슬리다   _____ the statute 규칙을 위반하다

④ _____ reading 지루한 읽을거리   a _____ week 재미없는 한 주

C 다음 빈칸에 알맞은 단어를 〈보기〉에서 골라 넣으시오. (필요하면 형태를 변형하시오.)

[보기]

hostile   daze   frustrate   abrupt   rigid   gratitude

① I was sometimes very (   ) and confused in my teens.

② Energize your life by starting each day with (   ).

③ She just looked around and stared, almost in a (   ).

④ If the system is (   ), it will not fit people's individual circumstances.

⑤ They became very (   ), and started shooting up the place.

⑥ He made an (   ) turn, into his own room, and shut the door.

D 이번 테마를 다룬 독해 지문을 읽으면서 관련 어휘의 뜻을 확인해 보자.

The adult forgets the troubles of his youth. Comparing the remembered **carefree** past with his immediate problems, the mature man thinks that troubles belong only to the present. The twelve-year-old, the adult thinks, does not worry about salary, seek professional advancement **desperately**, and get **irritated** with his superior. When the roof leaks, only the parent worries about what contractor to employ or about how he will repair it himself, while his children watch TV or read books **leisurely**. To the adult, then, childhood is a time of freedom. The child, however, wishes always to be a man. He finds freedom in the future. To him, adulthood is a time of wealth, and his father or mother never needs to worry about saving to buy a bicycle or another toy that will **fascinate** him.

Translation 어른들은 어린 시절의 걱정거리를 잊는다. 현재에 당면한 문제와 기억나는 **carefree**한 과거와 비교해서, 어른들은 걱정거리가 오직 현재에만 있다고 생각한다. 어른이 생각하기에 12살 아이들은 봉급에 대하여 걱정하거나 **desperately**하게 직업의 성공을 바라거나 상사 때문에 **irritate**하는 일은 없다고 생각한다. 지붕이 새면, 아이들은 **leisurely**하게 TV를 보거나 책을 보지만, 부모만이 어떤 계약자를 부르고, 또는 어떻게 스스로 수리할지를 고민한다. 성인들에게 어린 시절은 자유의 시기이다. 그러나 아이들은 늘 성인이 되기를 바란다. 아이는 미래에서 자유를 발견한다. 아이에게 성인기는 부의 시기이며, 그의 아버지와 어머니는 그를 **fascinate**할 자전거나 또 다른 장난감을 사기 위해서 돈을 아끼는 것에 대해 걱정할 필요가 없다.

Words • immediate 즉각적인 • mature 성숙한 • advancement 승진, 출세 • superior 상관 ; 뛰어난 • leak 새다 • contractor 계약자

정답 **⑨**

B ①leisurely ②desperate ③offend ④dreary
C ①frustrated ②gratitude ③daze ④rigid ⑤hostile ⑥abrupt

Day 04

고양이의 놀라운 인내력

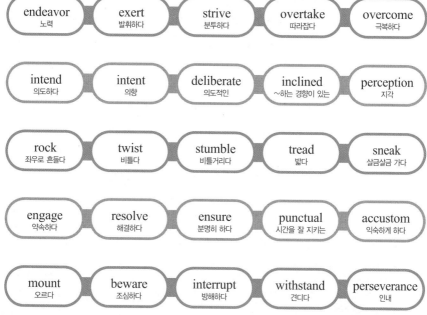

endeavor 노력	exert 발휘하다	strive 분투하다	overtake 따라잡다	overcome 극복하다
intend 의도하다	intent 의향	deliberate 의도적인	inclined ~하는 경향이 있는	perception 지각
rock 좌우로 흔들다	twist 비틀다	stumble 비틀거리다	tread 밟다	sneak 살금살금 가다
engage 약속하다	resolve 해결하다	ensure 분명히 하다	punctual 시간을 잘 지키는	accustom 익숙하게 하다
mount 오르다	beware 조심하다	interrupt 방해하다	withstand 견디다	perseverance 인내

나의 놀라운 perseverance!

으~참아야 하느니라

□ 0090
endeavor
[indévər]

⑲ 노력 ; 시도 ⑧ 노력하다 ; 시도하다
group endeavor 집단적 노력
one's best endeavors 최선의 노력
This would be a very difficult *endeavor* to be involved in.
이것은 참여하기에는 아주 어려운 노력일 것이다.

➕ voca = effort 노력 = attempt 시도

□ 0091
exert
[igzə́:rt]

⑧ (지식, 힘 등을) 발휘하다 ; 노력하다
exert pressure on ~에 압력을 행사하다 **exert oneself** 노력하다
He should *exert* his leadership. 그는 리더십을 발휘해야 한다.
exertion ⑲ 발휘 ; 노력

□ 0092
strive
[straiv]
-strove-striven

⑧ 분투하다
strive for excellence 뛰어남을 위해 분투하다
strive to achieve 성취하려고 분투하다
Members of individualistic societies *strive* for self-advancement. 개인주의 사회의 구성원들은 자아 발전을 위해 분투한다.

□ 0093
overtake
[òuvərtéik]
-overtook-overtaken

⑧ 따라잡다 ; 압도하다
no overtaking 추월 금지
be overtaken by a storm 폭풍을 만나다
The popularity of aerobics was *overtaken* by swimming in 1998. 1998년에 수영이 에어로빅의 인기를 따라잡았다.

□ 0094
overcome
[òuvərkʌ́m]
-overcame-overcome

⑧ 극복하다 ; 정복하다
overcome barriers 장애를 극복하다
be overcome with grief 슬픔에 압도되다
Many people are trapped in their painful emotions instead of trying to *overcome* them. 많은 사람들은 고통스러운 감정들을 극복하기 위해 노력하기보다는 그것들에 사로잡혀 있다. 기출

□ 0095
intend
[inténd]

⑧ 의도하다
intend no harm 악의가 없다 **intended as a joke** 농담인
If the light source is weaker or stronger than when the work was created, the effect that the sculptor *intended* may be lost. 만약 작품이 만들어졌을 때보다 빛이 약하거나 강하면, 조각가가 의도한 효과가 없어질 수도 있다.
intention ⑲ 의도

□ 0096
intent
[intént]

명 **의향** 형 **열중한 ; 작정한**
letter of **intent** 의향서 an **intent** look 응시하는 눈
What is important for painting restorers is to bring a
painting back to an artist's original *intent*. 미술 작품 복원가들에게
중요한 것은 작품을 예술가의 원래 의도대로 되돌리는 것이다. (기출)

□ 0097
deliberate
[dilíbərət]

형 **의도적인 ; 신중한** 동 **숙고하다**
a **deliberate** attempt 신중한 시도
deliberate on the result 결과를 숙고하다
I doubt if anything is accomplished by *deliberate* attempts
to teach words. 의도적으로 단어를 가르치려 한다고 해서 그것이 성공할지 의문
이다. (기출)
deliberation 명 숙고, 신중함 deliberately 부 고의로 ; 신중하게
+voca = prudent 신중한 = contemplate 심사숙고하다

□ 0098
inclined
[inkláind]

형 **~하는 경향이 있는 ; 기울어진**
inclined plane 사면, 빗면 **inclined** plains 경사진 고원
I'd be *inclined* to let him speak for himself about it. 나는 그가
그것에 대해서 스스로를 변호하도록 하는 것이 좋겠다고 생각한다.
incline 동 (마음이) 기울어지다 inclination 명 의향, 성향 ; 경사

□ 0099
perception
[pərsépʃən]

명 **지각 ; 인지, 이해**
sensory **perception** 감각
improve **perception** of the brand 그 상표에 대한 인지도를 개선하다
Magicians have to be able to manipulate people's
perception of performance. 마술사들은 공연에 대한 사람들의 이해를 조작
할 수 있어야 한다.
perceive 동 인지하다 perceivable 형 인지할 수 있는 perceptive 형 통찰력 있는

□ 0100
rock
[rak]

명 **바위** 동 **좌우로 흔들다, 진동시키다**
hot molten **rocks** 뜨겁게 녹은 바위들
rock a baby to sleep 아기가 자도록 흔들다
Snow leopards' large paws allow them to grip *rocks*. 눈표범의
큰 발은 그들이 바위를 짚을 수 있도록 해 준다.
+voca = sway 흔들다

□ 0101
twist
[twist]

동 **비틀다, 꼬다** 명 **비틀림, 곡해**
leave to **twist** in the wind 곤란한 상황에 남겨두다
in a **twist** 흥분해서
A Russian began chasing him through the *twisting* streets.
한 러시아인이 구부러진 길을 따라 그를 쫓기 시작했다. (기출)

□ 0102
stumble
[stʌ́mbl]

(동) 비틀거리다 ; 우연히 발견하다 ; 말을 더듬다
stumble upstairs 비틀거리며 위층으로 올라가다
stumble on the truth 우연히 진실을 알게 되다
As I walked home one freezing day, I *stumbled* on a wallet someone had lost in the street. 어느 추운 날 집으로 걸어오면서 나는 길에서 누군가가 잃어버린 지갑을 발견했다. (기출)

□ 0103
tread
[tred]
-trod-trodden

(동) 밟다, 걷다 (명) 밟음
tread the stage 무대에 서다   **tread down** 짓밟다
Don't *tread* on me! 나를 밟고 지나가지 마라!

□ 0104
sneak
[sníːk]

(동) 살금살금 가다 ; 몰래 하다
sneak up 살금살금 다가가다   **sneak a look** 슬쩍 보다
When I went out, my roommate would *sneak* into my room and read my journal. 내가 나가면 나의 룸메이트가 내 방으로 살금살금 들어와 나의 일기를 훔쳐보곤 했다. (기출)

□ 0105
engage
[ingéidʒ]

(동) 약속하다 ; 관여하다 ; 종사하다
be engaged to Kim Kim과 약혼하다
engage in a debate 토론에 참여하다
Every adult should *engage* in regular exercise. 모든 성인은 규칙적으로 운동을 해야 한다.
engagement (명) 약혼, 약속 ; 참여
voca = involve 관련시키다 = participate 참가하다 = occupy 차지하다

□ 0106
resolve
[rizάlv]

(동) 해결하다 ; 결심하다 ; 용해하다
resolve a dispute 논란을 해결하다
resolve not to quit 중단하지 않기로 결정하다
These two differences can be *resolved* by understanding in greater detail how men and women cope with stress. 이 두 가지 차이점은 남자와 여자가 스트레스에 어떻게 대처하는지 아주 상세하게 이해함으로써 해결될 수 있다.
resolution (명) 해결 ; 결심 resolved (형) 결심이 굳은 resolute (형) 단호한

□ 0107
ensure
[inʃúər]

(동) 분명히 하다, 확보하다
ensure a help 반드시 구제받게 하다
ensure an appropriate prescription 적절한 처방을 확인하다
That is a terrible blow to our efforts to *ensure* that medicines taken by children are tested. 그것은 아이들이 먹는 약이 검증을 받도록 확실히 하려는 우리의 노력에 일격을 가했다.
voca = assure 장담하다 = secure 확보하다

• • •

□ 0108
punctual
[pʌ́ŋktʃuəl]

ㆆ 시간을 잘 지키는
punctual for appointments 약속 시간을 잘 지키는
a punctual start to the meeting 제시간에 시작한 회의
He was annoyingly *punctual*. 그는 성가실 정도로 시간을 잘 지켰다.
punctuality ㆆ 시간 엄수

□ 0109
accustom
[əkʌ́stəm]

동 익숙하게 하다
accustom oneself to ~에 익숙해지다
be accustomed to ~에 익숙하다
Bike riding is the sensible choice to improve health for those not normally *accustomed* to training. 자전거 타기는 일반적으로 훈련에 익숙하지 않은 사람들이 건강을 위해서 할 수 있는 현명한 선택이다. (기출)

□ 0110
mount
[maunt]

동 오르다 ; 증가하다
mount a hill 언덕을 오르다   **mount up** 늘어나다
Now Toyota faces a legal assault as lawsuits *mount* over a range of safety issues. 현재 도요타는 여러 안전 문제에 대해 소송이 늘어나면서 법적 공방에 직면해 있다.

□ 0111
beware
[biwéər]

동 조심하다
beware of skidding 미끄럼 주의
beware of hasty judgment 속단을 주의하라
You have to *beware* of misleading marketers. 너는 대중을 오도하는 마케터들에 주의해야 한다.
➕ **voca** = be careful, look out, watch out 조심하다

□ 0112
interrupt
[ìntərʌ́pt]

동 방해하다
interrupt a current 전류를 차단하다
interrupt the speaker 남의 말에 참견하다
I hate being *interrupted*. 나는 방해받는 것을 싫어한다.
interruption ㆆ 방해
➕ **voca** = obstruct, intrude 방해하다

□ 0113
withstand
[wiðstǽnd]
-withstood-withstood

동 견디다, 저항하다
withstand forces 힘에 견디다
withstand temptation 유혹에 저항하다
To be domesticated, animals must be strong enough to *withstand* removal from their mother at an early age. 애완용이 되기 위해서 동물들은 어릴 때 어미에게서 떨어지는 일을 참을 만큼 강해야 한다.
➕ **voca** = resist 저항하다   = stand up to ~에 잘 견디다

□ 0114
perseverance
[pə́:rsəvíərəns]

(명) 인내
through sheer perseverance 순전한 인내를 통하여
in the name of perseverance 인내의 이름으로
We are just so amazed by your *perseverance*. 우리는 너의 인내력
에 매우 놀랐다.

persevere (동) 인내하며 계속하다   perseverant (형) 불굴의

□ 0115
stimulate
[stímjulèit]

(동) 자극하다, 고무하다
stimulate creativity 창조성을 자극하다
stimulate a new market 새로운 시장을 활성화하다
Adenosine travels to special cells called receptors to work
counteracting the chemicals that *stimulate* your brain.
아데노신은 수용체라고 불리는 특정 세포로 가서 뇌를 자극하는 화학 물질들에 대해 반
작용한다. (기출)

stimulus (명) 자극   stimulative (형) 자극적인
🔼 **voca** = motivate 동기를 부여하다   = provoke 유발하다

□ 0116
curse
[kə́:rs]

(명) 저주 (동) 저주하다, 괴롭히다
the curse of ill health 나쁜 건강이라는 저주
be cursed with ~으로 고통을 겪다
This was a *curse* from God. 이것은 신이 내린 저주였다.

□ 0117
represent
[rèprizént]

(동) 대표하다 ; 표현하다
represent the interests 이익을 대표하다
represented by symbols 상징으로 묘사되는
Proverbs *represent* life which is filled with opposites.
속담들은 상반되는 것들로 가득한 인생을 표현한다.

representative (형) 대표하는 (명) 대표자   representation (명) 묘사 ; 대표를 세움

□ 0118
recollect
[rèkəlékt]

(동) 기억하다, 회상하다
recollect with admiration 경탄하며 기억하다
as far as I can recollect 내가 기억하는 한
His mind seems designed to *recollect* details like these.
그의 마음은 이러한 세부 사항들을 기억하기 위해 설계된 것 같다.

recollection (명) 기억, 회상
🔼 **voca** = recall 회상하다

□ 0119
drag
[dræg]

(동) 끌다 (명) 장애물
drag out ~을 질질 끌다   **drag one's leg** 다리를 질질 끌다
The guards *dragged* him outside and stood him up against
a wall. 그 경호인들은 그를 밖으로 끌어내 벽에 밀어 세웠다.

A 영어는 우리말로, 우리말은 영어로 쓰시오.

① engage _____   ⑪ 해결하다 _____
② deliberate _____   ⑫ 의도하다 _____
③ withstand _____   ⑬ 살금살금 가다 _____
④ strive _____   ⑭ 저주 _____
⑤ ensure _____   ⑮ 발휘하다 _____
⑥ stumble _____   ⑯ 끌다 _____
⑦ stimulate _____   ⑰ 극복하다 _____
⑧ represent _____   ⑱ 시간을 잘 지키는 _____
⑨ accustom _____   ⑲ 좌우로 흔들다 _____
⑩ perception _____   ⑳ 인내 _____

B 빈칸에 공통으로 들어갈 단어는?

① _____ a hill 언덕을 오르다   _____ up 늘어나다
② _____ the stage 무대에 서다   _____ down 짓밟다
③ _____ a current 전류를 차단하다   _____ the speaker 남의 말에 참견하다
④ leave to _____ in the wind 곤란한 상황에 남겨두다
   in a _____ 흥분해서

C 다음 빈칸에 알맞은 단어를 〈보기〉에서 골라 넣으시오. (필요하면 형태를 변형하시오.)

[보기]
recollect   intent   beware   inclined   overtake   endeavor

① I'd be ( ) to let him speak for himself about it.
② The popularity of aerobics was ( ) by swimming in 1998.
③ His mind seems designed to ( ) details like these.
④ This would be a very difficult ( ) to be involved in.
⑤ You have to ( ) of misleading marketers.
⑥ What is important for painting restorers is to bring a painting back to an artist's original ( ).

D 이번 테마를 다룬 독해 지문을 읽으면서 관련 어휘의 뜻을 확인해 보자.

From the beginning, humans have **engaged** in gathering, taking or making things. In early days, these skills were crucial for survival. As man **overcame** the challenges posed by his surroundings, he still **strived** to find things that were valuable but not necessarily needed to **ensure** his survival. People have **trod** every corner of this planet and shown great **perseverance** in their search for treasures. With all their **perception**, they detect where they are. They **mount** steep **rocks**, **sneaking** so as not to fall prey to predators in the wild. They **withstand** every hardship imaginable to search for treasures. Once one has found riches, he begins to **beware** of every human being around him. In fact, it seems inevitable there will be several attempts to rob him of his finding. **Intent** to protect his wealth, he makes **deliberate** plans and **endeavors** incessantly. Sometimes it comes to blood. Now, treasure becomes a **curse**.

Translation 태초부터, 인간들은 물건을 수집하거나 가져오거나 만드는 데 **engage**해 왔다. 초기에 이 기술들은 생존에 결정적이었다. 인간이 환경에 의해 생긴 어려움을 **overcome**함에 따라 인간은 가치 있으나 그들의 생존을 **ensure**하는 데 반드시 요구되는 것은 아닌 것을 찾으려 여전히 **strive**했다. 사람들은 이 행성의 모든 구석을 **tread**했고 보물을 찾아 대단한 **perseverance**를 보여 줬다. 그들은 자신들의 모든 **perception**으로 보물이 어디 있는 지 탐지한다. 그들은 가파른 **rock**을 **mount**하고, 황야에서 포식자들의 희생물이 되지 않도록 **sneak**한다. 그들은 보물을 찾기 위해 상상 가능한 모든 고난을 **withstand**한다. 일단 누군가 부를 발견하면, 그는 주변의 모든 사람들을 **beware**하기 시작한다. 사실 그가 발견한 것을 강탈하려는 몇 번의 시도가 있을 것은 불가피할 듯하다. 그의 부를 보호하려는 **intent**로, 그는 **deliberate**한 계획을 세우고 끊임없이 **endeavor**한다. 때로 피가 등장하기도 한다. 이제 보물은 **curse**가 된다.

Words • gathering 수집 • not necessarily 반드시 ~하는 것은 아니다 • fall prey to ~의 희생물이 되다 • predator 포식자 • finding 발견물 • incessantly 끊임없이

정답 🔊

B ① mount ② tread ③ interrupt ④ twist
C ① inclined ② overtaken ③ recollect ④ endeavor ⑤ beware ⑥ intent

Day

삽질의 달인

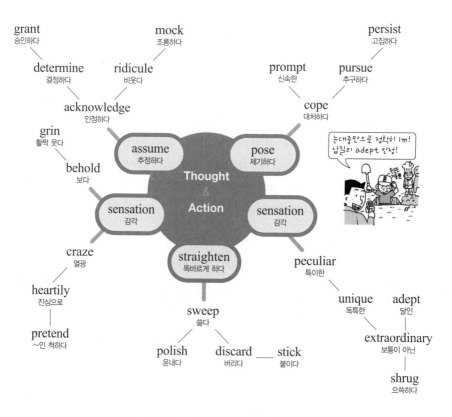

grant
승인하다

mock
조롱하다

persist
고집하다

determine
결정하다

ridicule
비웃다

prompt
신속한

pursue
추구하다

acknowledge
인정하다

cope
대처하다

grin
활짝 웃다

behold
보다

assume
추정하다

pose
제기하다

눈대중만으로 정확히 1m!
삽질의 adept 인정!

Thought
&
Action

sensation
감각

sensation
감각

craze
열광

straighten
똑바르게 하다

peculiar
특이한

heartily
진심으로

sweep
쓸다

unique
독특한

adept
달인

pretend
~인 척하다

polish
윤내다

discard
버리다

stick
붙이다

extraordinary
보통이 아닌

shrug
으쓱하다

□ 0120
assume
[əsúːm]

(동) 추정하다 ; 맡다
falsely **assume** that ~라고 잘못 추정하다
assume responsibility 책임을 떠맡다
We always *assume* that all that is beautiful is art, or that all art is beautiful. 우리는 항상 아름다운 모든 것이 예술이라고 생각하거나 모든 예술이 아름답다고 여긴다. (기출)
assumption (명) 가정, 추정
➕ voca = presume, suppose 추정하다

□ 0121
acknowledge
[əknálidʒ]

(동) 인정하다
acknowledge guilt 죄를 인정하다
acknowledge it as true 그것을 진실로 인정하다
Tolstoy was *acknowledged* as Russia's greatest novelist. 톨스토이는 러시아의 가장 위대한 소설가로 인정받았다.
acknowledgement (명) 인정
➕ voca = concede, recognize 인정하다

□ 0122
determine
[ditə́ːrmin]

(동) 결정하다, 결심하다
determine ring size 반지 크기를 결정하다
determine a course of action 행동 방침을 결정하다
It is difficult to *determine* the shape of fire. 불의 모양을 결정하는 것은 어렵다. (기출)
determination (명) 결정   determined (형) 단호한

□ 0123
grant
[grænt]

(동) 승인하다 ; 수여하다 (명) 보조금
take it for **granted** 당연하게 생각하다
student **grants** 학비 보조금
Do you take what you possess for *granted*? 당신은 당신이 소유한 것에 대해서 당연하게 생각합니까?

□ 0124
ridicule
[rídikjùːl]

(명) 비웃음, 조롱 (동) 비웃다
respond to **ridicule** 비웃음에 반응하다
become an object of **ridicule** 조롱의 대상이 되다
People often applaud an imitation and *ridicule* the real thing. 사람들은 자주 가짜를 칭찬하고 진짜를 비웃는다.
ridiculous (형) 우스운, 터무니없는

□ 0125
mock
[mɑk]

(동) 조롱하다 (형) 모의의
mock wedding vows 결혼 서약 예행 연습   **mock** trials 모의 법정
Everyone in the group *mocks* an outsider without any reason. 그 그룹의 모든 사람은 이유도 없이 외부인을 조롱한다.

□0126
pose
[pouz]

(동) **자세를 취하다 ; (문제 등을) 제기하다** (명) **자세**
pose for the camera 카메라를 향해 자세를 취하다
yoga poses 요가 자세
Unprecedented contact between different species *poses* a
threat to biodiversity. 서로 다른 종들의 전례 없는 접촉은 생물의 다양성을 위
협한다.

□0127
cope
[koup]

(동) **대처하다, 처리하다**
how to cope with depression 우울증에 대처하는 법
cope with a task 일을 처리하다
Exploring technological possibilities to *cope* with family
needs is important. 가족의 요구를 처리할 기술적인 가능성을 탐색하는 일은 중
요하다. (기출)

□0128
pursue
[pərsúː]

(동) **추구하다 ; 추적하다**
pursue a career in ~에서의 일을 추구하다
be pursued by the police 경찰에게 추적당하다
Many nonprofit organizations enable many people to
pursue their passions in well-focused work environments.
많은 비영리 단체들은 많은 사람들이 적절한 작업 환경에서 그들의 열정을 추구하는 것
을 가능하게 한다.
pursuit (명) 추구
voca = seek, follow up 추구하다

□0129
persist
[pərsíst]

(동) **고집하다 ; 지속하다**
persist in refusal 끝까지 거절하다
persist in one's opinion 자기 의견을 고집하다
We *persisted* even to the point of exhaustion to master the
skill. 우리는 그 기술을 완벽히 익히기 위해 탈진할 때까지 계속했다.
persistence (명) 고집 ; 지속   persistent (형) 고집스런 ; 지속되는

□0130
prompt
[prámpt]

(형) **신속한 ; 즉석의** (동) **촉구하다**
a prompt aid 신속한 원조   **prompt translation** 즉석의 번역
For the helpless elderly, they took the *prompt* action that
was needed. 그 무기력한 노인을 위해, 그들은 필요한 신속한 조치를 취했다.
promptness (명) 신속함   promptly (부) 신속히

□0131
sensation
[senséiʃən]

(명) **감각 ; 화젯거리**
keen sensation 예민한 감각   **a blank sensation** 아연한 심정
The first ad campaign of farmers created an instant
sensation. 농부들의 최초의 광고 캠페인은 즉각적인 화제가 되었다.
sensational (형) 감각적인 ; 선정적인

□ 0132
behold
[bihóuld]

-beheld-beheld

동 **보다, 주시하다**
behold with envy 시기하다
behold his spirit 그의 유령을 보다
The great sage said, "*Behold!*" as he showed us the hidden beauty of the secret forest. 그 위대한 현자는 그 비밀의 숲의 숨겨진 아름다움을 우리에게 보여 주면서 "보라!"라고 말했다.

□ 0133
grin
[grin]

동 **활짝 웃다** 명 **활짝 웃음**
grin and bear it 쓴웃음을 지으며 참다
grin at a person ~을 보고 활짝 웃다
A broad *grin* spread across a hundred and fifty faces.
150명의 얼굴에 큰 웃음이 번졌다.

□ 0134
craze
[kreiz]

명 **열풍, 대유행**
cause a craze 유행시키다 **latest craze** 최신 유행
The *craze* for beauty sometimes leads people to the pursuit of superficial beauty. 아름다움에 대한 열풍은 때로 사람들이 피상적인 아름다움을 추구하게 한다.
crazy 형 미친, 열광하는

· □ 0135
heartily
[háːrtili]

부 **진심으로 ; 대단히**
work heartily 정성껏 일하다 **heartily sick of** 아주 싫증난
All of the people present laughed *heartily*. 그 자리에 있는 모든 사람들이 마음껏 웃었다.
hearty 형 마음에서 우러난

□ 0136
pretend
[priténd]

동 **~인 척하다**
pretend illness 꾀병을 부리다 **pretend ignorance** 시치미 떼다
I *pretended* to be learned and rich. 나는 학식이 있고 부유한 척했다.
pretension 명 가식

□ 0137
straighten
[stréitn]

동 **똑바르게 하다**
straighten up 깨끗이 정리하다
straighten curly hair 곱슬머리를 곧게 펴다
As it is your business, you should *straighten* out this situation. 그것은 네 일이니, 네가 이 상황을 바로잡아야 한다.
straight 형 똑바른 straightness 명 똑바름

• • •

□ 0138
sweep
[swíːp]

-swept-swept

(동) 쓸다 ; 완승하다 ; 휩쓸다
sweep the leaves off 나뭇잎을 쓸다
sweep in (선거에서) 쉽게 이기다
Whenever I stroll through the fresh-smelling grass, a sense
of quietness *sweeps* over me. 상쾌한 냄새가 나는 그 풀밭을 거닐 때마다
마음의 평화가 나를 휩쓴다. (기출)

□ 0139
polish
[páliʃ]

(동) 닦다 ; 다듬다
polish the silver jewelry 은으로 된 보석의 윤을 내다
polish traditions 전통을 갈고 닦다
The mineral is used for *polishing* the metal framework.
그 광물은 금속 골조의 광택 작업에 사용된다.
voca = shine 윤을 내다

□ 0140
discard
[diskáːrd]

(동) 버리다, 처분하다
discard a card 카드의 패를 버리다
discarded food containers 버려진 음식 그릇들
In many cases, the older cell phones are simply *discarded*.
대부분의 경우에 오래된 휴대폰은 그냥 버려진다. (기출)
voca = dispose of ~을 처분하다   = get rid of ~을 없애다

□ 0141
stick
[stik]

-stuck-stuck

(동) 찌르다 ; 붙이다 ; 집어넣다
a cushion **stuck** with pins 핀이 꽂힌 쿠션
stick to ~을 계속하다
Stir the sauce so that it doesn't *stick* to the pan. 소스를 저어서 냄
비에 들러붙지 않게 해라.
sticky (형) 끈적거리는

□ 0142
differentiate
[dìfərénʃièit]

(동) 구별하다, 구분 짓다
differentiated teaching 차별화된 교육
differentiate between fact and opinion 사실과 의견을 구별하다
He couldn't *differentiate* her tears from the driving rain.
그는 쏟아지는 비와 그녀의 눈물을 구별할 수 없었다.
differentiation (명) 구별
voca = distinguish, tell 구별하다

□ 0143
peculiar
[pikjúːljər]

(형) 특이한
under **peculiar** circumstances 묘한 사정으로
a man of **peculiar** fascination 특이한 매력의 사람
Do you have to buy that *peculiar* tie in the street? 너는 길에서
그 특이한 타이를 사야만 하니?
peculiarity (명) 특성 ; 별남

□ 0144
extraordinary
[ikstrɔ́:rdənèri]

(형) 보통이 아닌, 비범한
an **extraordinary** story 기이한 이야기
extraordinary items 특별 항목들
Almost everyone wants to have *extraordinary* achievements.
대부분의 모든 사람은 비범한 업적을 이루기를 원한다.

voca ↔ ordinary 보통의, 평범한

□ 0145
adept
[ədépt]

(형) 정통한, 능숙한 (명) 달인
spiritual **adept** 신자 **adept** robotics 로봇 공학에 정통한 사람
She is *adept* at explaining the dishes prepared for the
visitors. 그녀는 방문객을 위해 준비된 요리를 설명하는 데 능숙하다.

□ 0146
shrug
[ʃrʌg]

(동) (어깨를) 으쓱하다
shrug jacket 어깨를 으쓱하여 재킷을 걸쳐 입다
shrug off 과소평가하다
I *shrugged*, and then lifted my eyes to look at him. 나는 어깨를
으쓱하고 그를 보기 위해 눈을 들었다.

□ 0147
rage
[reidʒ]

(명) 격노, 맹렬함 (동) 격노하다
in a **rage** 발끈하여 bloody **rage** 살벌한 분노
Once it strikes, this *rage* instantly turns ordinary people
into possible killers. 한 번 찾아오면 이 분노는 즉시 평범한 사람들을 잠재적인
살인자로 만든다. (기출)
rageful (형) 격노한

□ 0148
unique
[juníːk]

(형) 독특한, 유일한
unique baby names 독특한 아기 이름 **unique** people 괴짜
Each Smurf has its own *unique* characteristics. 각각의 스머프는
독특한 성격을 가지고 있다.
uniqueness (명) 독특함 uniquely (부) 유일하게

Link 어원 **uni-** 하나의

- universal 보편적인
- unite 결합하다
- unicellular 단세포의
- unilateral 일방적인
- union 조합, 협회

- uniformity 한결같음, 획일
- unity 통합, 통일
- unanimous 만장일치의
- unique 독특한, 유일한
- unit 구성 단위, 하나의 단위

- uniform 제복
- unify 통일하다
- unisex 남녀 공용의
- university 대학
- unicorn 일각수

A 영어는 우리말로, 우리말은 영어로 쓰시오.

① grin _____
② determine _____
③ extraordinary _____
④ behold _____
⑤ discard _____
⑥ sweep _____
⑦ pursue _____
⑧ peculiar _____
⑨ pretend _____
⑩ shrug _____

⑪ 대처하다 _____
⑫ 독특한 _____
⑬ 감각 _____
⑭ 닦다 _____
⑮ 진심으로 _____
⑯ 정통한 _____
⑰ 격노 _____
⑱ 찌르다 _____
⑲ 승인하다 _____
⑳ 열풍 _____

B 빈칸에 공통으로 들어갈 단어는?

① _____ up 깨끗이 정리하다   _____ curly hair 곱슬머리를 곧게 펴다

② _____ wedding vows 결혼 서약 예행 연습   _____ trials 모의 법정

③ _____ in refusal 끝까지 거절하다
   _____ in one's opinion 자기 의견을 고집하다

④ falsely _____ that ~라고 잘못 추정하다
   _____ responsibility 책임을 떠맡다

C 다음 빈칸에 알맞은 단어를 〈보기〉에서 골라 넣으시오. (필요하면 형태를 변형하시오.)

┌─────────────────── 【 보기 】───────────────────┐
   prompt   acknowledge   ridicule   pose   differentiate
└──┘

① He couldn't ( ) her tears from the driving rain.

② Tolstoy was ( ) as Russia's greatest novelist.

③ They took the ( ) action that was needed.

④ Unprecedented contact between different species ( ) a threat to biodiversity.

⑤ People often applaud an imitation and ( ) the real thing.

D 이번 테마를 다룬 독해 지문을 읽으면서 관련 어휘의 뜻을 확인해 보자.

Lots of people are caught up in the **craze** of building a home in the Internet world. For some, this new world is a place where they can **pursue** their ideals. They **pretend** to be what  they have dreamed of becoming. They wander and gather **extraordinary** postings, and **stick** them in their virtual homes. Others seek **acknowledgement** in a rather **peculiar** way. They post strange opinions, and wait for others' responses. To the comments on their writing, they **ridicule** or **rage** against others, **heartily** enjoying the interest. Meanwhile, some **grant** the cyber world the feature of a polling station. To **cope** with a situation of injustice, they work to **straighten** it out by showing their power and interest in it. Still others use the space to have flash mobs for useful purposes. They gather at a real location, **sweep** houses for the elderly or cook for the disabled. And then they **shrug** and return to their own places.

Translation 많은 사람들은 인터넷 세상에서 집짓기라는 **craze**에 휩쓸리고 있다. 어떤 사람들에게 이 새로운 세상은 그들의 이상을 **pursue**할 수 있는 장소이다. 그들은 그들이 꿈꿔 온 사람으로 **pretend**한다. 그들은 떠돌다가 **extraordinary**한 게시물을 모아서 그것들을 자신의 가상 집에 **stick**한다. 다른 사람들은 다소 **peculiar**한 방식으로 **acknowledgement**를 추구한다. 그들은 이상한 의견을 올리고 다른 사람들의 반응을 기다린다. 그들의 글에 대한 댓글에 **heartily**하게 관심을 즐기면서, 그들은 **ridicule**하거나 타인에게 **rage**한다. 반면에, 어떤 사람들은 사이버 세계에 투표소의 특성을 **grant**한다. 부당한 상황을 **cope**하기 위해, 그들은 그것에 대한 그들의 힘과 관심을 보임으로써 그것을 **straighten**하기 위해 일한다. 다른 사람들은 유용한 목적으로 번개 모임을 갖는 장소로 사용한다. 그들은 현실의 장소에 모이고 노인들을 위해 집을 **sweep**하거나 장애우들을 위해 요리를 한다. 그리고 그들은 **shrug**하고 그들 자신의 장소로 돌아간다.

Words • ideal 이상 • posting 게시물 • virtual 가상의 • response 반응 • polling station 투표소 • injustice 부당함 • flash mob 번개 모임 • the disabled 장애가 있는 사람들

정답

B ①straighten ②mock ③persist ④assume
C ①differentiate ②acknowledged ③prompt ④poses ⑤ridicule

06

● 건강과 질병 1

Day

머리가 마비된 이유

infect 감염시키다	**susceptible** 걸리기 쉬운	**epidemic** 유행병	**plague** 전염병	**contagious** 전염성의
skeleton 골격	**skull** 두개골	**spine** 척추	**thigh** 넓적다리	**knee** 무릎
evolve 진화하다	**genetic** 유전의	**hereditary** 유전적인	**innate** 타고난	**immune** 면역성이 있는
diagnose 진단하다	**abnormal** 비정상적인	**prescription** 처방전	**transplant** 이식하다	**implant** 심다
limb 팔다리	**stiff** 뻣뻣한	**paralysis** 마비	**severe** 심각한	**stroke** 뇌졸중

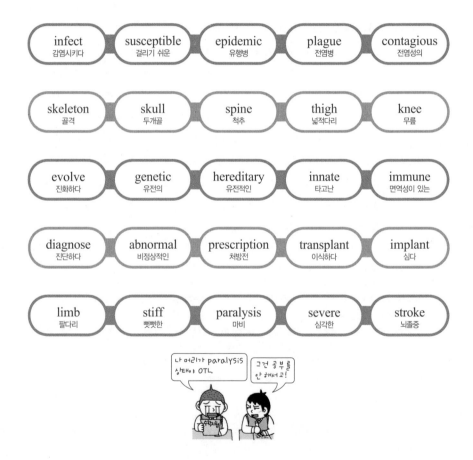

□ 0149
infect
[infékt]

⑧ 감염시키다
be **infected** with a virus 바이러스에 감염되다
the risk of getting **infected** 감염될 위험
A team of doctors found that most babies in the villages
were *infected* with Malaria. 의료진은 그 마을 아기들의 대부분이 말라리아
에 감염됐다는 것을 알아냈다.
infection ⑲ 감염   infectious ⑲ 전염되는

□ 0150
susceptible
[səséptəbəl]

⑲ (병 등에) 걸리기 쉬운, 민감한
susceptible to certain diseases 특정 질병에 걸리기 쉬운
highly **susceptible** to the heat 더위를 많이 타는
Lack of sleep and poor eating habits will leave you
susceptible to diseases such as colds and stomach troubles.
수면 부족과 나쁜 식습관은 당신이 감기나 위장 질환과 같은 질병에 걸리기 쉽게 만들 것
이다.
➕ voca = sensitive 민감한

□ 0151
epidemic
[èpidémik]

⑲ 유행병 ; 급속한 확산
a deadly **epidemic** 치명적인 유행병
the international spread of the **epidemic** 전염병의 세계적인 확산
The large native population had died of European
epidemics brought by the missionaries. 많은 원주민들은 선교사들이
옮겼던 유럽의 유행병으로 인해 사망했다. 기출

□ 0152
plague
[pleig]

⑲ 전염병 ; 흑사병 ; 떼 ⑧ 괴롭히다
a devastating **plague** 치명적인 전염병
the outbreak of the **plague** 흑사병의 발병
A chronic cough is something that has *plagued* me at
various points in my life. 만성적인 기침은 내 인생의 여러 순간에 나를 괴롭
혀 왔던 것이다.

□ 0153
contagious
[kəntéidʒəs]

⑲ 전염성의
contagious yawns 전염되는 하품
a highly **contagious** disease 전염성이 강한 질병
Many *contagious* diseases spread through carriers such as
birds and mosquitoes. 많은 전염병이 새나 모기와 같은 매개체를 통해 확산된다.

□ 0154
skeleton
[skélitn]

⑲ 골격, 뼈대 ; 해골
3D model of a human **skeleton** 인간 골격의 3D 모형
steel **skeleton**-frame structure 철골 구조물
According to research, the human *skeleton* varies in size
and weight. 연구에 의하면, 인간 골격의 크기와 무게는 서로 다르다.
➕ voca = framework (건물 등의) 뼈대

• • •

□ 0155
skull
[skʌl]

(명) 두개골
a fractured **skull** 골절된 두개골
cross-section of the skull 두개골의 단면
Many *skulls* and bones were found in the cave by a group of archaeologists. 고고학자 단체에 의해서 많은 두개골과 뼈들이 동굴에서 발견되었다.

□ 0156
spine
[spain]

(명) 척추, 등뼈 ; 가시
a crooked **spine** 휘어진 척추　cactus **spines** 선인장 가시
This pose improves balance while strengthening the legs and *spine*. 이 자세는 다리와 척추를 강화시켜 주면서 균형감을 향상시켜 준다.
spinal (형) 척추의
➕ voca = backbone 척추, 등뼈

□ 0157
thigh
[θai]

(명) 넓적다리, 허벅지
injured **thigh** 부상당한 허벅지
a strained **thigh** muscle 경직된 허벅지 근육
I've got a big bruise on my *thigh*. 나는 허벅지에 큰 멍이 들었다.

□ 0158
knee
[ni:]

(명) 무릎　(동) 무릎으로 치다
severely swollen **knee** 심하게 부은 무릎
bend the **knee** to ~에게 무릎을 꿇다
If you bang your *knee* on the car door getting out of the car, you really feel it. 만약 당신이 차에서 나오다 차 문에 무릎을 부딪친다면, 당신은 정말로 그것을 느낄 것이다. (기출)
kneel (동) 무릎을 꿇다

□ 0159
evolve
[iválv]

(동) 진화하다, 발달하다
evolve from ~로부터 진화하다
evolve into more complex forms 더 복잡한 형태로 진화하다
Some species have apparently *evolved* to resemble the dangerous and poisonous ones. 어떤 종들은 위험하고 독이 있는 종들을 닮도록 진화해 온 것이 명백하다. (기출)
evolution (명) 진화, 발전　evolutionary (형) 진화의, 발달의

□ 0160
genetic
[dʒənétik]

(형) 유전의 ; 유전학의
genetic defects 유전적 결함
genetic engineering 유전 공학
Scientists have developed a new technology that extracts *genetic* information from a plant or an animal. 과학자들은 식물이나 동물로부터 유전 정보를 추출하는 새로운 기술을 개발했다.
genetics (명) 유전학　genetically (부) 유전적으로

☐ 0161
hereditary
[həréditèri]

형 (질병이) 유전적인 ; 세습되는
a **hereditary** disease 유전병
a **hereditary** title 세습되는 직위
The left side of the face reveals the instinctive and
hereditary aspects of our personality. 얼굴의 좌측면은 우리 성격의 본
능적이고 유전적인 면을 드러낸다. （기출）

heredity 명 유전

☐ 0162
innate
[inéit]

형 타고난, 선천적인
an **innate** instinct 타고난 본능
an **innate** sense of humor 선천적인 유머 감각
You should try to make the most of your *innate* potential.
당신은 선천적인 잠재력을 최대한 활용하려고 노력해야 한다.

✚ voca = inborn 타고난 = inherent 내재하는 ↔ acquired 후천적인

☐ 0163
immune
[imjúːn]

형 면역성이 있는 ; ~이 면제되는
the innate **immune** system 선천적인 면역 체계
Acquired **Immune** Deficiency Syndrome 후천성 면역 결핍증
Sleep deprivation has a great influence on the *immune*
system. 수면 부족은 면역 체계에 큰 영향을 끼친다.

immunity 명 면역력 ; 면제

☐ 0164
diagnose
[dàiəgnóus]

동 진단하다
be **diagnosed** with depression 우울증으로 진단받다
diagnose her illness as diabetes 그녀의 병을 당뇨로 진단하다
In 1996 he was *diagnosed* with cancer, which had already
spread to his brain and lungs. 1996년에 그는 뇌와 폐에 이미 번진 암으로
진단을 받았다.

diagnosis 명 진단

☐ 0165
abnormal
[æbnɔ́ːrməl]

형 비정상적인
abnormal climate change 비정상적인 기후 변화
an **abnormal** level of cholesterol 비정상적인 콜레스테롤 수치
He often stares blankly at something in the air, which is
considered *abnormal* behavior. 그는 종종 허공을 멍하니 응시하는데, 그
것은 이상한 행동으로 여겨진다.

☐ 0166
prescription
[priskríp∫ən]

명 처방전
a **prescription** for ~에 관한 처방전
without a **prescription** 처방전 없이
The pharmacist's job is to fill the doctor's *prescription* for
the patient. 약사의 일은 환자를 위해서 의사의 처방전대로 약을 조제하는 것이다.

prescribe 동 처방하다 ; 규정하다

• • •

□ 0167
transplant
[trǽnsplænt]

(명) 이식 (동) 이식하다
hair **transplant** surgery 모발 이식 수술
receive an organ **transplant** 장기 이식을 받다
For patients who undergo heart *transplants*, there is always
the risk that their bodies will reject the organ. 심장 이식 수술을 받
은 환자들에게 그들의 몸이 (이식된) 장기를 거부할 위험은 항상 있다.

□ 0168
implant
[implǽnt]

(동) 심다, 주입하다
implant hair 모발을 심다
implant an artificial heart 인공 심장을 이식하다
They hope education will *implant* a sense of responsibility
in their children. 그들은 교육이 아이들에게 책임감을 심어주기를 희망한다.

□ 0169
limb
[lim]

(명) 팔다리 ; 큰 가지
trembling **limbs** 떨리는 팔다리
be safe in life and **limb** 생명에는 별 이상이 없다
His lower *limbs* had to be amputated to save his life. 그의 다리
는 목숨을 구하기 위해서 절단되어야 했다.

□ 0170
stiff
[stif]

(형) 뻣뻣한 ; 근육이 결리는 ; 강한
have a **stiff** neck 목이 뻐근하다   a **stiff** current 강한 해류
If you feel *stiff* in your shoulders, it can be a sign that you
are stressed out. 어깨가 뻐근하게 느껴진다면, 그것은 당신이 스트레스를 받고 있
다는 증거일 수 있다.
stiffen (동) 뻣뻣해지다, 경직되다   stiffness (명) 단단함, 딱딱함

□ 0171
paralysis
[pərǽləsis]

(명) 마비
facial **paralysis** 안면 마비
political **paralysis** 정치적 마비
Our site provides comprehensive information on treatments
for people affected by *paralysis*. 저희 사이트는 마비를 겪고 있는 사람
들을 위한 치료법에 대한 광범위한 정보를 제공하고 있습니다.
paralyze (동) 마비시키다

□ 0172
severe
[sivíər]

(형) 심각한 ; 가혹한
a **severe** illness 심각한 병
severe weather conditions 몹시 나쁜 날씨
The death penalty is the most *severe* penalty a state can
give to a murderer. 사형은 한 나라가 살인자에게 내릴 수 있는 가장 가혹한 형
벌이다.

□ 0173
stroke
[strouk]

명 **뇌졸중, 발작 ; 타격 ; 한 회** 동 **쓰다듬다**
recover from **strokes** 뇌졸중에서 회복하다
stroke his chin gently 턱을 부드럽게 쓰다듬다
Snoring can cause major health problems such as heart disease, high blood pressure, and *strokes*. 코 고는 것은 심장병, 고혈압, 뇌졸중과 같은 심각한 건강상의 문제를 야기할 수 있다. 기출

□ 0174
terminal
[tə́:rminəl]

형 **말기의, 불치의 ; 끝의** 명 **종착역**
a **terminal** disease 불치병 a **terminal** station 종착역
After being examined by medical experts, he was told that he was in the *terminal* stage of cancer. 의학 전문가들에 의해 진찰 받은 뒤, 그는 암 말기라는 말을 들었다.
terminate 동 끝내다, 종결하다   terminally 부 최종적으로

□ 0175
antibody
[ǽntibɑ̀di]

명 **항체**
antibody formation 항체 형성
antibody engineering 항체 공학
Our body almost always develops *antibodies* to viruses.
우리 몸은 거의 항상 바이러스에 대한 항체를 만든다.

□ 0176
dwarf
[dwɔ:rf]

명 **난쟁이** 형 **소형의** 동 **왜소해 보이게 만들다**
several **dwarf** planets 몇몇의 난쟁이 행성 (왜성)
Snow White and the Seven **Dwarfs** 백설 공주와 일곱 난쟁이
When all else fails, listen to the advice of the seven *dwarfs*.
다른 모든 것이 안 될 때, 일곱 난장이의 조언에 귀를 기울여라. 기출

□ 0177
lump
[lʌmp]

명 **덩어리 ; 혹, 종기** 동 **한 덩어리로 만들다**
a huge **lump** of cheese 큰 치즈 덩어리
have a **lump** in your throat 목이 메다
I got a *lump* on my head after my father flicked me on the forehead. 아빠가 내 이마에 꿀밤을 때린 후 혹이 났다.
voca = bump 혹

□ 0178
wrist
[rist]

명 **손목, 팔목**
sprain his **wrist** 손목을 삐다   **wrist** wrestling 팔씨름
I determined that the pain in a young woman's *wrists* was caused by her work. 나는 젊은 여성의 손목 통증은 그녀의 일 때문에 야기되었다고 결론 내렸다. 기출

A 영어는 우리말로, 우리말은 영어로 쓰시오.

① skull _____ ⑪ 유행병 _____

② knee _____ ⑫ 전염병 _____

③ limb _____ ⑬ 타고난 _____

④ contagious _____ ⑭ 진단하다 _____

⑤ abnormal _____ ⑮ 뇌졸중 _____

⑥ thigh _____ ⑯ 덩어리 _____

⑦ transplant _____ ⑰ 골격 _____

⑧ susceptible _____ ⑱ 심다 _____

⑨ dwarf _____ ⑲ 처방전 _____

⑩ hereditary _____ ⑳ 진화하다 _____

B 빈칸에 공통으로 들어갈 단어는?

① facial _____ 안면 마비   political _____ 정치적 마비

② a _____ disease 불치병   a _____ station 종착역

③ sprain his _____ 손목을 삐다   _____ wrestling 팔씨름

④ _____ defects 유전적 결함   _____ engineering 유전 공학

C 다음 빈칸에 알맞은 단어를 〈보기〉에서 골라 넣으시오. (필요하면 형태를 변형하시오.)

┌─────────────[보기]─────────────┐
stiff spine antibody immune infect
└───────────────────────────────────┘

① A team of doctors found that most babies in the villages were ( ) with Malaria.

② This pose improves balance while strengthening the legs and ( ).

③ Sleep deprivation has a great influence on the ( ) system.

④ If you feel ( ) in your shoulders, it can be a sign that you are stressed out.

⑤ Our body almost always develops ( ) to viruses.

D 이번 테마를 다룬 독해 지문을 읽으면서 관련 어휘의 뜻을 확인해 보자.

The new influenza virus, also known as the **epidemic** (H1N1), spread quickly all over the world in 2009. Its symptoms were similar to those of the normal seasonal flu, such as high fever, coughing and fatigue, but they were much more **severe**, and the flu was more **contagious**. According to a study conducted by the WHO, people most **susceptible** to the flu are pregnant women, children and people with certain chronic diseases. As these groups may have weak **immune** systems, they should be extremely careful not to get **infected** in the first place. In addition, the virus can be transmitted easily to others through the air exhaled by **infected** people. For this reason, if you are **diagnosed** with the flu, you should stay at home for about a week, get sufficient rest and avoid going to crowded public places.

Translation epidemic으로 알려진 새로운 독감 바이러스가 2009년에 전 세계에 빠르게 퍼졌다. 이 독감의 증상은 고열, 기침, 피로감과 같이 일반 계절 독감의 증상들과 비슷하지만, 훨씬 더 **severe**하고 더 **contagious**하다. WHO(세계보건기구)에 의한 한 연구에 따르면, 이 독감에 가장 **susceptible**한 사람들은 임산부, 어린이, 그리고 특정 만성 질환을 가진 사람들이다. 그들은 **immune** 체계가 약할 수 있기 때문에, 애초에 **infect**되지 않도록 각별히 주의해야 한다. 또한, 그 바이러스는 **infect**된 사람들이 내쉰 공기를 통해서 다른 사람들에게 쉽게 전염될 수 있다. 이런 이유로 만약 당신이 이 독감으로 **diagnose**되면, 일주일 정도 집에 머물면서 충분한 휴식을 취하고, 사람들이 붐비는 공공장소에 가는 것을 피해야 한다.

Words • influenza 유행성 감기 • symptom 증상, 징후 • seasonal 계절적인 • fatigue 피로
 • conduct 수행하다 • pregnant 임신한 • chronic 만성의 • in the first place 첫째로, 애초에
 • transmit 옮기다, 전염시키다 • exhale 숨을 내쉬다 • sufficient 충분한

정답 🔒

B ①paralysis ②terminal ③wrist ④genetic
C ①infected ②spine ③immune ④stiff ⑤antibodies

건강과 질병 2

Day

07

상처에 바르는 화장품

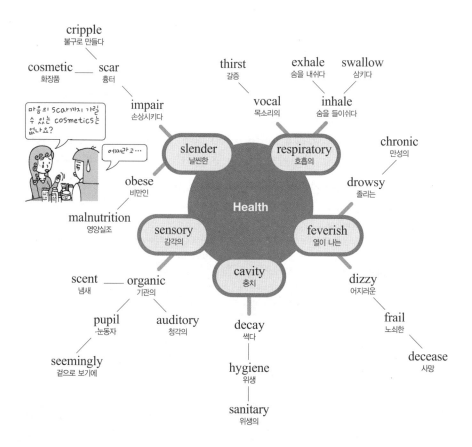

cripple
불구로 만들다

cosmetic ___ scar
화장품   흉터

thirst
갈증

exhale
숨을 내쉬다

swallow
삼키다

impair
손상시키다

vocal
목소리의

inhale
숨을 들이쉬다

마음의 scar까지 가릴
수 있는 cosmetics는
없나요?

어쩌라고…

slender
날씬한

respiratory
호흡의

chronic
만성의

drowsy
졸리는

obese
비만인

Health

malnutrition
영양실조

sensory
감각의

feverish
열이 나는

cavity
충치

dizzy
어지러운

scent
냄새

organic
기관의

pupil
·눈동자

auditory
청각의

decay
썩다

frail
노쇠한

seemingly
겉으로 보기에

hygiene
위생

decease
사망

sanitary
위생의

□ 0179
slender
[sléndər]

📁 날씬한, 가느다란 ; 빈약한
a **slender** figure 마른 몸매
have long, **slender** legs 길고 날씬한 다리를 가지다
Laennec built the first crude stethoscope from a *slender*,
hollow wooden tube. Laennec는 가느랗고 속이 빈 나무 튜브로 최초의 천
연 그대로의 청진기를 만들었다. (기출)

➕ **voca** = slim 날씬한

□ 0180
obese
[oubíːs]

📁 비만인
the number of **obese** children 비만 어린이의 수
an exercise program for **obese** adolescents 비만 청소년을
위한 운동 프로그램
The percentage of the population that is *obese* is sharply
increasing in Korea. 한국에서 비만 인구의 비율이 급격하게 증가하고 있다.

obesity 📁 비만, 비대

□ 0181
malnutrition
[mæ̀lnuːtríʃən]

📁 영양실조
die of **malnutrition** 영양실조로 죽다
suffer from **malnutrition** 영양실조를 겪다
The extreme diet you are following can lead to severe
malnutrition. 당신이 따라 하는 과도한 다이어트는 심한 영양실조를 야기할 수 있다.

□ 0182
impair
[impéər]

📁 손상시키다, 건강을 해치다
impair one's memory ~의 기억력을 손상시키다
aids for hearing-**impaired** people 청각 장애인들을 위한 보조물
The car accident has significantly *impaired* her cognitive
functions. 그 교통사고는 그녀의 인지 기능을 심각하게 손상시켰다.

impaired 📁 손상된, 제 기능을 못하는　impairment 📁 장애

□ 0183
scar
[skɑːr]

📁 흉터, 상처　📁 흉터를 남기다
remove **scars** 흉터들을 제거하다
leave a visible **scar** on ~에 눈에 띄는 흉터를 남기다
He has 18-inch *scars* that run from his chest to his back.
그는 가슴에서 등에 이르는 18인치 길이의 흉터가 있다.

□ 0184
cosmetic
[kɑzmétik]

📁 화장품　📁 겉치레에 불과한 ; 성형의
cosmetic products 화장품들
cosmetic changes 피상적인 변화들
Flying off to a foreign country for affordable *cosmetic*
surgery has been a popular option for years. 적당한 가격의 성형 수
술을 위해 비행기를 타고 외국으로 가는 것이 여러 해 동안 유행했다. (기출)

• • •

□ 0185
cripple
[krípl]

(동) 불구로 만들다 ; 심각한 손상을 주다
be **crippled** with rheumatism 류머티즘으로 다리를 절다
a **crippled** PC 망가진 컴퓨터
A famous movie star was *crippled* for life in an accident
last year. 작년에 한 유명 영화배우가 사고로 평생 불구가 되었다.
➕ **voca** = disable 장애를 입히다

□ 0186
respiratory
[réspərətɔ́ːri]

(형) 호흡의, 호흡 기관의
the **respiratory** system 호흡계
respiratory diseases 호흡기 질환
Sometimes laughter leads to coughing, which clears the
respiratory tract. 웃음은 가끔 기침을 유발하는데, 그것은 기도를 청소한다.

□ 0187
inhale
[inhéil]

(동) 숨을 들이쉬다, 흡입하다
inhale fresh air 신선한 공기를 마시다
inhale dangerous chemicals 위험한 화학 물질을 흡입하다
Inhaled air passes through these airways of the lungs and
delivers oxygen to your bloodstream. 들이쉰 공기는 폐로 가는 공기
통로를 통해 당신의 혈액에 산소를 공급한다. (기출)
inhalation (형) 흡입
➕ **voca** = breathe in 숨을 들이쉬다

□ 0188
exhale
[ekshéil]

(동) 숨을 내쉬다, 내뿜다
exhale slowly 숨을 천천히 내쉬다   **exhale** smoke 연기를 내뿜다
To hear my heartbeat, the doctor asked me to *exhale* as
deeply as possible. 나의 심장 박동을 듣기 위해서, 의사는 나에게 가능한 한 깊
게 숨을 내쉬라고 했다.
exhalation (형) 발산, 숨을 내쉼

□ 0189
swallow
[swálou]

(동) (음식을) 삼키다 ; (사실로) 믿다 ; 참다
swallow their prey whole 그들의 먹이를 통째로 삼키다
swallow his anger 화를 참다
Thousands of animals *swallow* plastic rings, which makes
them die by choking. 수천 마리의 동물들이 플라스틱 고리를 삼키는데, 그것은
그들을 질식시킴으로써 죽게 만든다.

□ 0190
vocal
[vóukəl]

(형) 목소리의, 발성의 ; 강경하게 밝히는
the **vocal** cords 성대   the **vocal** organs 발음 기관
They are *vocal* animals, so they can use both calls and
songs to communicate with one another. 그것들은 발성 동물이어서
서로 의사소통을 할 때 울음 소리와 노래를 둘 다 사용할 수 있다. (기출)
vocalize (동) 소리를 내다

□ 0191
thirst
[θɔ́:rst]

명 갈증 ; 갈망　동 목이 마르다
quench one's **thirst** 갈증을 풀다
a **thirst** for knowledge 지식에 대한 갈망
Excessive *thirst* and fatigue are the main symptoms experienced by most diabetic patients. 심한 갈증과 피로감이 대부분의 당뇨병 환자들이 경험하는 주된 증상들이다.
thirsty 형 목마른 ; 갈망하는

□ 0192
sensory
[sénsəri]

형 감각의
sensory neuron 감각 신경 세포
sensory impairments 감각 장애
Human beings need constant *sensory* stimulation in order to function normally. 인간은 정상적으로 기능을 하기 위해서 끊임없는 감각적인 자극이 필요하다.

□ 0193
organic
[ɔ:rgǽnik]

형 유기농의 ; 유기적인 ; 기관의
organic vegetables 유기농 채소
organic compounds 유기 화합물
Many health-conscious customers are purchasing *organic* products for their well-being. 건강에 신경 쓰는 많은 소비자들은 자신들의 건강을 위해서 유기농 제품을 구입하고 있다.
organism 명 유기체, 생물

□ 0194
pupil
[pjú:pəl]

명 눈동자, 동공 ; 학생
the **pupils** of one's eyes ~의 눈동자
the smartest **pupil** 가장 똑똑한 학생
Big *pupils* make cows look younger and happier than small ones. 커다란 눈동자는 작은 눈동자보다 소를 더 어리고 더 행복해 보이게 만든다.

□ 0195
seemingly
[sí:miŋli]

부 겉으로 보기에
for **seemingly** good reason 겉보기에 그럴듯한 이유로
be **seemingly** well-informed 겉보기에는 정보에 밝은 것 같다
This *seemingly* reasonable explanation is probably wrong. 겉보기에 합리적인 이 설명은 아마도 틀린 것이다.

□ 0196
scent
[sent]

명 향기, 냄새　동 냄새를 맡다
give off a sweet **scent** 향기로운 냄새를 풍기다
the **scent** of green papaya 그린 파파야 향기
Cats in a group will rub against one another to exchange their *scents*. 무리 속의 고양이들은 자신들의 냄새를 교환하기 위해 서로에게 몸을 비빌 것이다. (기출)
╋ voca = fragrance 향기　= smell 냄새

□0197
auditory
[ɔ́:ditɔ̀:ri]

(형) **청각의**
auditory nerve 청각 신경 **auditory stimuli** 청각적인 자극
Girls are usually more sensitive to *auditory* information than boys. 대개 여학생들은 남학생들보다 청각적인 정보에 더 민감하다.

□0198
cavity
[kǽvəti]

(명) **충치 ; 구멍**
get a cavity filled 충치를 치료하다 **the nasal cavity** 비강
Cavities are the most common dental problem among people of all age groups. 충치는 모든 연령대의 사람들 사이에서 가장 흔한 치아 문제이다.

□0199
decay
[dikéi]

(동) **썩다 ; 쇠퇴하다** (명) **부패, 부식 ; 쇠퇴**
have tooth decay 충치가 있다 **a sign of decay** 부패의 조짐
As blooms of algae die and *decay*, they use up the oxygen in the water. 해조류가 죽고 썩으면서, 물속에 있는 산소를 모두 써 버린다. (기출)
voca = rot 썩다

□0200
hygiene
[háidʒi:n]

(명) **위생 ; 위생학**
poor hygiene 열악한 위생
food hygiene regulation 식품위생법
If you don't want to catch a cold, you should recognize the importance of personal *hygiene*. 감기에 걸리고 싶지 않다면, 당신은 개인 위생의 중요성을 인식해야 한다.
hygienic (형) 위생적인

□0201
sanitary
[sǽnətèri]

(형) **위생의, 위생적인**
proper sanitary procedures 적절한 위생 절차
the sanitary conditions of the kitchen 주방의 위생 상태
Schools in rural regions need to improve their basic *sanitary* facilities for students. 시골 지역에 있는 학교들은 학생들을 위한 기본적인 위생 시설들을 개선할 필요가 있다.
sanitation (명) 위생 시설
voca ↔ insanitary 비위생적인

□0202
feverish
[fí:vəriʃ]

(형) **열이 있는, 열로 인한 ; 열광적인**
a feverish blush 열로 인한 홍조
the feverish activity 열광적인 행동
He lay in bed, too *feverish* to sleep. 그는 침대에 누워 있었는데, 너무 열이 나서 잘 수 없었다.

□ 0203
dizzy
[dízi]

ⓗ 어지러운, 아찔한
feel **dizzy** 어지럽다   make me **dizzy** 나를 어지럽게 만들다
If you have frequent *dizzy* spells, you should go to see a
doctor. 만약 당신이 자주 현기증이 난다면, 의사에게 진찰을 받아야 한다.
dizziness ⓜ 현기증

□ 0204
frail
[freil]

ⓗ 허약한, 노쇠한 ; 부서지기 쉬운
a **frail** little girl 연약한 작은 소녀
look old and **frail** 늙고 허약해 보이다
When I visited him, he looked exhausted and *frail* in the
hospital bed. 내가 그를 방문했을 때, 병원 침대에 누워 있는 그는 지치고 허약해
보였다.
frailty ⓜ 허약함 ; 취약점
voca = fragile 허약한 ↔ robust 건강한

□ 0205
decease
[disí:s]

ⓜ 사망
the **deceased** 고인   upon your **decease** 당신이 사망하면
After my father's *decease*, my life felt empty. 아버지께서 돌아가
신 후 내 인생은 공허하게 느껴졌다.

□ 0206
revive
[riváiv]

ⓥ 활기를 되찾다, 회복하다 ; 부활시키다
attempts to **revive** falling sales 부진한 판매를 회복하기 위한 시도
efforts to **revive** the economy 경제를 회복하기 위한 노력들
The doctors in the hospital made frantic attempts to *revive*
her, but they were in vain. 병원의 의사들은 그녀를 소생시키려고 미친 듯이
매달렸지만, 소용이 없었다.
revival ⓜ 회복, 부활
voca = revitalize 새로운 활력을 주다

□ 0207
drowsy
[dráuzi]

ⓗ 졸리는, 나른하게 만드는
drowsy driving 졸음 운전
a non-**drowsy** allergy medication 졸리지 않는 알레르기 약
This pill may make you feel *drowsy*. 이 약은 당신을 졸리게 만들 수도
있다.
drowsiness ⓜ 졸림

□ 0208
chronic
[kránik]

ⓗ 만성의
chronic indigestion 만성 소화 불량
suffer from **chronic** arthritis 만성 관절염을 앓다
Chronic fatigue syndrome (CFS) is not like the normal
fatigue we experience in everyday life. 만성피로증후군(CFS)은 우리
가 매일 겪는 일상적인 피로와는 다르다.
voca = long-lasting 오래가는 ↔ acute 급성의

A 영어는 우리말로, 우리말은 영어로 쓰시오.

① vocal _____

② cripple _____

③ cavity _____

④ frail _____

⑤ sanitary _____

⑥ cosmetic _____

⑦ decay _____

⑧ exhale _____

⑨ pupil _____

⑩ slender _____

⑪ 손상시키다 _____

⑫ 향기 _____

⑬ 삼키다 _____

⑭ 열이 있는 _____

⑮ 비만인 _____

⑯ 사망 _____

⑰ 어지러운 _____

⑱ 숨을 들이쉬다 _____

⑲ 유기농의 _____

⑳ 활기를 되찾다 _____

B 빈칸에 공통으로 들어갈 단어는?

① quench one's _____ 갈증을 풀다 　a _____ for knowledge 지식에 대한 살망

② _____ neuron 감각 신경 세포 　_____ impairments 감각 장애

③ poor _____ 열악한 위생 　food _____ regulation 식품위생법

④ _____ indigestion 만성 소화 불량 　suffer from _____ arthritis 만성 관절염을 앓다

C 다음 빈칸에 알맞은 단어를 〈보기〉에서 골라 넣으시오. (필요하면 형태를 변형하시오.)

┌─────── [보기] ───────┐
　seemingly　malnutrition　scar　respiratory　auditory　drowsy
└──────────────────────┘

① The extreme diet you are following can lead to severe (　　　).

② This pill may make you feel (　　).

③ This (　　) reasonable explanation is probably wrong.

④ Girls are usually more sensitive to (　　) information than boys.

⑤ He has 18-inch (　　) that run from his chest to his back.

⑥ Sometimes laughter leads to coughing, which clears the (　　) tract.

D 이번 테마를 다룬 독해 지문을 읽으면서 관련 어휘의 뜻을 확인해 보자.

These days, many young women don't want to eat much because they want to look **slender** and attractive to others. They usually skip breakfast, have a simple low-calorie lunch, and after 6 p.m. they don't eat anything except water. This kind of eating habit can lead to serious **malnutrition**; indeed, it is not surprising that these women feel **dizzy** and **drowsy** during the day, or are prone to various **respiratory** diseases like colds and other **chronic** illnesses. That's because these undernourished women may have **impaired** their own immune systems. Under these circumstances, in an attempt to be-come skinny as quickly as possible, some women even turn to **cosmetic** surgery. While **cosmetic** surgery can be used to remove unwanted body fat, it's not the best way to become thin.

> **Translation** 요즈음 많은 젊은 여성들은 다른 사람들에게 **slender**하고 매력적으로 보이고 싶어서 많이 먹기를 원하지 않는다. 그들은 보통 아침을 거르고, 칼로리가 낮은 간단한 점심을 먹고, 오후 6시 이후에는 물 말고는 아무것도 먹지 않는다. 이러한 식습관은 심각한 **malnutrition**을 가져올 수 있다. 정말로 이로 인해 이러한 젊은 여성들이 낮 동안에 **dizzy**하고 **drowsy**하거나 감기와 같은 다양한 **respiratory**의 질병이나 다른 **chronic**한 질병에 걸리기 쉬운 것은 놀라운 일이 아니다. 이러한 영양 부족 상태의 여성들은 아마도 자신들의 면역 체계를 **impair**시켰을지도 모르기 때문이다. 이러한 상황에서, 가능한 한 빨리 날씬해지고 싶어서 어떤 여성들은 **cosmetic** 수술에 의존하기도 한다. **cosmetic** 수술은 원치 않는 몸의 지방을 제거하기 위해서 행해질 수 있지만 날씬해지는 최선의 방법은 아니다.

> **Words** • attractive 매력적인 • skip 건너뛰다, 거르다 • prone ~하기 쉬운
> • undernourished 영양 부족의 • immune system 면역 체계 • circumstance 상황, 환경
> • attempt 시도 • skinny 바싹 여윈, 마른 • turn to ~에 의지하다 • remove 제거하다, 없애다

정답 ⓘ

B ① thirst ② sensory ③ hygiene ④ chronic
C ① malnutrition ② drowsy ③ seemingly ④ auditory ⑤ scars ⑥ respiratory

Day 08 그 남자의 소문

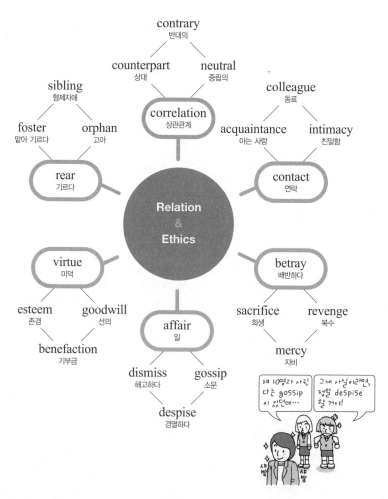

contrary
반대의

counterpart   neutral
상대   중립의

sibling
형제자매

foster   orphan
맡아 기르다   고아

correlation
상관관계

colleague
동료

acquaintance   intimacy
아는 사람   친밀함

rear
기르다

contact
연락

Relation
&
Ethics

virtue
미덕

betray
배반하다

esteem   goodwill
존경   선의

sacrifice   revenge
희생   복수

benefaction
기부금

affair
일

mercy
자비

dismiss   gossip
해고하다   소문

despise
경멸하다

재 10명과 사귄
다는 gossip
이 있던데…

그게 사실이라면,
정말 despise
할 거야!

□ 0209
correlation
[kɔ̀ːrəléiʃən]

명 상관관계
close **correlation** 밀접한 관계
correlation between climate and crops 기후와 작물의 상관관계
In love, there was no *correlation* between each individual partner's personalities. 사랑에 있어서 각 개인의 상대방의 성격 사이에는 아무런 상관관계가 없었다. 〔기출〕

□ 0210
counterpart
[káuntərpɑ̀ːrt]

명 상대, 대응 관계에 있는 것〔사람〕
our **counterpart** in the company 우리의 상대 부서
our negotiation **counterpart** 우리의 협상 상대
Our *counterpart* has a close connection with the authorities. 우리의 경쟁사는 당국과 긴밀한 관계가 있다.

□ 0211
contrary
[kántreri]

형 반대의 ; 적합하지 않은 명 반대되는 것
quite the **contrary** 그 정반대
act **contrary** to rules 규칙에 어긋나게 행동하다
On the *contrary*, he actually felt extremely fortunate. 반대로 그는 실제로 매우 다행이라고 느꼈다.
🔲 **voca** = opposite 반대의

□ 0212
neutral
[núːtrəl]

형 중립의
a **neutral** nation 중립국   politically **neutral** 정치적으로 중립인
In an experiment, two scientists got people to watch TV shows that were violent or *neutral*. 한 실험에서 두 과학자가 사람들에게 폭력적이거나 중립적인 TV 프로그램들을 보게 했다.
🔲 **voca** = unbiased 편견 없는   = impartial 공정한

□ 0213
contact
[kántækt]

명 연락, 접촉 동 연락하다, 접촉하다
make **contact** 연락하다
keep in **contact** with ~와 연락을 유지하다
Some of the species had never made *contact* with one another. 일부 종들은 서로 접촉해 본 경험이 없었다. 〔기출〕
🔲 **voca** = get in touch with ~와 연락하다

□ 0214
acquaintance
[əkwéintəns]

명 아는 사람, 친분 ; 지식
a casual **acquaintance** 조금 아는 사람
an **acquaintance** with English literature 영문학에 대한 지식
She was an *acquaintance* of the poet Baudelaire. 그녀는 시인 보들레르의 지인이었다.
acquaint 동 익히다

□ 0215
colleague
[káli:g]

명 동료
a **colleague** of mine from the office 내 사무실 동료 한 명
the Prime Minister and his Cabinet **colleagues** 수상과 그
의 내각 동료들
On behalf of my *colleagues*, I am confident in stating that
we do not disrespect female employees. 동료들을 대신해서, 나는 우
리가 여자 직원들을 경시하지 않는다고 자신 있게 말한다. 기출
voca = companion 동료, 친구

□ 0216
intimacy
[íntiməsi]

명 친밀함
true **intimacy** 진정한 친밀함   emotional **intimacy** 정서적 친밀함
Life is a community, a struggle to preserve *intimacy* and
avoid isolation. 인생은 공동체, 즉 친밀함을 지키고 고립을 피하려는 노력이다.
voca = familiarity 친근함

□ 0217
rear
[riər]

명 뒤, 후방 형 뒤쪽의 동 기르다 ; 들어 올리다
rear-view mirror (자동차의) 백미러   **rear** a child 아이를 기르다
He had a small kitchen at the *rear* of his store. 그는 가게 뒤쪽에
작은 부엌을 두었다.

□ 0218
foster
[fɔ́:stər]

동 맡아 기르다 ; 조성하다 형 수양의
foster parents 양부모   **foster** home 위탁 시설
These animated images might *foster* resistance. 이러한 만화 이미
지들은 거부감을 조성할 수도 있다.
voca = adopt 입양하다

□ 0219
sibling
[síbliŋ]

명 형제자매
missing **sibling** 잃어버린 형제자매   the youngest **sibling** 막내
A parent or *sibling* pushes the child to get in motion. 부모나
형제자매는 아이가 움직이도록 다그친다. 기출

□ 0220
orphan
[ɔ́:rfən]

명 고아 동 고아로 만들다
a war **orphan** 전쟁고아   be born an **orphan** 고아로 태어나다
A young *orphan* named Oliver Twist is sent to a
workhouse outside London. 올리버 트위스트라는 어린 고아는 런던 시외의
한 구빈원으로 보내진다.

□ 0221
virtue
[vɔ́ːrtʃuː]

명 미덕 ; 선행 ; 장점
virtue and vice 선과 악　**sovereign virtue** 탁월한 효능
Patience is one of the *virtues* that everyone should have.
인내는 모든 사람들이 가져야 하는 덕목들 중 하나이다.

□ 0222
goodwill
[gùdwíl]

명 선의, 호의
a goodwill envoy 친선 사절
a treaty of peace and goodwill 평화 친선 조약
If he were to say the wrong thing, all the *goodwill* that he
has built up could disappear. 그가 말을 잘못 한다면, 그가 쌓아 온 선의가
한순간에 사라져 버릴 수도 있을 텐데.

□ 0223
benefaction
[bènifǽkʃən]

명 기부금, 선행
generous benefaction 많은 기부금
sponsorship and benefaction 후원과 기부
It's important to distinguish between different forms of
benefaction. 선행의 서로 다른 형태들을 구별하는 것은 중요하다.

□ 0224
esteem
[istíːm]

명 존경　**동** 존경하다 ; ~으로 간주하다
self-esteem 자부심　**in public esteem** 대중의 존경을 받는
I *esteem* him greatly. 나는 그를 매우 존경한다.
voca = respect 존경하다　= regard ~으로 여기다

□ 0225
betray
[bitréi]

동 배반하다 ; 누설하다
betray a partner 동업자를 배반하다
betray a confidence 비밀을 누설하다
He knows that they will never *betray* him. 그는 그들이 절대로 자신
을 배신하지 않을 것임을 알고 있다.
betrayal **명** 배반 ; 밀고

□ 0226
revenge
[rivéndʒ]

명 복수　**동** 복수하다
revenge on a criminal 범인에게 복수하다
revenge for his father 아버지를 대신하여 복수하다
I don't think that *revenge* is a bad motive. 나는 복수심이 나쁜 동기
라고 생각하지 않는다.
voca = vengeance 복수　= avenge 복수하다

● ● ●

□ 0227
mercy
[mɔ́ːrsi]

(명) 자비, 연민 ; 고마운 일
in **mercy** 불쌍히 여겨
at the mercy of ~에 휘둘리는
In one small *mercy*, the storm began to lift before sunset.
그나마 고맙게도, 폭풍우는 해가 지기 전에 걷히기 시작했다.
➕ **voca** = compassion, pity 연민, 동정심

□ 0228
sacrifice
[sǽkrifàis]

(명) 희생 ; 제물　(동) 희생하다 ; 제물로 바치다
at any sacrifice 어떤 희생을 치르더라도
offer a sacrifice 제물을 바치다
At first, profit is *sacrificed* for the building of new clients.
처음에는 새로운 고객을 유치하기 위해 수익이 희생된다. (기출)

□ 0229
affair
[əfɛ́ər]

(명) 일, 사건
a love **affair** 연애　**report an affair in full** 사건을 자세히 전하다
The development of nylon had a surprisingly profound effect on world *affairs*. 나일론의 개발은 세계사에 놀랍도록 엄청난 영향을 미쳤다. (기출)
➕ **voca** = matter 문제　= business 일, 사건

□ 0230
gossip
[gásip]

(명) 소문, 험담　(동) (남의 일을) 수군거리다
talk gossip 잡담하다
gossip with a friend 친구와 험담하다
I could hear the low *gossip* of hens. 나는 암탉들이 낮은 목소리로 수군거리는 것을 들을 수 있었다. (기출)
➕ **voca** = chat 수다를 떨다

□ 0231
despise
[dispáiz]

(동) 경멸하다, 얕보다
despise the poor 가난한 사람들을 무시하다
come to despise 외면하다
He seems to *despise* me utterly. 그는 나를 몹시 경멸하는 것처럼 보인다.
➕ **voca** = look down on 얕보다　= dislike 싫어하다

□ 0232
dismiss
[dismís]

(동) 해고하다, 내쫓다 ; (생각 등을) 버리게 하다
dismiss an employee 직원을 해고하다
dismiss the prime minister 총리를 해임하다
We cannot *dismiss* Mr. Smith's opinion completely.
우리는 Smith 씨의 의견을 완전히 무시할 수는 없다. (기출)
dismissal (명) 해고 ; 묵살

□ 0233
ultimate
[ʌ́ltəmit]

형 **최후의, 궁극적인**
the **ultimate** goal 궁극적 목표　the **ultimate** way 최후의 수단
One of Iran's *ultimate* intentions is to enrich uranium.
이란의 궁극적인 목적 중 하나는 우라늄을 농축하는 것이다.

□ 0234
anniversary
[æ̀nivə́ːrsəri]

명 **기념일**
the first **anniversary** 첫돌
a wedding **anniversary** 결혼기념일
Today is Susan's 70th birthday and 30th wedding *anniversary* as well. 오늘은 Susan의 70번째 생일이자 30번째 결혼기념일이다. 기출

□ 0235
lean
[liːn]

동 **기대다, 의지하다 ; 구부리다** 형 **마른, 빈약한**
lean against an elevator 엘리베이터에 기대다
a **lean** body 마른 몸
It is good to *lean* over a gate and look at the open field.
문에 기대어 넓은 들판을 쳐다보는 것은 좋은 일이다.

□ 0236
masculine
[mǽskjulin]

형 **남성의, 남자다운** 명 **남성**
masculine notions 남성주의적 사고
masculine pronouns 남성 대명사
The living room is decorated in a more *masculine* style than the bedroom. 거실은 침실보다 더 남성적인 스타일로 장식된다.
voca ↔ feminine 여성(의)

□ 0237
maintain
[meintéin]

동 **유지하다 ; 주장하다 ; 부양하다**
maintain health 건강을 유지하다
maintain self-respect 자존심을 지키다
She was in a coma, on a breathing machine, her heartbeat *maintained* with an electrical device. 그녀는 호흡기를 끼고, 심장 박동은 전기 장치로 유지된 채 혼수상태에 있었다. 기출

□ 0238
consistent
[kənsístənt]

형 **일관된 ; 일치하는**
consistent opinions 일관된 의견
consistent day after day 매일같이
Teaching practices should become more methodical and *consistent*. 교수 방법은 더 체계적이고 일관적이어야 한다.
consistency 명 일관성

A 영어는 우리말로, 우리말은 영어로 쓰시오.

① goodwill　＿＿＿＿＿＿　⑪ 배반하다　＿＿＿＿＿＿

② foster　＿＿＿＿＿＿　⑫ 아는 사람　＿＿＿＿＿＿

③ mercy　＿＿＿＿＿＿　⑬ 기대다　＿＿＿＿＿＿

④ anniversary　＿＿＿＿＿＿　⑭ 유지하다　＿＿＿＿＿＿

⑤ correlation　＿＿＿＿＿＿　⑮ 친밀함　＿＿＿＿＿＿

⑥ benefaction　＿＿＿＿＿＿　⑯ 존경　＿＿＿＿＿＿

⑦ gossip　＿＿＿＿＿＿　⑰ 일　＿＿＿＿＿＿

⑧ contact　＿＿＿＿＿＿　⑱ 형제자매　＿＿＿＿＿＿

⑨ masculine　＿＿＿＿＿＿　⑲ 경멸하다　＿＿＿＿＿＿

⑩ colleague　＿＿＿＿＿＿　⑳ 중립의　＿＿＿＿＿＿

B 빈칸에 공통으로 들어갈 단어는?

① quite the ＿＿＿＿ 그 정반대 　　act ＿＿＿＿ to rules 규칙에 어긋나게 행동하다

② a war ＿＿＿＿ 전쟁고아 　　be born an ＿＿＿＿ 고아로 태어나다

③ ＿＿＿＿ and vice 선과 악 　　sovereign ＿＿＿＿ 탁월한 효능

④ the ＿＿＿＿ goal 궁극적 목표 　　the ＿＿＿＿ way 최후의 수단

C 다음 빈칸에 알맞은 단어를 〈보기〉에서 골라 넣으시오. (필요하면 형태를 변형하시오.)

┌─────── **[보기]** ───────┐
revenge　counterpart　dismiss　sacrifice　consistent　rear
└──────────────────────────┘

① Our (　　　　) has a close connection with the authorities.

② He had a small kitchen at the (　　　　) of his store.

③ At first, profit is (　　　　) for the building of new clients.

④ Teaching practices should become more methodical and (　　　　).

⑤ I don't think that (　　　　) is a bad motive.

⑥ We cannot (　　　　) Mr. Smith's opinion completely.

D 이번 테마를 다룬 독해 지문을 읽으면서 관련 어휘의 뜻을 확인해 보자.

On my way to Washington via London, I **contacted** Felicity de Zulueta, a consultant psychiatrist who specializes in trauma therapy. I had already heard the story of why she had become a psychiatrist. She was **reared** in Uganda in the early 1960s. A local **acquaintance** of her father, a malaria doctor, had given him an elephant **orphaned** by poaching. He brought it home to the family garage, where it immediately bonded with **orphan** antelope **siblings** already residing there. As **foster** parents, her family loved it, but her parents realized that it would soon get bigger than the garage. So they sent it to the Entebbe Zoo, and despite being well cared for, the little elephant got lonely and, **contrary** to their expectations, died. Through its death, Felicity decided to study psychiatry, thinking that trauma has physical **correlations** in the brain, just as wounding does.

Translation 런던을 경유해서 워싱턴으로 가는 길에, 나는 정신적 외상 치료를 전문으로 하는 상담 정신과 의사 Felicity de Zulueta와 **contact**했다. 나는 그녀가 정신과 의사가 된 이유를 이미 들었었다. 그녀는 1960년대 초반에 우간다에서 **rear**되었다. 말라리아 의사인 그녀의 아버지의 동네 **acquaintance**가 밀렵으로 **orphan**된 코끼리 한 마리를 그에게 주었다. 그는 그것을 집 차고로 가져갔고, 그 코끼리는 거기서 이미 살고 있었던 **orphan**된 영양의 **sibling**과 바로 정을 붙였다. **foster**부모처럼 그녀의 가족은 그것을 사랑했지만, 그녀의 부모는 곧 그것이 차고보다 커질 것을 알았다. 그래서 그들은 그것을 Entebbe 동물원으로 보냈고, 보살핌을 잘 받았음에도 불구하고 그 어린 코끼리는 외로워져 그들의 기대와는 **contrary**하게 죽었다. 그것의 죽음을 통해서, Felicity는 정신적 외상이 신체적 외상처럼 뇌에서 실체적인 **correlation**이 있다고 생각하며, 정신 의학을 공부하기로 결심했다.

Words • consultant 상담사 • psychiatrist 정신과 의사 • specialize 전공하다 • trauma 정신적 외상 • poach 밀렵하다 • garage 차고, 주차장 • bond 인연을 맺다 • antelope 영양 • reside 살다, 거주하다

정답 🔒

B ① contrary ② orphan ③ virtue ④ ultimate
C ① counterpart ② rear ③ sacrificed ④ consistent ⑤ revenge ⑥ dismiss

파업이냐 진압이냐

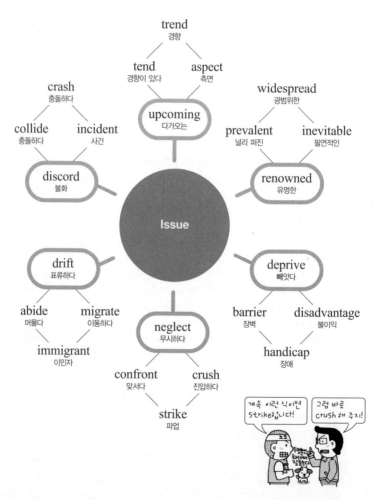

trend
경향

tend
경향이 있다

aspect
측면

crash
충돌하다

widespread
광범위한

collide
충돌하다

incident
사건

upcoming
다가오는

prevalent
널리 퍼진

inevitable
필연적인

discord
불화

renowned
유명한

Issue

drift
표류하다

deprive
빼앗다

abide
머물다

migrate
이동하다

barrier
장벽

disadvantage
불이익

immigrant
이민자

neglect
무시하다

handicap
장애

confront
맞서다

crush
진압하다

strike
파업

계속 이런 식이면 strike합니다!

그럼 바로 crush 해 주지!

□ 0239
upcoming
[ʌ́pkʌ̀miŋ]

형 다가오는
the **upcoming** week 다음 주
the **upcoming** election 다가오는 선거
Upcoming events are posted on our website. 앞으로의 일정들은 우리의 웹사이트에 게시되어 있습니다.

□ 0240
tend
[tend]

동 경향이 있다 ; ~하기 쉽다 ; 돌보다
tend to prefer bright colors 밝은 색을 선호하는 경향이 있다
tend to a patient 환자를 돌보다
People who have large, infrequent meals *tend* to gain more weight. 많은 양의 음식을 드물게 먹는 사람은 체중이 늘기 쉽다. (기출)
tendency 명 경향, 추세
➕voca = be inclined to ~하는 경향이 있다

□ 0241
trend
[trend]

명 경향, 추세 동 경향이 있다
an annual **trend** 연간 경향   a general **trend** 일반적인 경향
Marketers are turning to teen blogs to identify the social *trends* that are shaping consumer behavior. 마케터들은 소비자 행동을 형성하는 사회적 경향을 알아보기 위해 십대들의 블로그에 의지하고 있다. (기출)

□ 0242
aspect
[ǽspekt]

명 측면, 양상 ; 생김새
an unusual **aspect** 색다른 점
every **aspect** of life 생활의 모든 면
He now realizes one of the *aspects* of Navajo culture that he was completely unaware of. 그는 전혀 알지 못했던 나바호 문화의 한 측면을 이제 깨달았다. (기출)

□ 0243
renowned
[rináund]

형 유명한, 명성 있는
a **renowned** writer 유명한 작가
renowned throughout the world 전 세계에 알려진
Missouri is *renowned* for its big, muddy caves. Missouri는 크고 진흙투성이인 동굴들로 유명하다.

□ 0244
prevalent
[prévələnt]

형 널리 퍼진 ; 우세한
prevalent throughout the country 전국에 퍼진
a **prevalent** idea 지배적인 사상
Several factors contribute to the poverty *prevalent* in some Latin American countries. 몇 가지 요소들이 일부 라틴 아메리카 국가들에 널리 퍼진 빈곤의 원인이 된다. (기출)
prevalence 명 널리 퍼짐, 보급

• • •

□ 0245
widespread
[wáidspred]

(형) 광범위한, 널리 퍼진
the **widespread** use 광범위한 사용
widespread starvation 만연한 기아
Korean films have grown enough in popularity to receive *widespread* international recognition. 한국 영화는 폭넓게 국제적으로 인정을 받을 만큼 인기가 증가해 왔다.

➕ voca = common 흔한

□ 0246
inevitable
[inévitəbəl]

(형) 피할 수 없는, 필연적인
inevitable death 피할 수 없는 죽음
an **inevitable** consequence 불가피한 결과
It is *inevitable* that some laws will turn out to be bad ones. 일부 법들은 나쁜 법으로 드러날 것이 불가피하다.

inevitably (부) 불가피하게

➕ voca = unavoidable 피할 수 없는

□ 0247
discord
[dískɔːrd]

(명) 불화, 불일치 ; 불협화음
party **discord** 당내의 불화   smooth **discord** 불화를 가라앉히다
Where the *discord* would end was anyone's guess. 그 불화가 어디에서 끝날지를 모두가 궁금해 했다.

➕ voca ↔ concord 일치

□ 0248
collide
[kəláid]

(동) 충돌하다
collide head-on 정면충돌하다
collide with an iceberg 빙산과 충돌하다
The police department reported that two trains had *collided* in California, killing at least 12 people. 경찰청은 두 열차가 캘리포니아에서 충돌했고, 적어도 12명이 사망했다고 보고했다.

collision (명) 충돌

□ 0249
crash
[kræʃ]

(명) 사고 ; (부서질 때 나는) 요란한 소리 (동) 충돌하다 ; 돌진하다
a car **crash** 자동차 충돌 사고   with a **crash** 요란한 소리를 내며
I did not want him to get hurt or *crash* into someone else. 나는 그가 다치거나 다른 사람과 충돌하는 것을 원하지 않았다.

□ 0250
incident
[ínsidənt]

(명) 사건, 일
report an **incident** 사건을 신고하다
provoke an **incident** 사건을 야기하다
Last weekend, there was a serious *incident* involving a group of teenagers. 지난 주말에 한 무리의 십대들이 연루된 심각한 사건이 있었다.

□ 0251
drift
[drift]

(동) 표류하다, 떠가다 (명) 표류 ; (서서히 일어나는) 이동
drift in the sea 바다에서 표류하다 **a drift in a course** 항로 이탈
The aroma of freshly brewed coffee *drifts* on the wind.
새로 끓인 커피의 향이 바람을 타고 퍼진다.

□ 0252
migrate
[máigreit]

(동) 이동하다, 이주하다
migrate to warmer countries 따뜻한 나라로 이동하다
migrate from rural to urban areas 시골에서 도시 지역으로 이주하다
Most of them live farther west, but they *migrate* over here
once in a while. 그들의 대부분은 훨씬 더 서쪽에서 살지만 가끔 이곳으로 이동
한다.
migration (명) 이동, 이주

□ 0253
immigrant
[ímigrənt]

(명) 이민자
immigrant workers 이주 노동자들
an illegal immigrant 불법 이민자
Immigrants are importing their mother tongues here at
record rates. 이민자들은 기록적인 속도로 그들의 모국어를 이곳에 들여오고 있다.

□ 0254
abide
[əbáid]

(동) 참다 ; 머물다 ; 준수하다 ; 지속하다
cannot abide laziness 게으름을 참지 못하다
abide by a law 법을 준수하다
Their love will *abide* till the end of their lives. 그들의 생명이 다
할 때까지 그들의 사랑은 지속될 것이다.

□ 0255
deprive
[dipráiv]

(동) 빼앗다, 박탈하다
deprive someone of hope 누군가에게서 희망을 빼앗다
a socially deprived place 사회적으로 궁핍한 지역
School uniforms have *deprived* us of such a precious
opportunity to learn from mistakes. 교복은 실수로부터 배울 수 있는
그런 값진 기회를 우리들에게서 박탈해 왔다. (기출)

□ 0256
disadvantage
[dìsədvǽntidʒ]

(명) 불이익 ; 단점 (동) 불리한 처지에 놓이게 하다
a lifelong disadvantage 일생의 불이익
at a big disadvantage 아주 불리한 입장에 있는
The main advantage of hybrid cars is the electric motor, but
it is also their *disadvantage*. 하이브리드 차의 주요한 장점은 전기 모터인
데, 이것은 또한 단점이기도 하다. (기출)
voca = drawback 결점

• • •

□ 0257
handicap
[hǽndikæ̀p]

(명) 장애 ; 불이익 (동) 불리한 입장에 두다
a physical handicap 신체적 장애
under a handicap 불리한 입장에서
The only difference between you and me is that you can
see my *handicap*, but I can't see yours. 너와 나의 유일한 차이점은
너는 나의 장애를 볼 수 있지만 나는 너의 장애를 볼 수 없다는 것이다. (기출)
➕ **voca** = disability 장애

□ 0258
barrier
[bǽriər]

(명) 장벽, 장애물
put up a barrier 담을 쌓다
an unfair barrier to trade 불공정한 무역 장벽
The language *barrier* is one of the most significant
problems faced by our readers. 언어 장벽은 우리 독자들이 직면한 가장
중요한 문제들 중 하나이다.
➕ **voca** = bar 장애물

□ 0259
neglect
[niglékt]

(동) 방치하다, 무시하다 (명) 방치
a total neglect 완전히 방치된 것 **neglect of duty** 직무 태만
When found, these areas were unattractive and *neglected*.
처음 발견되었을 때 이 지역들은 매력이 없었고 방치되어 있었다. (기출)
➕ **voca** = disregard, ignore 무시하다 = overlook 간과하다

□ 0260
crush
[krʌʃ]

(동) 눌러서 부수다 ; 가루로 만들다 ; 진압하다 (명) 군중 ; 홀딱 반함
crush a rebellion 반란을 진압하다
have a crush on a person 첫눈에 반하다
They had to abandon their ship when the ice *crushed* the
boat. 빙하가 배를 부쉈을 때 그들은 배를 버려야만 했다.

□ 0261
strike
[straik]
-struck-struck

(명) 파업 ; 타격 (동) 때리다 ; 부딪치다
a nationwide strike 전국적인 파업 **an air strike** 공습
The sea *strikes* our coasts continually. 파도는 계속해서 해안에 부딪
친다.

□ 0262
confront
[kənfrʌ́nt]

(동) 직면하다, 맞서다
confront the reality 현실에 직면하다
confront a critical decision 중대한 결정에 직면하다
He knew that he had to *confront* his fear. 그는 자신의 두려움에 맞서
야 한다는 것을 알았다. (기출)
confrontation (명) 직면, 대립

□ 0263
initial
[iníʃəl]

형 처음의, 시작의　명 머리글자
an **initial** investment 초기 투자　an **initial** letter 머리글자
Let children experience success after *initial* difficulties.
아이들에게 처음에 어려움을 겪은 뒤 성공을 경험하게 하라.

□ 0264
abuse
[əbjúːs]

형 남용, 오용 ; 학대　동 남용하다, 오용하다 ; 학대하다
drug **abuse** 약물 남용　child **abuse** 아동 학대
There are two kinds of *abuse*, mental and physical. 정신적 그리
고 신체적, 두 종류의 학대가 있다.
voca = maltreat 학대하다

□ 0265
undergo
[ʌndərgóu]

-underwent-undergone

동 (영향, 검사 등을) 받다 ; (일 등을) 겪다
undergo an operation 수술을 받다
undergo military service 병역에 복무하다
She is reluctant to *undergo* any extra charge. 그녀는 추가 비용의
부담을 꺼린다.

□ 0266
inaccessible
[ìnəksésəbəl]

형 접근할 수 없는
inaccessible areas 접근 금지 지역
inaccessible to the public 일반인 출입 금지
His prose is *inaccessible* to many readers. 그의 산문은 많은 독자들
에게 이해하기 어려웠다.
voca ↔ accessible 접근 가능한 ; 이해하기 쉬운

□ 0267
shortcut
[ʃɔ́ːrtkʌ̀t]

명 지름길　형 손쉬운
a **shortcut** to school 학교로 가는 지름길
delete the **shortcut** 바로가기를 삭제하다
I tried to take a *shortcut* to the stream. 나는 지름길로 그 개울에 가려
고 노력했다.

Link 어원　dis- 부정, 분리

- discord 불화
- disclose 드러내다, 노출시키다
- disapprove 반대하다
- discordance 불일치
- disarm 무장 해제시키다

- discomfort 불편
- disagreeable 불쾌한
- disassemble 분해하다
- disability 장애
- disgrace 불명예

- discourage 낙담시키다
- disinterested 사심 없는
- discharge 짐을 내리다
- dissuade 단념하게 하다
- disorder 무질서

A 영어는 우리말로, 우리말은 영어로 쓰시오.

① inevitable _____
② collide _____
③ tend _____
④ immigrant _____
⑤ undergo _____
⑥ strike _____
⑦ incident _____
⑧ trend _____
⑨ prevalent _____
⑩ disadvantage _____

⑪ 장애 _____
⑫ 장벽 _____
⑬ 눌러서 부수다 _____
⑭ 접근할 수 없는 _____
⑮ 이동하다 _____
⑯ 방치하다 _____
⑰ 측면 _____
⑱ 지름길 _____
⑲ 광범위한 _____
⑳ 빼앗다 _____

B 빈칸에 공통으로 들어갈 단어는?

① the _____ week 다음 주   the _____ election 다가오는 선거
② a car _____ 자동차 충돌 사고   with a _____ 요란한 소리를 내며
③ cannot _____ laziness 게으름을 참지 못하다
      _____ by a law 법을 준수하다
④ drug _____ 약물 남용   child _____ 아동 학대

C 다음 빈칸에 알맞은 단어를 〈보기〉에서 골라 넣으시오. (필요하면 형태를 변형하시오.)

[보기]
discord renowned initial drift confront

① Missouri is (   ) for its big, muddy caves.
② The aroma of freshly brewed coffee (   ) on the wind.
③ Where the (   ) would end was anyone's guess.
④ He knew that he had to (   ) his fear.
⑤ Let children experience success after (   ) difficulties.

D 이번 테마를 다룬 독해 지문을 읽으면서 관련 어휘의 뜻을 확인해 보자.

Many studies conducted by local and international organizations on the extent of drug **abuse** in underdeveloped countries show that the use of marijuana, alcohol and cocaine is **trending** upward. These drugs have been **inevitably** linked to increased crime rates within the society. Young men between 14-16 years of age **tend** to be the most vulnerable to drug **abuse**. What is worse, some parents have been reluctant to express this concern in relation to their own children for fear that it suggests they have **neglected** their work of parenting. Also, despite the risks involved in the cross-border shipment of drugs, young men see it as a profitable opportunity. Therefore, in the **aspect** of preventing drug **abuse** and crime, the government should make it a project to expand employment for young men. Moreover, the government should develop a national plan of action to counter the **prevalence** of drug **abuse**, focusing on prevention through information, education and international cooperation.

Translation 저개발 국가에서 약물 **abuse**의 정도에 대한 지역과 국제 기관에 의해 수행된 많은 연구는 대마초, 술 그리고 코카인의 사용이 상승 **trend**에 있다는 것을 보여 준다. 이런 약물들은 **inevitably**하게 사회 내의 증가된 범죄 비율과 연관되어 왔다. 14세에서 16세 사이의 어린 남자아이들이 약물 **abuse**에 가장 취약한 **tend**하다. 설상가상으로 몇몇 부모들은 부모로서의 역할을 **neglect**했다고 주장될 것이 두려워 자신의 아이들과 관련된 이런 걱정의 표현을 꺼려 왔다. 또한 국경을 넘는 약물 운송에 연루될 위험에도 불구하고, 어린 남자아이들은 그것을 돈이 되는 기회로 생각한다. 그러므로 약물 **abuse**와 범죄의 예방이란 **aspect**에서, 정부는 어린 남자아이들의 고용 확대를 위한 계획을 세워야만 한다. 더욱이 정부는 정보, 교육 그리고 국제 협력을 통한 예방에 초점을 맞춰, 약물 **abuse**의 **prevalence**를 막으려는 조치의 국가적 계획을 진전시켜야만 한다.

Words • conduct 수행하다 • extent 정도, 한도 • marijuana 대마초 • vulnerable 취약한 • reluctant 마음이 내키지 않는 • concern 염려 • profitable 이익이 되는 • cooperation 협력

정답 🔊

B ① upcoming ② crash ③ abide ④ abuse
C ① renowned ② drifts ③ discord ④ confront ⑤ initial

● 시대와 역사

Day 10

한강에 해적이 있다고?

| previous 이전의 | primitive 원시의 | barbarian 야만인 | medieval 중세의 | contemporary 현대의 |

| warfare 전쟁 | strategy 전략 | retreat 후퇴하다 | surrender 항복하다 | captive 포로 |

| derive 유래하다 | advent 도래, 출현 | outbreak 발발, 발생 | landmark 획기적 사건 | monument 기념비 |

| descend 내려가다 | successive 연속적인 | historical 역사의 | archaeologist 고고학자 | forum 토론회 |

| shield 보호하다 | fleet 함대 | pirate 해적 | devastate 완전히 파괴하다 | wreck 난파선 |

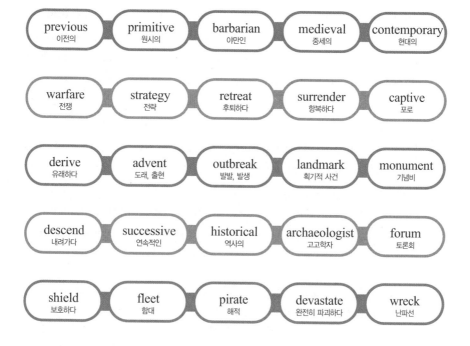

내가 당신들을 Shield 해 주겠소!

한강에 pirate가 어딨다고?

한강유람선

□ 0268
previous
[príːviəs]

⑱ 이전의, 앞선
a **previous** engagement 선약
have no **previous** experience 경력이 없다
In modern societies, people live in a world where they can
see little connection between themselves and *previous*
generations. 현대 사회에서 사람들은 자신들과 이전 세대들 간의 연관성을 거의 볼
수 없는 세상에 산다.
previously ⑲ 이전에, 앞서
voca = prior 사전의 = preceding 앞선

□ 0269
primitive
[prímətiv]

⑱ 원시의 ; 초기의
primitive societies 원시 사회
a **primitive** form of philosophy 철학의 원시적인 형태
I used to believe that a *primitive* culture was equivalent to a
less intelligent society. 나는 원시적인 문화가 덜 지적인 사회와 같다고 믿었다.

□ 0270
barbarian
[bɑːrbɛ́əriən]

⑲ 야만인
feel like **barbarian** 야만인처럼 느껴지다
call a person a **barbarian** ~을 미개인이라고 부르다
In this documentary film, we can see an example of real
barbarian behavior. 이 다큐멘터리 영화에서, 우리는 진정한 야만인의 행동의
예를 볼 수 있다.

□ 0271
medieval
[mìːdíːvəl]

⑱ 중세의, 중세풍의
explain **medieval** history 중세 역사를 설명하다
medieval Gothic architecture 중세 고딕 건축 양식
In most of *medieval* Europe, society was dependent on the
"feudal" system. 대부분의 중세 유럽에서, 사회는 '봉건' 체제에 의존했다.

□ 0272
contemporary
[kəntémpərèri]

⑱ 동시대의 ; 현대의
contemporary authors 동시대의 작가들
contemporary art 현대 미술
Do not think *contemporary* work will appear thin and
trivial compared with the great work of the past. 현대의 작품들
이 과거의 위대한 작품들에 비해 하찮고 사소하게 보일 것이라고 생각하지 마라. (기출)

□ 0273
warfare
[wɔ́ːrfɛ̀ər]

⑲ 전쟁, 전투
atomic **warfare** 핵전쟁 conventional **warfare** 재래식 전쟁
An interesting system of cooperation developed during
warfare. 전투 중에 흥미로운 협력 시스템이 개발되었다.

• • •

□ 0274
strategy
[strǽtədʒi]

® 전략
marketing strategy 마케팅 전략
national strategies 국가적 전략
Astronomers are urging world governments to decide on a *strategy* for preventing the potential collision. 천문학자들은 세계의 정부들에게 충돌 가능성을 막을 전략을 결정할 것을 촉구하고 있다. (기출)
strategic ® 전략(상)의

□ 0275
retreat
[ritríːt]

® 후퇴하다 ® 후퇴, 철수
retreat to safety 안전한 곳으로 후퇴하다
make a strategic retreat 전략상 후퇴하다
Under pressure, men *retreat* into their own world. 강압적인 상황에서 남자들은 자신들만의 세계로 도피한다. (기출)
➕ voca = withdraw 철수하다

□ 0276
surrender
[səréndər]

® 항복하다 ; 포기하다 ® 항복 ; 포기
surrender to ~에 항복하다
be forced to surrender 항복할 수밖에 없다
The mayor should *surrender* to their demands. 시장은 그들의 요구를 들어줘야 한다.

□ 0277
captive
[kǽptiv]

® 포로의, 사로잡힌 ; 매혹된 ® 포로, 노예
captive animals 포획된 동물들
hold someone captive 누군가를 포로로 잡다
The *captive* bears had known her since they were babies. 우리에 갇힌 그 곰들은 새끼 때부터 그녀를 알아 왔다.

□ 0278
derive
[diráiv]

® 끌어내다, 얻다 ; 유래하다
derive pleasure from ~에서 기쁨을 얻다
a word derived from German 독일어에서 유래된 단어
Biomass is plant-*derived* material that is usable as a renewable energy source. 생물자원은 재생에너지원으로 사용할 수 있는 식물에서 얻을 수 있는 자원이다.

□ 0279
advent
[ǽdvent]

® 도래, 출현
the advent of globalization 세계화 시대의 도래
the advent of smart phones 스마트폰의 출현
The record industry entered into a new phase due to the *advent* of the Internet. 인터넷의 등장으로 음반 산업이 새로운 국면을 맞이했다.

☐ 0280
outbreak
[áutbrèik]

명 발발, 발생 ; 급증
the **outbreak** of war 전쟁의 발발
a pandemic **outbreak** of avian flu 조류 독감의 전 세계적인 발병
An *outbreak* of the highly infectious flu is spreading all over the world. 전염성이 매우 강한 독감이 전 세계에 퍼지고 있다.

☐ 0281
landmark
[lǽndmɑːrk]

명 주요 지형지물 ; 획기적 사건
a historical **landmark** 역사적인 건물
a **landmark** study 획기적인 연구
In the United States, *landmarks* are often indicated by their position along mile markers. 미국에서 대표적인 건물은 종종 마일 표시와 함께 위치가 표기된다. 기출

☐ 0282
monument
[mɑ́njumənt]

명 기념비, 기념물
set up a **monument** 기념비를 세우다
a national **monument** 천연 기념물
The *monument* was erected in commemoration of war heroes. 그 기념비는 전쟁 영웅들을 기념하기 위해 세워졌다.
monumental 형 기념비적인 ; 불후의

☐ 0283
descend
[disénd]

동 내려가다
slowly **descend** the stairs 계단을 천천히 내려가다
be **descended** from Jews 유대인 자손이다
An airplane was sharply descending toward the airport. 비행기 한 대가 공항 쪽으로 급격하게 하강하고 있었다.
descent 명 하강, 내리막   descendant 명 자손
➕ voca ↔ ascend 올라가다

☐ 0284
successive
[səksésiv]

형 연속적인
a fifth **successive** win 5회 연속 우승
successive government 뒤를 이은 정부
The suspect was placed under overnight investigation for two *successive* days. 그 용의자는 이틀 연속으로 밤샘 조사를 받았다.
succession 명 연속 ; 계승   successor 명 계승자, 후임자
➕ voca = consecutive 연이은

☐ 0285
historical
[histɔ́ːrikəl]

형 역사의
historical novels 역사 소설
historical evidence 역사적인 증거
He marked all the spots of *historical* importance and then connected them. 그는 역사적 중요성을 지닌 모든 지점들을 표시하고 난 뒤에 그 지점들을 연결했다.

□ 0286
archaeologist
[àːrkiáləʤist]

명 고고학자
according to **archaeologists** 고고학자들에 의하면
a professional **archaeologist** 고고학 전문가
After weeks of careful digging, the *archaeologist* found a mummy. 몇 주간의 신중한 발굴 후에, 그 고고학자는 미라를 발견했다.
archaeology 명 고고학   archaeological 형 고고학의

□ 0287
forum
[fɔ́ːrəm]

명 토론회 ; (고대 로마의) 포럼[광장]
a leadership **forum** 지도자 토론회
an annual public **forum** 연례 공개 토론회
A *forum* was open public space in the middle of a Roman city, where people could discuss anything they wanted.
포럼은 사람들이 원하는 것을 토론할 수 있는 로마시의 중앙에 있었던 넓은 공공 장소였다.

□ 0288
shield
[ʃiːld]

동 보호하다 명 방패
shield you from a danger 위험으로부터 당신을 보호하다
both sides of the **shield** 방패의 양면
It is thick enough to *shield* their skin from the sun. 그것은 태양으로부터 피부를 보호할 만큼 충분히 두껍다.

□ 0289
fleet
[fliːt]

명 함대 형 빠른
fleet admiral 해군 원수   **fleet** of foot 발이 빠른
We crushed the enemy *fleet* in a split-second. 우리는 적의 함대를 한순간에 무찔렀다.

□ 0290
pirate
[páiərət]

명 해적 ; 불법 복제자 동 불법 복제하다
the notorious **pirate** 악명 높은 해적
a **pirated** version of the movie 영화의 해적판
Most of us remember the movie, *Pirates* of the Caribbean, in which Johnny Depp starred as Captain Jack Sparrow.
우리 대부분은 Johnny Depp이 Jack Sparrow 선장으로 출연한 '캐리비안의 해적'이라는 영화를 기억한다.
piracy 명 해적 행위 ; 저작권 침해
voca = plagiarist 표절자

□ 0291
devastate
[dévəstèit]

동 완전히 파괴하다, 황폐화하다
devastate the city 도시를 완전히 파괴하다
be **devastated** by the flood 홍수로 황폐화되다
The hurricane of last week *devastated* the whole village, including its crops, buildings, bridges and roads. 지난주의 허리케인이 농작물, 건물, 다리, 도로를 포함한 마을 전체를 완전히 파괴했다.
devastation 명 황폐화   devastating 형 파괴적인, 굉장한

□ 0292
wreck
[rek]

명 **난파선 ; 잔해 ; 사고** 동 **망가뜨리다**
save a ship from a **wreck** 배의 조난을 구조하다
scene of the car **wreck** 자동차 사고 장면
Immediately they stop the boat and go down to look at the
wreck. 즉시 그들은 배를 멈추고 그 난파선을 보기 위해 내려간다. (기출)

□ 0293
dawn
[dɔːn]

명 **새벽, 여명 ; 초기** 동 **밝아지다**
at the crack of **dawn** 새벽에
from **dawn** until dusk 새벽부터 황혼까지
The cold Iowa *dawn* was still an hour off. 추운 아이오와의 새벽이
올 때까지는 아직 한 시간이 남았다. (기출)

□ 0294
rebel
[rébəl] 명
[ribél] 동

명 **반역자, 반항자** 동 **반란을 일으키다, 반항하다**
the **rebel** army 반란군
rebel against all authority 모든 권위에 대항하다
If the plan is too rigid, you may *rebel* against it and give up
studying. 만일 계획이 너무 엄격하면, 당신이 그것에 반항을 하고 공부를 포기할 수
도 있다.
rebellious 형 반항하는, 반역하는 rebellion 명 반란, 반항
➕ voca = insurgent 반란을 일으킨 사람

□ 0295
suppress
[səprés]

동 **진압하다, 억제하다 ; 참다 ; 숨기다**
suppress a riot 폭동을 진압하다
suppress one's feelings 감정을 억누르다
The government mobilized the police to *suppress* the
protest. 정부는 경찰을 동원하여 시위를 진압했다.
suppression 명 진압, 억제
➕ voca = conquer 정복하다 = restrain 저지하다

□ 0296
chariot
[tʃǽriət]

명 **전차**
ride **chariots** into battle 전차를 타고 전투에 나가다
ancient Roman **chariot** races 고대 로마의 전차 경주
We can see a spectacular *chariot* race in the famous old
movie, Ben Hur. 유명한 옛날 영화, 벤허에서 우리는 멋진 전차 경주를 볼 수 있다.

□ 0297
torch
[tɔːrtʃ]

명 **횃불 ; 손전등**
a flaming **torch** 타오르는 횃불 the Olympic **torch** 올림픽 성화
They were searching for the missing children, carrying
torches in their hands. 그들은 손에 횃불을 들고 실종된 아이들을 찾아다니고
있었다.

A 영어는 우리말로, 우리말은 영어로 쓰시오.

① derive _____ ⑪ 해적 _____

② barbarian _____ ⑫ 내려가다 _____

③ landmark _____ ⑬ 토론회 _____

④ medieval _____ ⑭ 포로의 _____

⑤ devastate _____ ⑮ 난파선 _____

⑥ previous _____ ⑯ 후퇴하다 _____

⑦ dawn _____ ⑰ 횃불 _____

⑧ chariot _____ ⑱ 진압하다 _____

⑨ strategy _____ ⑲ 원시의 _____

⑩ archaeologist _____ ⑳ 발발 _____

B 빈칸에 공통으로 들어갈 단어는?

① _____ authors 동시대의 작가들　　_____ art 현대 미술

② atomic _____ 핵전쟁　　conventional _____ 재래식 전쟁

③ _____ novels 역사 소설　　_____ evidence 역사적인 증거

④ _____ admiral 해군 원수　　_____ of foot 발이 빠른

C 다음 빈칸에 알맞은 단어를 〈보기〉에서 골라 넣으시오. (필요하면 형태를 변형하시오.)

[보기]

successive　shield　rebel　advent　surrender

① The mayor should (　　　) to their demands.

② The suspect was placed under overnight investigation for two (　　　) days.

③ If the plan is too rigid, you may (　　　) against it.

④ It is thick enough to (　　　) their skin from the sun.

⑤ The record industry entered into a new phase due to the (　　　) of the Internet.

D 이번 테마를 다룬 독해 지문을 읽으면서 관련 어휘의 뜻을 확인해 보자.

The **dawn** of the twentieth century gave birth to an enlightened period of time that continues to shine today. **Previously**, **primitive** mankind often fought with little **strategy** and a **barbarian** spirit. Since they didn't have the powerful weapons we have today, they had to fight with their bare hands or using simple tools. Nevertheless, they were very cruel, and fought until they annihilated the enemy soldiers completely. In addition, when soldiers were taken as **captives** by the enemy, **surrender** was not an option in some cases, as pride and honor were considered to be more valuable than life itself. As you could imagine, the **outbreak** of war at that time had **devastating** effects on both parties. This kind of violent and fierce **warfare** often had the result of reducing male populations globally.

> **Translation**   20세기 **dawn**에 오늘날까지도 빛나는 계몽의 시대가 태동되었다. **Previously**, **primitive**한 인류는 종종 **strategy**가 거의 없고 **barbarian**적인 정신을 가지고 싸웠다. 그들은 지금 우리가 가지고 있는 강력한 무기가 없었기 때문에, 맨손이나 간단한 도구를 이용해서 싸워야 했다. 그럼에도 불구하고, 그들은 매우 잔인했으며, 적군들을 완전히 전멸시킬 때까지 싸웠다. 또한, 병사들이 적에 의해 **captive**들이 되었을 때, 자존심과 명예가 생명 그 자체보다 더 귀중한 것으로 여겨졌기 때문에 어떤 경우에 **surrender**는 선택할 수 있는 사항이 아니었다. 상상할 수 있는 것처럼, 그 당시의 전쟁의 **outbreak**는 양측에 **devastating**한 영향을 끼쳤다. 이런 종류의 격렬하고 사나운 **warfare**는 종종 전 세계적으로 남성 인구의 감소를 가져왔다.

> **Words**   • give birth to 낳다   • enlightened 문명화된, 진보한   • mankind 인류, 인간
> • bare 벌거벗은, 맨-   • cruel 잔인한   • annihilate 전멸시키다   • valuable 귀중한, 소중한
> • violent 격렬한, 맹렬한   • fierce 몹시 사나운   • population 인구

정답 🔊

B   ① contemporary   ② warfare   ③ historical   ④ fleet
C   ① surrender   ② successive   ③ rebel   ④ shield   ⑤ advent

Day 11

공동체

기부왕의 고민

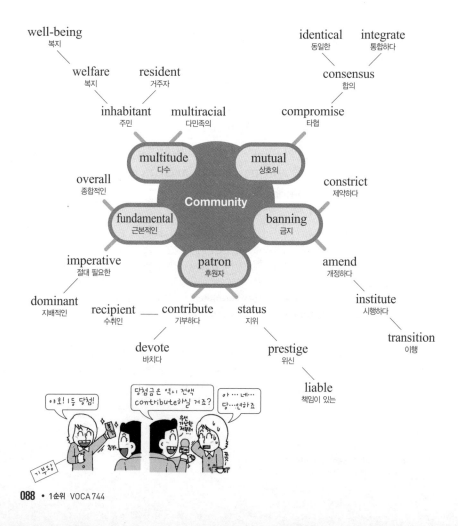

well-being
복지

welfare
복지

resident
거주자

identical
동일한

integrate
통합하다

inhabitant
주민

multiracial
다민족의

consensus
합의

compromise
타협

multitude
다수

mutual
상호의

overall
종합적인

constrict
제약하다

Community

fundamental
근본적인

banning
금지

imperative
절대 필요한

patron
후원자

amend
개정하다

dominant
지배적인

recipient
수취인

___ contribute
기부하다

status
지위

institute
시행하다

devote
바치다

prestige
위신

transition
이행

liable
책임이 있는

야호! 1등 당첨!

당첨금은 역시 전액 contribute하실 거죠?

아 …네… 당…연하죠

우선 가난한 저부터…

기부왕

□ 0298
multitude
[mʌ́ltitùːd]

⟨명⟩ 다수 ; 일반 대중 ; 군중
a **multitude** of people 인파
the unpredictable **multitude** 예측할 수 없는 대중
The candidate tried to appeal to the *multitude*. 그 후보자는 대중에
호소를 시도했다.

➕**voca** = mass 대중 ↔ minority 소수

□ 0299
multiracial
[mʌ̀ltiréiʃəl]

⟨형⟩ 다민족의
a **multiracial** society 다민족 사회
multiracial organization 다민족 조직
When tried in *multiracial* classrooms, some approaches
have generated impressive results. 다민족 교실에 적용되었을 때 몇몇
접근 방법들은 인상적인 결과를 낳았다.

□ 0300
inhabitant
[inhǽbitənt]

⟨명⟩ 주민, 거주자 ; 서식 동물
the right of the **inhabitant** 주민의 권리
the youngest **inhabitant** of the city 그 도시의 최연소 주민
The government should encourage the *inhabitants* of
Taipei to take mass transportation. 정부는 타이페이 주민들이 대중교통
을 이용하도록 장려해야 한다. 〔기출〕
inhabit ⟨통⟩ 거주하다
➕**voca** = occupant 입주자

□ 0301
resident
[rézidənt]

⟨명⟩ 거주자 ; 투숙객 ; 실습생
foreign **residents** 외국인 거주자　summer **residents** 피서객
Two weeks ago, some *residents* had mail stolen from their
mailboxes. 2주 전에 몇몇 거주자들이 우편함에서 우편물을 도둑맞았다.
residency ⟨명⟩ 거주

□ 0302
welfare
[wélfɛ̀ər]

⟨명⟩ 복지
child **welfare** 아동 복지　national **welfare** 국민의 복지
Anita became interested in social *welfare*. Anita는 사회 복지에 관
심을 갖게 되었다. 〔기출〕

□ 0303
well-being
[wélbíːiŋ]

⟨명⟩ 복지 ; 행복
social **well-being** 사회 복지
rights and **well-being** of workers 노동자들의 권리와 행복
A feeling of *well-being* rose in me. 내 마음속에서 행복감이 솟아올랐다.

• • •

□ 0304
mutual
[mjú:tʃuəl]

(형) 상호의 ; 공동의
mutual trust 상호 신뢰 **mutual aid** 상호 원조
A contract requires the *mutual* agreement of two or more persons or parties. 계약은 둘 이상의 개인이나 집단 사이의 상호 동의를 필요로 한다. (기출)

□ 0305
compromise
[kámprəmàiz]

(명) 타협, 절충(안) (동) 타협하다, 양보하다
make a compromise 타협하다
a compromise solution 타협을 통한 해결
To avoid an argument, always be ready to seek *compromise*. 논쟁을 피하기 위해서는 항상 타협점을 찾을 준비를 하라.
➕ voca = adjustment 조정 = agreement 합의

□ 0306
consensus
[kənsénsəs]

(명) 합의, 의견 일치
national consensus 국민적 합의
a consensus of opinion 의견의 일치
Could we reach a *consensus* on this matter? 우리가 이 문제에 관한 합의에 이를 수 있을까요?
➕ voca = unanimity 만장일치

□ 0307
identical
[aidéntikəl]

(형) 동일한
identical equation 항등식 **identical in size** 크기가 동일한
Many *identical* twins clearly behave differently as they grow older. 많은 일란성 쌍둥이들은 성장하면서 명백하게 다르게 행동한다. (기출)
identity (명) 동일성 : 신분

□ 0308
integrate
[íntəgrèit]

(동) 통합하다
integrate technology into daily life 기술을 일상생활에 통합시키다
integrate a phone and an MP3 player 전화와 MP3를 통합하다
The car's design successfully *integrates* art and technology.
그 차의 설계는 예술과 기술을 성공적으로 통합시킨다.
integration (명) 통합 integral (형) 필수적인 : 내장된
➕ voca ↔ separate 분리하다

□ 0309
fundamental
[fʌndəméntl]

(형) 근본적인 (명) 근본 원리
fundamental colors 원색
fundamental human rights 기본적인 인권
The *fundamental* problem is that it poses a threat to biodiversity. 근본적인 문제는 그것이 생물의 다양성을 위협한다는 것이다. (기출)
fundamentality (명) 기본, 근본 fundamentally (부) 근본적으로

□ 0310
imperative
[impérətiv]

형 절대 필요한 ; 명령적인
imperative to act on ~에 대한 조치가 필요한
the imperative mood 명령법
Separation was *imperative* in that case. 그 경우에는 분리 작업이 절대적으로 필요했다.

➕ voca = essential 필수적인 ↔ unnecessary 불필요한

□ 0311
dominant
[dáminənt]

형 지배적인, 우세한
the dominant language 지배적인 언어
a dominant gene 우성 유전자
One of your eyes is stronger, or more *dominant*, than the other. 두 눈 중 한쪽 눈이 다른 쪽 눈보다 더 시력이 좋거나 더 많이 쓰인다.

□ 0312
overall
[òuvərɔ́ːl]

형 전부의, 종합적인 부 전반적으로
overall inflation 전면적인 인플레이션 **an overall view** 전경
The *overall* effect of the plan was remarkable. 그 계획의 전반적인 영향력은 엄청났다.

➕ voca = general 대체적인 = comprehensive 종합적인

□ 0313
steady
[stédi]

형 안정된 ; 끊임없는 ; 고정된
a steady job 안정된 직업 **steady efforts** 꾸준한 노력
Slow and *steady* wins the race. 천천히 그리고 꾸준히 노력하는 사람이 승자가 된다.
steadily 부 꾸준히, 지속적으로

□ 0314
patron
[péitrən]

명 후원자 ; 단골손님
the patron of the arts 예술의 후원자 **a theater patron** 관객
He sought to convey a message rather than simply to please his *patrons*. 그는 단순히 그의 후원자들을 기쁘게 하기보다는 메시지를 전달하기 위해 노력했다.
patronize 동 (가게 등을) 애용하다 ; 후원하다

□ 0315
contribute
[kəntríbjuːt]

동 기부하다 ; 기여하다 ; 기고하다
contribute to society 사회에 기여(기부)하다
contribute to a newspaper 신문에 기고하다
So far, they have *contributed* greatly to improve vehicle design. 지금까지 그들은 자동차 설계를 발전시키는 데 크게 기여해 왔다. 기출
contribution 명 기부금 ; 공헌 contributive 형 공헌하는, 기여하는
➕ voca = donate, subscribe, endow 기부하다

□ 0316
devote
[divóut]

동 (노력, 시간 등을) **바치다**
devote oneself to ~에 전념하다
devote many hours to ~에 많은 시간을 보내다
She decided to *devote* her life to medicine. 그녀는 의학에 자신의
인생을 바치기로 결심했다. 기출
devotion 명 헌신
➕ **voca** = dedicate 바치다, 전념하다

□ 0317
recipient
[risípiənt]

명 **수취인, 수령인**
a **recipient** country 피원조국
the **recipient** of the Academy Award 아카데미상 수상자
Sociologists view gifts as a marker of the social
relationship between giver and *recipient*. 사회학자들은 선물이 주는
사람과 받는 사람 사이의 사회적인 관계를 상징하는 것으로 본다. 기출

□ 0318
status
[stéitəs]

명 **지위, 신분 ; 상태**
social **status** 사회적 지위　marital **status** 결혼 여부
These scripts tell us how to behave in accordance with our
status and roles. 이 대본들은 우리가 신분과 역할에 맞게 어떻게 행동해야 하는
지를 말해 준다.

□ 0319
prestige
[prestí:dʒ]

명 **위신, 명성**　형 **명문의**
social **prestige** 사회적 명성　national **prestige** 국위
If he failed, he knew that his *prestige* would be damaged.
만약 그가 실패할 경우에는 그의 위신이 손상될 것임을 알았다. 기출
➕ **voca** = reputation, fame 명성

□ 0320
liable
[láiəbəl]

형 **책임이 있는 ; ~하기 쉬운**
liable for any economic loss 경제적 손실에 책임이 있는
liable to catch cold 감기에 걸리기 쉬운
If someone gets hurt on your property, you could be held
liable. 만약 누군가가 당신의 소유지에서 다친다면, 당신은 책임을 질 수도 있다.
liability 명 법적 책임

□ 0321
banning
[bǽniŋ]

명 **금지**
banning hunting 사냥 금지
banning nuclear tests 핵실험 금지
Banning junk food here is ridiculous. 이곳에서 불량 식품을 금지하는
것은 말도 안 된다.
➕ **voca** = prohibition, forbiddance 금지 ↔ permission, approval 허락

□ 0322
constrict
[kənstríkt]

(동) 수축시키다, 죄다 ; 제약하다

constrict the blood vessels 혈관을 수축시키다
constricting rules and regulations 제약을 가하는 규칙들과 규정들
Emily felt tears *constrict* her throat. Emily는 눈물에 목이 메는 것을 느꼈다.

constriction (명) 수축

+ voca = contract 수축하다 = shrink 줄어들다

□ 0323
amend
[əménd]

(동) 개정하다, 수정하다

an **amended** bill 수정안 **amend** the situation 상황을 바꾸다
The Government is going to *amend* the Constitution.
정부는 헌법을 개정할 것이다.

amendment (명) 개정, 수정 amendatory (형) 개정의

+ voca = revise 개정하다 = reform 개혁하다 = alter 바꾸다

□ 0324
institute
[ínstitùːt]

(명) 협회, 기관 (동) 시행하다

a language **institute** 어학 연구소 **institute** laws 법률을 시행하다
The Australian *institute* specializes in the heart and diabetes. 그 오스트레일리아 연구소는 심장과 당뇨병을 전문으로 한다. (기출)

institution (명) 기관 ; 시행

□ 0325
transition
[trænzíʃən]

(명) 변천, 이행, 과도

history and **transition** of the Earth 지구의 역사와 변천
a **transition** period 과도기
I hope that the *transition* goes smoothly. 나는 그 변화가 순조롭게 이루어지기를 바란다. (기출)

transit (명) 수송 transitional (형) 변천하는, 과도기의

□ 0326
counsel
[káunsəl]

(명) 조언, 상담 (동) 충고하다

a wise **counsel** 현명한 조언 ask a **counsel** 조언을 구하다
Any reader who feels she or he needs legal advice should consult legal *counsel*. 법률 조언이 필요한 독자라면 누구나 법률 상담소와 상담을 해야 한다.

counselor (명) 상담가

+ voca = advice 충고

□ 0327
rural
[rúrəl]

(형) 시골의, 지방의

rural life 전원생활 **rural** areas 농촌
Many others are raised in *rural* areas, but relocate to the city. 다른 사람들 중 상당수가 시골에서 성장하지만 도시로 이주한다.

A 영어는 우리말로, 우리말은 영어로 쓰시오.

① integrate _____ ⑪ 전부의 _____
② resident _____ ⑫ 금지 _____
③ well-being _____ ⑬ 바치다 _____
④ constrict _____ ⑭ 시골의 _____
⑤ multiracial _____ ⑮ 근본적인 _____
⑥ patron _____ ⑯ 변천 _____
⑦ prestige _____ ⑰ 수취인 _____
⑧ imperative _____ ⑱ 합의 _____
⑨ counsel _____ ⑲ 기부하다 _____
⑩ inhabitant _____ ⑳ 동일한 _____

B 빈칸에 공통으로 들어갈 단어는?

① _____ trust 상호 신뢰 _____ aid 상호 원조
② a _____ job 안정된 직업 _____ efforts 꾸준한 노력
③ social _____ 사회적 지위 marital _____ 결혼 여부
④ a language _____ 어학 연구소 _____ laws 법률을 시행하다

C 다음 빈칸에 알맞은 단어를 〈보기〉에서 골라 넣으시오. (필요하면 형태를 변형하시오.)

┌─────── 【 보기 】 ───────┐
multitude amend dominant compromise welfare liable
└───────────────────────────┘

① To avoid an argument, always be ready to seek (   ).
② One of your eyes is stronger, or more (   ), than the other.
③ If someone gets hurt on your property, you could be held
   (   ).
④ The Government is going to (   ) the Constitution.
⑤ The candidate tried to appeal to the (   ).
⑥ Anita became interested in social (   ).

D 이번 테마를 다룬 독해 지문을 읽으면서 관련 어휘의 뜻을 확인해 보자.

Korea has been long proud of itself for the **identical** quality of its component ethnic group, but with the rapid increase in foreign **inhabitants**, it has increasingly paid attention to the need to create a **multiracial** society. Its government wants to **amend** the nationality law to expand the foreign population, particularly to bring talented people. In recent years, Korea's foreign **residents** have exceeded a million in number. Currently, people wanting to attain Korean citizenship must live in the country for five years and take a written test that assesses their knowledge of the country's history and basic Korean language skills. If the nationality law is revised, these regulations will be discarded. The purpose behind the revision of the law is to attract professionals in their respective fields. But unlike the country's permanent **residency** system, it has not yet provided details on what will distinguish someone who is a "professional" from someone who is not.

Translation 한국은 오랫동안 인종 집단 구성의 **identical**한 성질에 대해 자랑스러워 했지만, 외국인 **inhabitant**들의 급격한 증가로 인해, 점점 **multiracial**한 사회 창조의 필요성에 대해 관심을 기울이고 있다. 한국 정부는 외국인 인구를 늘리기 위해, 특히 재능 있는 사람들을 데려오기 위해 국적법을 **amend**하기를 원한다. 최근 몇 년간 한국의 외국인 **resident**들의 수는 백만을 돌파했다. 최근에, 한국 시민권 취득을 원하는 사람들은 5년 동안 나라 안에 거주해야 하고, 한국 역사에 대한 지식과 기초 한국어 능력을 평가하는 필기시험을 치러야만 한다. 만약 국적법이 개정된다면, 이러한 규제들은 폐지될 것이다. 이 개정 법안의 목적은 각 분야의 전문가들을 유치하기 위한 것이다. 그러나 영주권과는 달리, 그것은 아직 누가 '전문가' 이고 누가 그렇지 않은지를 무엇으로 구분할 것인가에 대한 세부 사항을 제공하지 않고 있다.

Words • component 구성하고 있는 • nationality 국적 • expand 확대하다 • talented 재능 있는 • exceed 초과하다 • attain 얻다, 획득하다 • assess 평가하다 • revise 개정하다 • discard 폐지하다 • respective 각각의 • distinguish 구별하다

정답 🔒

B ① mutual ② steady ③ status ④ institute
C ① compromise ② dominant ③ liable ④ amend ⑤ multitude ⑥ welfare

12 Day

● 법과 질서

올드보이의 갈등

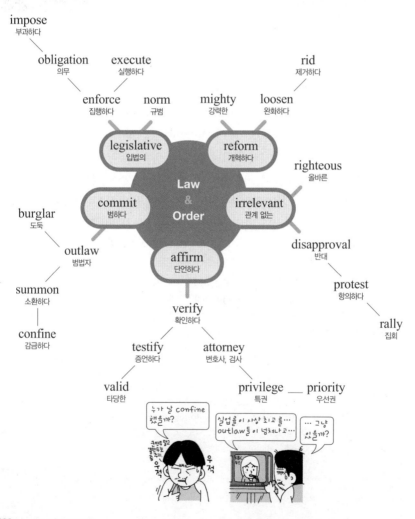

impose
부과하다

obligation
의무

execute
실행하다

rid
제거하다

enforce
집행하다

norm
규범

mighty
강력한

loosen
완화하다

legislative
입법의

reform
개혁하다

righteous
올바른

burglar
도둑

commit
범하다

Law
&
Order

irrelevant
관계 없는

outlaw
범법자

affirm
단언하다

disapproval
반대

summon
소환하다

protest
항의하다

confine
감금하다

verify
확인하다

rally
집회

testify
증언하다

attorney
변호사, 검사

valid
타당한

privilege
특권

priority
우선권

□ 0328
legislative
[lédʒislèitiv]

(형) 입법의
the **legislative** body 입법부　a **legislative** bill 법률안
Legislative leaders no longer have the absolute power they
once had. 입법부의 지도자들은 그들이 예전에 가졌던 절대적인 권력을 더 이상 가
지고 있지 않다.
legislation (명) 입법

□ 0329
enforce
[infɔ́ːrs]

(동) 집행하다 ; 강제하다
enforce a law 법을 집행하다
enforce obedience 복종을 강요하다
One of the things which they talked about was how to
enforce laws against dumping waste into water sources.
그들이 이야기한 것들 중 하나는 수자원에 쓰레기를 버리는 것을 규제하는 법을 집행하
는 방법이었다. (기출)
enforcement (명) 실시, 시행 ; 강제

□ 0330
execute
[éksikjùːt]

(동) 실행하다 ; 처형하다
execute a plan 계획을 실행하다
execute an order 명령을 수행하다
We are continuing to *execute* the program as planned.
우리는 계획대로 그 프로그램을 계속 실행할 것이다.
execution (명) 실행 ; 처형　executive (명) 간부, 경영진

□ 0331
obligation
[àbligéiʃən]

(명) 의무, 책임 ; 은혜
sense of obligation 책임 의식
repay an obligation 은혜에 보답하다
They believe that humans have the moral *obligation* to
protect all other forms of life. 그들은 인간이 다른 모든 형태의 생명을 보
호할 도덕적 의무를 지닌다고 믿는다. (기출)
oblige (동) 의무를 지우다 ; 돕다

□ 0332
impose
[impóuz]

(동) (의무, 세금 등을) 부과하다 ; 강제하다
impose a tax 과세하다　**impose** silence 침묵시키다
Congress can *impose* heavy taxes on the bank. 의회는 그 은행에
무거운 세금을 부과할 수 있다.
imposition (명) 부과 ; 부담

□ 0333
norm
[nɔːrm]

(명) 규범, 표준
social norms 사회 규범　**the norm on an exam** 시험의 평균 점수
Their school day is longer than the state *norm*. 그들의 수업 시간
은 주의 규정 (시간)보다 길다.

□ 0334
reform
[rifɔ́:rm]

(동) **개혁하다, 개정하다**
reform a system 제도를 개혁하다
reform oneself 마음을 바로잡다
Artists during the Renaissance *reformed* painting. 르네상스 시대의 예술가들은 그림을 개혁했다. (기출)
reformation (명) 개혁, 개정

□ 0335
loosen
[lúːsn]

(동) **느슨하게 하다, 풀다 ; (규제 등을) 완화하다**
loosen tongues 마음대로 입을 놀리다   **loosen** a knot 매듭을 풀다
The government is considering a bill to *loosen* restrictions on speculative investment in real estate. 정부는 부동산 투기에 대한 제한을 완화하는 법을 고려하고 있다.

□ 0336
rid
[rid]

(동) **제거하다 ; 해방하다 ; 면하다**
get **rid** of a fever 열을 가라앉히다
get **rid** of nuclear waste 핵폐기물을 제거하다
A new product is being sold to get *rid* of cockroaches.
새로운 상품은 바퀴벌레를 제거하는 데 팔리고 있다. (기출)

□ 0337
mighty
[máiti]

(형) **강력한, 위대한** (부) **대단히**
a **mighty** blow 강한 타격   **mighty** works (성서) 기적
The pen is *mightier* than the sword. 문(文)은 무(武)보다 강하다.
+ VOCA = powerful, strong 강한

□ 0338
commit
[kəmít]

(동) **범하다 ; 헌신하다, 전념하다**
commit a sin 죄를 범하다   **commit** suicide 자살하다
By then, everyone was so *committed* to the organization.
그때쯤 되자 모든 사람들이 그 조직에 매우 헌신적이었다.
commitment (명) 헌신, 전념

□ 0339
outlaw
[áutlɔ̀ː]

(동) **금지하다, 법적으로 무효화하다** (명) **범법자**
an **outlawed** debt 시효가 지난 채무   **outlaw** striking 불법 파업
The authorities *outlawed* smoking in all public buildings.
당국은 모든 공공건물에서 흡연을 금지했다.

□ 0340
burglar
[bə́:rglər]

뗑 도둑, 빈집털이범
an expert **burglar** 직업적인 도둑   a **burglar** alarm 도난 경보
The *burglars* entered the building after disabling the alarm.
도둑들은 경보 장치를 고장 낸 후에 건물로 들어갔다.

burglary 뗑 절도, 빈집털이

□ 0341
summon
[sʌ́mən]

뙹 소환하다 ; 호출하다 ; 소집하다
be **summoned** to appear in court 법정 출두 명령을 받다
summon parliament 의회를 소집하다
Everyone who has been *summoned* to appear at jury duty
must arrive by nine o'clock in the morning. 배심원의 의무로 참석
하도록 소환을 받는 모든 사람들은 아침 9시까지 도착해야 한다. (기출)

□ 0342
confine
[kənfáin]

뙹 제한하다 ; 감금하다
confine the number 수를 제한하다
confine a convict to jail 죄수를 감옥에 가두다
Knowledge of writing was *confined* to professionals who
worked for the king or temple. 글쓰기에 대한 지식은 왕이나 사원을 위해
서 일했던 전문가들에게 국한되어 있었다. (기출)

confinement 뗑 제한 ; 감금

□ 0343
affirm
[əfə́:rm]

뙹 단언하다, 확인하다
affirm the fact 사실임을 단언하다   **affirm** loyalty 충성을 맹세하다
Our boss *affirmed* that no one would lose their job. 우리 사장은
아무도 일자리를 잃지 않을 것이라고 단언했다.

affirmation 뗑 단언, 확인   affirmative 뼁 긍정하는

□ 0344
verify
[vérifài]

뙹 확인하다 ; 입증하다
verify a spelling 철자를 확인하다
verify the accuracy of information 정보의 정확성을 확인하다
It's probably a good idea to *verify* any information you get
here. 여기에서 얻는 어떤 정보든 확인하는 것이 좋은 생각일 것이다.

verification 뗑 확인, 입증

□ 0345
testify
[téstifài]

뙹 증언하다, 증명하다
testify before court 법정에서 증언하다
testify to a fact 사실을 증명하다
Don't show up in court to *testify* against my friend. 법정에 나타
나서 나의 친구에게 불리한 증언을 하지 마라.

testimony 뗑 증언, 증거

□ 0346
valid
[vǽlid]

⑧ 유효한 ; 타당한
a **valid** user 유효한(권한 있는) 사용자
a **valid** treatment 효과적인 치료
This coupon is *valid* for a year. 이 쿠폰은 1년간 유효하다.
validate ⑧ 입증하다, 확인하다

□ 0347
attorney
[ətə́ːrni]

⑱ 변호사, 검사 ; 대리인
a circuit **attorney** 지방 검사 a letter of **attorney** (소송) 위임장
I love being an *attorney*, and I'm good at what I do. 나는 변호
사라는 나의 직업을 사랑하며, 내가 하는 일에 소질이 있다.

□ 0348
privilege
[prívəlidʒ]

⑱ 특권, 특전 ⑧ 특권을 주다
parental **privilege** 친권 exclusive **privilege** 전유권
Some internet users take advantage of this *privilege*. 일부 인터
넷 사용자들은 이러한 특권을 이용한다.

□ 0349
priority
[praiɔ́ːrəti]

⑱ 우선권
creditors by **priority** 우선 채권자
according to **priority** 순서를 따라
Sleeping is not high on his *priority* list. 잠자는 일은 그의 우선순위
목록에서 높지 않다.

□ 0350
irrelevant
[iréləvənt]

⑧ 관계 없는
irrelevant to the case 그 사건과 무관한
an **irrelevant** question 관계 없는 질문
They often collect data that are unhelpful or *irrelevant*.
그들은 종종 도움이 되지 않거나 무관한 자료들을 수집한다. 기출
✚ voca ↔ relevant 관련 있는

□ 0351
disapproval
[dìsəprúːvəl]

⑱ 반대
in **disapproval** 반대하여
disapproval of his policies 그의 정책에 대한 반대
I can understand the *disapproval* of the oil company.
나는 석유 회사들이 반대하는 것을 이해할 수 있다.
disapprove ⑧ 반대하다
✚ voca = objection 반대

□ 0352
protest
[próutest]

(명) 항의 ; 주장 (동) 항의하다 ; 주장하다
protest a witness 증인에 대해 이의를 신청하다
protest innocence 무죄를 주장하다
When I open my mouth to *protest*, nothing comes out.
나는 항의하려고 입을 열 때 아무 말도 나오지 않는다. (기출)

□ 0353
rally
[rǽli]

(명) 집회 (동) 불러 모으다 ; 회복되다
a major rally 대대적인 집회 **rally one's friends** 친구를 불러 모으다
In Ohio, soldiers broke up a political *rally*. 오하이오에서 군인들은
정치 집회를 해산시켰다.

□ 0354
righteous
[ráitʃəs]

(형) 올바른, 정직한 ; 정당한
a righteous person 의로운 사람
righteous anger 정당한 분노
We are *righteous* and God will reward us for our courage.
우리는 정당하며 신은 우리의 용기를 보상해 줄 것이다.
+ voca = virtuous 도덕적인

□ 0355
supreme
[səprí:m]

(형) 최고의, 최상의
the Supreme Court 대법원
the supreme command 최고사령부
You're in a state of *supreme* delight. 너는 최고로 기쁜 상태이다. (기출)
supremacy (명) 최고, 최상 ; 주권

□ 0356
issue
[íʃu:]

(명) 쟁점 ; 발행 (동) 발행하다 ; (명령, 법 등을) 발표하다
the October issue 10월호 **issue coins** 화폐를 발행하다
The police should *issue* some additional warnings or take
other preventive actions. 경찰은 몇몇 추가 경고를 발령하거나 다른 예방 조
치들을 취해야 한다. (기출)

□ 0357
heir
[ɛ́ər]

(명) 상속인, 후계자
a legal heir 법정상속인 **an heir of the body** 직계상속인
His brothers were not allowed to become *heirs* to the
throne. 그의 형제들은 왕위 계승자가 되도록 허락받지 못했다.

A 영어는 우리말로, 우리말은 영어로 쓰시오.

① verify _____   ⑪ 집회 _____
② righteous _____   ⑫ 도둑 _____
③ enforce _____   ⑬ 개혁하다 _____
④ summon _____   ⑭ 단언하다 _____
⑤ privilege _____   ⑮ 관계 없는 _____
⑥ loosen _____   ⑯ 최고의 _____
⑦ heir _____   ⑰ 의무 _____
⑧ outlaw _____   ⑱ 제한하다 _____
⑨ execute _____   ⑲ 변호사 _____
⑩ disapproval _____   ⑳ 제거하다 _____

B 빈칸에 공통으로 들어갈 단어는?

① the _____ body 입법부   a _____ bill 법률안
② _____ a sin 죄를 범하다   _____ suicide 자살하다
③ a _____ user 유효한(권한 있는) 사용자   a _____ treatment 효과적인 치료
④ the October _____ 10월호   _____ coins 화폐를 발행하다

C 다음 빈칸에 알맞은 단어를 〈보기〉에서 골라 넣으시오. (필요하면 형태를 변형하시오.)

┌─────── 【 보기 】───────┐
│ priority protest impose norm mighty testify │
└───────────────────────┘

① Congress can ( ) heavy taxes on the bank.
② The pen is ( ) than the sword.
③ Sleeping is not high on his ( ) list.
④ When I open my mouth to ( ), nothing comes out.
⑤ Don't show up in court to ( ) against my friend.
⑥ Their school day is longer than the state ( ).

D 이번 테마를 다룬 독해 지문을 읽으면서 관련 어휘의 뜻을 확인해 보자.

Last month, U.S. District Judge William T. Moore Jr. turned down Troy Davis' claims of innocence, arguing that, although the new evidence presented cast some doubt on his guilt, it was not enough to **verify** innocence. Davis was convicted of **burglary** and shooting a police officer who tried to intervene in a fight between two men. Davis **protested** that he was just a witness who ran away when he heard shots fired. Although there was no physical evidence, the police arrested Davis for **burglary** and murder. Due to the lack of evidence and the **valid** witnesses who **testified** in this case, it has drawn international attention. Judge Moore suggested that Davis appeal directly to the **Supreme** Court. Meanwhile, Davis' **attorneys** are doing everything they can to make sure he is not **executed** before they are able to prove his innocence.

Translation 지난달 미국 지방법원 판사인 William T. Moore Jr.는 제시된 새로운 증거가 그의 유죄에 약간의 의문을 갖게 하지만, 무죄를 **verify**할 만큼 충분하지는 않다고 주장하며 Troy Davis의 무죄 주장을 기각했다. Davis는 **burglary**와 두 사람의 싸움을 중재하려고 했던 한 경찰관에 총격을 가한 것으로 유죄를 선고받았다. Davis는 자신은 목격자일 뿐이며, 총이 발사된 것을 듣고 달아났다고 **protest**했다. 비록 실체적인 증거는 없었지만, 경찰은 Davis를 **burglary**와 살인 혐의로 체포했다. 이 사건을 **testify**할 증거와 **valid**한 목격자가 부족해서 국제적인 관심을 끌어왔다. Moore 판사는 Davis가 **Supreme**법원에 직접 항소할 것을 제안했다. 그러는 동안, Davis의 **attorney**들은 그들이 그의 무죄를 입증할 수 있기 전에 **execute**되지 않도록 그들이 할 수 있는 모든 것을 하고 있다.

Words • district 지역, 지방 자치구 • turn down 거절하다, 기각하다 • innocence 무죄 • cast 던지다 ; (의심을) 불러일으키다 • guilt 유죄 • convict 유죄를 선언하다 • intervene 개입하다, 중재하다 • arrest 체포하다 • lack 부족, 결핍 • draw attention 관심을 끌다 • appeal 항소하다

정답

B ① legislative ② commit ③ valid ④ issue
C ① impose ② mightier ③ priority ④ protest ⑤ testify ⑥ norm

엄마의 착각

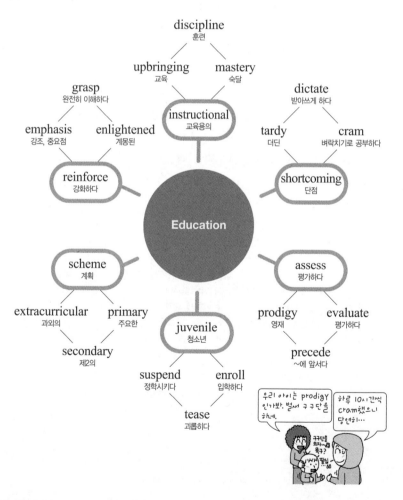

□ 0358
instructional
[instrʌ́kʃənəl]

(형) 교육용의
instructional videos 교육용 비디오 **an instructional** text 교본
Instructional methods are categorized into different processing types. 교육 방법들은 다양한 진행 유형에 따라 분류된다.
instruction (명) 설명, 가르침 instruct (통) 지시하다, 가르치다 instructive (형) 유익한

□ 0359
upbringing
[ʌ́pbrìŋiŋ]

(명) 교육, 양육
domestic upbringing 가정 교육
good upbringing of children 바람직한 자녀 교육
The kind of *upbringing* you receive from your parents determines what kind of person you will be. 부모로부터 받은 교육은 당신이 어떤 사람이 될지를 결정한다.
voca = rearing 양육

□ 0360
discipline
[dísəplin]

(명) 훈련, 규율 (통) 징계하다 ; 훈육하다
home discipline 가정 교육 **school discipline** 학교 교육
People become wiser and more *disciplined* by overcoming difficulties and hardships. 사람들은 어려움과 고난을 극복함으로써 더 현명해지고 단련된다.
disciplinary (형) 징계의

□ 0361
mastery
[mǽstəri]

(명) 숙달 ; 지배
mastery of mathematics 수학에의 정통[숙달]
mastery of fear 공포의 극복
The goal of superiority pulls people forward toward *mastery*. 뛰어남이라는 목표는 사람들이 완전함을 향하도록 이끈다. (기출)

□ 0362
shortcoming
[ʃɔ́ːrtkʌ̀miŋ]

(명) 단점, 결점
biological shortcomings 생물학적 단점
overlook a shortcoming 단점을 간과하다
That's the only *shortcoming* we found in the project.
그것은 우리가 그 프로젝트에서 찾은 유일한 단점이다. (기출)
voca = fault 단점 = weakness 약점

□ 0363
tardy
[tɑ́ːrdi]

(형) 더딘, 느린
tardy employees 게으른 직원들 **tardy arrival** 늦은 도착
You should explain to your boss why you were so *tardy* in taking action. 너는 조치를 취하는 데 왜 그렇게 느렸는지 상사에게 설명해야 한다.
tardiness (명) 더딤, 느림

• • •

☐ 0364
dictate
[díkteit]

동 받아쓰게 하다 ; 명령하다
dictate to the class 학생들에게 받아쓰기를 시키다
tips for dictating 받아쓰기를 위한 조언
The key is to learn how to use your instincts to support, not *dictate*, your decisions. 핵심은 너의 결정을 지시하기 위해서가 아니라, 지지하기 위해 본능을 어떻게 사용할지를 배우는 것이다. (기출)
dictation 명 받아쓰기

☐ 0365
cram
[kræm]

동 밀어 넣다 ; 벼락치기로 공부하다
a cram school (입시) 학원
cram for tests 시험을 위해 벼락치기로 공부하다
They *cram* to learn their lessons quickly, and forget them even faster. 그들은 학습 내용을 빠르게 외우고 훨씬 더 빨리 잊어버린다.

☐ 0366
assess
[əsés]

동 평가하다
assess a price 값을 정하다
ways to assess students 학생을 평가하는 방법들
A journalist has only one way to *assess* the impact of the item. 기자에게는 기사의 영향을 평가할 수 있는 오직 한 가지 방법이 있다. (기출)
assessment 명 평가   assessable 형 평가할 수 있는

☐ 0367
evaluate
[ivǽljuèit]

동 평가하다
evaluate a lesson 수업을 평가하다
evaluate the cost of the damage 손해액을 사정하다
A reviewer *evaluates* the quality and organization of writing in a book. 평론가들은 책에서 글의 질과 구성을 평가한다. (기출)
evaluation 명 평가

☐ 0368
precede
[prisí:d]

동 ~에 앞서다
precede something with ~에 앞서 …을 하다
precede a person to the grave 어떤 사람보다 먼저 죽다
Changes in values do not necessarily *precede* changes in behavior. 가치관의 변화가 반드시 행동의 변화에 선행하는 것은 아니다.
precedence 명 우선함   precedent 명 선례, 판례

☐ 0369
prodigy
[prɑ́dədʒi]

명 영재
an infant prodigy 신동   **a soccer prodigy** 축구 영재
The thin line between *prodigy* and pro is ever-shifting.
천재와 전문가 사이의 가는 선은 언제나 움직이며 변한다.
➕ voca = genius 천재

□ 0370
juvenile
[dʒúːvənl]

(형) 청소년의 (명) 청소년
juvenile crimes 청소년 범죄 **juvenile delinquency** 청소년 비행
The *juvenile* court budget will also increase. 청소년 법원의 예산
또한 증가할 것이다.
✚ voca = adolescent 청소년

□ 0371
enroll
[inróul]

(동) 등록하다, 입학하다
enroll a voter 선거인을 등록하다
enroll for an online course 온라인 강좌를 신청하다
They would *enroll* in community colleges. 그들은 커뮤니티 칼리지
에 등록하고자 한다.
enrollment (명) 등록
✚ voca = register 등록하다

□ 0372
tease
[tiːz]

(동) 괴롭히다, 놀리다 (명) 괴롭히기 ; 장난
tease about my appearance 내 외모를 놀리다
foot tease 발장난
He had loved to *tease* her. 그는 그녀를 괴롭히는 것을 좋아했다.
teasing (형) 괴롭히는

□ 0373
suspend
[səspénd]

(동) 중단하다 ; 정학시키다 ; 매달다
suspend payment 지불을 정지하다
suspend traffic 교통을 일시 중지시키다
The FDA is planning to *suspend* this drug rule for two
years. 미국의 보건복지부는 이 약물 법을 2년간 보류할 계획이다.
suspension (명) 정학 ; 보류
✚ voca = adjourn 중단하다 = dangle 매달리다

□ 0374
scheme
[skiːm]
·

(명) 계획, 제도 ; 음모 (동) 계획하다
lay a scheme 계획을 세우다
a pension scheme 연금 제도
He noticed the subtlety of the devil's *schemes*. 그는 악마의 계획
들의 교묘함을 알아챘다.
✚ voca = plot 음모

□ 0375
primary
[práimeri]

(형) 주요한 ; 초기의 ; 초등의
primary causes 근본 원인 **a primary school** 초등학교
The application of mathematics to art was one of the
primary characteristics of Renaissance art. 수학을 예술에 적용하는
것은 르네상스 예술의 주요한 특징들 중 하나였다.

• • •

☐ 0376
secondary
[sékəndèri]

(형) 제2의, 부차적인 ; 중등의
secondary causes 이차적 원인
secondary research 부차적 연구
A teacher's role in *secondary* education is important.
중등 교육에서 선생님의 역할은 중요하다.

+voca = subordinate 부차적인 ↔ original 원래의

☐ 0377
extracurricular
[èkstrəkəríkjələr]

(형) 과외의
extracurricular activity 과외 활동
extracurricular school programs 과외 수업 프로그램
Children in smaller schools are more likely to be involved
in *extracurricular* activities. 작은 학교에 있는 아이들은 과외 활동에 참여
할 가능성이 더 높다.

☐ 0378
reinforce
[rìːinfɔ́ːrs]

(동) 강화하다, 보강하다
reinforce a supply 공급을 늘리다
reinforced concrete 강화 콘크리트
Not only will review help to *reinforce* information, but it
will also boost your confidence. 복습은 정보를 강화하는 것을 도울 뿐만
아니라 자신감도 향상시킬 것이다. (기출)

reinforcement (명) 강화

☐ 0379
emphasis
[émfəsis]

(명) 강조
with emphasis 강조하여
place emphasis **on** ~을 강조하다
An increasing *emphasis* on the value of time is changing
consumer behavior. 시간의 가치에 대한 강조가 늘어나면서 소비자 행동이 변
하고 있다.

emphasize (동) 강조하다 emphatic (형) 강조하는

☐ 0380
grasp
[græsp]

(동) 꽉 잡다 ; 이해하다
grasp the moment 순간을 장악하다
grasp the point 요점을 파악하다
She *grasped* the glass with her left hand. 그녀는 왼손으로 유리컵을
꽉 잡았다.

+voca = grip 잡다 = comprehend 이해하다

☐ 0381
enlightened
[inláitnd]

(형) 계몽된, 깨우친
enlightened ideas 계몽된 사상
the enlightened **day** 개명 시대
We live in *enlightened* times. 우리는 계몽된 시대에 살고 있다.

enlighten (동) 계몽하다, 일깨우다 enlightenment (명) 계몽, 깨우침

□ 0382
immature
[ìmətʃúər]

(형) 미숙한
immature behavior 철없는 행동   **immature** adults 철없는 어른
The only love I experienced was *immature* and selfish.
내가 경험한 유일한 사랑은 미숙하고 이기적인 사랑이었다.
immaturity (명) 미성숙
+ voca ↔ mature 성숙한

□ 0383
spoil
[spɔil]

(동) 망치다 ; 응석을 받아주다 ; 상하다
a **spoiled** child 버릇없는 아이   **spoiled** food 상한 음식
Too many cooks *spoil* the broth. 요리사가 너무 많으면 수프를 망친다.
(사공이 많으면 배가 산으로 간다.)
spoilage (명) 부패, 손상
+ voca = ruin 망치다

□ 0384
platform
[plǽtfɔːrm]

(명) 연단 ; (역의) 승강장 ; 행동 강령
a viewing **platform** 전망대   political **platform** 정치 강령
Brian Meyer stepped on the *platform* and waved his hands
to the crowd. Brian Meyer는 연단에 서서 군중에게 손을 흔들었다.

□ 0385
deserve
[dizə́ːrv]

(동) ~할 만하다, ~할 가치가 있다
deserve blame 비난받을 만하다
deserve to be praised for ~로 칭찬받을 만하다
A good turn *deserves* another. 가는 정이 있으면 오는 정도 있다.
deserved (형) 응당한   deservedly (부) 마땅히
+ voca = merit ~을 받을 만하다

□ 0386
toddler
[tádlər]

(명) 아장아장 걷는 아기
toddler development 유아 발달
daily menu for **toddlers** 유아를 위한 하루 식단
For infants and *toddlers*, the swing has leg holes. 유아용 그네는
다리를 넣는 구멍이 있다.

□ 0387
bachelor
[bǽtʃələr]

(명) 학사 ; 총각
bachelor party 총각 파티   a **bachelor** girl 독신녀
Rivera, a single mother, earned her *bachelor*'s degree in
three years. 싱글맘인 Rivera는 3년 만에 학사 학위를 땄다.

A 영어는 우리말로, 우리말은 영어로 쓰시오.

① upbringing _____ ⑪ 영재 _____
② primary _____ ⑫ 계획 _____
③ assess _____ ⑬ 더딘 _____
④ grasp _____ ⑭ 강조 _____
⑤ suspend _____ ⑮ 망치다 _____
⑥ dictate _____ ⑯ 훈련 _____
⑦ reinforce _____ ⑰ 연단 _____
⑧ mastery _____ ⑱ 괴롭히다 _____
⑨ toddler _____ ⑲ 학사 _____
⑩ evaluate _____ ⑳ 과외의 _____

B 빈칸에 공통으로 들어갈 단어는?

① _____ videos 교육용 비디오 an _____ text 교본
② a _____ school (입시) 학원 _____ for tests 시험을 위해 벼락치기로 공부하다
③ _____ crimes 청소년 범죄 _____ delinquency 청소년 비행
④ _____ behavior 철없는 행동 _____ adults 철없는 어른

C 다음 빈칸에 알맞은 단어를 〈보기〉에서 골라 넣으시오. (필요하면 형태를 변형하시오.)

[보기]
deserve precede secondary enroll enlightened shortcoming

① Changes in values do not necessarily ( ) changes in behavior.
② They would ( ) in community colleges.
③ A teacher's role in ( ) education is important.
④ A good turn ( ) another.
⑤ That's the only ( ) we found in the project.
⑥ We live in ( ) times.

D 이번 테마를 다룬 독해 지문을 읽으면서 관련 어휘의 뜻을 확인해 보자.

You are a teenager. You know you are too **immature** to live by yourself. You are even confused of who you are. Though your parents regard you as a **prodigy**, you recognize your **shortcomings** in studying. You are **tardy** when it comes to memorizing English words. It would take a thousand years for you to achieve **mastery** of calculus. Your school life may choke you. At this very moment, a naive or weak boy or girl happens to run into you. You **tease** him or her. He or she appears distressed, which doesn't matter, or rather makes you pleased. You whisper that he or she **deserves** it. Sometimes you seize something that is wrong with yourself. Though you want to escape from such negative behavior, you find yourself repeating the same. You have become both the attacker and the victim of **juvenile** mischief.

> **Translation** 너는 10대이다. 너는 홀로 살기에는 너무 immature하다는 것을 안다. 너는 심지어 네가 누구인지 혼란스럽다. 너의 부모님이 너를 prodigy로 여긴다 해도, 너는 공부하는 데 있어서 너의 shortcoming들을 인식한다. 너는 영어 단어를 암기하는 데 tardy하다. 네가 미적분을 mastery하는 데 천 년이 걸릴 것이다. 너의 학교생활은 너를 숨막히게 할지도 모른다. 바로 그 순간, 순진하거나 약한 아이가 우연히 너와 마주치게 된다. 너는 그 아이를 tease 한다. 그 아이는 고통스러워 보이지만, 상관없거나 오히려 너를 기쁘게 한다. 너는 그 아이가 deserve하다고 속삭인다. 때로 너는 너 스스로에게 뭔가 잘못되었음을 알아챈다. 비록 네가 그러한 나쁜 행동으로부터 벗어나길 원해도, 너는 네가 같은 것을 반복하는 것을 발견하게 된다. 너는 juvenile 비행의 가해자이자 피해자가 된다.

> **Words** • by oneself 홀로 • regard A as B A를 B로 여기다 • calculus 미적분 • choke 숨막히게 하다 • naive 순진한 • run into 우연히 마주치다 • distressed 괴로운 • escape from ~로부터 탈출하다 • mischief 비행

Day 74

재테크에 실패한 흥부

| property 재산 | means 재력 | accumulate 축적하다 | deposit 예금 | insurance 보험 |

| sufficient 충분한 | abound 풍부하다 | thrive 번창하다 | prosperity 번영 | boom 호황 |

| afford ~할 여유가 있다 | spare 여분의 | scarce 부족한 | lack 부족 | shortage 부족 |

| cultivate 경작하다 | yield 생산하다 | distribute 분배하다 | portion 부분 | evenly 공평하게 |

| fluctuate 변동하다 | soar 급등하다 | plunge 급락하다 | accelerate 가속화하다 | downfall 몰락 |

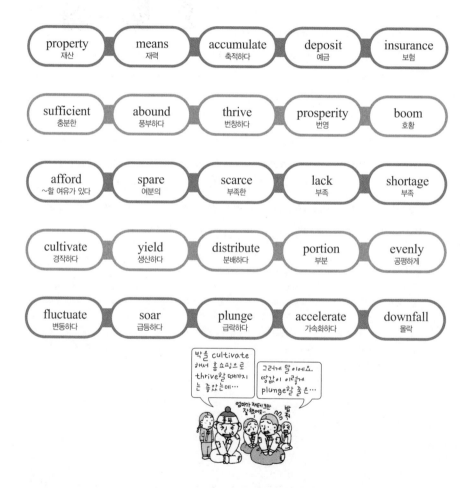

박을 cultivate 해서 홈쇼핑으로 thrive할 때까지는 좋았는데…

그러게 말이에요. 땅값이 이렇게 plunge할 줄은…

엄마가 재테크만 잘했어도…

□ 0388
property
[prápərti]

(명) 재산 ; 특성
hold property 재산을 소유하다   **real property** 부동산
The United States tends to rely heavily on *property* taxes.
미국은 재산세에 매우 의존하는 편이다.
+ voca = belongings, possessions 소유물

□ 0389
means
[mi:nz]

(명) 수단 ; 재력
an effective means 효과적인 수단
dishonest means 부정직한 수단
This infrasound, as *means* of communication, has special
merit. 이 초저주파음은 의사소통의 수단으로써 특별한 장점을 가진다. (기출)

□ 0390
accumulate
[əkjú:mjəlèit]

(동) 축적하다, 쌓다
accumulate a fortune 재산을 모으다
accumulate virtue 미덕을 쌓다
I thought that enough money had been *accumulated*.
나는 돈이 충분히 모였다고 생각했다.
accumulation (명) 축적(물)   accumulative (형) 축적되는

□ 0391
deposit
[dipázit]

(명) 보증금 ; 예금 ; 퇴적(물) (동) 놓다 ; 예금하다 ; 퇴적시키다
deposit money 예금
deposit a pile of books 몇 권의 책을 놓다
There should be a 100 dollar minimum initial *deposit*.
최소 100달러의 최초 예금이 있어야 한다.

□ 0392
insurance
[inʃúərəns]

(명) 보험
carry insurance 보험에 들다   **life insurance** 생명 보험
A suitable *insurance* policy should provide coverage for
medical expenses. 적절한 보험 정책이라면 의료비 보장을 지원해야 한다.
insure (동) 보증하다, 보장하다

□ 0393
sufficient
[səfíʃənt]

(형) 충분한
in sufficient quantity 충분한 양으로
self-sufficient living 자족하는 생활
If your proof were so *sufficient*, you would post it again.
당신의 증거가 충분했다면, 당신은 그것을 다시 게시판에 올렸을 것이다.
sufficiency (명) 충분
+ voca = adequate 충분한 ↔ insufficient 불충분한

□ 0394
abound
[əbáund]

(동) 풍부하다
good will abounds 선의에 차있다
abound in courage 용기가 넘치다
They live in a region where oil *abounds*. 그들은 석유가 풍부한 지역에 산다.
abundance (명) 풍부   abundant (형) 풍부한

□ 0395
thrive
[θraiv]

(동) 번창하다 ; 잘 자라다
failure to thrive 성장 장애
a thriving economy 번창하는 경제
He owns three *thriving* Italian restaurants in Rhode Island.
그는 로드아일랜드에 장사가 잘되는 이탈리안 레스토랑 세 개를 소유하고 있다. 기출
🔼 **voca** = flourish 번창하다

□ 0396
prosperity
[prɑspérəti]

(명) 번영, 번성
economic prosperity 경제적 번영
create prosperity 번성하다
Prosperity may be a more severe hardship than adversity, especially sudden *prosperity*. 번영, 특히 갑자기 찾아온 번영은 역경보다 더 가혹한 고통일 수 있다.
prosper (동) 번영하다   prosperous (형) 번영하는

□ 0397
boom
[bu:m]

(명) 호황 ; 대유행 (동) 호황을 맞다
baby boom 베이비붐(제2차 세계대전 후 미국에서 출생률이 급격히 상승한 현상)
boom prices 급등한 물가
There is a *boom* in the sale of sports clothes. 운동복 판매가 호황을 누리고 있다.

□ 0398
afford
[əfɔ́ːrd]

(동) ~할 여유가 있다 ; 제공하다
afford a car 차를 구매할 여유가 있다
afford a house 집을 장만할 여유가 있다
What if you cannot *afford* a home computer? 만약 네가 가정용 컴퓨터를 살 수 없다면 어떻게 할래? 기출

□ 0399
spare
[spéər]

(형) 여분의 (동) (시간 등을) 할애하다 ; 아끼다
spare tire 여분의 타이어   **spare the rod** 매를 아끼다
In his *spare* time, he read books. 그는 여가시간에 책을 읽었다. 기출
🔼 **voca** = extra, additional 추가의

□ 0400
scarce
[skέərs]

형 **부족한, 드문**

scarce materials 희소 물질   **scarce** goods 물자 부족
South Pole explorers had to hunt *scarce* seals and penguins
for food. 남극 탐험가들은 식량으로 희귀한 물개와 펭귄을 사냥해야 했다.

scarcity 명 부족
> **voca** = short, deficient 부족한

□ 0401
lack
[læk]

명 **부족** 동 **부족하다**

lack of sleep 수면 부족   **lack** exercise 운동이 부족하다
The court rejected one of the murder charges, citing *lack* of
evidence. 법원은 증거 부족을 언급하면서 살인 혐의 중 하나를 기각했다.

> **voca** ↔ surplus 과잉

□ 0402
shortage
[ʃɔ́ːrtidʒ]

명 **부족, 결핍**

water **shortage** 물 부족
organ donor **shortages** 장기 기증자 부족
Depressed people have a *shortage* of GABA, a
neurotransmitter linked to a visual skill. 우울한 사람들은 시각 능력
과 연결된 신경전달물질인 GABA가 부족하다.

□ 0403
cultivate
[kʌ́ltivèit]

동 **경작하다 ; (재능 등을) 계발하다**

cultivate specialty crops 특수 작물을 재배하다
cultivate the habit of reading 독서 습관을 기르다
Self-control is not something you're born with; it's an
ability that is *cultivated*. 자기 절제는 타고나는 것이 아니라 계발되는 능력이다.

cultivation 명 경작 ; 함양

□ 0404
yield
[jiːld]

명 **산출량, 수확량** 동 **생산하다 ; 양보하다**

calculate **yield** 수익을 계산하다   rice **yields** 쌀 수확량
Words can *yield* a variety of interpretations. 말은 다양한 해석을 만
들어 낼 수 있다. 기출

> **voca** = produce 생산하다

□ 0405
distribute
[distríbjuːt]

동 **분배하다**

distribute music 음반을 배포하다
distribute property 자산을 분배하다
The percentage of students who major in the humanities is
similarly *distributed* between the schools. 인문학을 전공하는 학생
들의 비율은 학교 간에 비슷하게 분포되어 있다.

distribution 명 분배   distributive 형 분배의

○ ○ ○

□ 0406

portion
[pɔ́ːrʃən]

명 부분 ; 1인분 동 분배하다

the largest **portion** of the budget 예산의 가장 많은 부분
food **portion** guide 1인 1회 섭취 권장량
The opposite effect can be achieved by locating characters
in the lower *portion* of the frame. 등장인물들을 화면의 하단에 배치함으
로써 정반대의 효과를 얻을 수 있다.

➕ voca = share 몫 ; 나누다 = allocation 할당

□ 0407

evenly
[íːvnli]

부 공평하게 ; 고르게

evenly distribute 공평하게 분배하다
evenly spread jam 잼을 고르게 펴 바르다
There was not great wealth, but what there was was spread
evenly. 그곳은 매우 부유하지는 않았지만 모든 것이 고르게 분배되어 있었다. (기출)
even 형 평평한 ; 평등(대등)한 ; 일정한 ; 짝수의

□ 0408

fluctuate
[flʌ́ktʃuèit]

동 변동하다

fluctuating currencies 환율 변동
fluctuating blood pressure 혈압 변동
An athlete's performance might *fluctuate* over time. 운동선수
의 성적은 시간이 지나면서 변동한다.
fluctuation 명 변동, 파동

□ 0409

soar
[sɔːr]

동 급등하다, 치솟다

soar high 높이 치솟다
soar high into the air 하늘 높이 날아오르다
Eagles, *soaring* high and fearlessly, have always made
people think of strength, freedom, and courage. 높게 대담하게 나
는 독수리들은 언제나 사람들에게 힘, 자유, 그리고 용기를 생각나게 한다.

□ 0410

plunge
[plʌndʒ]

동 급락하다 ; 뛰어들다 ; 갑자기 시작하다

plunge something in (재빨리 힘껏) ~을 (… 속에) 밀어 넣다
plunge a toilet 변기를 뚫다
All of the birds *plunged* into the water to get a fish.
모든 새들이 물고기를 잡기 위해 물속으로 뛰어들었다.

□ 0411

accelerate
[əksélərèit]

동 가속화하다

accelerate the pace 걸음을 빨리하다
accelerated reader 속독을 하는 사람
The pace of extinction of bird species has rapidly *accelerated*
since 1850. 조류의 멸종 속도는 1850년 이후 급격히 가속화되었다.
acceleration 명 가속 accelerative 형 가속적인
➕ voca = speed up 속도를 높이다

□ 0412
downfall
[dáunfɔ̀ːl]

명 몰락
downfall of Hitler 히틀러의 몰락
meet a speedy **downfall** 급작스레 몰락하다
His pride was the cause of his *downfall*. 그의 자만심은 그의 몰락의 원인이었다.

□ 0413
bulk
[bʌlk]

명 많은 양 ; 대부분
cheap **bulk** items 싸고 양이 많은 상품　in **bulk** 대량으로
The *bulk* of the fund is to go to South Asian countries, such as Indonesia. 자금의 대부분을 인도네시아와 같은 남아시아 국가들에 배정할 예정이다.

□ 0414
immense
[iméns]

형 거대한, 막대한
at **immense** cost 거액의 비용으로
an **immense** crowd 굉장한 군중
The decision will probably have an *immense* impact on another one of life's major decisions. 그 결정은 아마도 인생의 또 다른 중요한 결정에 막대한 영향을 미칠 것이다.
immensity 명 광대함　immensely 부 엄청나게

□ 0415
shrink
[ʃriŋk]
-shrank-shrunk

동 (수량, 가치 등이) 줄다
make clothes **shrink** 옷을 줄이다　**shrink** away 점점 줄어들다
Overgrazing is one of the biggest factors behind the *shrinking* of the grass. 지나친 방목은 녹지가 줄어드는 가장 큰 이유들 중 하나이다.
voca = diminish, lessen 줄다

□ 0416
lottery
[látəri]

명 복권
lottery results 복권 당첨 결과　draw a **lottery** 제비를 뽑다
She had waited all day in the hall with her *lottery* number. 그녀는 복권 번호를 들고 복도에서 하루 종일 기다렸다.

□ 0417
minimal
[mínəməl]

형 최소의
minimal injury 최소한의 부상
minimal swimwear 아주 작은 수영복
Now you're stuck in a tiny office with *minimal* human contact. 지금 당신은 인간적인 접촉이 최소화된 아주 작은 사무실에 갇혀 있다.
minimize 동 최소화하다　minimum 명 최소한도　minimally 부 최소한으로

A 영어는 우리말로, 우리말은 영어로 쓰시오.

① property _____ ⑪ 번창하다 _____
② immense _____ ⑫ 분배하다 _____
③ shortage _____ ⑬ 경작하다 _____
④ sufficient _____ ⑭ 급등하다 _____
⑤ plunge _____ ⑮ 수단 _____
⑥ prosperity _____ ⑯ 최소의 _____
⑦ lottery _____ ⑰ 부족한 _____
⑧ afford _____ ⑱ 줄다 _____
⑨ portion _____ ⑲ 가속화하다 _____
⑩ yield _____ ⑳ 호황 _____

B 빈칸에 공통으로 들어갈 단어는?

① carry _____ 보험에 들다   life _____ 생명 보험
② _____ distribute 공평하게 분배하다   _____ spread jam 잼을 고르게 펴 바르다
③ cheap _____ items 싸고 양이 많은 상품
   in _____ 대량으로
④ _____ tire 여분의 타이어   _____ the rod 매를 아끼다

C 다음 빈칸에 알맞은 단어를 〈보기〉에서 골라 넣으시오. (필요하면 형태를 변형하시오.)

┌─────────── 【 보기 】───────────┐
lack accumulate deposit downfall abound fluctuate
└────────────────────────────────┘

① I thought that enough money had been (   ).
② They live in a region where oil (   ).
③ The court rejected one of the murder charges, citing (   ) of evidence.
④ An athlete's performance might (   ) over time.
⑤ His pride was the cause of his (   ).
⑥ There should be a 100 dollar minimum initial (   ).

D 이번 테마를 다룬 독해 지문을 읽으면서 관련 어휘의 뜻을 확인해 보자.

The development of agriculture enabled humans to make the land **yield** more crops, which they could **accumulate**. In a sense it was a breakthrough for humanity because it brought **prosperity** to people and made life much simpler. More available food meant that more people could be fed, which led to  **soaring** populations. With more people in society, there were more people available for more kinds of vocations other than farming, and as a result more sophisticated social systems developed. But, the development of agriculture resulted in devastating consequences that may have brought about the **downfall** of many of these ancient civilizations. For example, some scholars think that one of the reasons for the **downfall** of the Mayan civilization was that the supply of food was too **scarce** for the whole population, and there was a lack of land that could be **cultivated** due to overcultivation.

Translation 농업의 발달은 땅이 더 많은 농작물을 yield하게 했고, 인간들은 그것들을 accumulate할 수 있었다. 농업은 인류에게 prosperity를 가져오고 삶을 더 간편하게 했기 때문에, 어떤 의미에서 농업은 인간에게 돌파구였다. 더 많은 음식이 이용 가능하다는 것은 더 많은 사람들이 음식을 먹을 수 있다는 것이고, 그것은 soar하는 인구를 가져왔다. 사회에 더 많은 사람이 있는 만큼 농업을 제외한 다른 직업에 필요한 많은 사람들이 있었고, 결과적으로 더 복잡한 사회 구조가 발달했다. 그러나 농업의 발전은 많은 고대 문명의 downfall을 일으킬 수도 있었다는 파괴적인 결과를 가져왔다. 예를 들어, 몇몇 학자들은 마야 문명의 downfall의 이유 중 하나가 전체 인구를 위한 음식의 공급이 너무 scarce했고 과도한 경작으로 인해 cultivate될 땅이 부족했던 것이라고 생각한다.

Words • agriculture 농업 • in a sense 어떤 의미에서 • breakthrough 돌파구
• vocation 직업, 소명 • other than ~을 제외하고 • sophisticated 복잡한 • result in ~을 일으키다
• consequence 결과 • bring about ~을 일으키다 • civilization 문명 • due to ~ 때문에
• overcultivation 과도한 경작

정답

B ①insurance ②evenly ③bulk ④spare
C ①accumulated ②abounds ③lack ④fluctuate ⑤downfall ⑥deposit

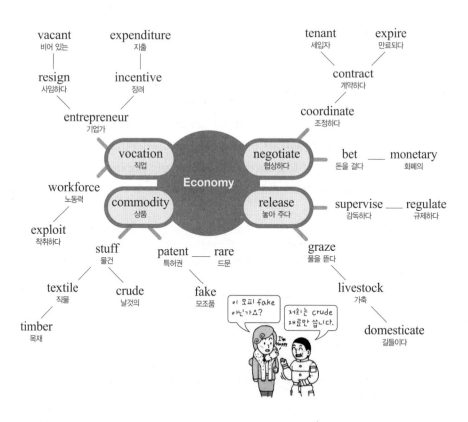

□ 0418
vocation
[voukéiʃən]

(명) 직업, 천직
career **vocation** test 직업 적성 검사 a real **vocation** 천직
This isn't just a job for me; it's a *vocation*. 이것은 나에게 단지 일이 아니라 소명이다.
vocational (형) 직업상의

□ 0419
entrepreneur
[à:ntrəprənə́:r]

(명) 기업가
a private **entrepreneur** 개인 사업가
successful **entrepreneurs** 성공한 기업가들
As a successful *entrepreneur*, I have always had to meet challenges. 성공한 기업가로서 나는 항상 도전에 응해야 했다.

□ 0420
resign
[rizáin]

(동) 사임하다 ; 포기하다
resign from a job 직장에서 사임하다
resign from Congress 국회에서 물러나다
The senator was forced to *resign* his position. 그 상원 의원은 사임하도록 강요당했다.
resignation (명) 사직

□ 0421
vacant
[véikənt]

(형) (자리가) 비어 있는 ; 공허한
vacant lot 빈 곳 **vacant** land 공터
The *vacant* building was torn down in 2005. 그 빈 건물은 2005년에 헐렸다.
➕ voca = empty, unoccupied 비어 있는

□ 0422
incentive
[inséntiv]

(명) 장려
incentive pay 장려금 employee **incentives** 직원 포상
OECD members provide a great tax *incentive* to working couples that have two children. OECD 회원국들은 두 명의 자녀를 가진 일하는 부모들에게 많은 세금 혜택을 제공한다.

□ 0423
expenditure
[ikspénditʃər]

(명) 지출, 소비
cut **expenditure** 경비를 삭감하다
government **expenditure** 정부 지출
Considering the long hours for which it is used, it has a very low energy *expenditure*. 긴 사용 시간을 고려해 보면, 그것은 매우 적은 에너지 소비량이다.
expend (동) 소비하다 expense (명) 비용 ; 지출
➕ voca = spending 지출

□ 0424
workforce
[wɔ́:rkfɔ̀:rs]

(명) 노동력
future workforce 미래의 일꾼
an outstanding workforce 우수 인력
The demand for the required *workforce* is expected to grow. 노동력 수요가 증가할 것으로 예상된다. （기출）
➕ voca = labor force 노동력

□ 0425
exploit
[iksplɔ́it]

(동) 개발하다 ; 착취하다, 이용하다
exploit resources 자원을 개발하다
exploit ruthlessly 무자비하게 착취하다
They are not good at *exploiting* their natural resources.
그들은 천연자원을 개발하는 데 능숙하지 않다.

□ 0426
negotiate
[nigóuʃièit]

(동) 협상하다
negotiating skills 협상 기술
negotiating a settlement 협상 해결
They agreed to *negotiate* with their new leader. 그들은 새로운 지도자와 협상하는 데 동의했다.
negotiation (명) 협상, 교섭 negotiatory (형) 협상의, 교섭의

□ 0427
coordinate
[kouɔ́:rdineit]

(동) 조정하다
coordinate activities 활동을 조정하다
coordinate closely 세밀하게 조정하다
Termite workers *coordinate* their efforts to build nests.
흰개미의 일개미들은 둥지를 짓기 위해 분업한다.
coordination (명) 합동 coordinative (형) 동등한

□ 0428
contract
[kántrækt]

(명) 계약(서) (동) 계약하다 ; 수축하다
contract workers 계약직 근로자
write a contract 계약서를 작성하다
They are hesitant to sign a *contract*. 그들은 계약서에 서명하기를 주저한다.

□ 0429
expire
[ikspáiər]

(동) 만료되다 ; 죽다
expired drugs 유통기한이 지난 약 **expire calmly** 조용히 숨을 거두다
I just let my own health insurance *expire* because I couldn't afford it. 나는 비용을 감당할 수 없어서 나의 건강 보험을 만료시켰다.
expiration (명) 만료

□ 0430
tenant
[ténənt]

몡 세입자 ; 소작인

tenants rights 세입자 권리　**tenant farmer** 소작농
For apartment landlords, a vacancy means a loss of income due to a lack of rent-paying *tenants*. 아파트 임대인에게 빈방은 임대료를 지불하는 세입자의 부족으로 인한 수입의 손실을 의미한다.

🔹**voca** = occupier 입주자　= renter 세입자

□ 0431
bet
[bet]
-bet-bet

몡 내기　동 돈을 걸다 ; 장담하다

win a bet 내기해서 이기다　**lay a bet** 돈을 걸다
They all took his *bet*. 그들 모두 그의 내기를 받아들였다. (기출)

□ 0432
monetary
[mʌ́nitəri]

혱 화폐의, 통화의

monetary system 화폐 제도　**monetary policy** 통화 정책
The *monetary* unit of the US is the dollar. 미국의 화폐 단위는 달러이다.

□ 0433
commodity
[kəmádəti]

몡 상품, 일용품

commodity prices 물가　**staple commodities** 중요 상품
We provided significant *commodity* support for the people of Haiti. 우리는 아이티의 사람들에게 중요한 일용품을 원조했다.

🔹**voca** = goods, merchandise 상품

□ 0434
stuff
[stʌf]

동 채우다　몡 물건, 재료

stuff up 꽉 막다(메우다)　**funny stuff** 재밌거리
Ancient balls made by Egyptians were *stuffed* with feathers or hay. 이집트인들이 만든 고대의 공들은 깃털이나 건초로 채워졌다. (기출)
stuffy 혱 통풍이 안 되는, 답답한

□ 0435
crude
[kru:d]

혱 가공하지 않은, 날것의

crude oil 원유　**crude materials** 원료
Much of the world's *crude* oil is buried under the Arctic Ocean. 많은 양의 세계 원유가 북극해 아래에 매장되어 있다. (기출)
crudely 튄 조잡하게, 투박하게 ; 노골적으로 말하면

□ 0436
textile
[tékstail]

몡 직물　혱 직물의

textile industry 섬유 산업　**a textile mill** 직물 공장
The *textile* patterns aren't classical. 그 직물 무늬는 고전적이지 않다.

• • •

□ 0437
timber
[tímbər]

(명) 목재
cut timber 재목을 자르다   timber merchants 목재상
The trunk is the most important part of the tree for *timber* production. 나무의 몸통은 목재 생산에서 나무의 가장 중요한 부분이다.

□ 0438
patent
[pǽtnt]

(명) 특허권 (형) 특허의 (동) 특허를 받다
patent law 특허법   patent an idea 아이디어를 특허로 등록하다
The company has many hybrid and electric vehicle *patents*.
그 회사는 많은 하이브리드와 전기 자동차 특허를 가지고 있다.

□ 0439
fake
[feik]

(명) 모조품 (형) 가짜의 (동) 위조하다
fake ID 위조 신분증   fake money 위조지폐
Distinguishing the original from the fake is difficult. 진짜와 가짜를 구별하는 일은 어렵다.

+ voca = counterfeit, forgery 위조의

□ 0440
rare
[rέər]

(형) 드문, 희귀한
rare animals 희귀 동물   rare diseases 희귀병
It is *rare* for people to get their best ideas at work. 사람들이 직장에서 최선의 생각을 해내는 것은 드문 일이다.

rarely (부) 좀처럼 ~하지 않는   rarity (명) 아주 드묾
+ voca = scarce 드문

□ 0441
release
[rilíːs]

(동) 석방하다, 놓아 주다 ; 개봉하다 (명) 석방 ; 개봉
be released from prison 출옥하다
release a movie 영화를 개봉하다
Yesterday, one of today's top rock singers *released* his piece on the Internet. 오늘날 최고의 락 가수 중 한 명은 어제 자신의 음반을 인터넷에 발매했다. (기출)

□ 0442
graze
[greiz]

(동) 풀을 뜯다 ; 방목하다
safely graze (가축이) 안전하게 풀을 뜯다
graze on grass 잔디밭에서 풀을 뜯다
To increase your income, you want to raise more sheep and *graze* them on the land. 소득을 증가시키기 위해서 너는 양을 더 많이 키우고 그것들을 방목하고 싶을 것이다.

grazer (명) 방목 가축 ; 방목자   overgraze (동) 가축을 너무 많이 방목하다

□ 0443
livestock
[láivstàk]

명 가축
livestock sales 가축 매매 **livestock** animals 가축
As the climate became drier, the *livestock* began to
disappear. 기후가 건조해지면서 가축들이 사라지기 시작했다.

□ 0444
domesticate
[dəméstikèit]

동 길들이다 ; 재배하다
domesticate animals 동물을 길들이다
domesticate native plants 야생 식물을 집에서 키우다
Although there are thousands of species of wild animals,
surprisingly few species have been *domesticated*. 수천 종의 야
생 동물들이 있지만 놀라울 정도로 적은 수의 종만이 애완용으로 길러진다.

□ 0445
supervise
[sú:pərvàiz]

동 감독하다
supervise staff 직원을 감독하다   **supervising** skills 감독 기술
The president appointed Laskey to *supervise* the matter.
대통령은 그 문제를 감독하는 데 Laskey를 지명했다.
supervision 명 감독

□ 0446
regulate
[régjulèit]

동 규제하다 ; 조절하다
a bill **regulating** Internet gambling 인터넷 도박을 규제하는 법
regulate a watch 시계를 맞추다
The human body changes in order to *regulate* body
temperature more efficiently. 인간의 몸은 체온을 더욱 효율적으로 조절하
기 위해서 변화한다.
regulation 명 규칙, 규제
➕ **voca** = control 통제하다

□ 0447
stabilize
[stéibəlàiz]

동 안정시키다
stabilized world (전쟁이 없는) 안정된 세계
stabilize the economy 경제를 안정시키다
The government's efforts to *stabilize* prices have not
succeeded. 물가를 안정시키려는 정부의 노력은 성공하지 못했다.
stable 형 안정된   stability 명 안정

A 영어는 우리말로, 우리말은 영어로 쓰시오.

① commodity _____   ⑪ 장려 _____
② entrepreneur _____   ⑫ 화폐의 _____
③ domesticate _____   ⑬ 비어 있는 _____
④ expire _____   ⑭ 특허권 _____
⑤ release _____   ⑮ 채우다 _____
⑥ exploit _____   ⑯ 감독하다 _____
⑦ bet _____   ⑰ 조정하다 _____
⑧ expenditure _____   ⑱ 안정시키다 _____
⑨ regulate _____   ⑲ 풀을 뜯다 _____
⑩ timber _____   ⑳ 세입자 _____

B 빈칸에 공통으로 들어갈 단어는?

① future _____ 미래의 일꾼   an outstanding _____ 우수 인력
② _____ workers 계약직 근로자   write a _____ 계약서를 작성하다
③ _____ oil 원유   _____ materials 원료
④ _____ animals 희귀 동물   _____ diseases 희귀병

C 다음 빈칸에 알맞은 단어를 〈보기〉에서 골라 넣으시오. (필요하면 형태를 변형하시오.)

[보기]
fake negotiate vocation resign textile livestock

① The senator was forced to ( ) his position.
② They agreed to ( ) with their new leader.
③ Distinguishing the original from the ( ) is difficult.
④ As the climate became drier, the ( ) began to disappear.
⑤ This isn't just a job for me; it's a ( ).
⑥ The ( ) patterns aren't classical.

D 이번 테마를 다룬 독해 지문을 읽으면서 관련 어휘의 뜻을 확인해 보자.

In economics, inflation refers to a rise in the prices of goods and services over a period of time. When the price level increases, the individual buys fewer **commodities** and services, which means  that the real value of money shrinks. Conversely, the decline of **monetary** value causes the real value of property, such as real estate, to go up. But despite the negative image of inflation, its effects on an economy can be positive. In fact, when businesses thrive, inflation takes place. Also, inflation encourages the **expenditure** of debtors through debt relief by reducing the real level of debt. These days, most economists favor a low steady rate of inflation. So, the task of keeping the rate of inflation low and **stable** is usually given to the central bank, which **supervises** and **regulates** the size of the money supply through means such as the setting of interest rates.

> **Translation** 경제학에서 인플레이션은 일정 기간에 걸쳐 물건과 서비스 가격이 상승하는 것을 말한다. 가격 수준이 증가할 때, 개인들은 **commodity**들과 서비스를 더 적게 구매하는데, 이것은 돈의 실제 가치가 줄어드는 것을 의미한다. 반대로 **monetary** 가치의 하락은 부동산과 같은 자산의 가치가 상승하는 것을 야기한다. 부정적인 이미지가 있지만 인플레이션의 경제에 대한 영향력은 긍정적일 수 있다. 사실은 경제가 번성할 때, 인플레이션이 발생한다. 또한 인플레이션은 빚의 실질적인 수준을 낮춤으로써 부채를 감소시켜 채무자의 **expenditure**를 장려한다. 요즘 대부분의 경제학자들은 꾸준히 낮은 인플레이션을 선호한다. 그래서 인플레이션 비율을 낮고 **stable**하게 유지하는 일은 보통 중앙은행에 주어지는데, 중앙은행은 이자율을 정하는 것과 같은 수단을 통해서 공급되는 돈의 규모를 **supervise**하고 **regulate**한다.

> **Words** • refer to ~을 가리키다 • real estate 부동산 • take place 발생하다 • debt relief 부채 탕감 • favor 선호하다 • interest rates 이자율

정답 🔒

B ① workforce ② contract ③ crude ④ rare
C ① resign ② negotiate ③ fake ④ livestock ⑤ vocation ⑥ textile

Day 16 드라큘라의 거주지

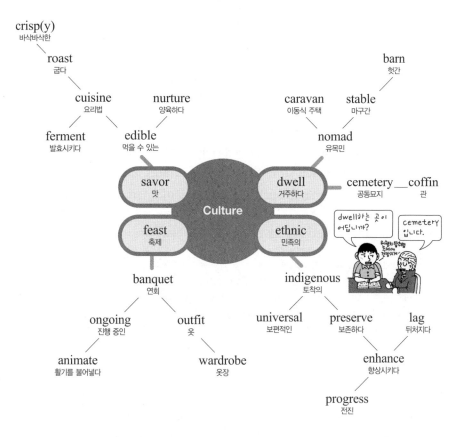

crisp(y)
바삭바삭한

roast
굽다

cuisine
요리법

nurture
양육하다

barn
헛간

caravan
이동식 주택

stable
마구간

ferment
발효시키다

edible
먹을 수 있는

nomad
유목민

savor
맛

dwell
거주하다

cemetery
공동묘지

coffin
관

Culture

feast
축제

ethnic
민족의

banquet
연회

indigenous
토착의

ongoing
진행 중인

outfit
옷

universal
보편적인

preserve
보존하다

lag
뒤처지다

animate
활기를 불어넣다

wardrobe
옷장

enhance
향상시키다

progress
전진

□ 0448
savor
[séivər]

뗑 맛 ; 재미 뗑 맛보다, 음미하다
the distinctive **savor** of this wine 이 와인의 독특한 맛
savor every mouthful 한 입 한 입 음미하다
For people who work alone at home, work loses its *savor*
because they can't connect with people. 집에서 혼자 일하는 사람들
은 일의 재미를 잃는데, 그 이유는 사람들과 접촉할 수 없기 때문이다.

□ 0449
edible
[édəbl]

뗑 먹을 수 있는
edible flowers 식용 꽃
edible playdough 먹을 수 있는 놀이용 반죽
Many weeds are *edible* and medicinal. 많은 잡초들은 식용이며 약효
가 있다. 기출
voca = eatable 먹을 수 있는

□ 0450
cuisine
[kwizíːn]

뗑 요리법 ; 독특한 요리
French **cuisine** 프랑스 요리법   authentic **cuisine** 정통 요리
So much of South African *cuisine* is influenced by Indian
cuisine. 남아프리카 요리의 상당 부분이 인도 요리의 영향을 받았다. 기출

□ 0451
roast
[roust]

뗑 굽다, 볶다 뗑 구이 요리
roast a whole chicken 통닭을 굽다
pot **roast** 냄비에 넣고 구운 요리
Place the ham in a *roasting* pan and, *roast* for 1 hour.
햄을 로스팅 팬에 놓고 한 시간 동안 구워라.

□ 0452
crisp(y)
[crisp(i)]

뗑 바삭바삭한 ; 상쾌한
crisp potato chips 바삭바삭한 감자칩   **crisp** air 상쾌한 공기
This neighborhood bistro offers *crispy* fried pies. 이 동네 술집
은 바삭바삭하게 튀긴 파이를 제공한다.

□ 0453
ferment
[fərmént]

뗑 발효시키다
fermented food 발효 음식
how to **ferment** fruit 과일을 발효시키는 방법
For centuries, microorganisms have been used to *ferment*
yogurt. 수 세기 동안 미생물들은 요구르트를 발효시키는 데 사용되었다.
fermentation 뗑 발효

• • •

□ 0454
nurture
[nə́ːrtʃər]

통 양육하다 ; 교육하다 명 양육 ; 교육
nurture a child 아이를 기르다   **nature and nurture** 천성과 교육
It is a mother's job to love and *nurture* her child. 아이들을 사랑
하고 돌보는 것이 엄마의 의무이다.
➕ voca = bring up 양육하다 = raise 키우다

□ 0455
dwell
[dwel]
-dwelt-dwelt

통 거주하다
dwell in ~에 거주하다   **dwell on** ~을 깊이 생각하다
Dwelling on life's unfairness and cruelties will not make
your life better. 인생의 불공평함과 잔인함만을 깊이 생각하는 것은 너의 삶을 더
낫게 만들어 주지 않을 것이다.
dwelling 명 거주지 dweller 명 거주자

□ 0456
nomad
[nóumæd]

명 유목민, 방랑자
desert nomads 사막 지역의 유목민
digital nomads 디지털 유목민(조직에 매이지 않고 최첨단 기기로 업무를 처리
하는 사람들)
Kenya is home of the *nomads* of Africa. 케냐는 아프리카 유목민들
의 고향이다.
nomadic 형 유목민의, 방랑의

□ 0457
caravan
[kǽrəvæn]

명 이동식 주택 ; (사막을 건너는) 대상
a caravan site 이동식 주차장   **join a caravan** 대상에 합류하다
Jaisalmer is a former *caravan* center. Jaisalmer는 이전에 대상의 중심
지였다. 기출

□ 0458
stable
[stéibl]

명 마구간 형 안정된
lock the stable door 마구간 문을 잠그다
a stable society 안정된 사회
Outside was a well-built *stable* for horses and carriages.
바깥에 말과 마차를 위해 잘 지어진 마구간이 있었다.
stability 명 안정성 stabilize 통 안정시키다
➕ voca = constant 변함없는 = steady 안정된

□ 0459
barn
[bɑːrn]

명 헛간, 외양간 ; 차고
barn designs 헛간 설계   **house barn** 가정용 헛간
Barns found in America are different from *barns* in Korea.
미국의 헛간은 한국의 헛간과 다르다.

□ 0460
cemetery
[sémətèri]

명 공동묘지
haunted cemetery 귀신이 나오는 공동묘지
cemetery headstones 묘비
Before we got to the *cemetery* we stopped, listening to the
wailing of the priests. 사제들의 울부짖음을 듣고, 우리는 묘지에 들어가기 전
에 멈춰 섰다.

□ 0461
coffin
[kɔ́:fin]

명 관
Egyptian coffin (고대) 이집트의 관   **open coffin** 개방형 관
I wept deeply for him, touching the *coffin*. 나는 관을 만지며, 그를
위해 몹시 울었다.

□ 0462
feast
[fi:st]

명 축제, 잔치 동 잔치를 베풀다 ; 즐겁게 하다
Thanksgiving feast 추수감사절 축제
a feast for one's eyes 눈요기
We just have to show up at the table and not let the *feast* go
cold. 단지 우리는 그 자리에 참석해서 그 축제가 시들해지지 않도록 해야 한다.

□ 0463
banquet
[bǽŋkwit]

명 연회, 진수성찬
banquet planning 연회 계획   **give a banquet** 연회를 열다
Wanting to honor as well as observe him, the villagers
prepared a *banquet*. 그를 지켜볼 뿐만 아니라 그에게 경의를 표하고 싶어서 마
을 사람들은 연회를 준비했다. 기출

□ 0464
ongoing
[áŋgòuiŋ]

형 진행 중인
an ongoing debate 진행 중인 토론
an ongoing investigation 진행 중인 수사
Ongoing excavations have revealed the sophistication of
the civilization. 진행 중인 발굴 작업은 그 문명의 세련됨을 밝혀 주고 있다.
+ VOCA = in progress 진행 중인 = continuous 계속되는

□ 0465
animate
[ǽnimèit]

동 활기를 불어넣다 ; 만화 영화로 만들다
animate a virtual character 가상의 인물에 활기를 불어 넣다
animated movie 만화 영화
The man who came up with the idea of *animating* graphics
must be a genius. 그림에 활기를 불어넣는 것을 생각해 낸 사람은 천재임에 틀
림없다.
animation 명 생기 ; 만화 영화 animated 형 활기찬

□ 0466
outfit
[áutfìt]

(명) 옷, 복장 ; 장비
dance outfits 댄스 의상 **a ski outfit** 스키 장비
Joe Giovanni and his son were wearing matching *outfits*.
Joe Giovanni와 그의 아들은 잘 어울리는 옷을 입고 있었다.
➕**voca** = costume 의상 = equipment, gear 장비

□ 0467
wardrobe
[wɔ́:rdròub]

(명) 옷장 ; 의상
wardrobe closets 붙박이 옷장
basic wardrobe planning 기본적인 옷장 배치
Organize your *wardrobe* by color, not by outfit. 옷을 종류 별로
정리하지 말고 색깔 별로 정리해라.

□ 0468
ethnic
[éθnik]

(형) 민족의
ethnic foods 민족 고유의 음식 **ethnic minority** 소수 민족
In wars between national, *ethnic*, or religious groups,
individuals sacrifice. 국가적, 민족적, 또는 종교적 집단 간의 전쟁에서 희생당
하는 것은 바로 개인이다. (기출)
ethnicity (명) 민족성 ethnically (부) 민족적으로

□ 0469
indigenous
[indídʒənəs]

(형) 토착의, 원산의
indigenous cultures 토착 문화 **indigenous species** 토착종
The children discussed four main environmental issues
including *indigenous* healing. 아이들은 자생적 치유를 포함한 네 가지 주
요 환경 문제들에 대해서 토론했다. (기출)
➕**voca** = native 타고난

□ 0470
universal
[jù:nəvə́:rsəl]

(형) 보편적인
universal interest 보편적인 관심사
universal gravitation 만유인력
Frustration is a *universal* experience. 좌절은 보편적인 경험이다.
universality (명) 보편성 universally (부) 일반적으로, 보편적으로 universe (명) 우주

□ 0471
preserve
[prizə́:rv]

(동) 보존하다, 보호하다
preserve cut roses 자른 장미를 보관하다
fruits preserved in honey 꿀에 보관된 과일
The tribe is continually struggling to *preserve* their way of
life. 그 부족은 자신들의 삶의 방식을 보존하려고 끊임없이 애쓰고 있다.
preservation (명) 보존 preservative (명) 방부제

□ 0472
enhance
[inhǽns]

동 향상시키다, 강화하다
enhance relations 관계를 향상시키다
enhanced study programs 강화된 학습 프로그램
Sounds you hear while sleeping help *enhance* your memory. 수면 중에 듣는 소리는 너의 기억력을 향상시키는 데 도움이 된다. 기출
enhancement 명 강화
➕ voca = improve 개선하다 = intensify 강화시키다

□ 0473
progress
[prágres] 명
[prəgrés] 동

명 전진, 진보 동 전진하다, 진보하다
in progress (현재) 진행 중인 **slow progress** 더딘 진전
We haven't made as much *progress* since ancient times when it comes to the essentials of living. 삶의 필수적인 요소들에 있어서 우리는 고대 이후로 많은 발전을 이루지 못했다. 기출
progression 명 진행 : 연속 progressive 형 진보적인

□ 0474
lag
[læg]

동 뒤처지다 ; 침체하다 ; 관심이 줄다 명 뒤처짐
lag behind other nations 다른 나라들에 뒤처지다
time lag (관련된 두 가지 일 사이의) 시간상의 차이
She was tired from jet *lag*. 그녀는 시차 때문에 피곤했다.

□ 0475
mainstream
[méinstri:m]

명 (사회 경향의) 주류
mainstream media 주류 언론
mainstream of Korean music 한국 음악의 주류
In a complex society, it is difficult to discern which is the *mainstream* culture. 복잡한 사회에서는 어떤 것이 주류 문화인지 파악하는 것이 어렵다.

□ 0476
misconception
[mìskənsépʃən]

명 오해, 착각
popular misconception 일반적인 오해
misconceptions about ~에 대한 오해
It is a common *misconception* that individualism means isolation. 개인주의가 고립을 의미한다는 것은 일반적인 오해이다. 기출

Link 어원 mis- 나쁜, 잘못된

- misbehavior 나쁜 행동
- misfit 부적응자
- misinterpret 잘못 해석하다
- misuse 오용하다
- misinform 잘못된 정보를 전하다
- mischance 불행, 불운
- misfortune 불행
- misunderstand 오해하다
- misfire 잘못 발사하다
- mispronounce 잘못 발음하다
- mischief 나쁜 장난
- misconception 오해, 착각
- misapprehend 오해하다
- misgiving 의혹, 불신
- mislead 잘못 인도하다

A 영어는 우리말로, 우리말은 영어로 쓰시오.

① nomad	_____	⑪ 연회	_____
② animate	_____	⑫ 요리법	_____
③ crisp(y)	_____	⑬ 보편적인	_____
④ mainstream	_____	⑭ 옷장	_____
⑤ savor	_____	⑮ 이동식 주택	_____
⑥ ethnic	_____	⑯ 양육하다	_____
⑦ barn	_____	⑰ 오해	_____
⑧ dwell	_____	⑱ 발효시키다	_____
⑨ feast	_____	⑲ 향상시키다	_____
⑩ progress	_____	⑳ 공동묘지	_____

B 빈칸에 공통으로 들어갈 단어는?

① _____ a whole chicken 통닭을 굽다

　 pot _____ 냄비에 넣고 구운 요리

② lock the _____ door 마구간 문을 잠그다

　 a _____ society 안정된 사회

③ an _____ debate 진행 중인 토론　　an _____ investigation 진행 중인 수사

④ _____ cultures 토착 문화　　_____ species 토착종

C 다음 빈칸에 알맞은 단어를 〈보기〉에서 골라 넣으시오. (필요하면 형태를 변형하시오.)

┌─────────[보기]─────────┐
outfit edible lag preserve coffin
└──────────────────────────┘

① Many weeds are (　　　) and medicinal.

② Joe Giovanni and his son were wearing matching (　　　).

③ The tribe is continually struggling to (　　　) their way of life.

④ She was tired from jet (　　　).

⑤ I wept deeply for him, touching the (　　　).

D 이번 테마를 다룬 독해 지문을 읽으면서 관련 어휘의 뜻을 확인해 보자.

Global **nomads** are individuals who are **nurtured** in other cultures while they are young. Global **nomads** usually have flexibility, tolerance and strong observation skills. They are

life-long learners. They can enjoy a **feast** of barbecued hamburgers in front of a **barn** in the U.S.A. They also can learn what food is **edible** for the Peruvian **indigenous** population. By the same token, they aren't uncomfortable when it is necessary to say good-bye to the deceased in his or her **coffin**. Whether they are at a **banquet** filled with delicious **cuisine** or at a funeral in a **cemetery**, they are equipped with a **universal** sensibility and **mainstream** etiquette. Regardless of their **ethnic** background or present **dwellings**, they strengthen the **ongoing** movement toward the global village, simultaneously **preserving** the flavors of unique cultures.

Translation 세계 nomad들은 그들이 어릴 때 다른 문화에서 nurture된 개인들이다. 세계 nomad들은 보통 융통성, 관용, 강한 관찰 능력이 있다. 그들은 평생 학습자들이다. 그들은 미국의 barn 앞에서 바비큐 햄버거 feast를 즐길 수 있다. 그들은 또한 페루 indigenous민들에게 edible한 음식이 어떤 것인지 배울 수 있다. 같은 이유에서 그들은 coffin 속에 있는 고인에게 작별 인사를 해야 할 때 불편해하지 않는다. 그들이 맛있는 cuisine으로 가득찬 banquet에 있든, cemetery에서의 장례식에 있든, 그들은 universal한 감각과 mainstream의 에티켓을 갖추고 있다. 그들의 ethnic한 배경이나 현재의 dwelling과는 별도로, 그들은 동시에 독특한 문화의 특징을 preserve하면서, 지구촌으로의 ongoing한 움직임을 강화한다.

Words • flexibility 융통성 • tolerance 관용 • lifelong 평생의 • the deceased 고인 • funeral 장례식 • be equipped with ~을 갖추다 • regardless of ~와 상관없이 • simultaneously 동시에

정답

B ① roast ② stable ③ ongoing ④ indigenous
C ① edible ② outfits ③ preserve ④ lag ⑤ coffin

Day

● 문학과 예술

17 엑스트라의 배역

| literary
문학의 | tragedy
비극 | prose
산문 | fable
우화 | anecdote
일화 |

| signify
의미하다 | cite
인용하다 | contrast
대조 | criticism
비평 | bump
충돌 |

| artistry
예술적 재능 | artisan
장인 | craftsman
공예가 | elaborate
정교한 | marvel
경이 |

| describe
묘사하다 | mimic
모방하다 | portrait
초상화 | autobiography
자서전 | autograph
사인 |

| version
–판 | cast
배역을 정하다 | script
대본 | outline
개요 | smooth
매끄러운 |

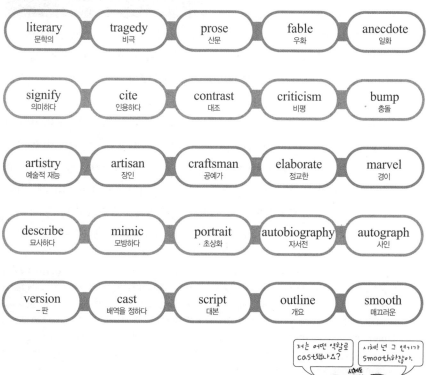

저는 어떤 역할로 cast됐나요?

시체! 넌 그 연기가 smooth하잖아.

□ 0477
literary
[lítərèri]

형 문학의

literary analysis 문학 분석   **literary** style 문체
The students had amazing creative *literary* talents. 그 학생들은
놀랍고 창의적인 문학적 재능을 가졌다.
literature 명 문학

□ 0478
tragedy
[trǽdʒədi]

명 비극, 참사

elements of **tragedy** 비극의 요소
Shakespearean tragedy 셰익스피어의 비극
It would be a *tragedy* to lose two years of research
information. 2년에 걸친 연구 정보를 잃는 것은 비극적인 일일 것이다.
tragic 형 비극의   tragically 부 비극적으로, 비참하게

□ 0479
prose
[prouz]

명 산문

prose poetry 산문시   **prose** pieces 산문 작품
She is a writer of incomparable *prose*. 그녀는 누구와도 견줄 수 없는
산문 작가이다.
prosy 형 산문체의

□ 0480
fable
[féibəl]

명 우화

fable moral 우화의 교훈
the **fable** of the ant and the grasshopper 개미와 베짱이의 우화
I had heard many stories that refer to Aesop's *fables*.
나는 이솝 우화와 관련한 많은 이야기들을 들었다.
fabulous 형 전설적인

□ 0481
anecdote
[ǽnikdòut]

명 일화

inspirational **anecdotes** 고무적인 일화들
anecdotes about Abe Lincoln 링컨의 일화들
I find the most moving *anecdote* and tell the larger story
through that. 나는 가장 감동적인 일화를 찾고 그것을 통해 더 위대한 이야기를
한다.

□ 0482
signify
[sígnəfài]

동 의미하다, 나타내다 ; 중요하다

signify much 대단한 일이다   **signify** little 대단한 일이 아니다
Nearly every society marks the start of marriage with
rituals that *signify* transformations. 거의 모든 사회가 결혼의 시작을 변
화를 의미하는 의식들로 여긴다.
significance 명 중요 ; 의미   significant 형 중요한   signification 명 의미

□ 0483
cite
[sait]

동 인용하다
cite references 문헌을 인용하다　**works cited** 인용된 문헌
He *cited* several factors that were going on at the time.
그는 그때 일어나고 있었던 여러 가지 요인들을 인용했다.
citable 형 인용할 수 있는　**recite** 동 암송하다, 낭독하다

□ 0484
contrast
[kántræst] 명
[kəntrǽst] 동

명 대조, 대비　동 대조하다, 대조를 보이다
color contrast 색상 대비　**sharp contrast** 현저한 차이
Their behaviors *contrast* with their words. 그들의 행동은 그들의 말
과 대조적이다.
➕ *voca* = difference, distinction 차이　↔ alikeness 유사함

□ 0485
criticism
[krítisìzəm]

명 비평, 비판
literary criticism 문학 비평
constructive criticism 건설적인 비판
They were heartless, tough, even mean in their *criticism*.
그들은 비평에 있어서 냉혹하고 거칠며 심지어 비열하기까지 했다.
critic 명 비평가　**critical** 형 평론가의 ; 비판적인　**overcritical** 형 너무 비판적인

□ 0486
bump
[bʌmp]

명 충돌 ; 혹　동 부딪치다
head bump 이마에 난 혹　**bump into** ~에 부딪치다
In ancient China, people, when presenting themselves
before a superior, knelt down and *bumped* their heads on
the floor. 고대 중국에서 사람들은 자신보다 우월한 사람에게 스스로를 소개할 때 무
릎을 꿇고 바닥에 머리를 조아렸다. 기출
bumpy 형 울퉁불퉁한

□ 0487
artistry
[áːrtistri]

명 예술적 재능, 예술성
his admirable artistry 존경스러운 그의 예술적 재능
the artistry of the film 그 영화의 예술성
Look at the *artistry* of these carvings and the decoration.
이 조각품과 장식의 예술성을 봐라.

□ 0488
artisan
[áːrtəzn]

명 장인
artisan jewelry (장인이 만든) 고급 보석
ancient Egyptian artisans 고대 이집트의 장인
He recruited a local *artisan* to make dining benches from
scrap wood. 그는 나무토막으로 저녁 식사용 벤치를 만들기 위해 지역의 장인을 섭
외했다.

0489
craftsman
[krǽftsmən]

명 공예가
craftsman tools 공예 도구 **wood craftsman** 목각사
The *craftsman* created this magnificent work of art.
그 공예가는 이 훌륭한 예술품을 만들어 냈다.

0490
elaborate
[ilǽbərət] 형
[ilǽbərèit] 동

형 정교한, 공들인 동 정교하게 만들다 ; 자세히 설명하다
elaborate a scheme 치밀하게 기획하다
elaborate on a subject 주제에 대해 자세히 설명하다
The right place for learning can be anything from an
elaborate office in your house to a room in your apartment.
배움을 위한 좋은 장소는 집에 있는 정교한 서재부터 아파트에 있는 방까지 어느 곳이나
가능하다.
elaboration 명 정교함, 공들임
🔤 voca = complicated, intricate 복잡한 ↔ plain 간단한

0491
marvel
[má:rvl]

명 경이, 놀라운 일 동 경이로워하다
a technological marvel 기술적인 경이
a marvel of engineering 공학의 경이
He lived a peaceful life *marveling* at the wonders of nature.
그는 자연의 불가사의에 경탄하며 평화로운 삶을 살았다. (기출)
marvelous 형 놀라운

0492
describe
[diskráib]

동 묘사하다
describe yourself 자기소개를 하다
describe something 어떤 것을 묘사하다
Koreans use many words to *describe* fire and its shape.
한국인들은 불과 그 모양을 묘사하는 데 많은 단어들을 사용한다.
description 명 묘사 descriptive 형 묘사하는

0493
mimic
[mímik]

동 모방하다 형 흉내내는 사람
mimic the movie 영화를 모방하다
mimic a monkey 원숭이를 흉내내다
Feeble butterflies *mimic* the poisonous ones. 연약한 나비들은 독이
있는 나비들을 흉내낸다.
🔤 voca = imitate, copy 모방하다

0494
portrait
[pɔ́:rtrit]

명 초상화
paint a portrait 초상화를 그리다 **self-portrait** 자화상
Portraits were judged by their likeness to the subject.
초상화는 실제 대상과 얼마나 비슷한가에 따라 평가되었다.
portray 동 그리다 portrayal 명 묘사

□ 0495
autobiography
[ɔ̀:təbaiágrəfi]

명 자서전
autobiography essay 자전적 글
short personal **autobiography** 단편 개인 자서전
The way you move is your *autobiography* in motion.
네가 행동하는 태도는 곧 너의 움직이는 자서전이다. 기출

□ 0496
autograph
[ɔ́:təgræf]

명 사인 동 사인하다
celebrity **autographs** 유명인의 사인
autograph collecting 사인 수집
The movie star took it and scribbled his *autograph* on it.
그 영화배우는 그것을 가져가서 그 위에 사인을 흘려 썼다.

□ 0497
version
[və́:rʒən]

명 －판 ; 변형
old **version** 원판(옛날판)
a film **version** of a novel 소설의 영화화
The Korean *version* of the Cinderella story is Kongjui and
Patjui. 신데렐라 이야기의 한국판은 콩쥐팥쥐이다.

□ 0498
cast
[kæst]
-cast-cast

동 던지다 ; 배역을 정하다
cast a vote 투표하다
cast him as the lead 그를 주연 배우로 정하다
Our parents *cast* long shadows over our lives. 부모는 우리의 삶에
긴 그림자를 드리운다. 기출

□ 0499
script
[skript]

명 대본, 원고
movie **scripts** 영화 대본 write a **script** 원고를 쓰다
We behave like actors by following *scripts* we have learned
from others. 우리는 남에게서 들은 대본을 따라 함으로써 배우들처럼 행동한다.

□ 0500
outline
[áutlàin]

명 개요, 윤곽 동 개요를 서술하다, 윤곽을 그리다
create an **outline** 개요를 짜다
outline for a speech 연설을 위한 개요
The President is going to *outline* a set of principles. 대통령은
일련의 원칙들의 개요를 제시할 것이다.
＋voca = summary 요약, 개요

□ 0501
smooth
[smuːð]

(형) 매끄러운, 부드러운
smooth muscle 매끈한 근육　a **smooth** road 평탄한 길
This scarf feels *smooth* and warm. 이 스카프는 부드럽고 따뜻하게 느껴진다.
smoothly (부) 부드럽게, 순조롭게

□ 0502
literally
[lítərəli]

(부) 글자 그대로 ; 정말로
translate **literally** 직역하다
literally happen 정말로 일어나다
He accepted my demand *literally*. 그는 나의 요구를 글자 그대로 받아들였다.

□ 0503
exaggerate
[igzǽdʒərèit]

(동) 과장하다
exaggerate a fact 사실을 과장하다
exaggerate difficulties 어려움을 과장하다
Flattery is often *exaggerated*. 아첨은 종종 과장된다.
exaggeration (명) 과장　exaggerative (형) 과장적인

□ 0504
simplification
[sìmplifikéiʃən]

(명) 단순화, 간소화
simplification of living 생활의 단순화
undergo a **simplification** 간소화되다
Design generally seeks *simplification* and essentiality.
디자인은 일반적으로 단순화와 본질을 추구한다. (기출)
simplicity (명) 간단함　simplify (동) 단순화하다　simply (부) 간단히

□ 0505
antique
[æntíːk]

(형) 골동품의 ; 고대의　(명) 골동품
antique furniture 골동품 가구
valuation of **antiques** 골동품 감정
Before you have a garage sale, call an *antique* dealer to help you separate the valuable from the worthless junk.
차고 세일을 하기 전에 가치 없는 물건들과 가치 있는 물건들을 나누는 일을 도울 골동품상을 불러라.
antiquity (명) 고대

Link 어원　**de-** 아래의, 제거, 부정

* depress 누르다 ; 우울하게 하다
* decay 쇠퇴하다 ; 썩다
* decrease 줄다
* defer 연기하다, 미루다
* describe 묘사하다

* descend 내려가다
* decline 줄어들다 ; 거절하다
* deceive 속이다
* deference 경의, 존경
* defense 수비, 방어

* despise 경멸하다
* deteriorate 악화되다
* decode 암호를 풀다
* deficient 부족한 ; 결함 있는
* degrade 품위를 떨어뜨리다

A 영어는 우리말로, 우리말은 영어로 쓰시오.

① tragedy _____ ⑪ 의미하다 _____

② outline _____ ⑫ 장인 _____

③ autobiography_____ ⑬ 대본 _____

④ craftsman _____ ⑭ 산문 _____

⑤ anecdote _____ ⑮ – 판 _____

⑥ exaggerate _____ ⑯ 비평 _____

⑦ marvel _____ ⑰ 단순화 _____

⑧ cite _____ ⑱ 정교한 _____

⑨ cast _____ ⑲ 매끄러운 _____

⑩ bump _____ ⑳ 모방하다 _____

B 빈칸에 공통으로 들어갈 단어는?

① _____ analysis 문학 분석   _____ style 문체

② color _____ 색상 대비   sharp _____ 현저한 차이

③ paint a _____ 초상화를 그리다   self-_____ 자화상

④ _____ furniture 골동품 가구   valuation of _____ 골동품 감정

C 다음 빈칸에 알맞은 단어를 〈보기〉에서 골라 넣으시오. (필요하면 형태를 변형하시오.)

┌─────── [보기] ───────┐
autograph literally artistry describe fable
└───────────────────────┘

① I had heard many stories that refer to Aesop's (   ).

② Look at the (   ) of these carvings and the decoration.

③ Koreans use many words to (   ) fire and its shape.

④ The movie star took it and scribbled his (   ) on it.

⑤ He accepted my demand (   ).

D 이번 테마를 다룬 독해 지문을 읽으면서 관련 어휘의 뜻을 확인해 보자.

The advent of Abstractionism in the early 1900s led to a shift away from the realistic face, which took place despite many **criticisms**. That is, painters no longer bothered to **mimic** the original face. Artists unlocked their imaginations, and did self-**portraits** that used **exaggerated** shapes, colors and patterns **signifying** their inner selves, without the intention of **literally** copying themselves. Pablo Picasso once made himself into a wide-eyed character. Later, he abstracted his figure to such a degree that both eyes rested on one side of his face. Another notable self-**portrait** from the same era was Marc Chagall's I and the Village. In it, Chagall painted an **elaborate portrait** based on his childhood memory of Russia. The painting is a deeply symbolic fairy-tale of characters and color. In the center are a man and a woman, perhaps Chagall and his wife, abstracted figures walking on a hillside.

Translation 1900년대 초기에 추상주의의 출현은 사실적인 얼굴로부터 멀어지는 변화를 이끌었는데, 이는 많은 criticism에도 불구하고 발발했다. 말하자면, 화가들은 더는 원래의 얼굴을 mimic하려고 애쓰지 않았다. 예술가들은 그들의 상상력을 펼쳤고, 자기 자신의 모습을 literally하게 복제할 의도 없이 내적 자아를 signify하는 exaggerate된 모양과 색깔, 무늬를 사용한 자신의 portrait들을 그렸다. Pablo Picasso는 한때 자기 자신을 큰 눈 하나를 가진 인물로 만들었다. 나중에 그는 두 눈이 얼굴의 한쪽에 있게 할 정도까지 자기 모습을 추상화했다. 같은 시대의 또 하나의 유명한 자신의 portrait는 Marc Chagall의 I and the Village였다. 그 그림에서 Chagall은 러시아에서의 어린 시절 기억을 바탕으로 elaborate한 portrait를 그렸다. 그 그림은 매우 상징적인 동화의 등장인물과 색깔을 사용했다. 그림 가운데에 아마도 Chagall과 그의 아내인 한 여자와 남자가 언덕을 걷는 추상적인 모습이 있다.

Words • advent 출현, 등장 • abstractionism 추상주의 • bother 애를 쓰다
• unlock 드러내다 • intention 의도 • character 등장인물 • figure 모양, 모습 • rest on ~에 있다
• notable 주목할 만한, 유명한 • symbolic 상징적인 • fairy-tale 동화

정답

B ① literary ② contrast ③ portrait ④ antique
C ① fables ② artistry ③ describe ④ autograph ⑤ literally

Day 18

● 언어

웃어야 하나 울어야 하나

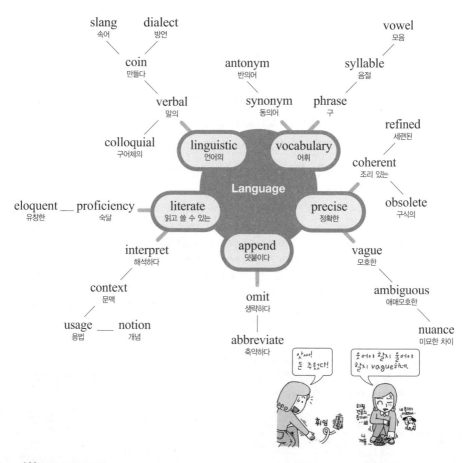

slang
속어

dialect
방언

coin
만들다

verbal
말의

colloquial
구어체의

antonym
반의어

synonym
동의어

vowel
모음

syllable
음절

phrase
구

linguistic
언어의

vocabulary
어휘

Language

refined
세련된

coherent
조리 있는

obsolete
구식의

eloquent ___ proficiency
유창한   숙달

literate
읽고 쓸 수 있는

precise
정확한

interpret
해석하다

append
덧붙이다

vague
모호한

context
문맥

usage ___ notion
용법   개념

omit
생략하다

ambiguous
애매모호한

abbreviate
축약하다

nuance
미묘한 차이

앗싸!
돈 주웠다!

웃어야 할지 울어야
할지 vague하네.

휘잉

□ 0506
linguistic
[liŋgwístik]

형 언어의, 언어학의
linguistic idiom 언어상의 관용 **linguistic change** 언어의 변화
We know that *linguistic* racism exists. 우리는 언어적 인종주의가 존재한다는 사실을 알고 있다.
linguistics 명 언어학

□ 0507
verbal
[və́:rbl]

형 말의
verbal language 구두 언어
verbal communication 구두 의사소통
Verbal contents would help you identify someone. 구두 정보는 네가 누군가의 신원을 밝히는 일에 도움이 될 수 있다.
verbalize 동 말로 나타내다 **verbally** 부 말로
ꟷ voca = oral 구두의

□ 0508
colloquial
[kəlóukwiəl]

형 구어체의
colloquial English 구어체 영어
colloquial expressions 구어체 표현
The writer is known for her unique rhythms and *colloquial* style. 그 작가는 그녀의 독특한 운율과 구어적인 문체로 유명하다.
colloquially 부 구어로
ꟷ voca = conversational 대화의 = spoken 구어의

□ 0509
coin
[kɔin]

동 (새로운 말을) 만들다 ; 주조하다 명 동전 ; 주화
coin a new word 새로운 단어를 만들다
on a toss of coin 운에 맡겨서
Many people believe that carrying a certain *coin* will bring good luck. 많은 사람들은 특정한 동전을 가지고 다니는 것이 행운을 가져다 준다고 믿는다.
coinage 명 동전 ; 신조어

□ 0510
slang
[slæŋ]

명 속어
black slang 흑인의 속어 **teen slang** 십대의 속어
The local people use a lot of *slang* and idioms. 그 지역 사람들은 속어와 관용어를 많이 사용한다.
slangy 형 속어가 많은

□ 0511
dialect
[dáiəlèkt]

명 방언
regional dialect 지역 방언 **in a dialect of** ~의 사투리로
The development of *dialects* mainly results from limited communication. 방언의 발달은 주로 제한된 의사소통에서 생긴다. (기출)

• • •

□0512
vocabulary
[voukǽbjulèri]

몡 어휘, 용어
English **vocabulary** 영어 어휘   **vocabulary** lists 어휘 목록
Learning a language is not just a matter of building up a large *vocabulary*. 언어를 배우는 것은 단순히 방대한 어휘량을 늘리는 것이 아니다.

□0513
synonym
[sínənim]

몡 동의어
a **synonym** of ~의 동의어   a perfect **synonym** 완벽한 동의어
The term legend is used as a *synonym* for myth. 전설이라는 단어는 신화의 동의어로 쓰인다.
synonymous 혱 동의어의

□0514
antonym
[ǽntənìm]

몡 반의어
search for **antonyms** 반의어를 검색하다
dictionary of **antonyms** 반의어 사전
The term "provincial" has been used as an *antonym* for "cosmopolitan." '지방의' 라는 단어는 '세계적인' 의 반의어로 쓰여 왔다.

□0515
phrase
[freiz]

몡 구, 구절
in a **phrase** 한 구절로 하면   a set **phrase** 관용구
Virginia Woolf responded with a *phrase* that became the title of her book. 버지니아 울프는 그녀의 책 제목이 된 한 구절로 대답했다.

□0516
syllable
[síləbəl]

몡 음절
syllable rules 음절 규칙
open **syllables** 개음절(받침이 없는 음절)
I managed to grumble a single *syllable*. 나는 한 음절을 간신히 웅얼거렸다.

□0517
vowel
[váuəl]

몡 모음
English **vowels** 영어 모음   a rounded **vowel** 원순 모음
I am unable to eat any food that starts with a *vowel*, such as oysters. 나는 oyster처럼 모음으로 시작하는 음식을 못 먹는다.
🔷 voca ↔ consonant 자음

□0518
literate
[lítərit]

혱 읽고 쓸 수 있는
literate person 읽고 쓸 수 있는 사람
computer **literate** 컴퓨터를 다룰 수 있는
A study suggests that *literate* people are less skilled at recognizing faces. 한 연구는 읽고 쓸 수 있는 사람들이 얼굴을 잘 인식하지 못한다고 밝혔다.
🔷 voca ↔ illiterate 읽고 쓸 수 없는

□ 0519
proficiency
[prəfíʃənsi]

(명) 숙달, 능숙
proficiency tests 능력 시험
English proficiency 영어 능숙도
Some jobs require specialized skills, such as *proficiency* in mathematics or business administration. 어떤 일자리들은 수학이나 경영학의 숙달과 같은 전문적인 능력이 필요하다.
proficient (형) 숙달된, 능숙한
+ voca = adeptness, mastery 숙달

□ 0520
eloquent
[élәkwәnt]

(형) 유창한, 웅변의 ; 표현이 풍부한
eloquent speech 유창한 연설
silence more eloquent than words 말보다 더 설득적인 침묵
That's more *eloquent* than any words he could use. 그 단어는 그가 사용할 수 있는 다른 어떤 단어들보다 표현이 더 풍부하다.
eloquence (명) 웅변 ; 설득력

□ 0521
interpret
[intә́:rprit]

(동) 해석하다 ; 통역하다
interpret a poem 시를 해석하다 **interpret a dream** 해몽하다
Words can be *interpreted* in various ways. 말은 다양하게 해석될 수 있다.
interpretation (명) 해석 interpretative (형) 해석상의

□ 0522
context
[kántekst]

(명) 문맥, 맥락
historical context 역사적 맥락
in the context of the conversation 그 대화의 맥락에서
Design and styling cannot be fully understood outside of their social *contexts*. 디자인과 양식은 사회적 맥락을 배제하면 완전히 이해할 수 없다. (기출)
contextual (형) 전후 관계의, 문맥상의

□ 0523
usage
[júːsidʒ]

(명) 용법, 사용
by usage 관례상 **rough usage** 거칠게 다루기
Students in December 2003 showed a greater Internet *usage* rate than professionals in December 2003. 2003년 12월에 학생들은 같은 기간 직장인들에 비해 더 높은 인터넷 사용률을 보였다. (기출)

□ 0524
notion
[nóuʃn]

(명) 개념, 의견
preconceived notion 선입견 **common notion** 통념
He expressed this *notion* in the final sculpture of the collection. 그는 이 개념을 그 전시품들의 마지막 조각에 표현했다.
+ voca = idea 생각 = opinion 의견

□ 0525
append
[əpénd]

동 **덧붙이다**
append one's signature ~의 서명을 덧붙이다
append a charm to the ring 반지에 매력을 더하다
The documents are *appended* to this report. 그 서류는 이 보고서에 첨부되었다.

appendix 형 부록 ; 맹장
voca = attach 첨부하다, 붙이다

□ 0526
omit
[oumít]

동 **생략하다, 빼다**
omit to write 쓰는 것을 빠뜨리다
omit precautions 등한히 하다
The rule for Korean tales should not be *omitted* altogether.
한국의 전래동화에 등장하는 그 규칙이 한꺼번에 생략되어서는 안 된다. 기출

omission 형 생략

□ 0527
abbreviate
[əbríːvièit]

동 **축약하다**
abbreviated term 축약된 용어
abbreviate one's life ~의 목숨을 줄이다
Don't *abbreviate* a word; spell it out. 단어를 축약하지 말고 모두 써라.

abbreviation 형 단축 ; 줄임말
voca = shorten 단축하다

□ 0528
precise
[prisáis]

형 **정확한, 정밀한**
precise measurement 정확한 측정
precise details 세세한 항목
Geometry produced a *precise* representation of the real world. 기하학은 실제 세상을 정확하게 표현할 수 있도록 해 주었다.

precisely 부 명확히
voca ↔ imprecise 부정확한, 애매한

□ 0529
vague
[veig]

형 **모호한 ; 희미한**
vague statements 모호한 진술   **vague** meaning 모호한 의미
In practical situations, we have learned to avoid *vague* expressions. 실제 상황에서 우리는 모호한 표현을 피하도록 배웠다.

vagueness 형 모호함   vaguely 부 모호하게
voca = obscure 분명치 않은

□ 0530
ambiguous
[æmbígjuəs]

(형) 애매모호한
ambiguous illusions 애매모호한 환영
ambiguous images 애매모호한 이미지
The story seems a bit *ambiguous* to me. 그 이야기는 나에게 다소 애
매모호하게 들린다.
ambiguousness (형) 애매모호함   ambiguously (부) 애매하게

□ 0531
nuance
[njú:ɑ:ns]

(명) (표현, 색채 등의) 미묘한 차이
a **nuance** of expression 표정의 미묘한 차이
differences in **nuance** 미묘한 어감의 차이
Jokes live or die by *nuance*, precision and timing. 농담은 말의
미묘한 차이, 정확성, 그리고 시기에 따라 운명이 달라진다.
nuanced (형) 미묘한 차이가 있는

□ 0532
coherent
[kouhíərənt]

(형) 통일성 있는, 조리 있는
coherent paragraphs 통일성 있는 문단
coherent essay 조리 있는 글
Their goal is to make a *coherent* output, in terms of unity.
그들의 목표는 통일성의 측면에서 일관된 결과를 만드는 것이다.
coherently (부) 통일성 있게
voca = consistent 일관된

□ 0533
refined
[rifáind]

(형) 정제된 ; 세련된
refined foods 정제 식품   **refined** manners 세련된 태도
Even the most *refined* research data are only raw materials
which may or may not become literature. 가장 정밀한 연구 자료라
할지라도 문헌이 될 수도 있고 되지 않을 수도 있는 소재일 뿐이다. (기출)
refinement (명) 세련됨   refine (동) 정제하다 ; 세련되게 하다

□ 0534
obsolete
[àbsəlí:t]

(형) 구식의, 쓰이지 않게 된
obsolete equipment 구식 장비
obsolete laws 더 이상 효력이 없는 법
Our memories became *obsolete* as more time passed.
우리의 기억은 시간이 더 지날수록 쓸모없어졌다.

□ 0535
passage
[pǽsidʒ]

(명) 통과 ; 구절 ; 항해
cultural rites of **passage** 문화적 통과 의례
on **passage** (상선이 화물을 싣고) 목적지로 향해 중인
With bind books, the reader could easily move backward in
the text to find a previously read *passage*. 종이책을 읽을 때 독자는
전에 읽었던 구절을 찾기 위해 책을 쉽게 뒤로 넘길 수 있다. (기출)

A 영어는 우리말로, 우리말은 영어로 쓰시오.

① interpret　＿＿＿＿＿＿　⑪ 방언　＿＿＿＿＿＿＿

② linguistic　＿＿＿＿＿＿　⑫ 생략하다　＿＿＿＿＿＿＿

③ ambiguous　＿＿＿＿＿＿　⑬ 문맥　＿＿＿＿＿＿＿

④ eloquent　＿＿＿＿＿＿　⑭ 미묘한 차이　＿＿＿＿＿＿＿

⑤ colloquial　＿＿＿＿＿＿　⑮ 말의　＿＿＿＿＿＿＿

⑥ usage　＿＿＿＿＿＿　⑯ 모호한　＿＿＿＿＿＿＿

⑦ coherent　＿＿＿＿＿＿　⑰ 음절　＿＿＿＿＿＿＿

⑧ vowel　＿＿＿＿＿＿　⑱ 통과　＿＿＿＿＿＿＿

⑨ precise　＿＿＿＿＿＿　⑲ 숙달　＿＿＿＿＿＿＿

⑩ vocabulary　＿＿＿＿＿＿　⑳ 반의어　＿＿＿＿＿＿＿

B 빈칸에 공통으로 들어갈 단어는?

① ＿＿＿＿ a new word 새로운 단어를 만들다

on a toss of ＿＿＿＿ 운에 맡겨서

② in a ＿＿＿＿ 한 구절로 하면　　　a set ＿＿＿＿ 관용구

③ ＿＿＿＿ person 읽고 쓸 수 있는 사람　computer ＿＿＿＿ 컴퓨터를 다룰 수 있는

④ ＿＿＿＿ foods 정제 식품　　　＿＿＿＿ manners 세련된 태도

C 다음 빈칸에 알맞은 단어를 〈보기〉에서 골라 넣으시오. (필요하면 형태를 변형하시오.)

┌─── [보기] ───┐
synonym obsolete abbreviate slang append notion
└─────────────┘

① The local people use a lot of (　　　) and idioms.

② The term legend is used as a (　　　) for myth.

③ He expressed this (　　　) in the final sculpture of the collection.

④ The documents are (　　　) to this report.

⑤ Our memories became (　　　) as more time passed.

⑥ Don't (　　　) a word; spell it out.

D 이번 테마를 다룬 독해 지문을 읽으면서 관련 어휘의 뜻을 확인해 보자.

Is being a poet only a dream? For most of us, it seems yes. We are so accustomed to **slang** expressions or **colloquial** language that we see the **vocabulary** of poems as **obsolete**. However, we can write a poem. First, use your imagination. In your mind, you can create a scene you would like to talk about. Now, you change the rather **vague notion** in the scenery into words, **phrases**, and **passages**. Find more **precise** or **refined** words. You could **coin** new expressions that represent your own image. Remember to avoid overly **ambiguous nuances**. Also, check to ensure all of your lines are **coherent** in the **context**. Finally, read what you write aloud. Focusing on the **vowel** sounds in the final **syllable** in a line, feel the **eloquent** echo of your work.

Translation 시인이 되는 것은 단지 꿈일까? 우리 대부분에게는 그런 것 같다. 우리는 slang 표현들이나 colloquial의 언어에 매우 익숙해서 시의 vocabulary를 obsolete하게 여긴다. 그러나 우리는 시를 쓸 수 있다. 우선, 당신의 상상력을 사용하라. 당신의 마음에서 당신은 이야기하고 싶어 하는 장면을 만들어 낼 수 있다. 이제 당신은 그 장면의 다소 vague한 notion을 단어, phrase, 그리고 passage로 바꾼다. 보다 precise하거나 refined 한 단어를 찾아라. 당신은 당신 자신의 이미지를 나타내는 새로운 표현을 coin할 수 있을 것이다. 지나치게 ambiguous한 nuance는 피해야 한다는 것을 기억하라. 또한 당신의 시 구절 모두가 context 속에서 coherent한지 확인하라. 마지막으로 당신이 쓴 것을 크게 읽어라. 한 행의 마지막 syllable에 있는 vowel의 소리에 집중하면서 당신 작품의 eloquent한 메아리를 느껴 보라.

Words • be accustomed to ~에 익숙하다 • scenery 장면, 풍경 • represent 나타내다, 상징하다 • echo 메아리, 울림

정답

달팽이 가족의 위험한 외출

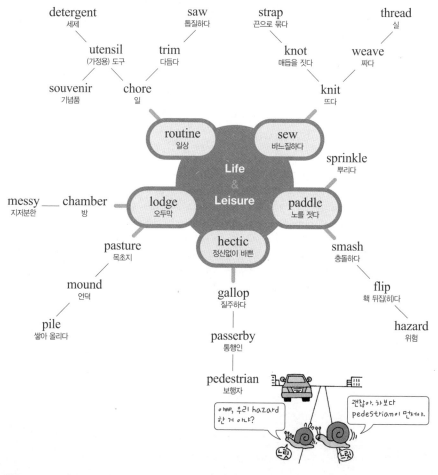

detergent
세제

saw
톱질하다

strap
끈으로 묶다

thread
실

utensil
(가정용) 도구

trim
다듬다

knot
매듭을 짓다

weave
짜다

souvenir
기념품

chore
일

knit
뜨다

routine
일상

sew
바느질하다

sprinkle
뿌리다

Life
&
Leisure

messy
지저분한

chamber
방

lodge
오두막

paddle
노를 젓다

pasture
목초지

hectic
정신없이 바쁜

smash
충돌하다

mound
언덕

flip
확 뒤집(히)다

gallop
질주하다

pile
쌓아 올리다

passerby
통행인

hazard
위험

pedestrian
보행자

아빠, 우리 hazard 한 거 아냐?

괜찮아. 차보다 pedestrian이 먼저야.

□ 0536
routine
[ru:tí:n]

몡 (판에 박힌) 일상 혱 일상적인, 판에 박힌
daily routine 일상   **routine desk work** 판에 박힌 사무
Because of rising health care costs, travelers are going abroad for *routine* surgeries and procedures. 건강보험료가 상승하면서 여행자들은 일상적인 수술과 진료를 받기 위해 외국으로 가고 있다.
routinely 훙 일상적으로
┌· voca = usual, standard, ordinary 보통의

□ 0537
chore
[tʃɔ:r]

몡 (정기적으로 하는) 일, 허드렛일 ; 따분한 일
household chores 집안일   **a real chore** 정말 따분한 일
Kongjui's stepmother ordered her to complete three impossible *chores*. 콩쥐의 계모는 그녀에게 세 가지 불가능한 허드렛일을 끝내라고 시켰다.
┌· voca = errand 심부름

□ 0538
utensil
[ju:ténsəl]

몡 (가정용) 도구
cooking utensils 요리 기구   **kitchen utensils** 부엌 용품
Every *utensil* or pan used on top of a stove is subjected to dry heat. 레인지 위에서 사용되는 모든 가정용품이나 냄비는 건조한 열을 받는다.

□ 0539
detergent
[dité:rdʒənt]

몡 세제
synthetic detergent 합성 세제
laundry detergent 빨래용 세제
A *detergent* introduced into water reduces the forces of molecular attraction. 물속으로 유입된 세제는 분자의 인력을 감소시킨다.

□ 0540
souvenir
[sùːvəníər]

몡 기념품
a souvenir shop 기념품 가게
a souvenir hunter 기념품을 찾는 사람
When I went to the Super Bowl, I kept my ticket as a *souvenir*. 슈퍼볼 경기를 관람하러 갔을 때 나는 그 티켓을 기념품으로 간직했다.
┌· voca = memento 기념품

□ 0541
trim
[trim]

동 다듬다 ; 잘라내다 몡 다듬기
trim hair 머리를 다듬다   **trim the waistline** 허리선을 가꾸다
Trim the raw edges of the fabric with pinking shears.
직물의 다듬어지지 않은 가장자리를 핑킹가위로 다듬어라.

□ 0542
saw
[sɔː]

명 톱　동 톱질하다
an electric **saw** 전기톱　**saw** boards 판자를 톱으로 켜다
I *sawed* crossways to the grain. 나는 나뭇결을 가로로 톱질했다.

□ 0543
sew
[sou]

동 바느질하다, 꿰매다
a **sewing** machine 재봉틀　**sew** up a deal 거래를 마무리 짓다
She designs her own dresses and *sews* in her free time.
한가한 시간에 그녀는 직접 자신의 옷을 디자인하고 재봉한다.
➕ voca ＝ stitch 바느질하다

□ 0544
knit
[nit]

동 (옷 등을) 뜨다[짜다]; 결합시키다　명 뜨개질한 옷
knit gloves 장갑을 뜨다　**knit** a new plan 새로운 계획을 짜다
Useful *knit* products are making their presence felt in the
world. 유용한 뜨개질 제품들은 세상에 그들의 존재를 알리고 있다.

□ 0545
weave
[wiːv]

동 (옷감 등을) 짜다; (이야기 등을) 엮다
weave a basket 바구니를 짜다　**weave** a plot 줄거리를 구성하다
Some kinds of spiders *weave* thick white bands of silk
across the centers of their webs. 일부 거미들은 거미줄 가운데를 가로지
르는 희고 두꺼운 실을 엮는다.

□ 0546
thread
[θred]

명 실; (가느다란) 줄기　동 (실을) 꿰다
a **thread** of light 한 줄기의 빛　the **thread** of life 목숨
Flying into the webs left their feathers covered with sticky
threads. 거미줄을 향해 날아가다가 그들의 깃털이 끈적한 거미줄에 덮이고 말았다.
thready 형 실의; 가느다란
➕ voca ＝ strand (실 등의) 가닥

□ 0547
knot
[nɑt]

명 매듭; 무리　동 매듭을 짓다
a hard **knot** 견고한 매듭　tie a **knot** 매듭을 묶다
Fifteen of the monkeys had tied their tails into a giant *knot*.
그 원숭이들 중 15마리가 자신들의 꼬리를 묶어 거대한 매듭을 만들었다.
knotty 형 얽히고설킨
➕ voca ＝ tie, bond 끈

□ 0548
strap
[stræp]

명 끈 동 끈으로 묶다

a shoulder **strap** 견장   a hand **strap** on a bus 버스 손잡이
Percussion instruments are fitted with leather hand *straps*.
타악기에는 가죽 손잡이가 달려 있다.

　voca = belt 띠 = fasten 매다

□ 0549
lodge
[lɑdʒ]

명 오두막 ; 수위실 ; (관광지의) 여관

the porter's **lodge** 수위실   ski **lodge** 스키 별장
I remember what you said to me at the *lodge*. 나는 그 오두막집에
서 네가 내게 했던 말을 기억한다.

lodgment 명 숙박 ; 숙소
　voca = cabin, hut, cottage 오두막

□ 0550
chamber
[tʃéimbər]

명 방, 회의실 ; 의원, 의회

gas **chamber** (사람, 동물 등을 죽이는) 가스실
chamber of commerce 상공회의소
There are two *chambers* in the British parliament. 영국 의회에는
두 종류의 의원이 있다.

□ 0551
messy
[mési]

형 지저분한, 엉망인

messy with spilled food 엎질러진 음식들로 지저분한
messy young ones 버르장머리 없는 아이들
M&A is a *messy* business. 인수 합병은 매우 혼란스러운 일이다. 기출

　voca = untidy, disordered 어수선한 ↔ tidy, ordered 정돈된

□ 0552
pasture
[pǽstʃər]

명 목초지, 목장 ; 환경

a rich **pasture** 풀이 무성한 목장   green **pastures** 푸른 초원
The fields are mere *pastures* and meadows. 그 들판들은 단순한 목
초지와 풀밭일 뿐이다.

　voca = grassland 초원

□ 0553
mound
[maund]

명 언덕 ; (야구) 마운드

a small **mound** of sand 작은 모래 언덕
the pitcher's **mound** 투수 마운드(투수가 공을 던지는 자리)
The cottage stands on a small *mound* at the junction of the
two villages. 그 오두막은 두 마을이 이어지는 작은 언덕 위에 위치한다.

　voca = hill, knoll 언덕

□ 0554
pile
[pail]

(명) (물건의) 더미 (동) 쌓아 올리다, 모으다
a **pile** of hay 건초더미　**piles** of money 거금
The campers *piled* wood for the fire. 캠핑하는 사람들은 불을 피우기
위해 나무를 쌓았다.
➕ **voca** = collection 더미　= load 적재하다

□ 0555
hectic
[héktik]

(형) 정신없이 바쁜 ; 열이 있는
a **hectic** schedule 빡빡한 일정
lead a **hectic** life 정신없이 바쁘게 살다
All are hot-blooded, *hectic* and recognizably personal.
모두가 다혈질의 정열적이며 눈에 띌 정도로 개인적이다.

□ 0556
gallop
[gǽləp]

(동) 질주하다, 전속력으로 달리다 (명) 질주, 전속력
gallop through a book 책을 대강 읽다
ride at a full **gallop** 전속력으로 달리다
A horse *galloped* across the field. 말 한 마리가 들판을 질주했다.

□ 0557
passerby
[pǽsərbài]

(명) 통행인, 지나가는 사람
a **passerby** asking for directions 길을 물어보는 행인
get into a scuffle with a **passerby** 행인과 시비가 붙다
Passersby were asked if they were registered to vote. 그 행인
들은 투표 등록이 되었는지 확인을 받았다.

□ 0558
pedestrian
[pədéstriən]

(명) 보행자 (형) 보행자의
a **pedestrian** bridge 육교　a **pedestrian** tour 도보 여행
Now some of them are designed for trains, *pedestrians* or
waterways for transport. 이제 그것들 중 일부는 기차, 보행자, 또는 운송용
수로를 위해 설계된다.

□ 0559
paddle
[pǽdl]

(명) 노 (동) 노를 젓다
use a **paddle** 노를 사용하다　**paddle** a canoe 카누를 젓다
He *paddled* furiously. 그는 격렬하게 노를 저었다.
➕ **voca** = oar 노　= row 배를 젓다

□ 0560
smash
[smæʃ]

(동) 때려 부수다 ; 충돌하다 (명) 충돌 사고
smash a window 창문을 부수다   **smash a theory** 학설을 깨뜨리다
The truck had *smashed* into the wall. 그 트럭은 벽에 세게 충돌했다.
+voca = crush 으스러뜨리다 = collision, crash 충돌 사고

□ 0561
flip
[flip]

(동) 튀기다, 툭 던지다 ; 홱 뒤집다 ; (스위치를) 누르다
flip a coin 동전을 튀겨 올리다   **flip flop** 입장을 번복하다
He took the box and *flipped* a switch. 그는 그 상자를 가져가서 스위치를 눌렀다.
+voca = flick 튀기다 = toss, throw 던지다

□ 0562
hazard
[hǽzərd]

(명) 위험, 모험 (동) 위험을 무릅쓰다
moral hazard 도덕적 해이   **a health hazard** 건강에 해로운 것
Rip currents are the most dangerous *hazard* for beach swimmers. 흐름이 빠른 조류는 해변에서 수영하는 사람들에게 가장 위험한 요소이다.
hazardous (형) 위험한

□ 0563
sprinkle
[spríŋkl]

(동) 뿌리다
sprinkle salt on a dish 요리에 소금을 뿌리다
sprinkle flowers with water 꽃에 물을 뿌리다
Sprinkle salt on top of the ice. 얼음 위에 소금을 뿌려라.
+voca = scatter, spray 뿌리다

□ 0564
hook
[huk]

(명) 갈고리, 걸이 (동) (갈고리로) 걸다
a clothes hook 양복 걸이
by hook or by crooks 수단과 방법을 안 가리고
Many people tried to *hook* up to the White House on the phone lines, but their efforts were in vain. 많은 사람들이 백악관에 전화로 접속하려 했지만 헛된 노력이었다.
hooky (형) 갈고리 모양의 (명) 땡땡이치기

□ 0565
handy
[hǽndi]

(형) 편리한, 사용할 수 있는
handy apparatus 편리한 기구
handy for the pocket 주머니에 넣기 편한
This book is a *handy* size to carry. 이 책은 가지고 다니기에 편리한 크기이다.
+voca = convenient, useful 편리한 ↔ inconvenient 불편한

A 영어는 우리말로, 우리말은 영어로 쓰시오.

① saw _____   ⑪ 언덕 _____
② routine _____   ⑫ 짜다 _____
③ paddle _____   ⑬ 보행자 _____
④ pile _____   ⑭ 매듭 _____
⑤ chamber _____   ⑮ (가정용) 도구 _____
⑥ flip _____   ⑯ 뿌리다 _____
⑦ chore _____   ⑰ 지저분한 _____
⑧ passerby _____   ⑱ 갈고리 _____
⑨ pasture _____   ⑲ 다듬다 _____
⑩ thread _____   ⑳ 질주하다 _____

B 빈칸에 공통으로 들어갈 단어는?

① synthetic _____ 합성 세제   laundry _____ 빨래용 세제
② _____ gloves 장갑을 뜨다   _____ a new plan 새로운 계획을 짜다
③ the porter's _____ 수위실   ski _____ 스키 별장
④ a _____ schedule 빡빡한 일정   lead a _____ life 정신없이 바쁘게 살다

C 다음 빈칸에 알맞은 단어를 〈보기〉에서 골라 넣으시오. (필요하면 형태를 변형하시오.)

【 보기 】
hazard   sew   souvenir   handy   smash   strap

① When I went to the Super Bowl, I kept my ticket as a (   ).
② She designs her own dresses, and (   ) in her free time.
③ Percussion instruments are fitted with leather hand (   ).
④ Rip currents are the most dangerous (   ) for beach swimmers.
⑤ This book is a (   ) size to carry.
⑥ The truck had (   ) into the wall.

D 이번 테마를 다룬 독해 지문을 읽으면서 관련 어휘의 뜻을 확인해 보자.

Many businesses that offer simple errand-running services are booming in Seoul. These companies take calls around the clock, and will run any sort of errand imaginable. Are you too lazy to get off the couch to get some **detergent** or chips from the convenience store? One of these businesses will get them to you immediately. Their "errand men" will even do household **chores**, like cleaning your **messy** room or **sewing** a button on your coat. "We do everything, except anything that's illegal," said a CEO in the industry. "The requests we get are basically things anyone can do. But people are just too busy to take care of all these things by themselves, so they come to us." Many of the services offered deal with everyday **routines**, such as cooking, cleaning and buying **utensils**. The errand-service industry has the great potential to grow.

Translation 간단한 심부름 서비스를 해 주는 많은 사업들이 서울에서 호황을 맞고 있다. 이러한 기업들은 24시간 내내 전화를 받고, 상상할 수 있는 모든 종류의 심부름을 할 것이다. 당신은 너무 게을러서 편의점에서 약간의 detergent나 과자를 사기 위해 소파에서 나올 수 없는가? 이러한 사업체들 중 하나는 그런 것들을 당신에게 즉시 가져다 줄 것이다. 그 업체들의 '심부름꾼'들은 심지어 당신의 messy한 방을 청소하거나, 당신의 코트에 단추를 sew하는 것 같은 집안 chore도 할 것이다. 그 업계의 한 CEO는 "우리는 불법적인 일을 제외하고는 모든 일을 합니다."라고 말했다. "우리가 받는 요구사항들은 기본적으로 아무나 할 수 있는 일입니다. 그러나 단지 사람들이 너무 바빠서 그들 혼자서는 이 모든 것들을 처리할 수가 없어서 우리에게 오는 거죠." 제공되는 서비스들 중 많은 것들은 요리하거나 청소하기, utensil을 사는 것처럼 매일의 routine들을 다룬다. 심부름 서비스 산업은 성장할 만한 큰 잠재력을 가지고 있다.

Words • errand-running service 심부름 대행 서비스 • boom 호황을 맞다, 번창하다 • around the clock 24시간 내내 • imaginable 상상할 수 있는 • convenience store 편의점 • illegal 불법의 • request 요청 • potential 잠재력

정답

B ①detergent ②knit ③lodge ④hectic
C ①souvenir ②sews ③straps ④hazard ⑤handy ⑥smashed

● 지구

Day 20

펭귄의 눈물

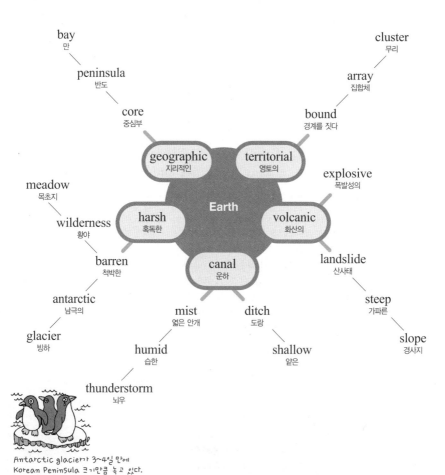

bay
만

cluster
무리

peninsula
반도

array
집합체

core
중심부

bound
경계를 짓다

geographic
지리적인

territorial
영토의

explosive
폭발성의

meadow
목초지

Earth

wilderness
황야

harsh
혹독한

volcanic
화산의

barren
척박한

canal
운하

landslide
산사태

antarctic
남극의

mist
엷은 안개

ditch
도랑

steep
가파른

glacier
빙하

humid
습한

shallow
얕은

slope
경사지

thunderstorm
뇌우

Antarctic glacier가 3~4일 만에
Korean Peninsula 크기만큼 녹고 있다.

□ 0566
geographic
[dʒìːəgrǽfik]

형 **지리적인, 지리학의**
geographic location 지리적 위치
geographic coordinates 지리학적인 좌표
National *Geographic* is a popular magazine that aims to promote awareness of the need to care for our planet. 내셔널 지오그래픽은 우리의 행성을 돌볼 필요에 대한 인식을 촉진시키는 것을 목표로 하는 인기 잡지이다.

□ 0567
core
[kɔːr]

명 (사물의) **중심부, 핵심** 형 **핵심적인**
the **core** of the problem 문제의 핵심
core competencies of a company 한 회사의 핵심 역량
The Earth's *core* is made up of a fluid outer *core* and a solid inner *core*. 지구의 핵은 유동체인 외핵과 고체인 내핵으로 이루어져 있다.
➕ **voca** = center 중심 = essence 본질

□ 0568
peninsula
[pənínsjulə]

명 **반도**
the Korean **peninsula** 한반도
the east coast of the **peninsula** 반도의 동해
Korea is a *peninsula* located in East Asia. 한국은 동아시아에 위치한 반도이다.
peninsular 형 반도의

□ 0569
bay
[bei]

명 **만**
a sandy **bay** 모래로 뒤덮인 만 the **Bay** of Fundy 펀디 만
A *bay* is a part of a coast where the land curves inwards.
만은 육지가 안쪽으로 굽은 해안의 한 부분이다.

□ 0570
territorial
[tèrətɔ́ːriəl]

형 **영토의**
territorial expansion 영토 확장
resolve a **territorial** dispute 영토 분쟁을 해결하다
There have been many *territorial* disputes all over the world. 전 세계적으로 많은 영토 분쟁이 있었다.
territory 명 영토 ; 영역

□ 0571
bound
[baund]

동 **튀어 오르다 ; 경계를 짓다**
형 **속박된 ; ~행의** 명 (*pl.*) **경계, 한계**
be **bound** to 반드시 ~하다
a flight **bound** for Hong Kong 홍콩행 비행기
Germany is *bounded* on the south by France and on the east by Poland. 독일은 남쪽으로는 프랑스와 국경을 접하고 있고 동쪽으로는 폴란드와 국경을 접하고 있다.
➕ **voca** = border 경계

・・・

□ 0572
array
[əréi]

(명) 집합체 ; 배열 (동) 배열하다, 정렬시키다
a vast **array** of images 엄청나게 많은 이미지들
a dazzling **array** of features 엄청난 특징들
Scientists have found an *array* of genes that seem to play a role in making people obese. 과학자들은 사람들을 비만으로 만드는 역할을 하는 것으로 보이는 일련의 유전자들을 찾아냈다.

□ 0573
cluster
[klʌ́stər]

(명) 무리, 송이 (동) 무리를 이루다
in a **cluster** 무리를 지어서
huge **clusters** of stars 거대한 성단
Mica is a *cluster* of interesting minerals, giving off water when heated. 운모는 흥미로운 광물군으로, 가열되면 수분을 방출한다. (기출)
➕ voca = bunch 다발 = group 무리

□ 0574
crust
[krʌst]

(명) 딱딱한 표면 ; (빵의) 껍질
elements in the Earth's **crust** 지각의 구성 요소들
golden brown **crust** of bread 빵의 황갈색 껍질
The Earth's outermost surface is called the *crust* which is a thick layer of rock. 지구의 가장 바깥쪽 표면은 지각이라고 불리는 두꺼운 암반층이다.

□ 0575
revolve
[riválv]

(동) 회전하다
revolving doors 회전문
revolve around the Sun 태양 주위를 돌다
From economics to culture, almost everything in Korea *revolves* around Seoul. 경제에서 문화에 이르는 대한민국의 거의 모든 것들이 서울을 중심으로 돌아간다.
➕ voca = go around 돌다

□ 0576
earthly
[ɔ́ːrθli]

(형) 세속적인
earthly delights 지상의 즐거움   **earthly** wealth 세속적인 부
According to Hinduism, liberation from *earthly* existence is one of the greatest blessings. 힌두교에 따르면, 세속적인 존재로부터의 해방은 가장 큰 축복 중의 하나이다.
➕ voca = worldly 세속적인

□ 0577
harsh
[hɑːrʃ]

(형) 혹독한, 가혹한
harsh environment 혹독한 환경   a **harsh** penalty 가혹한 처벌
Nobody would want to come to a place with such *harsh* living conditions. 그렇게 가혹한 생활 여건인 곳에는 아무도 오기를 원하지 않을 것이다. (기출)
➕ voca = severe 가혹한 = cruel 잔인한

□ 0578
barren
[bǽrən]

⑱ 척박한 ; 열매가 안 열리는 ; 불임의
barren region 척박한 지역
lament of a barren woman 한 불임 여성의 한탄
He tried his best to change a seemingly *barren* land to fertile land. 그는 겉보기에 척박한 땅을 비옥한 땅으로 바꾸기 위해 최선을 다했다.
 voca = infertile 불모의 ; 불임의

□ 0579
Antarctic
[æntάːrktik]

⑱ 남극의
the Antarctic glaciers 남극의 빙하
the Antarctic King Sejong Station 남극 세종 기지
Penguins are the most common wild animals found in the *Antarctic* region. 펭귄은 남극 지역에서 발견되는 가장 흔한 야생 동물이다.
Antarctica ⑲ 남극 대륙
 voca ↔ Arctic 북극의

□ 0580
glacier
[gléiʃər]

⑲ 빙하
types of glaciers 빙하의 종류
glaciers in the polar regions 극지방의 빙하
Patagonia's fantastic blue *glaciers* are rapidly melting due to global warming. Patagonia의 환상적인 푸른 빙하는 지구 온난화로 인해 급격히 녹아내리고 있다. ⟮기출⟯
glacial ⑱ 빙하의, 얼음의

□ 0581
wilderness
[wíldərnis]

⑲ 황야, 황무지
preserve the wilderness 황야를 보존하다
the world's greatest wilderness 세계 최고의 황무지
Wilderness is a biodiversity bank and an eco-insurance policy. 황무지는 생물의 다양성을 보존하는 은행이며 생태 보험이다. ⟮기출⟯
 voca = wasteland 황무지

□ 0582
meadow
[médou]

⑲ 목초지
natural meadow 자연 목초지
graze in the meadow 풀밭에서 풀을 뜯어먹다
Milk cows are grazing leisurely in an open *meadow* next to the farm. 젖소들이 농장 옆의 넓은 목초지에서 한가로이 풀을 뜯어먹고 있다.

□ 0583
canal
[kənǽl]

⑲ 운하, 수로
the canal project 운하 (건설) 계획
the construction of the Panama canal 파나마 운하의 건설
There is a lot of controversy over whether we should build *canals* in major rivers or not. 우리가 주요 강에 운하를 지어야 할지 말아야 할지에 대한 많은 논쟁이 있다.
 voca = waterway, channel 수로

□ 0584
mist
[mist]

명 엷은 안개   동 안개가 끼다
thin mist 엷은 안개
see through the mist 안개를 통해서 보다
Early in the morning at the campsite, I saw dense morning *mist* rise from the valley below. 아침 일찍 야영지에서, 나는 아래의 계곡으로부터 짙은 아침 안개가 올라오는 것을 보았다.
misty 형 엷은 안개가 낀
+ voca = fog 안개

□ 0585
humid
[hjú:mid]

형 습한, 눅눅한
a hot and humid day 덥고 습한 날
grow in a humid atmosphere 습한 공기 속에서 자라다
While some animals can't survive in a hot and *humid* environment, others can adapt to it. 어떤 동물들은 덥고 습한 환경에서 살아남지 못하는 반면, 다른 동물들은 그러한 환경에 적응할 수 있다.
humidity 형 습기, 습도
+ voca = damp 축축한

□ 0586
thunderstorm
[θʌ́ndərstɔ̀:rm]

명 뇌우(천둥을 수반한 일시적 폭풍우)
get caught in a thunderstorm 뇌우를 만나다
an unexpected thunderstorm 예상치 못한 뇌우
A dog that hides under a bed during a *thunderstorm* shows fear. 뇌우가 쏟아질 때 침대 밑에 숨는 강아지는 두려움을 보인다. 기출

□ 0587
ditch
[ditʃ]

명 도랑 ; 배수로   동 버리다
dig a ditch 도랑을 파다
fall into a deep and broad ditch 깊고 넓은 도랑에 빠지다
The victim's body was found in a *ditch* near the city. 피해자의 시신은 도시 근처의 한 도랑에서 발견되었다.

□ 0588
shallow
[ʃǽlou]

형 얕은, 피상적인
shallow water 얕은 물   **shallow knowledge** 피상적인 지식
The female lays thousand of eggs in *shallow* holes near the high-tide mark. 암컷은 만조 무렵 얕은 구멍에 수천 개의 알을 낳는다. 기출
+ voca = superficial 피상적인

□ 0589
volcanic
[vɑlkǽnik]

형 화산의
volcanic ash 화산재   **volcanic activity** 화산 활동
The most significant event in Tristan's recent history was the 1961 *volcanic* eruption. 최근 Tristan의 역사상 가장 중요한 사건은 1961년의 화산 폭발이었다. 기출
volcano 명 화산

□ 0590
landslide
[lǽndslàid]

(명) 산사태 ; 압도적인 승리
early warning system for a **landslide** 산사태 조기 경보 시스템
win a **landslide** victory 압승을 거두다
A lot of houses collapsed and were buried under a *landslide*. 많은 집들이 산사태로 무너지고 흙에 묻혔다.

□ 0591
steep
[sti:p]

(형) 가파른 ; 급격한
a **steep** cliff 가파른 절벽
an extremely **steep** mountain 매우 가파른 산
There are some instructions that you need to keep in mind when skiing down the *steep* slopes. 스키를 타고 가파른 경사로를 내려갈 때 명심해야 할 몇 가지 지시 사항들이 있다. (기출)

🔼 **voca** = sharp 급격한 ↔ gentle 경사가 완만한

□ 0592
slope
[sloup]

(명) 경사지 ; 비탈 ; 기울기 (동) 경사지다
climb a gentle **slope** 완만한 비탈길을 오르다
a ski **slope** for advanced skiers 상급자를 위한 스키 활강 코스
I finally reached the top of the *slope* and stood up to take a look around. 나는 마침내 경사지 정상에 도착했고 서서 주변을 둘러보았다.

□ 0593
explosive
[iksplóusiv]

(형) 폭발성의, 폭발하기 쉬운 (명) 폭발물
an **explosive** increase 폭발적인 증가
a highly **explosive** material 매우 폭발하기 쉬운 물질
All kinds of *explosives* are strictly prohibited in the airport.
모든 종류의 폭발물들은 공항에서 엄격하게 금지된다.

explosion (명) 폭발, 폭파 ; 폭발적인 증가

□ 0594
astrologer
[əstrálədʒər]

(명) 점성술사
a professional **astrologer** 점성술 전문가
tarot card reading by an **astrologer** 점성술사가 점친 타로점
Astrologers usually predict what will happen in the future using their astrological knowledge. 점성술사들은 보통 자신들의 점성술 지식을 이용하여 미래에 무슨 일이 일어날지에 대하여 예측한다.

astrology (명) 점성술

□ 0595
forecast
[fɔ́:rkæst]

-forecast-forecast

(동) 예보하다, 예측하다 (명) 예보, 예측
weather **forecast** 일기 예보   economic **forecast** 경기 예측
Champion athletes are most successful when they can *forecast* the feel of every part of the race. 챔피언 선수들은 경주의 모든 부분의 느낌을 예측할 수 있을 때 가장 성공적이다.

🔼 **voca** = predict 예측하다 = foretell 예언하다

A 영어는 우리말로, 우리말은 영어로 쓰시오.

① crust _____   ⑪ 중심부 _____
② thunderstorm _____   ⑫ 습한 _____
③ array _____   ⑬ 경사지 _____
④ wilderness _____   ⑭ 남극의 _____
⑤ earthly _____   ⑮ 운하 _____
⑥ explosive _____   ⑯ 회전하다 _____
⑦ mist _____   ⑰ 점성술사 _____
⑧ bound _____   ⑱ 무리 _____
⑨ steep _____   ⑲ 화산의 _____
⑩ glacier _____   ⑳ 반도 _____

B 빈칸에 공통으로 들어갈 단어는?

① _____ location 지리적 위치   _____ coordinates 지리학적인 좌표
② _____ environment 혹독한 환경   a _____ penalty 가혹한 처벌
③ _____ water 얕은 물   _____ knowledge 피상적인 지식
④ weather _____ 일기 예보   economic _____ 경기 예측

C 다음 빈칸에 알맞은 단어를 〈보기〉에서 골라 넣으시오. (필요하면 형태를 변형하시오.)

[보기]
barren meadow territorial landslide bay ditch

① There have been many ( ) disputes all over the world.
② A ( ) is a part of a coast where the land curves inwards.
③ He tried his best to change a seemingly ( ) land to fertile land.
④ The victim's body was found in a ( ) near the city.
⑤ A lot of houses collapsed and were buried under a ( ).
⑥ Milk cows are grazing leisurely in an open ( ) next to the farm.

D 이번 테마를 다룬 독해 지문을 읽으면서 관련 어휘의 뜻을 확인해 보자.

Within the northern **barren** plains of the Yukan **territory**, the **harsh** weather and **Antarctic wilderness** offer challenging environments to any living things there. An  **astrologers**' paradise with clear skies, but a travelers' nightmare with **landslides** and sudden breaks in **glacier** underfoot, this **geographic peninsula** is like a heavenly place to those who live in cities. If you have a chance to visit there, you should climb the beautiful mountain. However, the **steep slopes** of the mountain are usually covered with snow, and you should be well prepared for this in advance. In addition, **thunderstorms** are often **forecast** and **mist** sometimes prevents a clear view of what's in front of you. You will definitely experience a scenic beauty that is unmatched in the world, provided you have the proper equipment and an adventurous mind.

Translation　Yukan **territory**의 북쪽의 **barren**한 평원에서 **harsh**한 날씨와 **Antarctic wilderness**는 그곳에 사는 생명체들에게 힘든 환경을 제공한다. 맑게 갠 하늘로 **astrologer**들의 천국이지만 여행객들에게는 **landslide**들과 발밑의 갑작스러운 **glacier**의 균열로 악몽이 될 수도 있는 이 **geographic**적인 **peninsula**는 도시에 사는 사람들에게는 천국과 같은 곳이다. 만약 그곳에 방문할 기회가 있다면, 당신은 아름다운 산을 올라가 봐야 한다. 하지만, **steep**한 **slope**들이 보통 눈으로 덮여 있어 이것에 대한 준비를 사전에 철저히 해야 한다. 또한, **thunderstorm**이 **forecast**되거나 가끔씩 **mist** 때문에 앞이 제대로 보이지 않을 수도 있다. 만약 당신이 적절한 장비와 모험심을 가지고 있다면, 세상의 다른 어떤 곳과도 비할 데 없는 멋진 풍경을 분명 경험하게 될 것이다.

Words　• plain 평원　• challenging 도전적인, 힘든　• heavenly 하늘의, 천국과 같은
• in advance 사전에　• definitely 분명히, 명백히　• scenic 경치가 좋은
• unmatched 타의 추종을 불허하는　• proper 적절한　• adventurous 모험적인

정답 🔒

B　① geographic　② harsh　③ shallow　④ forecast
C　① territorial　② bay　③ barren　④ ditch　⑤ landslide　⑥ meadow

Day 21

외계인의 지구 적응력

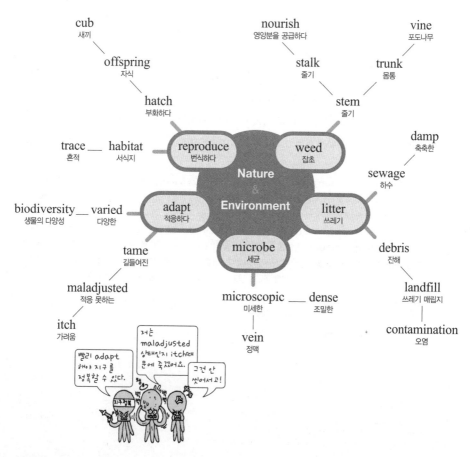

cub
새끼

offspring
자식

hatch
부화하다

nourish
영양분을 공급하다

stalk
줄기

vine
포도나무

trunk
몸통

stem
줄기

trace
흔적

habitat
서식지

reproduce
번식하다

weed
잡초

damp
축축한

sewage
하수

Nature & Environment

biodiversity
생물의 다양성

varied
다양한

adapt
적응하다

litter
쓰레기

tame
길들여진

microbe
세균

debris
잔해

maladjusted
적응 못하는

landfill
쓰레기 매립지

itch
가려움

microscopic
미세한

dense
조밀한

contamination
오염

vein
정맥

저는
maladjusted
상태인지 itch때
문에 죽겠어요.

그건 안
씻어서고!

빨리 adapt
해야 지구를
정복할 수 있다.

□ 0596
reproduce
[rìːprədjúːs]

(동) 번식하다 ; 복제하다 ; 재생하다
live long enough to reproduce 번식할 만큼 충분히 오래 살다
difficult to reproduce 복제하기 어려운
A parasite can't *reproduce* on its own, but needs a host to live in. 기생충은 스스로 번식할 수 없으나 기생할 숙주를 필요로 한다.
reproduction (명) 번식 ; 복제 ; 재생

□ 0597
hatch
[hætʃ]

(동) 부화하다
hatch an egg 알을 부화하다   **hatch from eggs** 알에서 부화하다
Don't count your chickens before they are *hatched*. 병아리가 나오기 전에 그 마릿수를 세지 마라.(김칫국부터 마시지 마라.)
voca = produce (자식, 새끼를) 낳다

□ 0598
offspring
[ɔ́ːfsprìŋ]

(명) 자식, (동물 등의) 새끼
raise offspring 자식을 키우다
the number of offspring 자녀의 수
Maternal smoking during pregnancy has a direct or indirect effect on the obesity of future *offspring*. 임신 기간 동안 산모의 흡연은 미래에 아이의 비만에 직간접적인 영향을 끼친다.
voca = children, descendant 자손

□ 0599
cub
[kʌb]

(명) (곰, 사자, 여우 등의) 새끼
a tiger cub 호랑이 새끼
protect one's cubs from predators 포식자로부터 새끼를 보호하다
She found that the resting bears acted just like *cubs*. 그녀는 휴식을 취하고 있는 곰들이 새끼들처럼 구는 것을 발견했다. (기출)

□ 0600
habitat
[hǽbitæ̀t]

(명) 서식지
natural habitat 천연 서식지
the habitat for wild monkeys 야생 원숭이들의 서식지
Natural *habitats* for wild animals have been reduced dramatically because of indiscriminate development. 야생 동물들의 천연 서식지는 무분별한 개발로 급격히 줄어들었다.

□ 0601
trace
[treis]

(명) 흔적, 자취 (동) 추적하다, 확인하다
trace of tears 눈물 자국
disappear without a trace 흔적도 없이 사라지다
Traces left by flowing water have been discovered on Mars. 화성에서 물줄기에 의해 남겨진 흔적들이 발견되었다.

□ 0602
weed
[wi:d]

명 잡초 동 잡초를 뽑다 ; 제거하다
pull up the weeds 잡초를 뽑다
use chemicals to control weeds 잡초를 제거하기 위해 화학 물질을
사용하다
Weeds are undesirable plants that usually grow wild in
areas that have been cultivated for farming or gardening.
잡초는 달갑지 않은 식물인데 대개 농사나 조경을 위해 개간된 지역에서 무성하게 자란
다. (기출)

□ 0603
stem
[stem]

명 줄기, 대 동 (~에서) 유래하다 (from)
have a thick stem 두꺼운 줄기를 가지다
human stem cell research 인간 줄기 세포 연구
They carve pumpkins for Halloween, but they don't use the
stem. 그들은 핼러윈을 위해 호박을 조각하지만, 그 줄기는 사용하지 않는다.

□ 0604
stalk
[stɔ:k]

명 줄기, 대 동 몰래 접근하다
stalks of plants 식물의 줄기   **dried corn stalks** 마른 옥수수 줄기
The flower *stalks* may become weak and require sticks to
support the weight of the blossoms. 꽃대가 약해지고 꽃의 무게를 지탱
해 줄 막대기가 필요할지도 모른다.

□ 0605
nourish
[nə́:riʃ]

동 영양분을 공급하다 ; (감정, 생각 등을) 키우다
nourish one's skin 피부에 영양분을 공급하다
look well-nourished 영양 상태가 좋아 보이다
Our children should be *nourished* with a balanced diet.
우리 아이들은 균형 잡힌 식사로 영양을 공급받아야 한다.
nourishment 명 음식물, 영양분, 자양분

□ 0606
trunk
[trʌŋk]

명 (나무의) 몸통 ; 여행용 큰 가방 ; (코끼리의) 코
the trunk of the palm tree 야자나무의 몸통
the trunk of a car 차의 트렁크
When you see them closely, you can see growth rings
which look like those in the *trunk* of a tree. 그것들을 자세히 보면,
나무의 몸통에서 보이는 것들과 같은 나이테가 있는 것을 알 수 있다. (기출)

□ 0607
vine
[vain]

명 포도나무 ; 덩굴 식물
the grapes on the vine 포도나무의 포도들
a creeping vine 뻗어나가는 덩굴
A brilliant point of sunlight strikes through the *vine*
canopy. 햇빛의 빛나는 반점이 포도나무의 덮개를 지나 부딪친다.

□ 0608
adapt
[ədǽpt]

(동) **적응하다 ; 개작하다**
adapt oneself to ~에 순응하다
adapt to changing environments 변화하는 환경에 적응하다
Insects that have *adapted* to warmer climates show higher rates of population growth. 더 따뜻한 기후에 적응한 곤충들은 더 높은 개체 수 증가율을 보인다. (기출)
adaptation (명) 적응 : 각색 adaptability (명) 적응성

□ 0609
varied
[vɛ́ərid]

(형) **다양한, 여러 가지의**
a man of varied interests 다양한 관심거리를 가진 사람
a varied and adventurous life 다양하고 모험을 즐기는 삶
We are so accustomed to a *varied* diet that we usually take it for granted that other people also have a variety of foods. 우리는 다양한 식사에 매우 익숙해서 다른 사람들도 다양한 음식을 먹는다고 당연하게 생각한다. (기출)

□ 0610
biodiversity
[bàioudaivə́ːrsəti]

(명) **생물의 다양성**
biodiversity conservation 생물의 다양성 보존
the loss of biodiversity 생물학적 다양성의 상실
Sudden temperature changes have sharply decreased the *biodiversity* of species on the Earth. 갑작스런 온도 변화는 지구상의 생물종의 다양성을 급격하게 감소시켰다.

□ 0611
tame
[teim]

(형) **길들여진** (동) **길들이다**
as tame as a cat 아주 순한
tame wild animals 야생 동물을 길들이다
If you *tame* me, it will feel like the sun has come to shine on me! 네가 나를 길들이면, 태양이 나를 비추러 온 것 같은 느낌일 거야!

□ 0612
maladjusted
[mæ̀lədʒʌ́stid]

(형) **적응 못하는**
a maladjusted child 환경에 적응하지 못하는 아이
a program for maladjusted children 부적응아들을 위한 프로그램
He is kind of *maladjusted* in his new school. 그는 새로운 학교에 적응하지 못하고 있다.
voca ↔ well-adjusted 잘 적응한

□ 0613
itch
[itʃ]

(동) **가렵다** (명) **가려움**
scratch the itch 가려운 곳을 긁다
have an itch on my arm 내 팔이 가렵다
In some chronic skin conditions associated with the *itch*, the patient may scratch while sleeping. 가려움과 관련 있는 몇몇 만성적인 피부 질환에서 환자는 자는 동안에 긁을 수도 있다. (기출)
itchy (형) 가려운

• • •

□ 0614
microbe
[máikròub]

(명) 세균, 미생물
infection caused by **microbes** 세균에 의한 감염
a vast number of **microbes** 엄청나게 많은 수의 미생물
High fever can help to fight invading *microbes*. 고열은 침입한 세균들과 싸우는 데 도움이 될 수도 있다.
microbiology (명) 미생물학

□ 0615
microscopic
[màikrəskápik]

(형) 미세한, 현미경으로 봐야만 보이는 ; 현미경을 이용한
a **microscopic** organism 미생물
a **microscopic** analysis 현미경을 이용한 분석
Microscopic objects are extremely small, and usually can only be seen through a microscope. 미세한 물체는 아주 작아서, 보통은 현미경을 통해서만 보일 수 있다.
microscope (명) 현미경

□ 0616
dense
[dens]

(형) 조밀한, 빽빽한 ; 짙은
the **dense** vegetation 울창한 초목   **dense** fog 짙은 안개
The forests are so *dense* that it is hard for people to see the wild animals. 숲이 매우 우거져서 사람들은 야생 동물을 보기 힘들다.
density (명) 밀도, 농도

□ 0617
vein
[vein]

(명) 정맥 ; 잎맥
the **veins** on her legs 그녀 다리의 정맥들
inject medicine into a **vein** 정맥에 주사를 놓다
When yelling, the *veins* in your neck and face stand out more than usual. 소리를 지를 때, 너의 목과 얼굴의 정맥은 평소보다 더 두드러진다.

□ 0618
litter
[lítər]

(명) 쓰레기 ; 난잡 (동) 쓰레기를 버리다 ; 어지럽히다
a **litter** of empty cans 어질러진 빈 캔
Do not **litter**. 쓰레기를 버리지 마시오
The crowded street in the city was *littered* with cigarette butts. 도시의 혼잡한 거리는 담배꽁초로 어지럽혀져 있었다.
voca = rubbish 쓰레기 = disorder 어수선함

□ 0619
debris
[dəbríː]

(명) 잔해 ; 쓰레기
the **debris** of the fire 화재의 잔해
debris from the explosion 폭발의 잔해물
Different kinds of *debris* are left by many people who come to the park. 공원에 오는 많은 사람들 때문에 여러 종류의 쓰레기들이 남는다.
voca = remains 남은 것

□ 0620
junk
[dʒʌŋk]

⑲ 못 쓰는 물건, 잡동사니
a piece of **junk** 고물 **junk** food 정크 푸드
Most of my collection remained packed away in storage,
like *junk*. 내 수집품의 대부분은 잡동사니처럼 창고에 포장된 채 남아 있었다. 기출

□ 0621
landfill
[lǽndfil]

⑲ 쓰레기 매립지 ; 매립 쓰레기
a **landfill** site 쓰레기 매립지
landfill gas emission 쓰레기 매립지 가스 방출
A lot of people strongly oppose the construction of a new
landfill in their neighborhood. 많은 사람들은 자기 동네에 새로운 쓰레기
매립지 건설을 강력히 반대한다.

□ 0622
contamination
[kəntæ̀mənéiʃən]

⑲ 오염
groundwater **contamination** 지하수 오염
the effects of environmental **contamination** 환경 오염의 결과
We most strongly urge you to protect this nation as a country
that can grow *contamination*-free crops. 우리는 오염되지 않은 작물을
재배할 수 있는 국가로서 이 나라를 보호할 것을 강력히 촉구합니다. 기출

contaminate ⑧ 오염시키다 contaminant ⑲ 오염 물질

□ 0623
sewage
[súːidʒ]

⑲ 하수, 오물
sewage disposal 하수 처리
sewage treatment plant 하수 처리장
Nutrient pollution from *sewage* discharges can result in
dangerous blooms of algae in coastal waters. 하수 배출에서 나오
는 영양소로 인한 오염으로 연안 바다에서는 해조류가 위험하게 번식한다. 기출

□ 0624
damp
[dæmp]

⑱ 축축한, 습기 찬 ⑲ 축축한 상태
damp with humidity 습기로 축축한
cool and **damp** weather 선선하고 습기 찬 날씨
These plants grow well even in cold and *damp* conditions.
이 식물들은 서늘하고 습기가 있는 환경에서도 잘 자란다.

dampen ⑧ 축축하게 하다

Link 어원 > re- 다시, 뒤에

- **reproduce** 번식하다
- **recover** 되찾다, 회복하다
- **recall** 상기하다, 생각해 내다
- **recite** 암송하다
- **revoke** 취소하다, 철회하다
- **represent** 대표하다
- **revive** 회복하다, 소생하다
- **receive** 받다, 수령하다
- **restore** 복구하다
- **refine** 정제하다
- **remove** 제거하다
- **rebound** 다시 튀어나오다
- **recess** 휴식
- **recruit** 새 회원을 모집하다
- **reflect** 반사하다 ; 반영하다

Ⓐ 영어는 우리말로, 우리말은 영어로 쓰시오.

① trunk _____
② habitat _____
③ itch _____
④ junk _____
⑤ weed _____
⑥ sewage _____
⑦ adapt _____
⑧ contamination _____
⑨ offspring _____
⑩ biodiversity _____

⑪ 줄기 _____
⑫ 적응 못하는 _____
⑬ 새끼 _____
⑭ 쓰레기 _____
⑮ 다양한 _____
⑯ 포도나무 _____
⑰ 정맥 _____
⑱ 쓰레기 매립지 _____
⑲ 흔적 _____
⑳ 미세한 _____

Ⓑ 빈칸에 공통으로 들어갈 단어는?

① _____ an egg 알을 부화하다 _____ from eggs 알에서 부화하다

② have a thick _____ 두꺼운 줄기를 가지다
　 human _____ cell research 인간 줄기 세포 연구

③ as _____ as a cat 아주 순한 _____ wild animals 야생 동물을 길들이다

④ the _____ vegetation 울창한 초목 _____ fog 짙은 안개

Ⓒ 다음 빈칸에 알맞은 단어를 〈보기〉에서 골라 넣으시오. (필요하면 형태를 변형하시오.)

┌─────────── [보기] ───────────┐
　　nourish　debris　damp　microbe　reproduce
└──────────────────────────────┘

① A parasite can't (　　　　) on its own, but needs a host to live in.
② Our children should be (　　　) with a balanced diet.
③ High fever can help to fight invading (　　　).
④ These plants grow well even in cold and (　　　) conditions.
⑤ Different kinds of (　　　) are left by many people who come
　 to the park.

D 이번 테마를 다룬 독해 지문을 읽으면서 관련 어휘의 뜻을 확인해 보자.

Landfills are supposed to be attentive to environmental hazards throughout the course of their operations. Yet this has not always been the case, and even now **landfills** can be  extremely dangerous. Many of them contain toxic groundwater **contaminants**, including nitrate, ammonia, and heavy metals. Once these substances reach groundwater, the **contamination** can be very damaging, particularly if it reaches drinking water wells. The horrific effects that **landfills** cause to the surrounding environment are not to be taken lightly. In addition, humans are not the only ones affected by the **contamination**. Trees around a **landfill** are also seriously influenced. Tree **contamination** begins at the roots, then moves to the **trunk**, and then goes through to the **veins** of the leaves. **Microscopic traces** of fungus inhabit all areas of a tree. Visually, the tree becomes an eyesore, and most certainly makes us upset.

Translation Landfill들은 운영 과정 내내 환경적인 위험 요소에 주의해야 한다. 항상 그렇지는 않지만, 현재도 landfill들은 매우 위험할 수 있다. 많은 쓰레기 매립지는 질산염, 암모니아, 중금속을 포함한 유독 지하수 contaminant들을 포함하고 있다. 일단 이러한 물질들이 지하수에 닿으면, contamination은 심각한 피해를 줄 수 있으며, 특히 식수원에 이르렀을 때 그러하다. landfill들이 주변 환경에 끼치는 끔찍한 영향이 가볍게 여겨져서는 안 된다. 또한, 인간이 contamination에 영향을 받는 유일한 생명체는 아니다. landfill 주변의 나무들도 심각한 영향을 받는다. 나무 contamination은 뿌리에서 시작되어 trunk로 옮겨지고, 잎의 vein들로 퍼진다. Microscopic한 균류의 trace들은 나무의 모든 부분에 서식한다. 시각적으로 그 나무는 보기 흉하고 틀림없이 우리를 속상하게 만들 것이다.

Words • attentive 주의 깊은 • hazard 위험 • extremely 매우 • nitrate 질산염 • ammonia 암모니아 • substance 물질 • groundwater 지하수 • particularly 특히 • horrific 무서운, 끔찍한 • fungus 균류, 곰팡이류 • visually 시각적으로 • eyesore 보기 흉한 것

정답

B ① hatch ② stem ③ tame ④ dense
C ① reproduce ② nourished ③ microbes ④ damp ⑤ debris

내 친구는 돌연변이?

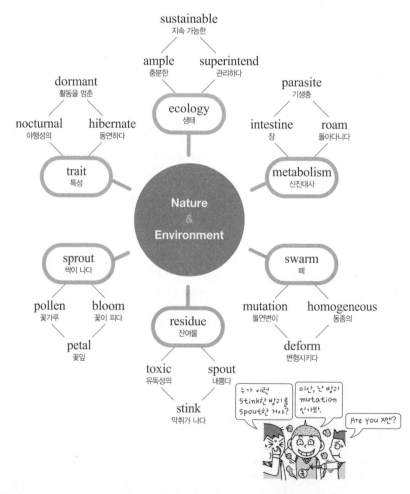

sustainable
지속 가능한

ample
충분한

superintend
관리하다

dormant
활동을 멈춘

parasite
기생충

ecology
생태

nocturnal
야행성의

hibernate
동면하다

intestine
장

roam
돌아다니다

trait
특성

metabolism
신진대사

Nature & Environment

sprout
싹이 나다

swarm
떼

pollen
꽃가루

bloom
꽃이 피다

mutation
돌연변이

homogeneous
동종의

residue
잔여물

deform
변형시키다

petal
꽃잎

toxic
유독성의

spout
내뿜다

stink
악취가 나다

□ 0625
ecology
[ikálədʒi]

명 생태(계) ; 생태학

destroy the natural ecology 자연 생태계를 파괴하다
change the ecology of the island 그 섬의 생태를 바꾸다
We are trying to improve the general *ecology* of the globe for plants and animals. 우리는 동식물들을 위해서 지구의 전반적인 생태를 개선하려고 노력하고 있다.

ecological 형 생태학의

□ 0626
ample
[ǽmpl]

형 충분한

an ample supply of food 식량의 충분한 공급
take an ample space to sit down 앉기 위한 충분한 자리를 차지하다
History offers *ample* proof of the fact that almost all the great men of the world have risen from adversity. 역사는 세상의 거의 모든 위대한 사람들이 역경을 딛고 올라섰다는 사실을 충분한 증거로 보여 준다.

amplify 동 확대하다, 증폭하다

□ 0627
sustainable
[səstéinəbl]

형 지속 가능한

sustainable development 지속 가능한 발전
sustainable economic growth 지속 가능한 경제 성장
It's much better to slowly reduce the population on Earth to more *sustainable* levels. 더 유지할 만한 수준으로 지구상의 인구를 서서히 줄여 나가는 것이 훨씬 낫다. [기출]

□ 0628
superintend
[sùːpərinténd]

동 관리하다, 감독하다

superintend the machine's operation 기계의 작동을 관리하다
superintend a staff member 직원을 감독하다
They requested her to *superintend* the building. 그들은 그녀에게 그 건물을 관리해 달라고 부탁했다.

superintendence 명 관리, 감독
+ voca = supervise, oversee 감독하다

□ 0629
trait
[treit]

명 특성, 특징

have particular traits 독특한 특성을 지니다
common physical traits 공통된 신체적인 특성들
The goal was to try to find *traits* that these successful people had in common. 목표는 이 성공한 사람들이 공통적으로 가지고 있는 특성을 찾고자 하는 것이었다. [기출]

□ 0630
nocturnal
[naktə́ːrnl]

형 야행성의

nocturnal flowers 밤에 피는 꽃 **nocturnal activity** 야행성
Most bats and owls are typical *nocturnal* animals in the wild. 대부분의 박쥐와 부엉이는 야생에서 전형적인 야행성 동물이다.

+ voca ↔ diurnal 주행성의

□ 0631
dormant
[dɔ́:rmənt]

(형) 활동을 멈춘
remain **dormant** 잠복해 있다
a **dormant** volcano 휴화산
The virus lies dormant until your immune system weakens.
그 바이러스는 당신의 면역 체계가 약해질 때까지 잠복해 있는다.
voca = inactive 활동하지 않는

□ 0632
hibernate
[háibərnèit]

(동) 동면하다
a **hibernating** bear 동면 중인 곰
hibernate in caves 동굴에서 겨울잠을 자다
Animals often consume large amounts of food before they
hibernate. 동물들은 흔히 겨울잠을 자기 전에 많은 양의 음식을 먹는다.
hibernation (명) 동면

□ 0633
metabolism
[mətǽbəlìzəm]

(명) 신진대사, 물질대사
basal **metabolism** 기초 대사
carbohydrate **metabolism** 탄수화물 대사
Try to increase your muscle to speed up your *metabolism*.
신진대사를 활성화하기 위해 몸의 근육을 늘리려고 노력해라.

□ 0634
intestine
[intéstin]

(명) 장, 창자
large **intestine** 대장
the lining of the **intestine** 장의 내벽
The fat from your diet is absorbed by your small *intestine*.
당신의 식사에서 얻은 지방은 소장에 의해서 흡수된다.
intestinal (형) 장의, 창자의

□ 0635
parasite
[pǽrəsàit]

(명) 기생충, 기생 동물
infected by a **parasite** 기생충에 감염된
eradicate the **parasite** 기생충을 박멸하다
These *parasites* are usually harbored in the liver and
intestines. 이 기생충들은 주로 간과 장에서 산다.

□ 0636
roam
[roum]

(동) 돌아다니다, 배회하다
roam about the world 세계를 유랑하다
roam around here and there 여기저기 돌아다니다
People had to *roam* many miles for food before they
learned that they could grow their food. 사람들은 식량을 재배하는
것을 배우기 전까지 음식을 구하기 위해서 수 마일을 돌아다녀야 했다. (기출)
voca = wander 돌아다니다

□ 0637
sprout
[spraut]

⑧ 싹이 나다, 발아하다 ; 생기다 ⑲ 싹

sprout seeds 씨앗이 발아하다
sprout up everywhere 우후죽순으로 생겨나다
Keep away from direct sunlight until the seeds begin to
sprout. 씨앗들이 싹이 틀 때까지는 직접적인 햇빛으로부터 피하게 하라.

ⓕ voca = shoot forth, bud 싹이 나다

□ 0638
bloom
[blu:m]

⑲ 꽃 ⑧ 꽃이 피다

in full bloom 꽃이 활짝 핀
the first flowers to bloom in the spring 봄에 가장 먼저 피는 꽃들
During a season the plants produce hundreds of *blooms*.
한 계절 동안 그 식물은 수백 개의 꽃망울을 터뜨린다. (기출)

ⓕ voca = blossom, flower 꽃 ; 꽃이 피다

□ 0639
petal
[pétl]

⑲ 꽃잎

flower petals 꽃잎
pull petals off a flower 꽃에서 꽃잎들을 떼어내다
Whether going to picnic tables or underneath a flower
petal, bees always land with their own strategies. 벌들은 피크닉
테이블로 가든지 꽃잎 밑으로 가든지, 항상 자신만의 전략으로 착지한다. (기출)

□ 0640
pollen
[púlən]

⑲ 꽃가루, 화분

blow away the pollen 꽃가루를 날리다
have an allergy to pollen 꽃가루 알레르기가 있다
Insects play an important role in transporting *pollen* from
flower to flower. 곤충들은 이 꽃에서 저 꽃으로 꽃가루를 옮기는 데 중요한 역
할을 한다.
pollinate ⑧ 수분시키다 pollination ⑲ 수분(작용)

□ 0641
swarm
[swɔːrm]

⑲ (벌, 개미 등의) 떼, 무리 ; 군중 ⑧ 떼를 지어 다니다

a swarm of insects 곤충 떼
swarm into the concert hall 공연장으로 몰려들다
When she was frightened by a *swarm* of bees, she cried out
for help. 그녀는 벌 떼 때문에 깜짝 놀랐을 때, 도와달라고 소리 질렀다.

□ 0642
homogeneous
[hòumədʒíːniəs]

⑲ 동종의, 동질의

a homogeneous nation 단일 민족 국가
homogeneous culture 동일한 문화
The population of Korea is considered to be *homogeneous*.
한국 사람들은 단일 민족으로 여겨진다.

ⓕ voca ↔ heterogeneous 이질적인

□ 0643
deform
[difɔ́ːrm]

⑧ 변형시키다, 기형으로 만들다
deform the spine 척추를 변형시키다
be born deformed 기형으로 태어나다
She saw the surface of the top of the hot-air balloon
become *deformed*. 그녀는 열기구 맨 위의 표면이 변형된 것을 발견했다.
deformity ⑲ 기형

□ 0644
mutation
[mjuːtéiʃən]

⑲ 돌연변이 ; 변화, 변형
gene mutation 유전자 돌연변이
a cell developed by mutation 돌연변이에 의해 만들어진 세포
Environmental changes have caused *mutation* in plants and
animals in the world. 환경 변화는 지구의 동식물들의 돌연변이를 초래했다.
mutate ⑧ 돌연변이가 되다

□ 0645
residue
[rézidjùː]

⑲ 잔여물, 나머지
the pesticide residue 잔류 농약
leave an oily residue 기름기 있는 잔여물을 남기다
When washing your face, use plenty of water to rinse the
soap so that no *residue* is left behind. 세안할 때, 잔여물이 남지 않도
록 비누를 헹구는 데 충분한 물을 사용해라.

□ 0646
spout
[spaut]

⑧ 내뿜다, 분출하다
spout out flames 화염을 내뿜다 **spout water** 물을 뿜다
She pressed her lips together so she wouldn't *spout* out the
truth. 그녀는 진실을 말하지 않기 위해서 입술을 꽉 깨물었다.

□ 0647
stink
[stíŋk]
-stank-stunk

⑧ 악취가 나다 ⑲ 악취
stink to high heaven 지독한 냄새가 나다
stink of rotten fish 생선 썩은 냄새가 나다
He walked into the kitchen, sniffed around and declared,
"The kitchen *stinks*, too!" 그가 부엌에 들어가서 냄새를 맡고 "부엌에서도
고약한 냄새가 나!"라고 외쳤다. (기출)
➕ voca = malodor 악취

□ 0648
toxic
[táksik]

⑲ 유독성의
toxic substance 유독성 물질 **toxic chemicals** 유독성 화학 물질
Many companies in this region have illegally dumped *toxic*
waste into the river. 이 지역의 많은 회사들은 불법으로 유독성 폐기물을 강에
버려 왔다.
➕ voca = poisonous 유독한

□ 0649
beak
[biːk]

(명) 새의 부리
a long and narrow **beak** 길고 가느다란 부리
strike trees with the **beak** 부리로 나무를 쪼다
The male bird is generally larger, with a shorter *beak*. 수컷 새는 대체로 부리가 더 짧고 몸집이 더 크다.

□ 0650
bait
[beit]

(명) 미끼 ; 유혹 (동) 미끼를 놓다
take the **bait** 미끼를 물다
put **bait** on a hook 낚싯대에 미끼를 걸다
When fishing, an earthworm is usually used as *bait*. 낚시를 할 때, 주로 지렁이가 미끼로 쓰인다.

□ 0651
heap
[hiːp]

(명) 더미, 무더기 ; 많음
in a **heap** 무더기를 이루어서
have a **heap** of work to do 할 일이 산더미같다
Heaps of trash can be found in the damp places. 쓰레기 더미는 축축한 곳에서 발견될 수 있다.

🔲 **voca** = pile, stack 더미 ; 많음

□ 0652
thorn
[θɔːrn]

(명) 가시
draw out a **thorn** 가시를 빼내다
a rose without a **thorn** 가시 없는 장미
From the moment it leaves the nest, it searches for a *thorn* tree, and does not rest until it has found one. 둥지를 떠나는 순간부터 그것은 가시나무를 찾고, 나무 하나를 찾을 때까지 쉬지 않는다. (기출)
thorny (형) 가시가 있는

□ 0653
futile
[fjúːtl]

(형) 헛된, 소용없는
make a **futile** attempt 헛된 시도를 하다 **futile** efforts 헛수고
I feel sometimes that life is *futile* and meaningless. 나는 가끔 삶이 헛되고 의미 없다고 느낀다.

🔲 **voca** = vain 헛된

□ 0654
tremble
[trémbl]

(동) 떨다, 흔들리다 (명) 떨림, 전율
tremble with anger 화가 나서 떨다
tremble uncontrollably 제어할 수 없게 떨리다
The boy was hiding behind the door, *trembling* with fear and cold. 그 소년은 두려움과 추위에 벌벌 떨면서 문 뒤에 숨어 있었다.

🔲 **voca** = shiver, shake 떨다

A 영어는 우리말로, 우리말은 영어로 쓰시오.

① hibernate _____   ⑪ 꽃잎 _____
② beak _____   ⑫ 유독성의 _____
③ sustainable _____   ⑬ 특성 _____
④ pollen _____   ⑭ 더미 _____
⑤ deform _____   ⑮ 떼 _____
⑥ parasite _____   ⑯ 충분한 _____
⑦ bloom _____   ⑰ 떨다 _____
⑧ thorn _____   ⑱ 돌연변이 _____
⑨ ecology _____   ⑲ 장 _____
⑩ stink _____   ⑳ 돌아다니다 _____

B 빈칸에 공통으로 들어갈 단어는?

① _____ flowers 밤에 피는 꽃   _____ activity 야행성
② remain _____ 잠복해 있다   a _____ volcano 휴화산
③ _____ seeds 씨앗이 발아하다
   _____ up everywhere 우후죽순으로 생겨나다
④ the pesticide _____ 잔류 농약
   leave an oily _____ 기름기 있는 잔여물을 남기다

C 다음 빈칸에 알맞은 단어를 〈보기〉에서 골라 넣으시오. (필요하면 형태를 변형하시오.)

┌─────────────── [보기] ───────────────┐
  futile bait spout metabolism superintend homogeneous
└──┘

① They requested her to ( ) the building.
② Try to increase your muscle to speed up your ( ).
③ The population of Korea is considered to be ( ).
④ I feel sometimes that life is ( ) and meaningless.
⑤ When fishing, an earthworm is usually used as ( ).
⑥ She wouldn't ( ) out the truth.

D 이번 테마를 다룬 독해 지문을 읽으면서 관련 어휘의 뜻을 확인해 보자.

Have you learned about **parasite**-host **ecology**? A **parasite** lives in a close relationship with another organism, its host, and causes it harm. One of the **traits** that a **parasite** has is that it is dependent on its host for its life functions. In other words, the **parasite** has to be in its host to live, grow, and multiply. For example, **parasites** can get into our **intestines** by going through the mouth from uncooked or unwashed food, contaminated water or hands. Regardless of what causes a **parasite** infestation to occur in the body, once they attack the **intestines**, they rest there and feed themselves with the **ample** foods and blood to be found. At first a **parasite** infestation may not harm the body, but over the times it can bring many health problems, and can even damage the **intestines**.

Translation parasite 숙주 ecology에 대해서 배운 적이 있는가? parasite는 또 다른 유기체인 숙주와 밀접한 관계를 맺으면서 살아가고 숙주에게 피해를 입힌다. parasite가 가진 trait들 중의 하나는 삶의 여러 가지 기능 위해서 숙주에 의존한다는 점이다. 다시 말해서 parasite는 살고, 자라고, 번식하기 위해서 숙주 안에 있어야만 한다. 예를 들어, parasite들은 요리되지 않거나 씻지 않은 음식들, 오염된 물이나 더러운 손에 의해서 입을 통해 우리의 intestine에 들어올 수 있다. 무엇이 parasite의 체내 침입이 몸에서 일어나게 하는지에 상관없이, 일단 그것들이 intestine을 공격하면, 그것들은 거기에 살면서 발견되는 ample한 음식과 피를 먹으면서 지낸다. 처음에 parasite의 체내 침입이 몸에 피해를 주지 않을지도 모르지만, 시간이 지남에 따라 그것은 많은 건강 문제를 야기할 수 있고 intestine을 손상시킬 수도 있다.

Words • host 숙주 • relationship 관계, 관련 • organism 유기체, 생물체 • dependent 의존하는 • multiply 증식하다, 번식시키다 • contaminated 오염된 • infestation 체내 침입

정답 🔒

B ① nocturnal ② dormant ③ sprout ④ residue
C ① superintend ② metabolism ③ homogeneous ④ futile ⑤ bait ⑥ spout

Day

23 얼굴이 부은 이유

물리와 화학

| substance 물질 | ingredient 재료 | mercury 수은 | by-product 부산물 | ash 재 |

| dimension 규모 | infinite 무한한 | outnumber ~보다 수가 많다 | massive 부피가 큰 | partial 부분적인 |

| blend 혼합하다 | proportion 비율 | ratio 비율 | statistical 통계의 | random 무작위의 |

| friction 마찰 | radiate 방출하다 | emission 배출 | extract 추출하다 | evaporate 증발하다 |

| laboratory 실험실 | reaction 반응 | militate 작용하다 | swell 부풀다 | split 찢다 |

• • •

□ 0655
substance
[sʌ́bstəns]

(명) 물질 ; 본질 ; 내용
a man of substance 자산가
substance and form 내용과 형식
The muscles of the tubes become swollen, and a thick slippery *substance* blocks the lung passages. 관의 근육들이 부풀어 오르면서 두껍고 미끌미끌한 물질이 폐의 통로를 차단한다.

substantial (형) 상당한   substantive (형) 실질적인   substantiate (동) 입증하다

□ 0656
ingredient
[ingrí:diənt]

(명) 재료, 성분
the chief ingredient of ~의 주성분
an ingredient toxic to the body 신체에 유해한 성분
Check the *ingredients* as well as the process used to make the foods. 그 음식들을 만들기 위해 사용된 재료와 요리법을 확인해라. (기출)

🔹voca = component 성분   = element 요소

□ 0657
mercury
[mə́:rkjuri]

(명) 수은
column of mercury 수은주   **mercury poisoning** 수은 중독
These wastes include heavy metals such as *mercury*, lead, and other technological by-products. 이 폐기물들에는 수은, 납, 그리고 기타 공업 부산물과 같은 중금속이 들어 있다. (기출)

□ 0658
by-product
[báipràdəkt]

(명) 부산물 ; 부작용
a by-product from the oil extraction 기름을 짜낸 부산물
the by-products of unemployment 실업의 부작용들
He thinks environmentalism is a natural *by-product* of smart engineering. 그는 환경주의가 똑똑한 기술의 자연적인 부산물이라고 생각한다.

🔹voca = spin-off 부산물

□ 0659
ash
[æʃ]

(명) 재
volcanic ash 화산재   **cigarette ashes** 담뱃재
Farmers often protected the stored seeds from animals by burying them in baskets covered with *ash*. 농부들은 종종 저장된 씨를 바구니에 넣고 재로 덮음으로써 동물들로부터 보호했다. (기출)

ashy (형) 회색의, 창백한 ; 재의

□ 0660
dimension
[diménʃən]

(명) 규모 ; 차원
a building of vast dimensions 방대한 규모의 건물
Three Dimensions 3차원(3D)
The problem took on a new *dimension*. 그 문제는 새로운 양상으로 전개되었다.

dimensional (형) 크기의 ; 차원의   dimensionless (형) 크기가 없는 ; 무한한

□ 0661
infinite
[ínfinət]

(형) **무한한, 엄청난**
an **infinite** number of possibilities 무한한 수의 가능성
infinite sums of money 막대한 금액
It seemed like it took an *infinite* amount of time to arrive there. 그곳에 도착하는 데 무한한 시간이 걸리는 것 같았다.
voca = limitless 무한한 = endless 끝없는 ↔ finite 유한한

□ 0662
outnumber
[àutnʌ́mbər]

(동) **~보다 수가 많다**
far **outnumber** 훨씬 더 많다
outnumber by two to one 2대 1로 더 많다
Democrats *outnumber* Republicans on this committee.
이 위원회에서는 민주당원들이 공화당원들보다 많다.

□ 0663
massive
[mǽsiv]

(형) **부피가 큰 ; 심각한**
a **massive** pillar 거대한 기둥
massive heart attack 심각한 심장마비
A beverage company made a *massive* investment in the Olympics. 한 음료 회사가 올림픽에 대규모로 투자했다.
voca = enormous, immense 거대한

□ 0664
partial
[pá:rʃəl]

(형) **부분적인 ; 편파적인**
a **partial** eclipse of the sun 부분 일식
a **partial** opinion 편파적인 의견
Everything is in a state of *partial* completion. 모든 것이 부분적으로만 완성되어 있는 상태이다.
partiality (명) 편애 partially (부) 부분적으로, 불완전하게
voca = incomplete 불완전한 = biased 편향된

□ 0665
blend
[blend]

(동) **혼합하다 ; 조합하다** (명) **혼합물 ; 조합**
blended fabric 혼합 직물
a **blend** of youth and experience 젊음과 경험의 조합
Butterflies reveal the underside of the wings and *blend* in with their surroundings. 나비는 날개의 밑면을 드러내고 주변 환경과 조화를 이룬다. (기출)
voca = combine 결합하다 = compound 혼합하다

□ 0666
proportion
[prəpó:rʃən]

(명) **비율, 부분**
body **proportion** 신체 비율
in inverse **proportion** to ~에 반비례하여
The *proportion* of education majors almost doubled from 1975 to 2007. 교육학 전공자들의 비율은 1975년과 2007년 사이에 거의 두 배로 늘어났다. (기출)
voca = rate 비율

□ 0667
ratio
[réiʃou]

(명) **비율**
direct ratio 정비례 **inverse ratio** 반비례
The *ratio* of the dependent population to the working population is increasing. 노동 인구에 대한 의존 인구의 비율이 증가하고 있다.

□ 0668
statistical
[stətístikəl]

(형) **통계의, 통계학의**
statistical inference 통계적 추론
statistical probability 통계적 확률
These fingerprints can be easily detected using *statistical* methods. 이 지문들은 통계학적 방법들을 사용하여 쉽게 추적될 수 있다.
statistics (명) 통계학

□ 0669
random
[rǽndəm]

(형) **무작위의**
random choice 무작위 선택 **random sample** 무작위 표본
Honeybees may seem to fly from flower to flower at *random*. 꿀벌들이 꽃에서 꽃으로 무작위로 날아다니는 것처럼 보일 수도 있다.
randomness (명) 무작위 randomly (부) 무작위로
+ voca = casual, accidental 우연한 ↔ planned 계획된

□ 0670
laboratory
[lǽbərətɔ̀ːri]

(명) **실험실, 연구실**
crime laboratory 과학 수사 연구소
laboratory animals 실험용 동물
In *laboratory* experiments, people were exposed to 110-decibel bursts of noise. 연구실 실험에서 사람들은 110데시벨의 갑작스러운 소음에 노출되었다.
laboratorial (형) 실험실의

□ 0671
reaction
[riǽkʃən]

(명) **반응, 반작용**
a chain reaction 연쇄 반응 **action and reaction** 작용과 반작용
Their faces showed only the slightest hints of *reaction*.
그들의 얼굴은 미미한 반응의 기미만 보일 뿐이었다. (기출)
reactional (형) 반응의 reactionary (명) 반동자
+ voca = response 반응 = counteraction 반작용

□ 0672
militate
[mílitèit]

(동) **작용하다, 영향을 미치다**
militate in favor of ~에 도움이 되다
militate against ~을 방지[방해]하다
There are psychological aspects that *militate* against it.
그것을 방해하는 심리적인 면이 있다.

□0673
swell
[swel]

(동) 부풀다, 부어오르다 ; 늘다
swell up 부어오르다　**swell to** ~로 늘어나다
When the cords hit each other, especially over a long period of time, they can bruise and *swell*. 특히 장시간에 걸쳐 인대들이 서로 부딪치면 멍들고 부을 수 있다.

voca = bulge 불룩하다　= dilate 팽창하다

□0674
split
[split]

-split-split

(동) 찢다 ; 나누다　(명) 분열
split the bill 비용을 각자 내다　**split the atom** 원자를 분열시키다
Most Latin American nations developed into societies *split* by class conflict. 대부분의 라틴 아메리카 국가들은 계층 갈등으로 인해 분열된 사회가 되었다.

□0675
friction
[fríkʃən]

(명) 마찰 ; 알력, 불화
friction between dry surfaces 건조한 표면 사이의 마찰
avoid **friction** 알력을 피하다
Synthetic oils reduce *friction* more effectively. 합성 연료는 마찰을 더욱 효과적으로 감소시킨다. 기출
frictional (형) 마찰의　frictionize (동) 마찰을 일으키다
voca = conflict 갈등　= discord 불화

□0676
radiate
[réidièit]

(동) 방출하다 ; 퍼지다
radiate energy 에너지를 방출하다
radiate in all directions 사방으로 퍼지다
The chef's foods *radiate* freshness and joy. 그 요리사의 음식에서는 신선함과 즐거움이 뿜어져 나온다.
radiation (명) 방사선　radiative (형) 방사성의
voca = release 방출하다

□0677
emission
[imíʃən]

(명) 배출 ; 배기가스
carbon emission 탄소 배출
automobile emission control laws 자동차 배기가스 규제법
CO_2 *emissions* from commercial and residential heating account for 12% of all CO_2 *emissions*. 상업용과 가정용 난방에서 나오는 CO_2 배출량은 전체 CO_2 배출량의 12%를 차지한다.
emit (동) 방출하다　emissive (형) 방사성의, 방출성의
voca = discharge 방출, 배출

□0678
extract
[ikstrǽkt] (동)
[ékstrækt] (명)

(동) 뽑다, 추출하다　(명) 발췌 ; 추출(물)
extract a tooth 이를 뽑다
extract its net meaning 그 참뜻을 알아내다
He used an *extract* from a novel in his term paper. 그는 학기말 리포트에 소설에서 발췌한 인용문을 사용했다.

☐ 0679
evaporate
[ivǽpərèit]

동 증발하다 ; 사라지다
raindrops **evaporate** 빗방울이 증발하다
sales **evaporate** 매출이 감소하다
Anger seems to *evaporate* with the next lovely vista. 분노는
다음에 나타난 사랑스러운 경치와 함께 사라진 듯했다.

evaporation 명 증발 evaporator 명 증발기 evaporative 형 증발의
➕ voca = vaporize 증발하다

☐ 0680
flexibility
[flèksəbíləti]

명 유연성 ; 신축성, 융통성
increase **flexibility** 유연성을 기르다
a need for **flexibility** 융통성의 필요성
An outsider point of view provides greater *flexibility*. 외부인의
관점은 보다 큰 유연성을 제공한다. 기출

flexible 형 유연한 ; 신축성 있는

☐ 0681
oval
[óuvəl]

형 계란형의, 타원형의 명 타원형
an **oval** face 계란형 얼굴 the **Oval** Office 백악관 대통령 집무실
A computer sees only a collection of circles, *ovals*, spirals,
and so on. 컴퓨터는 원, 타원, 나선 등의 집합체밖에 보지 못 한다. 기출

➕ voca = elliptical 타원형의 = egg-shaped 달걀 모양의

☐ 0682
molecular
[məlékjulər]

형 분자의
molecular biology 분자 생물학 **molecular** motion 분자 운동
In *molecular* tests, the animal appeared to be alive and
metabolizing. 분자 실험에서 동물은 살아 있고 대사 활동을 하는 것처럼 보였다.

molecule 명 분자

☐ 0683
rust
[rʌst]

명 녹 동 녹슬다
remove **rust** 녹을 없애다 go to **rust** 녹슬다, 쓸모없게 되다
In cities, acid rain *rusts* almost everything it touches.
도시에서 산성비는 비가 닿은 거의 모든 것을 녹슬게 한다.

rusty 형 녹슨, 부패한
➕ voca = corrosion 부식 = oxidation 산화

☐ 0684
spin
[spin]

-spun-spun

동 돌다 ; (실을) 잣다 ; 제시하다
spin a coin 동전을 돌리다 **spin** a tale 이야기를 늘어놓다
When the wind blows, the wheel *spins*. 바람이 불면 바퀴가 돌아간다.

TEST & READING

A 영어는 우리말로, 우리말은 영어로 쓰시오.

① outnumber _____ ⑪ 재 _____
② substance _____ ⑫ 반응 _____
③ swell _____ ⑬ 무작위의 _____
④ statistical _____ ⑭ 재료 _____
⑤ flexibility _____ ⑮ 방출하다 _____
⑥ by-product _____ ⑯ 혼합하다 _____
⑦ emission _____ ⑰ 계란형의 _____
⑧ laboratory _____ ⑱ 분자의 _____
⑨ friction _____ ⑲ 증발하다 _____
⑩ infinite _____ ⑳ 비율 _____

B 빈칸에 공통으로 들어갈 단어는?

① column of _____ 수은주 _____ poisoning 수은 중독
② a _____ pillar 거대한 기둥 _____ heart attack 심각한 심장마비
③ direct _____ 정비례 inverse _____ 반비례
④ _____ the bill 비용을 각자 내다 _____ the atom 원자를 분열시키다

C 다음 빈칸에 알맞은 단어를 〈보기〉에서 골라 넣으시오. (필요하면 형태를 변형하시오.)

[보기]
rust dimension militate spin partial extract

① The problem took on a new ( ).
② Everything is in a state of ( ) completion.
③ There are psychological aspects that ( ) against it.
④ He used an ( ) from a novel in his term paper.
⑤ In cities, acid rain ( ) almost everything it touches.
⑥ When the wind blows, the wheel ( ).

190 • 1순위 VOCA 744

D 이번 테마를 다룬 독해 지문을 읽으면서 관련 어휘의 뜻을 확인해 보자.

Water doesn't burn by itself. However, by electrolysis, water (H2O) can be **split** into new **substance**, HHO or Brown's gas. The HHO is supplemented into the engine's intake, where it combines with gas or diesel, leading it to burn more efficiently, which may cause it to produce less **emissions**. But, your car is still using its normal fuel. The **reaction** simply allows the fuel to be efficient with hydrogen. Also, your engine shouldn't be damaged by the addition of Brown's gas, but it's not so simple. A gallon of gas might go further when you supplement it with HHO, but water doesn't spontaneously break itself down into its component **ingredients**. It needs the electrolysis **reaction**, which causes many unsolved problems. While HHO can burn more cleanly than gasoline, that does not necessarily mean a car using HHO would produce less **emissions**.

Translation 물은 저절로 연소되지 않는다. 그러나 전기분해에 의해서 물(H2O)은 새로운 **substance**인 HHO 혹은 브라운가스로 **split**될 수 있다. HHO는 엔진의 흡입관으로 보충될 수 있고, 그곳에서 휘발유나 디젤과 결합한다. 그리고 이는 그것이 더 효율적으로 연소되도록 하여, 그것이 더 적은 **emission**을 생산하도록 만들 수도 있다. 그러나 당신의 차는 아직 보통 연료를 사용하는 중이다. 그 **reaction**은 그저 연료가 수소와 함께 더 효율적으로 되도록 한다. 또한, 당신의 엔진은 브라운가스의 추가로 인해 손상되지 않겠지만, 그것도 그렇게 간단하지는 않다. 당신이 휘발유에 HHO를 보충했을 때, 1갤런의 휘발유는 더 오래 갈지도 모른다. 그러나 물은 자발적으로 구성 **ingredient**들로 분해되지 않는다. 그것은 전기분해 **reaction**이 필요하고, 그것은 많은 해결되지 않는 문제들을 일으킨다. HHO가 휘발유보다 더 깨끗하게 연소될 수 있지만, 그것이 반드시 HHO를 사용하는 차가 더 적은 **emission**을 생산한다는 것을 의미하지는 않는다.

Words • by itself 저절로 • electrolysis 전기분해 • supplement 보충하다
• efficiently 효율적으로 • hydrogen 수소 • spontaneously 자발적으로 • break down 나누어지다
• component 구성 요소 • necessarily 반드시

정답

B ①mercury ②massive ③ratio ④split
C ①dimension ②partial ③militate ④extract ⑤rusts ⑥spins

충전이 필요해

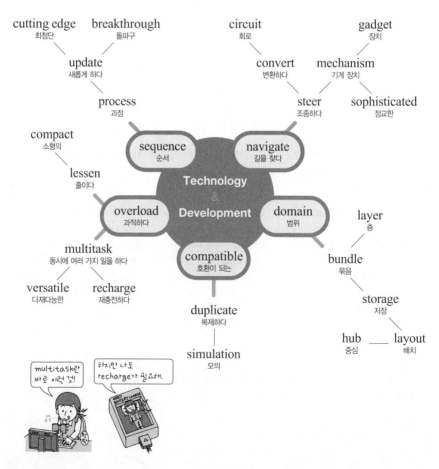

cutting edge
최첨단

breakthrough
돌파구

circuit
회로

gadget
장치

update
새롭게 하다

convert
변환하다

mechanism
기계 장치

process
과정

steer
조종하다

sophisticated
정교한

compact
소형의

sequence
순서

navigate
길을 찾다

lessen
줄이다

Technology & Development

overload
과적하다

domain
범위

layer
층

multitask
동시에 여러 가지 일을 하다

compatible
호환이 되는

bundle
묶음

versatile
다재다능한

recharge
재충전하다

storage
저장

duplicate
복제하다

hub
중심

layout
배치

simulation
모의

multitask란 바로 이런 것!

하지만 나도 recharge가 필요해.

BATTERY CHARGE

□ 0685
sequence
[síːkwəns]

⑱ 순서, 연속
in regular sequence 순서대로
in alphabetical sequence 알파벳 순으로
It wouldn't be a *sequence* that occurs to many people.
그것은 많은 사람들에게 떠오르는 순서는 아닐 것이다. (기출)
sequent ⑲ 다음에 오는   sequential ⑲ 순차적인
╋ **voca** = series, succession 연속

□ 0686
process
[práses]

⑱ 과정, 방법
the aging process 노화 과정
process of manufacturing 제조 공정
She figured out who he was through a *process* of elimination.
그녀는 하나씩 배제하는 과정을 통해 그가 누구인지 알아냈다.
╋ **voca** = procedure 절차

□ 0687
update
[ʌpdéit]

⑧ 새롭게 하다, 갱신하다
update the files 파일을 새로 정리하다
update the version 버전을 갱신하다
I want to *update* the information about computers. 나는 컴퓨터
에 대한 정보를 갱신하기를 원한다.
╋ **voca** = renew 갱신하다

□ 0688
cutting edge
[kʌ́tiŋ edʒ]

⑱ 최첨단 ; 활력소
be on the cutting edge 최첨단을 걷다
give the class a cutting edge 학급에 활력소를 주다
He has the most *cutting-edge* equipment for the camping
trip. 그는 캠핑 여행을 위한 최첨단 장비를 가지고 있다.

□ 0689
breakthrough
[bréikθrùː]

⑱ 돌파구, 획기적인 발전
a breakthrough in negotiations 회담의 돌파구
a major breakthrough 중대한 획기적인 발전
There has been a scientific *breakthrough* in reducing
pollution. 오염을 줄이는 데 있어서 획기적인 과학의 발전이 있었다.

□ 0690
navigate
[nǽvəgèit]

⑧ 길을 찾다 ; 항해하다 ; 처리하다
navigate the menu 메뉴를 탐색하다
navigate a bill 법안을 통과시키다
Now they can hardly *navigate* the streets to get there.
이제 그들은 그곳으로 가는 길을 전혀 찾을 수 없다.
navigation ⑱ 항해

□ 0691
steer
[stiər]

동 조종하다 ; 움직이다
steer a ship westward 배를 서쪽으로 돌리다
steer between two extremes 중용의 길을 택하다
The rider sits on a saddle and *steers* by turning the handlebars. 그 기수는 안장에 앉아 핸들을 돌려서 말을 조종한다. (기출)
🔲 voca = drive (어떤 방향으로) 몰다 = manipulate 조종하다

□ 0692
convert
[kənvə́:rt] 동
[kánvə:rt] 명

동 변환하다, 전환하다 명 개종자
convert sugar into alcohol 설탕을 알코올로 변화시키다
make a **convert** of a person ~을 개종시키다
Special cells *convert* the light into electricity. 특수 전지는 빛을 전기로 변환시킨다. (기출)
conversion 명 변환 ; 개종 convertible 형 전환 가능한
🔲 voca = alter 바꾸다 = transform 변형시키다

□ 0693
circuit
[sə́:rkit]

명 순환 ; 회로
make a **circuit** of ~을 한바퀴 돌다 open the **circuit** 회로를 열다
Your brain has special *circuits* that help you build complete pictures from individual pieces of information. 당신의 뇌는 개별적인 정보를 모아 완전한 그림을 만들어 내게 하는 특별한 회로를 가지고 있다.
🔲 voca = circulation 순환

□ 0694
mechanism
[mékənìzəm]

명 기계 장치, 기구 ; 구조
the **mechanism** of a clock 시계의 기계 장치
the **mechanism** of government 정부 기구
A filter is a *mechanism* that lets some things flow in but screens other things out. 여과기는 어떤 것들은 흘러가게, 다른 것들은 걸러내는 기구이다.

□ 0695
gadget
[gǽdʒit]

명 (기계의 간단한) 장치, 도구
electronic **gadget** 전자 장치
gadget commercial 인형이나 로봇이 등장하는 상업 광고
The kitchen is equipped with all the latest *gadgets*. 그 부엌은 모든 최신 장치들을 갖추고 있다.
🔲 voca = appliance (가정용) 기기

□ 0696
sophisticated
[səfístikèitid]

형 세련된, 교양 있는 ; 정교한, 복잡한
a **sophisticated** reader 눈이 높은 독자
a **sophisticated** technology 정교한 기술
Sophisticated Americans know more about a wider range of matters than previous generations. 교양 있는 미국인들은 이전 세대들보다 더 폭넓은 문제들에 대해 알고 있다.
🔲 voca = advanced 선진의 = complex, complicated 복잡한

□ 0697
overload
[òuvərlóud] 동
[óuvərloud] 명

동 과적하다 ; 부과하다 　명 과다
circuit overloads 회로 과부하
overload of sugar 과다한 설탕 섭취
Any new law would *overload* the system. 어떠한 새 법안이라도 그
제도에 과도한 부담을 줄 것이다.

□ 0698
lessen
[lésn]

동 줄이다
lessen the length of ~의 길이를 줄이다
lessen the severity 강도를 줄이다, 증상을 완화시키다
They believed that mechanized music *lessened* the ideal of
beauty. 그들은 기계화된 음악이 이상적인 아름다움을 감소시켰다고 믿었다. (기출)
✚ voca = diminish, decrease, reduce, curtail 줄이다

□ 0699
compact
[kámpækt]

형 소형의 ; 간결한 ; 조밀한
a compact car 소형차
write compact sentences 간결한 문장을 쓰다
Continuous investment in public transportation and other
policies have produced relatively *compact* cities. 대중교통에의
지속적인 투자와 기타 정책들은 비교적 조밀한 도시를 만들어 냈다.
compactly 부 간결하게
✚ voca = concise 간결한　= close, dense 빽빽한

□ 0700
multitask
[mʌ́ltitǽsk]

동 동시에 여러 가지 일을 하다
multitask better 여러 가지 일을 더 잘하다
multitask effectively 여러 가지 업무를 원활하게 수행하다
He is a president who must constantly *multitask*. 그는 계속해서
동시에 여러 가지 일을 해야 하는 회장이다.
multitasking 명 다중 작업

□ 0701
versatile
[və́:rsətl]

형 다재다능한, 만능의
a versatile athlete 다재다능한 운동선수
a versatile instrument 다용도 기구
She is very talented, and *versatile*. 그녀는 매우 재능 있고 다재다능하다.
versatility 명 다재다능

□ 0702
recharge
[ri:tʃá:rdʒ]

동 재충전하다
recharge cell phones 휴대전화를 재충전하다
recharge one's batteries (원기 회복을 위해) 휴식하다
Sleep *recharges* our brains and helps us think more clearly.
잠은 우리의 뇌를 재충전시키고 우리가 더 명확하게 사고할 수 있도록 도와준다. (기출)

□ 0703
compatible
[kəmpǽtəbəl]

(형) 호환이 되는 ; 양립될 수 있는
HDTV-compatible 고화질 텔레비전 호환 가능
genetically compatible organs 유전적으로 호환 가능한 장기
There you will seek out *compatible* potential work partners.
그곳에서 너는 잘 맞는 예비 직장 동료들을 찾을 수 있을 것이다.
compatibility (명) 호환성   compatibly (부) 모순 없이, 양립할 수 있게
+ voca ↔ incompatible 호환성이 없는

□ 0704
duplicate
[djú:plikeit] (동)
[djú:plikət] (형)

(동) 복제하다 ; 되풀이하다 (형) 사본의
a duplicate key 여벌 열쇠   **a duplicate copy** 사본, 복제품
Inspectors have been unable to *duplicate* the incident.
조사자들은 그 사건을 재연해 낼 수 없었다.
duplicable (형) 복제 가능한 ; 이중으로 할 수 있는
+ voca = copy, reproduce 복사하다, 복제하다

□ 0705
simulation
[sìmjuléiʃən]

(명) 모의, 흉내
a computer simulation 컴퓨터 모의 실험
a simulation model 가상 모형
What is the point of a *simulation* if you don't take it
seriously? 진지하게 생각하지 않는다면 모의 실험은 무슨 의미가 있습니까?

□ 0706
domain
[douméin]

(명) 범위, 영역 ; 소유지
be out of one's domain ~의 영역 밖이다   **public domain** 공유
The towns are still the *domain* of Tibetan nomads. 그 도시들은
아직도 티베트 유목민들의 영토로 남아 있다.

□ 0707
bundle
[bʌ́ndl]

(명) 묶음
by the bundle 다발로   **a bundle of bills** 지폐 한 뭉치
In her desk was a *bundle* of notes tied with a faded ribbon.
그녀의 책상 속에는 빛바랜 리본으로 묶인 쪽지 한 뭉치가 있었다. (기출)
+ voca = bunch, group 묶음

□ 0708
layer
[léiər]

(명) 층, 겹
the ozone layer 오존층   **a thin layer of ice** 살얼음
The top *layer* of the rug is badly worn but the bottom *layer*
is still OK. 양탄자의 위쪽은 심하게 닳았지만, 아래쪽은 아직 괜찮다.

□ 0709
storage
[stɔ́ːridʒ]

(명) 저장 ; 저장고
a **storage** battery 축전지   a **storage** device 저장 장치
The Chinese perfected ice *storage* using the principle of evaporation. 중국인들은 증발의 원리를 이용하는 얼음 저장 방법을 완성했다.
store (동) 저장하다
voca = preservation 보존, 저장

□ 0710
layout
[léiàut]

(명) 배치, 설계
a keyboard **layout** 자판 배열
an expert in **layout** 설계 전문가
The pictures merged into a vision of his future *layout*.
그 그림들이 합쳐져서 그의 미래의 일들을 보여 주는 영상이 되었다.
voca = arrangement 배열   = design 설계

□ 0711
hub
[hʌb]

(명) 중심, 중추
the financial **hub** 금융의 중심지
a **hub** of airline traffic 항공 교통의 중심지
At the *hub*, I join lots of other travelers. 그 중심지에서 나는 다른 많은 여행자들과 만난다.

□ 0712
bulletin
[búlətin]

(명) 게시 ; 뉴스 단신
a **bulletin** board 게시판   news **bulletin** 뉴스 속보
Taser issued a *bulletin* to client agencies. Taser사는 의뢰 기관에 게시글을 공지했다.

□ 0713
zoom
[zuːm]

(동) 붕 소리 내며 가다 ; 급상승하다 (명) (렌즈) 줌
zoom around the course 붕 소리를 내며 코스를 돌다
zoom in 클로즈업하다, 주목하다
They got in the car and *zoomed* away. 그들은 차에 타고 붕 소리를 내며 갔다.
voca = whizz 쌩 하고 지나가다

□ 0714
predecessor
[prédəsèsər]

(명) 전임자 ; 전의 것
the immediate **predecessor** 바로 전임자
share the fate of the **predecessor** 전철을 밟다
His desk in the office until recently had belonged to his late *predecessor*. 사무실에 있는 그의 책상은 최근까지만 해도 그의 전임자의 것이었다.
voca = precursor 선구자 ↔ successor 후임자

A 영어는 우리말로, 우리말은 영어로 쓰시오.

① sequence　＿＿＿＿＿　⑪ 과적하다　＿＿＿＿＿＿＿

② bundle　＿＿＿＿＿　⑫ 순환　＿＿＿＿＿＿＿

③ navigate　＿＿＿＿＿　⑬ 모의　＿＿＿＿＿＿＿

④ lessen　＿＿＿＿＿　⑭ 세련된　＿＿＿＿＿＿＿

⑤ storage　＿＿＿＿＿　⑮ 층　＿＿＿＿＿＿＿

⑥ convert　＿＿＿＿＿　⑯ 최첨단　＿＿＿＿＿＿＿

⑦ bulletin　＿＿＿＿＿　⑰ 전임자　＿＿＿＿＿＿＿

⑧ recharge　＿＿＿＿＿　⑱ 소형의　＿＿＿＿＿＿＿

⑨ mechanism　＿＿＿＿＿　⑲ 조종하다　＿＿＿＿＿＿＿

⑩ breakthrough　＿＿＿＿＿　⑳ 다재다능한　＿＿＿＿＿＿＿

B 빈칸에 공통으로 들어갈 단어는?

① ＿＿＿＿＿ the files 파일을 새로 정리하다　＿＿＿＿＿ the version 버전을 갱신하다

② a keyboard ＿＿＿＿＿ 자판 배열　an expert in ＿＿＿＿＿ 설계 전문가

③ a ＿＿＿＿＿ key 여벌 열쇠　a ＿＿＿＿＿ copy 사본, 복제품

④ ＿＿＿＿＿ around the course 붕 소리를 내며 코스를 돌다

＿＿＿＿＿ in 클로즈업하다, 주목하다

C 다음 빈칸에 알맞은 단어를 〈보기〉에서 골라 넣으시오. (필요하면 형태를 변형하시오.)

┌─────────── [보기] ───────────┐
multitask　hub　compatible　domain　gadget　process
└───────────────────────────────┘

① The kitchen is equipped with all the latest (　　　).

② She figured out who he was through a (　　　) of elimination.

③ He is a president who must constantly (　　　).

④ There you will seek out (　　　) potential work partners.

⑤ At the (　　　), I join lots of other travelers.

⑥ The towns are still the (　　　) of Tibetan nomads.

D 이번 테마를 다룬 독해 지문을 읽으면서 관련 어휘의 뜻을 확인해 보자.

In the **domain** of computers, scanners are now common PC **gadgets** for home users. If you want to e-mail your friends a photo you took with a film camera, use a scanner. Any **compact** scanner can **convert** it into **sophisticated** digital form so that you can edit it. Just like any PC-related equipment, it is important to understand its **mechanism**. This knowledge will provide the information you need to work with a scanner. Above all, the knowledge of software is very important. All the scanners come with a software **bundle** necessary for reading an object, capturing an image, and transferring it to your PC. Also, once you have an image in your computer, you can resize or crop it, adjust the brightness and contrast and so on through the scanner software. Therefore, you need to study scanner software to **lessen** the mistakes you will make using a scanner.

Translation 컴퓨터의 **domain**에서, 스캐너는 이제 개인 사용자들에게 일반적인 컴퓨터 **gadget**이다. 만약 당신이 필름 카메라로 찍은 사진을 당신의 친구에게 이메일로 전송하기를 원한다면, 스캐너를 사용해라. 어떤 **compact**한 스캐너라도 당신이 그 사진을 편집할 수 있도록 그것을 **sophisticated**한 디지털 형식으로 **convert**할 수 있다. 다른 PC 관련 장비처럼, 그것의 **mechanism**을 이해하는 것은 중요하다. 이 지식은 당신이 스캐너로 작업하는 데 필요한 정보를 제공해 줄 것이다. 무엇보다도, 소프트웨어에 대한 지식은 매우 중요하다. 모든 스캐너는 대상을 읽고, 이미지를 잡아내고, 그것을 당신의 컴퓨터로 전송하는 데 필수적인 소프트웨어 **bundle**을 가지고 있다. 또한, 일단 당신의 컴퓨터에 어떤 이미지를 가지고 있다면, 당신은 스캐너 소프트웨어를 통해서 그것의 크기를 조정하거나 잘라내고, 밝기와 명암을 조절하는 등의 작업을 할 수 있다. 그러므로 당신은 스캐너 사용에 있어서의 실수를 **lessen**하기 위해 스캐너 소프트웨어를 공부할 필요가 있다.

Words • form 형식 • related 관련된 • equipment 장비 • necessary 필수적인 • capture 잡다 • transfer 전송하다 • resize 크기를 조절하다 • crop (사진 등을) 잘라내다 • adjust 조절하다 • brightness 밝기 • contrast 명암

정답

B ①update ②layout ③duplicate ④zoom
C ①gadgets ②process ③multitask ④compatible ⑤hub ⑥domain

25 풍요 속의 빈곤

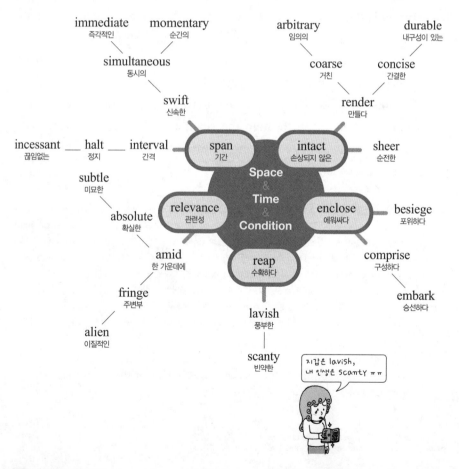

immediate
즉각적인

momentary
순간의

arbitrary
임의의

durable
내구성이 있는

simultaneous
동시의

coarse
거친

concise
간결한

swift
신속한

render
만들다

incessant
끊임없는

halt
정지

interval
간격

span
기간

intact
손상되지 않은

sheer
순전한

subtle
미묘한

Space & Time & Condition

absolute
확실한

relevance
관련성

enclose
에워싸다

besiege
포위하다

amid
한 가운데에

reap
수확하다

comprise
구성하다

fringe
주변부

embark
승선하다

alien
이질적인

lavish
풍부한

scanty
빈약한

지갑은 lavish,
내 인생은 scanty ㅠㅠ

□ 0715
span
[spæn]

(명) 기간 ; 범위　(동) 걸치다
the average life **span** 평균 수명
a broad **span** of interests 광범위한 관심 분야
To maximize the efficiency of your studying, you need to
improve your memory *span*. 공부의 효율성을 극대화시키기 위해서, 너는
기억 범위를 늘릴 필요가 있다.
voca = period 기간

□ 0716
interval
[íntərvəl]

(명) 간격, 틈 ; 휴식 시간
interval training 일정한 간격을 두고 받는 훈련　in an **interval** 여기에
There will be a twenty-minute *interval* during the musical.
뮤지컬 중간에 20분의 휴식 시간이 한 번 있을 것이다.
voca = gap 간격　= break 틈

□ 0717
halt
[hɔːlt]

(명) 정지　(동) 정지하다
come to a **halt** 정지하다　crashing **halt** 급정거
When the circulation is *halted*, money becomes a curse.
(돈의) 순환이 중단되면 돈은 저주스러운 것이 된다.

□ 0718
incessant
[insésənt]

(형) 끊임없는
incessant smoking 끊임없는 흡연
incessant talking 끊임없는 수다
The crow kept up his *incessant*, mocking caw. 그 까마귀는 끊임
없이 조롱하듯이 깍깍 울었다.
voca = ceaseless 끊임없는　↔ discontinuous 비연속적인

□ 0719
swift
[swift]

(형) 신속한, 재빠른
in a **swift** manner 빠르게　take a **swift** glance 재빨리 보다
Bass prefer *swifter* water. 농어는 물살이 더 빠른 곳을 선호한다.
swiftly (부) 빠르게

□ 0720
simultaneous
[sàiməltéiniəs]

(형) 동시의
simultaneous equation 연립 방정식
simultaneous interpreting 동시통역
The local police are investigating four almost *simultaneous*
home burglaries. 현지 경찰은 네 개의 거의 동시적인 빈집털이 사건을 조사하고
있다.
simultaneously (부) 동시에
voca = concurrent 동시에 발생하는

□ 0721
immediate
[imíːdiət]

(형) 즉각적인 ; 직접적인
immediate memory 순간 기억력
immediate contact 직접적인 접촉
The adult compares the carefree past with his *immediate* problems. 어른은 근심 없는 과거와 그의 즉각적인 문제들을 비교한다.
immediately (부) 즉시 immediacy (명) 신속성 ; 직접성

□ 0722
momentary
[móuməntèri]

(형) 순간의, 잠시의
momentary pause 순간 멈춤 **momentary lull** 일시적 소강상태
There was a *momentary* hesitation, then a reply. 잠시 망설임이 있은 후 대답이 있었다.
moment (명) 순간 ; 시기 momentous (형) 중요한
voca = temporary, transitory, transient 일시적인

□ 0723
intact
[intǽkt]

(형) 손상되지 않은, 온전한
keep intact 온전하게 두다 **survive intact** 온전하게 남아 있다
This device leaves the cloth *intact*. 이 기기는 천이 손상되지 않게 한다.
voca = undamaged 손상되지 않은

□ 0724
sheer
[ʃíər]

(형) 순전한 ; 가파른 ; 얇은
sheer delight 순전한 기쁨 **sheer cliff** 가파른 절벽
The Dupont company began marketing *sheer* nylon hose for women. 듀퐁사는 여성용 얇은 나일론 스타킹을 마케팅하기 시작했다. (기출)
sheerness (명) 순전함

□ 0725
render
[réndər]

(동) (어떤 상태로) 만들다 ; 주다 ; 표현하다
render down (문제, 생각 등을) 단순화하다, 정리하다
render evil for good 선을 악으로 보답하다
The American people will *render* judgment. 그 일은 미국 국민들이 판단할 것이다.

□ 0726
concise
[kənsáis]

(형) 간결한
a concise style 간결한 문체 **concise writing** 간결한 글
The marketing message to the consumers should be clear, *concise* and correct. 소비자들에게 보내는 마케팅 메시지는 명확하고 간결하며 정확해야 한다. (기출)
voca = brief 간결한

□ 0727
durable
[djúərəbl]

혱 내구성이 있는, 오래가는
durable goods 내구재 **durable** friendship 오랜 우정
This hardboard is more *durable* and water-resistant. 이 하드보
드는 내구성이 더 좋고 방수가 된다.
durability 혱 내구성
➕ **voca** = enduring, lasting 지속적인

□ 0728
coarse
[kɔːrs]

혱 거친, 굵은
coarse sand 거친 모래 **coarse** salt 굵은 소금
Cut shortening into the flour mixture until it resembles
coarse crumbs. 굵은 부스러기 형태가 될 때까지 쇼트닝을 밀가루 반죽 속으로
잘라 넣어라.
➕ **voca** = rough 거친 = crude 가공되지 않은

□ 0729
arbitrary
[á:rbitrèri]

혱 임의의 ; 독단적인
arbitrary method 임의적 방법 **arbitrary** language 자의적 언어
This is not an *arbitrary* incident. 이 일은 우연이 아니다.
arbitrarily 悍 제멋대로

□ 0730
relevance
[réləvəns]

몡 관련성 ; 타당성, 적절성
relevance theory 적합성 이론
a policy lacking **relevance** 관련성 없는 정책
There was a *relevance* to violence and war. 폭력과 전쟁 사이에는
관련성이 있었다. 기출
relevant 혱 관련 있는

□ 0731
amid
[əmíd]

전 한 가운데에
amid the ruins 폐허 가운데
amid tremendous applause 엄청난 갈채 속에서
The greatest winnings I have made have been
accomplished *amid* almost universal scorn. 내가 이루어 낸 가장 위
대한 업적들은 거의 모두의 조롱 속에서 성취되었다. 기출
➕ **voca** = between, among 사이에

□ 0732
fringe
[frindʒ]

몡 주변부 ; 비주류
fringe benefits 부가 혜택
at the **fringes** of the slum 빈민가 근처에
The theory isn't some *fringe* idea common only to freaks.
그 이론은 괴짜들에게만 흔한 비주류 아이디어는 아니다.
➕ **voca** = outskirt 변두리

• • •

□ 0733
alien
[éiliən]

명 외계인 ; 외국인 형 이질적인 ; 외국의
alien sighting 외계인 (또는 UFO) 목격 **alien** customs 외래의 풍습
They say the search for *alien* life is likely to fail. 그들은 외계 생
명체를 찾는 일은 실패할 가능성이 높다고 말한다. 기출
alienate 동 멀어지게 하다 ; 소외감을 느끼게 하다
+voca = foreign 외국의 = exotic 이국적인 ↔ native 토박이의

□ 0734
absolute
[ǽbsəlúːt]

형 절대적인 ; 확실한
absolute value 절대치 **absolute** monarchy 절대 군주제
A fire chief needs to issue his orders with *absolute* clarity.
소방서장은 명령을 확실히 명료하게 내려야 한다. 기출
absolutely 부 전적으로 ; 극도로

□ 0735
subtle
[sʌ́tl]

형 미묘한
subtle racism 미묘한 인종(차별)주의 **subtle** color 미묘한 색조
The *subtle* message of body language gets lost in phone
conversations. 신체 언어의 미묘한 메시지는 전화상의 대화에서 사라진다. 기출

□ 0736
reap
[riːp]

동 수확하다
reap a harvest 농작물을 수확하다
reap what you sow 뿌린 대로 거두다
He could sell products for the same price and *reap* the
same profit. 그는 같은 가격에 상품을 팔고 똑같은 이익을 거둘 수 있었다.
+voca = harvest 추수하다 = collect 거두다

□ 0737
lavish
[lǽviʃ]

형 풍부한, 사치스러운
lavish banquet 풍요로운 연회 **lavish** praise 칭찬을 퍼붓다
He celebrated the occasion by building a *lavish* palace.
그는 사치스러운 궁전을 지어서 그 사건을 경축했다.
lavishment 명 풍부함, 사치스러움

□ 0738
scanty
[skǽnti]

형 빈약한
with **scant** attention 별로 주의를 기울이지 않고
a **scant** cup of sugar 한 컵이 안 되는 설탕
My Dad is 83, but his memories are quite clear, if rather
scanty. 우리 아버지는 83세이신데, 다소 부족할지라도 기억력은 상당히 좋다.
scant 형 거의 없는, 부족한 scantily 부 빈약하게

☐ 0739
enclose
[inklóuz]

(동) 에워싸다 ; 동봉하다
enclosed in a booth 부스 안에 있는
be enclosed with a parenthesis 괄호로 묶다
The land was *enclosed* with fences for raising lambs.
그 땅은 새끼 양들을 키우기 위해 담으로 둘러싸였다.
enclosure (명) 둘러쌈 ; 동봉
➕ voca = surround 둘러싸다 = include 포함하다

☐ 0740
besiege
[bisí:dʒ]

(동) 포위하다 ; (질문을) 퍼붓다
besiege a city 도시를 포위하다
besiege somebody with ~로 …을 둘러싸다
Reporters *besieged* the winner for interviews. 기자들은 인터뷰를
위해 우승자를 둘러쌌다.
besiegement (명) 포위

☐ 0741
comprise
[kəmpráiz]

(동) 구성하다
be comprised of ~로 구성되다   be comprised in ~에 포함되다
The text books *comprise* a variety of fields newly
developed. 그 교과서들은 새로 개발된 다양한 분야로 구성되어 있다.
➕ voca = compose 구성하다

☐ 0742
embark
[imbá:rk]

(동) 승선하다
embark for America 미국행 배를 타다
embark on a new career 새로운 일을 시작하다
Now is the moment to *embark* on a national mission to
unleash America's innovation. 지금이 바로 미국의 혁신을 발휘할 국가적
과제에 착수할 때이다.
embarkment (명) 승선

☐ 0743
tilt
[tilt]

(동) 기울다 (명) 경사
on a tilt 불안정한, 균형을 잃은   tilt of the Earth's axis 지축의 경사
The national landscape is starting to *tilt* very strongly
against Democrats. 국가적 전망은 민주당에 매우 불리하게 기울고 있다.
➕ voca = slant 기울어지다

☐ 0744
burst
[bə́:rst]

-burst-burst

(동) 터지다 ; 갑자기 ~하다 (명) 폭발, 돌발
snow burst 눈사태   a burst of applause 갑자기 터지는 갈채
The subjects could predict when the *bursts* of noise would
occur. 피실험자들은 언제 폭발적인 소음이 발생할지 예측할 수 있었다. (기출)
➕ voca = surge 밀어닥치다 = explode 폭발하다

A 영어는 우리말로, 우리말은 영어로 쓰시오.

① concise	_____	⑪ 관련성	_____
② span	_____	⑫ 포위하다	_____
③ absolute	_____	⑬ 간격	_____
④ swift	_____	⑭ 터지다	_____
⑤ comprise	_____	⑮ 거친	_____
⑥ arbitrary	_____	⑯ 미묘한	_____
⑦ tilt	_____	⑰ 동시의	_____
⑧ immediate	_____	⑱ 승선하다	_____
⑨ reap	_____	⑲ 외계인	_____
⑩ amid	_____	⑳ 손상되지 않은	_____

B 빈칸에 공통으로 들어갈 단어는?

① come to a _____ 정지하다 crashing _____ 급정거

② _____ delight 순전한 기쁨 _____ cliff 가파른 절벽

③ _____ goods 내구재 _____ friendship 오랜 우정

④ _____ banquet 풍요로운 연회 _____ praise 칭찬을 퍼붓다

C 다음 빈칸에 알맞은 단어를 〈보기〉에서 골라 넣으시오. (필요하면 형태를 변형하시오.)

┌──────── 【 보기 】────────┐
render scanty momentary incessant enclose fringe
└────────────────────────────┘

① The crow kept up his (   ), mocking caw.

② There was a (   ) hesitation, then a reply.

③ The theory isn't some (   ) idea common only to freaks.

④ My Dad is 83, but his memories are quite clear, if rather (   ).

⑤ The land was (   ) with fences for raising lambs.

⑥ The American people will (   ) judgment.

D 이번 테마를 다룬 독해 지문을 읽으면서 관련 어휘의 뜻을 확인해 보자.

He raised up his voice **amid** tears. With his extraordinary tune, the **incessant** noise subdued. People could perceive **sheer** sorrow in his song, which made them discard all the vicious feelings they had carried with them. They felt a **subtle** emotion vibrate in their mind. As the tune rapidly went deep, deep with in themselves, an **alien** sense **burst** out. Never again could they go back to what they used to be. They had **embarked** on a vessel to **absolute** beauty, which **comprises** truth and goodness. With his attractive voice, shining eyes in tears and pure mind, he took them to paradise. He performed such complete music that they were **enclosed** with joy and grief **simultaneously**. The chamber remained silent even after he finished singing.

Translation 　그는 눈물을 흘리는 amid에 목소리를 높였다. 그의 훌륭한 곡조와 더불어 incessant한 소음은 가라앉았다. 사람들은 그의 노래에서 sheer한 슬픔을 감지할 수 있었는데, 그것은 그들이 지녀 온 모든 악감정들을 버리게 했다. 그들은 subtle한 감정이 마음에서 진동하는 것을 느꼈다. 곡조가 급격히 낮아짐에 따라 그들 자신의 깊숙한 곳에서 alien한 감정이 burst했다. 그들은 다시는 과거의 그들로 돌아가지 못할 것이다. 그들은 absolute한 아름다움으로 향하는 배에 embark했고, 그 아름다움은 진실과 선으로 comprise되어 있다. 그의 매력적인 목소리, 눈물이 그렁거리는 눈, 그리고 순수한 마음으로 그는 그들을 천국으로 데려갔다. 그는 그렇게도 완벽한 음악을 공연했고, 그들은 기쁨과 슬픔에 simultaneously하게 enclose되었다. 그 방은 그가 노래를 끝낸 후에도 조용하였다.

Words 　• extraordinary 비범한, 훌륭한 　• tune 곡조 　• subdue 가라앉다 　• sorrow 슬픔
• discard 버리다 　• vicious 악의의 　• vibrate 진동하다 　• vessel 배 　• grief 슬픔 　• chamber 방

2순위
VOCA 446

person

society

Link

Rank

오리의 무모한 도전

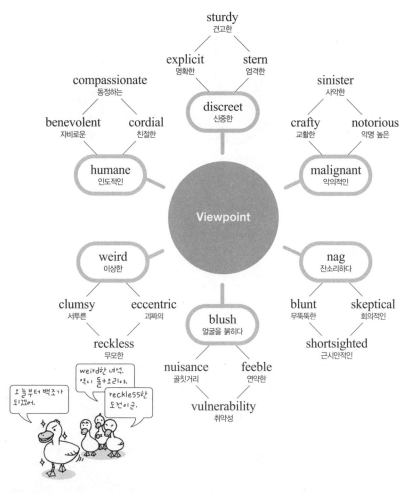

□ 0745
discreet
[diskríːt]

혱 **신중한**

be **discreet** in ~을 삼가다   **discreet** in manner 태도가 신중한
She assured him that she would be *discreet*. 그녀는 신중할 것이라
고 그에게 장담했다.
voca = cautious, prudent 신중한

□ 0746
explicit
[iksplísit]

혱 **명확한 ; 노골적인**

give **explicit** instructions 명확한 지시를 하다
be **explicit** about political affairs 정치 문제에 대해 솔직하다
She began to chat with him in an *explicit* manner. 그녀는 대놓고
그와 수다를 떨기 시작했다.
voca = obvious 분명한

□ 0747
sturdy
[stɔ́ːrdi]

혱 **견고한, 강건한**

a **sturdy** independence 확고한 독립
a **sturdy** design 견고한 설계
Riders are required to wear safety equipment including a
hard shell helmet and *sturdy* shoes. 운전자들은 딱딱한 외피의 헬멧과
견고한 신발을 포함한 안전 장비를 착용해야 한다.

□ 0748
stern
[stɔ́ːrn]

혱 **엄격한 ; 피할 수 없는**

a **stern** family 엄격한 가정   a **stern** reality 피할 수 없는 현실
Naomi continued in a soft yet *stern* voice. Naomi는 부드럽지만
엄격한 목소리로 말을 이었다.
voca = strict 엄격한   = harsh 가혹한

□ 0749
malignant
[məlígnənt]

혱 **악의적인 ; 악성의**

a **malignant** society 악의가 있는 사회
a **malignant** disease 악성 질환
He gazed at the emerald on his finger as one would a
malignant tumor. 그는 그의 손가락에 있는 에메랄드를 마치 악성 종양처럼
응시했다.
malignity 뗑 악의 ; 악성

□ 0750
crafty
[krǽfti]

혱 **교활한**

crafty as a fox (여우처럼) 매우 교활한
use every **crafty** maneuver 모든 교활한 수단을 쓰다
He's obviously *crafty* enough to know that. 그는 분명히 그것을 알
만큼 교활하다.
craft 뗑 기능, 솜씨

• • •

□ 0751
sinister
[sínəstər]

(형) 불길한 ; 사악한

sinister symptoms 불길한 징후

sinister atmosphere 불길한 분위기

The people quickly began weaving a *sinister* tale of murder. 사람들은 재빨리 살인 사건에 대한 불길한 이야기를 꾸미기 시작했다.

□ 0752
notorious
[noutɔ́:riəs]

(형) 악명 높은

a **notorious** character 악명 높은 인물

be **notorious** for ~으로 악명 높다

The Wild Coast of South Africa is an area that is *notorious* for deadly sharks. 남아프리카의 Wild Coast는 위험한 상어들로 악명 높은 곳이다.

notoriety (명) 악명 ; 악명 높은 사람

□ 0753
nag
[næg]

(동) 잔소리하다 (명) 잔소리

nag at ~에게 잔소리하다

nag into submission 잔소리해서 굴복시키다

If you are a parent or teacher of one of these children, don't *nag*. 만약 당신이 이 아이들 중 한 명의 부모나 선생님이라면 잔소리하지 마라.

naggy (형) 잔소리가 심한

□ 0754
skeptical
[sképtikəl]

(형) 회의적인

be **skeptical** about (of) ~을 의심하다

skeptical attitude 회의적인 태도

Many doctors are *skeptical* about the helpfulness of medical information found online. 많은 의사들은 온라인 의학 정보들의 유용성에 대해 회의적이다.

skepticism (명) 회의

+ voca = doubtful 의심스러운

□ 0755
shortsighted
[ʃɔ́:rtsáitid]

(형) 근시안적인, 편협한

shortsighted decisions 근시안적 결정

shortsighted view 근시안적 견해

A percentage of lawmakers will always be self-centered and *shortsighted*. 일부 국회의원들은 항상 자기중심적이고 근시안적이다.

□ 0756
blunt
[blʌnt]

(형) 무뚝뚝한 ; 무딘

a **blunt** refusal 쌀쌀맞은 거절   a **blunt** reply 퉁명스러운 대답

His *blunt* manner is really just the way West Texans are. 그의 퉁명스러운 태도는 정말 전형적인 서부 텍사스 인의 방식이다.

+ voca ↔ sharp, keen 날카로운

□ 0757
weird
[wiərd]

형 **이상한, 기묘한**
weird and **wonderful** 이상하고 놀라운
a **weird** action 기괴한 행동
I've heard of *weird* things growing in the back of the refrigerator. 나는 냉장고 뒤에서 점점 커지는 이상한 소리들을 들었다.

□ 0758
eccentric
[ikséntrik]

형 **괴짜의, 기이한**
an **eccentric** soul 기인   **eccentric** in ~이 괴상한
Lady GaGa is awesome and *eccentric*. Lady GaGa는 멋지고 괴짜이다.

□ 0759
reckless
[réklis]

형 **무모한, 무분별한**
reckless conduct 무모한 행위   **reckless** driving 부주의한 운전
I hurt so many people with my own *reckless* attitude and behavior. 나는 스스로의 무모한 태도와 행동으로 너무 많은 사람들에게 상처를 주었다.
🔰voca = careless, incautious 부주의한   = thoughtless 무심한

□ 0760
clumsy
[klʌ́mzi]

형 **서투른**
such a **clumsy** idiot 심하게 서투른 사람
a **clumsy** attempt 서투른 시도
Penguins may be *clumsy* on land. 펭귄들은 땅에서는 서투를 수도 있다.
🔰voca ↔ skillful 능숙한

□ 0761
blush
[blʌʃ]

동 **얼굴을 붉히다, 부끄러워하다**
blush with shame 부끄러워 얼굴을 붉히다
with a **blush** 얼굴을 붉히고
He felt himself *blush* as he said it. 그는 그 말을 하면서 스스로 얼굴이 붉어지는 것을 느꼈다.
blushful 형 얼굴을 붉히는

□ 0762
feeble
[fíːbl]

형 **연약한 ; 희미한**
feeble light 희미한 불빛   a **feeble** mind 정신 박약
He offered a *feeble* smile and slight nod. 그는 희미한 미소를 지으며 살짝 고개를 끄덕였다.
🔰voca = weak, frail 연약한

• • •

□ 0763
vulnerability
[vʌ̀lnərəbíləti]

명 취약성

security **vulnerability** 보안상 취약성
vulnerability assessment 위험도 평가
People are causing more environmental *vulnerabilities*.
사람들은 더 많은 환경적 취약성을 초래하고 있다.
vulnerable 형 취약한, 상처 입기 쉬운

□ 0764
nuisance
[njú:səns]

명 성가신 일(사람), 골칫거리

noise **nuisance** 성가신 소음
make a **nuisance** of oneself 남에게 폐를 끼치다
Unemployment is not a mere *nuisance* but a serious thing.
실업은 단순히 골칫거리가 아니라 심각한 일이다. (기출)

□ 0765
humane
[hju:méin]

형 인도적인, 자비로운

humane conduct 자비로운 행위
humane treatment 인간적인 대우
It is more *humane* that those people be allowed to choose
the manner of their own end and die with dignity. 그러한 사람들
이 스스로의 삶을 마치는 방법을 선택하고 존엄사할 수 있도록 허락하는 것이 더 인도적
이다.

□ 0766
benevolent
[bənévələnt]

형 자비로운

a **benevolent** fund 자선 기금
benevolent effort 자선 사업에의 노력
She is warm and *benevolent*. 그녀는 따뜻하고 자비로운 사람이다.
benevolence 명 자비심

□ 0767
compassionate
[kəmpǽʃənət]

형 동정하는

a **compassionate** heart 동정하는 마음
a **compassionate** viewpoint 동정적인 견해
The company agreed to pay for the transplant as a
compassionate exception. 그 회사는 동정심에서 예외적으로 그 이식 수술
비용을 지불해 주는 데 동의했다.
compassion 명 동정심

□ 0768
cordial
[kɔ́:rdʒəl]

형 친절한, 진심 어린

a **cordial** smile 진심의 미소   a **cordial** dinner 잘 차린 음식
I tried to develop a *cordial* relationship with him. 나는 그와
진심 어린 관계를 형성하기 위해 노력했다.
cordiality 명 진심

□ 0769
brutal
[brú:tl]

(형) 잔인한, 야만적인

a **brutal** war 잔인한 전쟁　a **brutal** regime 야만적인 정권
Boxing is definitely a *brutal* and violent sport. 복싱은 분명히
잔인하고 폭력적인 운동이다.

> **voca** = cruel 잔인한　= savage 야만적인, 미개한

□ 0770
extrovert
[ékstrəvə́:rt]

(명) 외향적인 사람　(형) 외향적인

a real **extrovert** 매우 외향적인 사람
an **extrovert** personality 외향적인 성격
Her baby brother was an *extrovert* and made friends easily.
그녀의 어린 남동생은 외향적인 아이이고 친구를 쉽게 사귀었다.

> **voca** ↔ introvert 내성적인 사람

□ 0771
fiery
[fáiəri]

(형) 불같은 ; 열렬한

fiery eyes 번쩍번쩍 빛나는 눈　a **fiery** speech 열띤 연설
The president gave a *fiery* speech in Ohio. 대통령은 오하이오에서
열렬한 연설을 했다.

□ 0772
notable
[nóutəbl]

(형) 주목할 만한, 두드러진

notable events 주목할 만한 행사　**notable** example 대표적인 예
The most *notable* difference between the Earth and other
planets is the presence of its atmosphere. 지구와 다른 행성들의 가장
주목할 만한 차이점은 대기의 존재 여부이다.

> **voca** = remarkable 주목할 만한　= outstanding 두드러진

□ 0773
painstaking
[péinztèikiŋ]

(형) 공들인

painstaking work 공들인 일
painstaking labor 고통스러운 노동
I thank you very much for doing such a *painstaking* job.
나는 당신이 그렇게 힘든 일을 해 주신 것에 대해 매우 감사합니다.

> **voca** = hardworking 열심히 하는

Link 어원 > com- 함께

- compassion 동정심
- compromise 타협, 양보
- compatible 양립할 수 있는
- communication 의사소통, 통신
- complex 복합의 ; 복잡한

- compound 혼합물, 합성물
- compose 구성하다
- company 회사 ; 함께 있음
- commodity 상품, 필수품
- commerce 상업, 통상

- comprehensive 포괄적인
- compile 편집하다, 엮다
- community 공동체
- compete 경쟁하다, 겨루다
- compensate 보상하다

A 영어는 우리말로, 우리말은 영어로 쓰시오.

① crafty	_____	⑪ 엄격한	_____
② malignant	_____	⑫ 취약성	_____
③ blunt	_____	⑬ 인도적인	_____
④ nag	_____	⑭ 불같은	_____
⑤ extrovert	_____	⑮ 주목할 만한	_____
⑥ brutal	_____	⑯ 불길한	_____
⑦ benevolent	_____	⑰ 서투른	_____
⑧ feeble	_____	⑱ 명확한	_____
⑨ shortsighted	_____	⑲ 신중한	_____
⑩ sturdy	_____	⑳ 괴짜의	_____

B 빈칸에 공통으로 들어갈 단어는?

① _____ and wonderful 이상하고 놀라운   a _____ action 기괴한 행동

② be _____ about ~을 의심하다   _____ attitude 회의적인 태도

③ a _____ heart 동정하는 마음   a _____ viewpoint 동정적인 견해

④ a _____ character 악명 높은 인물   be _____ for ~으로 악명 높다

C 다음 빈칸에 알맞은 단어를 〈보기〉에서 골라 넣으시오. (필요하면 형태를 변형하시오.)

【 보기 】
cordial reckless nuisance painstaking blush

① I hurt so many people with my own (   ) attitude and behavior.

② I thank you very much for doing such a (   ) job.

③ I tried to develop a (   ) relationship with him.

④ He felt himself (   ) as he said it.

⑤ Unemployment is not a mere (   ) but a serious thing.

D 이번 테마를 다룬 독해 지문을 읽으면서 관련 어휘의 뜻을 확인해 보자.

Although crows sound **sinister**, birds in your garden can be charming to the eye. For example, a few **feeble** sparrows roaming in your garden will make it a peaceful one. But sometimes birds can be a **nuisance**. Homeowners have to adopt a **discreet** approach to the problems caused by birds. Depending on the problem, there are many approaches that can be taken to controlling birds. Some people use a model of another bird, or a **weird** figure. This strategy uses the bird's **explicit** fear of its predator. They rely on other products as barriers to deter the bird from entering a particular area by putting up spikes, or a **stern** net.

Translation 비록 까마귀가 sinister한 소리를 낼지라도, 당신의 정원 안에 있는 새들은 사람들 눈에 매력적일 수 있다. 예를 들어, 당신의 정원을 배회하는 몇 마리의 feeble한 참새들은 그곳을 평화로운 곳으로 만들 것이다. 그러나 때때로 새들은 nuisance가 될 수 있다. 집주인들은 새들이 일으키는 문제들에 대해서 discreet한 접근 방식을 택해야 한다. 문제에 따라서, 새들을 통제하는 데 사용될 수 있는 다양한 접근 방식들이 있다. 몇몇 사람들은 또 다른 새의 모형이나 weird한 형태를 이용한다. 이 전략은 포식자에 대한 새들의 explicit한 두려움을 이용한다. 그들은 다른 제품들을 대못이나 stern한 그물을 설치하여 새가 특정한 지역에 들어가지 못하게 하는 장애물로 사용한다.

Words • crow 까마귀 • charming 매력적인 • sparrow 참새 • roam 배회하다 • adopt 채택하다 • depending on ~에 따라서 • figure 모양, 형태 • strategy 전략 • predator 포식자, 육식 동물 • barrier 장애물 • deter (못하게) 막다 • spike 대못

정답

B ① weird ② skeptical ③ compassionate ④ notorious
C ① reckless ② painstaking ③ cordial ④ blush ⑤ nuisance

정신과 태도

엄마만 드라마에 빠졌을까?

Day 27

sway 동요시키다	stir 자극하다	arouse 야기하다	consciousness 의식	morale 사기
afflict 괴롭히다	torment 고통	anguish 괴로움	agony 고통	antipathy 반감
obsess 사로잡다	indulge 빠지다	dispel 떨쳐 버리다	avert 피하다	disinterested 무관심한
cue 신호	procrastinate 지연시키다	retarded 정신 지체의	psychiatric 정신 의학의	traumatic 정신적 외상의
mannerism 타성	spontaneous 자발적인	congenial 마음이 맞는	empathic 감정 이입의	ambivalent 반대 감정이 병존하는

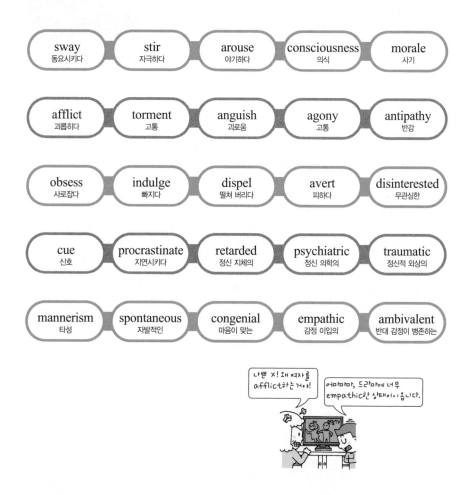

나쁜 X! 왜 여자를 afflict하는 거야!

어머머머, 드라마에 너무 empathic한 상태이시옵니다.

□ 0774
sway
[swei]

(동) 흔들리다 ; (판단, 의견 등을) 동요시키다
sway in the wind 바람에 흔들리다
be **swayed** by the press 언론에 휘둘리다
The *swaying* grass looks like an ocean. 흔들리는 풀밭은 마치 바다처럼 보인다. 기출

□ 0775
stir
[stə́:r]

(동) 휘젓다 ; 자극하다 ; 움직이다
stir tea 차를 젓다   **stir** a finger 손가락을 움직이다
Don't *stir* up the water more than you have to. 필요 이상으로 물을 젓지 마라. 기출

□ 0776
arouse
[əráuz]

(동) 야기하다 ; 자극하다 ; 깨우다
arouse anger 화나게 하다
arouse a person from sleep ~을 잠에서 깨우다
He didn't want to *arouse* suspicion. 그는 의심을 일으키고 싶지 않았다.

□ 0777
consciousness
[kán∫əsnis]

(명) 의식 ; 자각
lose **consciousness** 의식을 잃다
class **consciousness** 계급 의식
High health-*consciousness* contributes to the popularity of frozen fruits. 높은 건강 의식은 냉동 과일의 인기에 기여한다. 기출
conscious (형) 의식하는
+ voca = awareness 의식

□ 0778
morale
[mərǽl]

(명) 사기, 의욕
raise **morale** 사기를 올리다
the uncertain **morale** of a teenager 십대의 불안정한 의욕
Poor *morale* caused many workers to make mistakes.
낮은 의욕은 많은 노동자들이 실수를 저지르게 했다.

□ 0779
afflict
[əflíkt]

(동) 괴롭히다
afflict mankind 인류를 괴롭히다
afflict oneself with illness 병으로 고생하다
These problems will *afflict* the other industries even more deeply. 이러한 문제들은 훨씬 더 심각하게 나머지 산업들에 피해를 줄 것이다.
afflictive (형) 괴롭히는   affliction (명) 고통

□ 0780
torment
[tɔ́ːrment] 명
[tɔːrmént] 동

명 고통 동 고통을 주다
an everlasting torment 영구적인 고통
be tormented with headaches 두통으로 괴로워하다
By now, the suspense was as much *torment* as the horror to come. 지금쯤이면 다가올 공포만큼이나 긴장감도 고통스럽다.

□ 0781
anguish
[ǽŋgwiʃ]

명 괴로움
in anguish 괴로워서   acute anguish 극심한 고통
The joy quickly turned to *anguish*. 기쁨이 괴로움으로 빠르게 바뀌었다.

□ 0782
agony
[ǽgəni]

명 고통, (고통의) 몸부림
death agony 죽음의 고통   mental agony 번민
Every waking moment of my life without her is *agony*.
그녀 없이 깨어 있는 내 인생의 모든 순간은 고통이다.

□ 0783
antipathy
[æntípəθi]

명 반감, 혐오
have an antipathy 반감을 갖다
provoke antipathy 반감을 일으키다
Patriotic Korean students expressed their strong *antipathy* toward the colonial regime. 애국적인 한국 학생들은 그들의 제국주의 정권에 대하여 강한 반감을 표현했다. 기출
voca = hostility 반감

□ 0784
obsess
[əbsés]

동 (어떤 생각이 사람의 마음을) 사로잡다
be obsessed by jealousy 질투심에 사로잡히다
be obsessed with diet 다이어트에 집착하다
Some ancient Chinese were so *obsessed* with the afterlife, they tried to preserve their bodies forever. 몇몇 고대 중국인들은 사후 세계에 매우 집착해서 그들의 시신을 영원히 보존하려고 노력했다.
obsession 명 집착, 강박

□ 0785
indulge
[indʌ́ldʒ]

동 (욕망, 쾌락 등에) 빠지다, 마음껏 하다
indulge with sweets 달콤한 음식에 빠지다
indulge in pleasures 쾌락에 빠지다
She was careful not to *indulge* in this kind of thinking. 그녀는 이런 종류의 생각에 빠지지 않으려고 조심했다.

□ 0786
dispel
[dispél]

⑧ (마음, 느낌을) **떨쳐 버리다, 쫓아 버리다**

dispel fear 두려움을 떨쳐 버리다 　**dispel a belief** 신념을 타파하다
Throughout the day, I tried to *dispel* the rumors. 온종일 나는
소문들을 떨쳐 버리려고 노력했다.

　voca = dismiss 떨쳐 버리다

□ 0787
avert
[əvə́ːrt]

⑧ **피하다 ; (눈, 얼굴 등을) 돌리다**

avert a clash 충돌을 피하다 　**avert eyes** 눈을 피하다
President Obama's economic policies helped *avert* an even
worse crisis. 오바마 대통령의 경제 정책들은 훨씬 더 심각한 위기를 피하는 것을
도왔다.

aversion ⑨ 혐오, 반감

□ 0788
disinterested
[disíntərèstid]

⑨ **무관심한 ; 사욕이 없는**

disinterested witness 사욕이 없는 증인
the disinterested party (이해관계가 없는) 제3자
I am sure that you will give me a *disinterested* opinion.
나는 당신이 사심 없는 의견을 줄 것이라고 확신한다.

　voca ↔ interested 관심 있는 ; 이해관계가 있는

□ 0789
cue
[kjuː]

⑨ **신호** ⑧ **신호를 주다**

right on cue 마침 때맞추어 　**miss a cue** 신호를 놓치다
Color not only provides essential visual *cues* to our
physical world, but also influences our feelings. 색은 우리의 물
리적인 세상에 필수적인 시각적 신호를 제공할 뿐만 아니라 우리의 기분에도 영향을 미
친다. 기출

□ 0790
procrastinate
[proukrǽstənèit]

⑧ **지연시키다, 질질 끌다**

procrastinate from week to week 다음 주로 연기하다
procrastinate for so long 오랫동안 질질 끌다
Sometimes we *procrastinate* when faced with something
we do not want to do. 때때로 우리는 하고 싶지 않은 일에 직면했을 때 늑장
을 부린다.

procrastination ⑨ 지연, 지체
　voca = put off 연기하다

□ 0791
retarded
[ritɑ́ːrdid]

⑨ **지능 발달이 늦은, 정신 지체의**

a retarded child 지진아 　**a retarded growth** 늦은 성장
There are some that see special education as a punishment
and being further labeled as "*retarded*." 특수 교육을 벌이라고 생각
하고 '지진아' 딱지를 붙인 것으로 생각하는 몇몇 사람들이 있다. 기출

retard ⑧ (발전을) 지연시키다

□ 0792
psychiatric
[sàikiǽtrik]

(형) 정신 의학의
a **psychiatric** hospital 정신 병원
psychiatric treatment 정신과 치료
She should have had a *psychiatric* diagnosis. 그녀는 정신과 진단을 받았어야 했다.

□ 0793
traumatic
[traumǽtik]

(형) 대단히 충격적인 ; 정신적 외상의
a **traumatic** event 대단히 충격적인 사건
traumatic amnesia 정신적 외상에 의한 기억 상실
It was quite a *traumatic* experience. 그것은 꽤 충격적인 경험이었다.

□ 0794
mannerism
[mǽnərìzm]

(명) (본인은 의식하지 못하는) 버릇 ; 타성, 매너리즘
distinguish mannerisms (다른 사람의) 버릇을 잡아내다
create mannerisms 버릇을 만들다
They call it *mannerism* in art, the self-conscious exaggeration of what was once genuine. 한때는 진실이었던 것에 대한 의식적인 과장을 그들은 예술의 매너리즘이라고 부른다.

□ 0795
spontaneous
[spɑntéiniəs]

(형) 자발적인 ; 자연스러운
a **spontaneous** cure 자연스러운 치유
spontaneous gestures 자연스러운 몸짓
This group of survivors set up a *spontaneous* prayer service. 이 생존자 집단은 자발적인 기도 의식을 만들었다.

□ 0796
congenial
[kəndʒíːnjəl]

(형) 마음이 맞는, 마음에 드는 ; 적절한
congenial spirits 뜻이 맞는 사람들
a **congenial** decision 적절한 결정
It was a *congenial* meeting and they were a nice bunch of fellows. 기분 좋은 모임이었으며, 그들은 멋진 친구들이었다.

□ 0797
empathic
[empǽθik]

(형) 감정 이입의
empathic helping 마음에서 우러난 도움
empathic ability 감정 이입 능력
It is difficult to separate egoist and *empathic* factors when investigating altruism. 이타주의를 연구할 때 이기주의자와 감정 이입의 요소를 따로 떼어 생각하기 어렵다.

☐ 0798
ambivalent
[æmbívələnt]

(형) 반대 감정이 병존하는
ambivalent attitude 이중적인 태도
feel ambivalent 좋기도 하고 싫기도 하다
I'm *ambivalent* about most things. 나는 대부분의 일들에 대해 반대 감정이 병존한다.
ambivalence (형) 상반된 감정 ; 모순, 주저

☐ 0799
strain
[strein]

(명) 부담, 중압감 (동) 잡아당기다 ; 긴장시키다
take the strain 압박을 견디다
the stresses and strains 스트레스와 중압감
When the *strain* she had been under was relieved, she suddenly felt very tired. 그녀는 계속된 긴장이 풀렸을 때, 갑자기 매우 피곤함을 느꼈다.
voca = tension 긴장, 부담

☐ 0800
altruistic
[æltruːístik]

(형) 이타적인
altruistic motives 이타적인 동기
altruistic endeavors 타인을 위한 노력
No other animal is as *altruistic* as humans are. 다른 어떤 동물도 인간만큼 이타적이지 않다.
altruism (형) 이타주의, 이타심
voca ↔ egoistic 이기적인

☐ 0801
flatter
[flǽtər]

(동) 아첨하다 ; 우쭐해 하다
flatter the ear 귀를 즐겁게 하다   **feel flattered** (어깨가) 으쓱해지다
Don't *flatter* yourself. 스스로 우쭐해 마라.

☐ 0802
intimidate
[intímədèit]

(동) 위협하다
intimidate by threats 위협하다
intimidate into doing 협박하여 하게 하다
She's one of the few people he cannot *intimidate*. 그녀는 그가 협박할 수 없는 사람들 중 한 명이다.
voca = threaten 위협하다

☐ 0803
paranoia
[pæ̀rənɔ́iə]

(명) 편집증, 망상증
half-crazy with paranoia 편집증으로 반쯤 미친
considerable paranoia 상당한 편집증
I hadn't fully appreciated the *paranoia* of Fiji's military regime. 나는 피지의 군부 정권의 망상증을 별로 고맙게 여겨 본 적이 없다.

A 영어는 우리말로, 우리말은 영어로 쓰시오.

① consciousness _____ ⑪ 야기하다 _____

② afflict _____ ⑫ 사기 _____

③ ambivalent _____ ⑬ 피하다 _____

④ torment _____ ⑭ 무관심한 _____

⑤ paranoia _____ ⑮ 마음이 맞는 _____

⑥ altruistic _____ ⑯ 위협하다 _____

⑦ mannerism _____ ⑰ 부담 _____

⑧ obsess _____ ⑱ 지능 발달이 늦은 _____

⑨ anguish _____ ⑲ 신호 _____

⑩ procrastinate _____ ⑳ 감정 이입의 _____

B 빈칸에 공통으로 들어갈 단어는?

① _____ tea 차를 젓다 _____ a finger 손가락을 움직이다

② _____ fear 두려움을 떨쳐 버리다 _____ a belief 신념을 타파하다

③ have an _____ 반감을 갖다 provoke _____ 반감을 일으키다

④ a _____ cure 자연스러운 치유 _____ gestures 자연스러운 몸짓

C 다음 빈칸에 알맞은 단어를 〈보기〉에서 골라 넣으시오. (필요하면 형태를 변형하시오.)

┌─────────────[보기]─────────────┐
psychiatric indulge agony flatter traumatic sway
└──────────────────────────────────┘

① Every waking moment of my life without her is ( ).

② She was careful not to ( ) in this kind of thinking.

③ Don't ( ) yourself.

④ She should have had a ( ) diagnosis.

⑤ It was quite a ( ) experience.

⑥ The ( ) grass looks like an ocean.

D 이번 테마를 다룬 독해 지문을 읽으면서 관련 어휘의 뜻을 확인해 보자.

According to most social scientists, human behavior is complex, contradictory, **ambivalent** and unpredictable. Economists, however, use a model of human behavior called Homo economicus, in which the human is blessed with perfect rationality, self-interest and knowledge. In addition to the apparent

fact that humans aren't perfect, the model is **afflicted** by other basic problems. Humans are ultimately **stirred** by their emotions, not their logic, and emotions are often irrational. Nor are humans 100 percent **obsessed** with self-interest. They perform **altruistic** acts like charity, volunteerism, parenting and even giving one's life for one's country. They also **indulge** in self-destructive acts like substance abuse, negative addiction, and **procrastination**. So, why do economists use such a flawed model as Homo economicus? The answer is that it makes their economic analysis simpler, and allows them to feel **flattered** by results that fit their prejudices.

> **Translation** 대부분의 사회과학자들에 따르면, 인간행동은 복잡하고 모순적이며, **ambivalent**하고 예측 불가능하다. 그러나 경제학자들은 완벽한 합리성, 사리 추구와 지식을 부여 받은 Homo economicus라는 인간행동 모델을 사용한다. 인간은 완전하지 못하다는 명백한 사실 이외에도, 그 모델은 다른 기본적 문제로 **afflict**된다. 인간은 궁극적으로 자신들의 논리가 아닌 감정에 의해 **stir**되며, 감정은 종종 비합리적이다. 또한 인간은 100% 사리 추구에 **obsess**되어 있지 않다. 그들은 자선, 자원봉사, 양육 그리고 심지어는 자신의 나라를 위해서 자신의 목숨을 희생하는 것과 같은 **altruistic**한 행동을 한다. 그들은 또한 약물 남용, 부정적인 중독, **procrastination**과 같은 자기 파괴적인 행동에 **indulge**한다. 그러면 왜 경제학자들은 Homo economicus와 같은 그런 결점 있는 모델을 사용할까? 왜냐하면, 그 모델은 그들의 경제 분석을 더 단순하게 해 주며, 그들이 자신들의 편견에 걸맞은 결과에 **flatter**하게 느끼도록 해 주기 때문이다.

> **Words** • contradictory 모순된 • unpredictable 예측할 수 없는 • rationality 합리성
> • self-interest 사리 추구 • apparent 분명한, 명백한 • ultimately 궁극적으로 • charity 자선
> • substance abuse 약물 남용 • addiction 중독 • flawed 결함 있는 • prejudice 편견

정답 🔒

B ① stir ② dispel ③ antipathy ④ spontaneous
C ① agony ② indulge ③ flatter ④ psychiatric ⑤ traumatic ⑥ swaying

기분과 분위기

꼭 헌혈하고 싶습니다

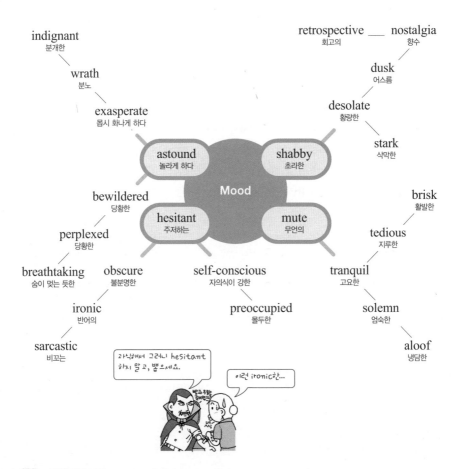

indignant
분개한

wrath
분노

exasperate
몹시 화나게 하다

astound
놀라게 하다

bewildered
당황한

Mood

hesitant
주저하는

perplexed
당황한

breathtaking
숨이 멎는 듯한

obscure
불분명한

ironic
반어의

sarcastic
비꼬는

self-conscious
자의식이 강한

preoccupied
몰두한

shabby
초라한

mute
무언의

retrospective ___ nostalgia
회고의   향수

dusk
어스름

desolate
황량한

stark
삭막한

brisk
활발한

tedious
지루한

tranquil
고요한

solemn
엄숙한

aloof
냉담한

과식해서 그러니 hesitant
하지 말고, 뽑으세요.

이런 ironic한...

□ 0804
astound
[əstáund]

동 놀라게 하다
astound the world 세상을 놀라게 하다
be **astounded** at a sight 광경에 깜짝 놀라다
It used to *astound* me that a kid would be more interested in the battle. 아이가 전투에 더 관심을 보이곤 한다는 사실이 나를 놀라게 했었다.
astoundment 명 놀라움

□ 0805
exasperate
[igzǽspərèit]

동 몹시 화나게 하다
exasperate race animosities 인종적 적개심을 자극시키다
be **exasperated** by the fact 그 사실에 격분하다
My ignorance of religious matters would only *exasperate* him. 종교에 대한 나의 무지는 그를 화나게 할 뿐이다.
exasperation 명 격분
voca = infuriate 화나게 하다

□ 0806
wrath
[ræθ]

명 분노, 격노
in **wrath** 화나서   be slow to **wrath** 쉽게 노하지 않는
The *wrath* of Elizabeth is a mighty *wrath*. Elizabeth의 분노는 강력한 분노이다.
wrathful 형 몹시 노한   wrathy 형 격노한

□ 0807
indignant
[indígnənt]

형 분개한, 성난
an **indignant** letter 분개에 찬 편지
an **indignant** look 분개에 찬 표정
They are *indignant* that people like me should complain.
그들은 나와 같은 사람들이 불평한다는 것에 분개한다.
indignation 명 분개   indignity 명 모욕

□ 0808
bewildered
[biwíldərd]

형 당황한
be **bewildered** by ~에 당황하다
in **bewildered** astonishment 어처구니 없게 놀라다
Garret was sent to investigate and came back *bewildered*.
Garret은 조사차 파견되었다가 당황해하며 돌아왔다.
bewilder 동 당황하게 하다
voca = puzzled, dazed 당황한, 어리둥절한

□ 0809
perplexed
[pərplékst]

형 당황한
with a **perplexed** expression 난처한 표정으로
feel **perplexed** about ~에 당황하다
I'm a little *perplexed* about why it still seems to be an issue. 나는 그것이 왜 여전히 중요한 문제처럼 보이는지 약간 당황스럽다.
perplex 동 당황하게 하다   perplexity 명 당황, 곤혹

□ 0810
breathtaking
[bréθtèikiŋ]

형 (너무 아름다워서) 숨이 멎는 듯한
breathtaking views 매우 아름다운 전망
breathtaking scenery 절경
In any direction I look, the countryside presents a *breathtaking* vista. 내가 보는 곳마다, 그 시골은 숨 막히는 경치를 보여 준다.
➕ **voca** = spectacular 장관을 이루는

□ 0811
shabby
[ʃǽbi]

형 초라한, 누더기의
shabby chic style 초라한 듯하면서도 멋스러운 스타일
a shabby dress 초라한 복장
The few furnishings had a *shabby* air. 그 얼마 없는 가구들은 초라한 분위기를 풍겼다.

□ 0812
desolate
[désələt]

형 황량한, 적막한
desolate landscape 황량한 풍경   **a desolate island** 무인도
Twenty-five years later the traveler returned to the same *desolate* area. 25년 후에 그 여행자는 바로 그 적막한 지역으로 돌아왔다.
desolation 명 황량함

□ 0813
stark
[stɑːrk]

형 삭막한 ; 냉혹한
a stark room 삭막한 방   **stark reality** 냉혹한 현실
A satellite image gave *stark* evidence of the scale of the damage in Haiti. 위성 영상은 아이티의 피해 규모의 냉혹한 증거를 보여 주었다.
➕ **voca** = barren 황량한, 불모의   = harsh 냉혹한, 거친

□ 0814
dusk
[dʌsk]

명 어스름, 땅거미
at dusk 해질 무렵에   **in the dusk** 어두컴컴한 곳에서
Dusk began to spread across the land as the sun met the horizon. 태양이 지평선과 만나면서 어스름이 땅 위로 퍼지기 시작했다.
dusky 형 어스름한
➕ **voca** = twilight 황혼, 땅거미

□ 0815
nostalgia
[nəstǽldʒə]

명 향수
nostalgia products 향수를 자아내는 물건들
the 80s nostalgia 80년대에 대한 향수
All of these sights caused her to pause with the same sense of *nostalgia*. 이 모든 광경들은 같은 느낌의 향수로 그녀를 멈춰 서게 했다.

☐ 0816
retrospective
[rètrəspéktiv]

(형) 회고의 (명) 회고전
a **retrospective** album 회고 음반
a **retrospective** exhibit 회고전
Much of his recent activity has been *retrospective*.
그의 최근의 활동 중 많은 부분이 복고풍이었다.

☐ 0817
hesitant
[hézitənt]

(형) 주저하는
be **hesitant** about ~에 대해서 망설이다
hesitant steps 주저하는 발걸음
I think some people might be *hesitant* to give up their
computer. 일부 사람들은 아마도 컴퓨터를 포기하는 것을 망설일 거라고 생각한다.
hesitation (명) 주저, 망설임

☐ 0818
obscure
[əbskjúər]

(형) 불분명한 ; 무명의 (동) 모호하게 하다
an **obscure** voice 희미한 목소리   an **obscure** pen 무명 작가
As they reviewed the budget, they found the salary being
paid to the *obscure* person. 예산안을 검토하면서 그들은 봉급이 불분명한
사람에게 지불되는 것을 적발했다.
obscurity (명) 불분명
🔲 voca = indistinct, blurred 흐릿한 = unknown 무명의

☐ 0819
ironic
[airánik]

(형) 반어의, 비꼬는, 모순적인
an **ironic** smile 빈정거리는 웃음   an **ironic** remark 비꼬는 말
It is *ironic* that while he understands them, they don't
understand him. 그는 그들을 이해하는데 그들은 그를 이해하지 못한다는 것이
모순적이다.
irony (명) 반어법, 모순적인 상황

☐ 0820
sarcastic
[saːrkǽstik]

(형) 비꼬는, 풍자적인
sarcastic manner 비꼬는 태도   **sarcastic** humor 풍자적인 해학
That was more *sarcastic* than anything he had ever written
before. 그것은 그가 전에 썼던 그 어떤 글보다도 더 풍자적이었다.
sarcasm (명) 비꼬는 말

☐ 0821
self-conscious
[sélfkánʃəs]

(형) 자의식이 강한
be **self-conscious** about ~을 의식하다
become **self-conscious** 스스로 의식하게 되다
Believing that everyone is watching them, teenagers are
extremely *self-conscious*. 모든 사람들이 자신을 보고 있다고 믿기 때문에
십대들은 매우 자의식이 강하다. (기출)

□ 0822
preoccupied
[priːɑ́kjupàid]

⑱ 몰두한
preoccupied with thoughts 생각에 정신이 팔린
preoccupied with weight 몸무게에 집착하는
It is normal for adolescents to be extremely *preoccupied* with how they look. 청소년들이 극단적으로 외모에 매달리는 것은 정상적이다.
🔼 **voca** = absorbed, immersed 몰두한

□ 0823
mute
[mjuːt]

⑱ 무언의 ; 벙어리의 ⑲ 벙어리 ⑧ 소리를 죽이다
sit mute 잠자코 앉다 **mute a phone** 전화기를 음소거 상태로 하다
James decided to put a *mute* in his instrument. James는 그의 악기를 무음으로 설정하기로 결정했다.
🔼 **voca** = speechless 말을 못하는

□ 0824
tranquil
[trǽŋkwil]

⑱ 고요한, 평온한
a tranquil sea 고요한 바다 **a tranquil life** 평온한 생활
This is the most *tranquil*, most beautiful place on this Earth for me. 이곳은 나에게 지구상에서 가장 평온하고 가장 아름다운 장소이다.
tranquility ⑲ 평온 tranquilize ⑧ 조용하게 하다

□ 0825
solemn
[sɑ́ləm]

⑱ 엄숙한, 근엄한
a solemn speech 엄숙한 말 **a solemn face** 근엄한 얼굴
Those *solemn* but sweet organ notes had set up a change in him. 엄숙하지만 달콤한 그 오르간 음은 그의 내면에 변화를 불러일으켰다. 〔기출〕
solemnity ⑲ 엄숙함 solemnly ⑨ 장엄하게
🔼 **voca** = serious 진지한

□ 0826
aloof
[əlúːf]

⑱ 냉담한
keep (oneself) aloof 냉담하다
arrogant and aloof 오만하고 냉담한
Her people find her *aloof* and want her to become involved with the team. 그녀의 부하 직원들은 그녀가 냉담하다고 생각하며 그녀가 팀에 더 참여하기를 바란다. 〔기출〕

□ 0827
tedious
[tíːdiəs]

⑱ 지루한, 싫증 나는
a tedious discourse 따분한 이야기
tedious reading 싫증 나는 독서
Getting rid of the mines from the ground is *tedious*, painstaking work. 땅에서 지뢰를 제거하는 일은 지루하고 힘든 일이다.
tediousness ⑲ 지루함 tediously ⑨ 지루하게

brisk
[brisk]
□ 0828

(형) 활발한, 빠른
a **brisk** walk 힘찬 걸음 a **brisk** gale 강풍
A cold bath and a *brisk* walk will prove more exciting than a ride in the finest coach. 찬물로 목욕하고 활기차게 산책하는 일은 최고급 마차를 타는 일보다 더 흥미진진하다는 것을 입증할 것이다.

lament
[ləmént]
□ 0829

(동) 슬퍼하다, 한탄하다 (명) 슬픔
lament for the death 그 죽음을 슬퍼하다
a **lament** poem 슬픈 시
Like most churches, they *lament* the lack of young people entering the ministry. 대부분의 교회들처럼 그들은 목사가 되려는 젊은 사람들의 부족함을 한탄한다.
lamentation (명) 비탄
voca = grieve, mourn 슬퍼하다, 한탄하다

snobbish
[snάbiʃ]
□ 0830

(형) 속물의, 고상한 체하는
a **snobbish** affectation 속물적 뽐냄
a **snobbish** hobby 귀족적 취미
Andrea may have been irritating and *snobbish*, but she was right. Andrea는 짜증나고 속물일지 모르지만 그녀가 옳았다.

stale
[steil]
□ 0831

(형) (음식물이) 오래된 ; 진부한
stale bread 오래된 빵 a **stale** joke 진부한 농담
The *stale* coffee is boiling up and he pours it into a stained cup. 오래된 커피가 끓고 있고 그는 그것을 더러운 컵에 붓는다.
stalely (부) 진부하게 staleness (명) 부패 ; 진부

sympathetic
[sìmpəθétik]
□ 0832

(형) 동정적인 ; 공감하는
sympathetic tears 동정의 눈물
sympathetic friends 마음 맞는 친구들
She can be viewed as a *sympathetic* person here. 그녀는 여기서 동정심이 많은 사람으로 볼 수 있다.
sympathize (동) 동정하다 sympathy (명) 동정 ; 공감
voca ↔ unsympathetic 동정심 없는

weary
[wíəri]
□ 0833

(형) 지친, 피곤한
weary legs 피곤한 다리 grow **weary** 피로해지다
When running the actual marathon, he was feeling *weary* and tired. 정작 실제로 마라톤을 달릴 때 그는 지치고 피곤했다. (기출)
wearisome (형) 지루한

A 영어는 우리말로, 우리말은 영어로 쓰시오.

① wrath _____
② preoccupied _____
③ breathtaking _____
④ stark _____
⑤ dusk _____
⑥ stale _____
⑦ tedious _____
⑧ brisk _____
⑨ tranquil _____
⑩ indignant _____

⑪ 놀라게 하다 _____
⑫ 화나게 하다 _____
⑬ 초라한 _____
⑭ 향수 _____
⑮ 회고의 _____
⑯ 반어의 _____
⑰ 자의식이 강한 _____
⑱ 주저하는 _____
⑲ 슬퍼하다 _____
⑳ 속물의 _____

B 빈칸에 공통으로 들어갈 단어는?

① with a _____ expression 난처한 표정으로   feel _____ about ~에 당황하다
② _____ landscape 황량한 풍경   a _____ island 무인도
③ _____ manner 비꼬는 태도   _____ humor 풍자적인 해학
④ an _____ voice 희미한 목소리   an _____ pen 무명 작가

C 다음 빈칸에 알맞은 단어를 〈보기〉에서 골라 넣으시오. (필요하면 형태를 변형하시오.)

┌─────────── 【 보기 】 ───────────┐
mute sympathetic solemn weary bewildered aloof
└─────────────────────────────────┘

① She can be viewed as a (   ) person here.
② James decided to put a (   ) in his instrument.
③ When running the actual marathon, he was feeling (   ).
④ Those (   ) but sweet organ notes had set up a change in him.
⑤ Her people find her (   ) and want her to become involved with the team.
⑥ Garret was sent to investigate and came back (   ).

D 이번 테마를 다룬 독해 지문을 읽으면서 관련 어휘의 뜻을 확인해 보자.

In the fall, several trees had been cut down, the roads were muddy and it seemed quite **tranquil**. I rode on a military truck. I looked at the countryside. The mulberry trees were bare, and the fields were brown. There were wet dead leaves on the road. We came in to the town past the **shabby** factories and then the houses. I noticed that some houses had been destroyed by enemy missiles. Some women **lamented** the death of a family member. A few were so shocked they were **mute**. On a narrow street we passed a Red Cross ambulance, and its agents were **preoccupied** with carrying wounded people. The driver's face was suntanned, and he looked **weary**.

Translation 가을에 몇 그루의 나무가 잘려 있고 길은 진흙투성이고 꽤 **tranquil**한 것처럼 보였다. 나는 군용 트럭을 탔다. 나는 시골 풍경을 봤다. 뽕나무에는 잎이 없었고 들판은 갈색이었다. 길에는 젖은 시든 잎들이 있었다. 우리는 **shabby**한 공장을 지나서 마을에 갔고 집에 도착했다. 나는 몇 채의 집이 적군의 미사일에 파괴되었음을 알아차렸다. 어떤 여자들은 가족의 죽음에 **lament**했다. 몇몇은 너무 충격이 커서 **mute**했다. 좁은 길에서 우리는 적십자 구급차를 지나쳤고 그 대원들이 부상을 당한 환자들을 이송하는 데 **preoccupied**했다. 운전자의 얼굴은 햇볕에 탔으며 그는 **weary**해 보였다.

Words • muddy 진흙투성이의 • mulberry tree 뽕나무 • bare 발가벗은 • enemy 적
• wounded 부상 입은

정답

B ① perplexed ② desolate ③ sarcastic ④ obscure
C ① sympathetic ② mute ③ weary ④ solemn ⑤ aloof ⑥ bewildered

Day 29

1등만 대접받는 세상

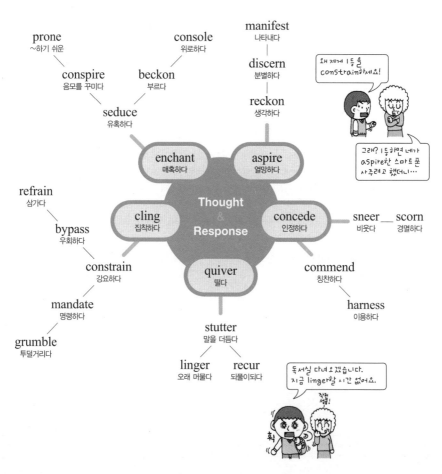

prone
~하기 쉬운

console
위로하다

manifest
나타내다

conspire
음모를 꾸미다

beckon
부르다

discern
분별하다

seduce
유혹하다

reckon
생각하다

왜 제게 1등을 constrain하세요!

enchant
매혹하다

aspire
열망하다

그래? 1등하면 네가 aspire한 스마트폰 사주려고 했더니…

refrain
삼가다

cling
집착하다

Thought & Response

concede
인정하다

sneer___ scorn
비웃다   경멸하다

bypass
우회하다

constrain
강요하다

quiver
떨다

commend
칭찬하다

mandate
명령하다

harness
이용하다

grumble
투덜거리다

stutter
말을 더듬다

linger
오래 머물다

recur
되풀이되다

독서실 다녀오겠습니다. 지금 linger할 시간 없어요.

☐ 0834
enchant
[intʃǽnt]

(동) 매혹하다 ; 마법을 걸다

be **enchanted** by ~에 넋을 잃다
enchant items 물건에 마법을 걸다
Perhaps I can *enchant* them with my song. 아마도 나는 노래로 그
들을 매혹할 수 있을 것이다.

enchantment (명) 매혹 ; 마법   enchanting (형) 매혹적인

☐ 0835
seduce
[sidjúːs]

(동) 유혹하다, 부추기다

be **seduced** by the allure of the desert 사막의 매력에 끌리다
seduce a person into error ~에게 잘못을 저지르게 하다
They'll tease and *seduce* you into doing their bidding.
그들은 너를 귀찮게 해서 자신들의 입찰에 꾀어 들일 것이다.

seduction (명) 유혹   seductive (형) 유혹하는
voca = lure, tempt 유혹하다

☐ 0836
conspire
[kənspáiər]

(동) 음모를 꾸미다

conspire with ~와 음모를 꾸미다
conspire against his life 그를 죽이려고 음모하다
If steel makers *conspire*, the correct plaintiffs are the
immediate buyers. 만약 철강 제조업체들이 공모한다면 정확한 원고는 직접적인
소비자들이다.

conspiration (명) 공모, 음모

☐ 0837
prone
[proun]

(형) ~하기 쉬운 ; 엎드린

prone to error 실수하기 쉬운
semi-prone position 반쯤 엎드린 자세
One's body is *prone* to weakness or failure when one is
subjected to continued stress. 지속적인 스트레스에 노출되면 몸이 약하거
나 아프기 쉽다.

voca = inclined, apt ~하는 경향이 있는

☐ 0838
beckon
[békən]

(동) (손짓으로) 부르다, 신호하다

beckon eagerly 마구 손짓하여 부르다   **beckon** in 불러들이다
I *beckoned* to Jeremy to follow me. 나는 Jeremy에게 따라오라고 손을
흔들었다.

voca = signal 신호를 보내다   = motion 몸짓으로 신호하다

☐ 0839
console
[kənsóul]

(동) 위로하다

console a friend in his grief 친구의 슬픔을 위로하다
console oneself by doing ~하여 스스로를 달래다
Our beliefs *console* us about what happens after death.
우리의 믿음은 사후에 일어날 일에 대해 우리를 위로해 준다.

consolation (명) 위로   consolable (형) 위로가 되는
voca = comfort 위로하다   = soothe 달래다, 진정시키다

□ 0840
aspire
[əspáiər]

(동) **열망하다, 동경하다**
aspire to fame 명예를 열망하다
aspire to greatness 큰 포부를 품다
Are we developing into the kind of people we *aspire* to be?
우리는 우리가 동경하는 사람으로 성장하고 있는가?
aspiration (명) 열망 aspiring (형) 장차 ~가 되려는

□ 0841
reckon
[rékən]

(동) **생각하다 ; 계산하다**
reckon up ~을 합산하다 **reckon on** ~을 예상하다
I *reckon* I have too much time to think about my troubles
these days. 나는 요즘 나의 문제들에 대해서 생각할 시간이 너무 많은 것 같다.
voca = count, calculate 계산하다

□ 0842
discern
[disə́:rn]

(동) **분별하다, 인식하다**
discern one thing from another 한 물건을 다른 물건과 분별하다
discern between honesty and dishonesty 성실과 불성실을 분별하다
Adolescents look in mirrors, seeking to *discern* an identity
in those reflections. 청소년들은 거울에 비친 자신의 모습에서 정체성을 인식하려고 하며 거울을 본다. (기출)
discernment (명) 안목 discerning (형) 안목이 있는 discernible (형) 인식 가능한

□ 0843
manifest
[mǽnəfèst]

(동) **나타내다** (형) **명백한** (명) **화물 목록**
manifest destiny 명백한 운명 **shipping manifest** 배송 목록
How does that *manifest* itself? 그 일이 어떻게 자명해질 수 있습니까?
manifestation (명) 징후, 표명

□ 0844
cling
[kliŋ]
-clung-clung

(동) **매달리다 ; 집착하다 ; 달라붙다**
cling to ~을 고수하다 **cling together** 밀착하다
Here, many still *cling* to mystical beliefs. 이곳에서는 많은 사람들이
여전히 미신에 집착한다.
voca = adhere, stick 달라붙다 ; 고수하다

□ 0845
constrain
[kənstréin]

(동) **강요하다 ; 속박하다**
constrain obedience 복종을 강요하다
constrain oneself 자제하다
It is not that I wish to *constrain* your freedom. 나는 너의 자유를
속박하고 싶지는 않다.
constraint (명) 강제 ; 제한
voca = coerce 강압하다 = compel 강요하다

☐ 0846
snatch
[snætʃ]

(동) 잡아채다

snatch at ~을 잡아채려 하다   **snatch a nap** 한숨 자다
Fishing the streams in summer, brown bears pounce on salmon and *snatch* them with their paws. 여름에 개울에서 물고기를 잡을 때 갈색 곰은 연어에게 달려들어서 그것들을 발로 잡아챈다.

☐ 0847
mandate
[mǽndeit]

(명) 권한 ; 재임 기간   (동) 명령하다 ; 권한을 주다

the presidential mandate 대통령 재임 기간
be mandated to ~할 권한이 주어지다
He said the right reform was not to pass a *mandate*, but to lower costs. 그는 그 정당한 개혁은 권한을 넘기기 위함이 아니라 비용을 절감하기 위함이라고 말했다.

mandatory (형) 의무적인
+ voca = command 명령(하다) = decree 법령

☐ 0848
grumble
[grʌ́mbl]

(동) 투덜거리다   (명) 불평 ; 우르르하는 소리

grumble for wine 술이 없다고 불평하다
stomach grumble 배에서 나는 꼬르륵 소리
She heard her father *grumble* about the occupation.
그녀는 아버지가 직업에 대해 불평하는 것을 들었다.

grumbly (형) 투덜거리는

☐ 0849
bypass
[báipæs]

(동) 우회하다   (명) 우회로

bypass web filter 웹 필터(유해 사이트 여과기)를 피하다
gastric bypass surgery 위 우회 수술
If you're concerned with producing right answers rather than generating original ideas, you'll *bypass* the phase of the creative process. 창의적인 생각보다 올바른 답을 제시하는 데만 신경을 쓴다면, 너는 창의적인 사고의 단계를 우회할 것이다. (기출)

+ voca = detour 우회하다 ; 우회로

☐ 0850
refrain
[rifréin]

(동) 삼가다   (명) 후렴, 반복되는 말

refrain from overeating 과식을 삼가다   **refrain part** 후렴 부분
The *refrain* heard from federal officials focused on the local benefits. 연방 정부에서 반복적으로 하는 이야기는 지역의 혜택에 관한 것이었다.

+ voca = abstain 삼가다

☐ 0851
concede
[kənsíːd]

(동) 인정하다 ; 허용하다 ; 양보하다

concede to be true 진실로 인정하다
concede power 권력을 넘겨주다
She would *concede* that her books were not great literature.
그녀는 자신의 책이 위대한 문학이 아니라고 인정하곤 했다.

concession (명) 인정 ; 허용

□ 0852
commend
[kəménd]

동 칭찬하다 ; 추천하다 ; 인정을 받다
commend her 그녀를 칭찬하다
commend oneself to ~에게 좋은 인상을 주다
The paper was highly *commended* in the UK Press Awards.
그 신문은 UK Press Awards에서 격찬을 받았다.
commendation 명 칭찬   **commendatory** 형 칭찬하는 ; 추천의

□ 0853
harness
[háːrnis]

동 (동력원 등으로) 이용하다   명 벨트
harness nature 자연력을 동력에 이용하다   **dog harness** 개 끈
In the wake of this disaster, there were calls to *harness*
technology to avoid similar accidents. 이 재앙이 막 일어났을 때 비슷
한 재앙을 피하기 위해서 기술을 이용하자는 요구가 있었다. (기출)
+voca = control 통제하다   = equipment 장비

□ 0854
sneer
[sníər]

명 비웃음   동 비웃다
have a sneer at ~을 비웃다   **a veiled sneer** 마음속에 품은 조소
There was a *sneer* in his voice. 그의 목소리에는 비웃음이 있었다.
sneering 형 비웃는   **sneeringly** 부 비웃으며

□ 0855
scorn
[skɔːrn]

동 경멸하다 ; 거절하다   명 경멸
scorn to tell a lie 거짓말하는 것을 경멸하다
repay scorn with scorn 경멸로써 경멸을 되갚다
If we don't go, Maggie will forever *scorn* us. 만약 우리가 가지 않
으면 Maggie는 우리를 영원히 경멸할 것이다.
scornful 형 경멸하는
+voca = despise 경멸하다

□ 0856
quiver
[kwívər]

동 떨다   명 떨림, 진동
make a quiver 몸을 떨다   **eye quiver** 눈 떨림 현상
I feel the air *quiver* around me. 나는 내 주변의 공기가 진동하는 것을 느
낀다.
quivering 형 떨리는
+voca = tremble 떨다

□ 0857
stutter
[stʌ́tər]

동 말을 더듬다   명 말 더듬기
stutter a bit 말을 약간 더듬다
stop stuttering 말 더듬기를 멈추다
I attempted a response, which came out as a *stutter*. 나는 대답
하려고 했지만, 결국 더듬거리기만 했다.
+voca = stumble 말을 더듬다

☐ 0858
linger
[líŋgər]

(동) 오래 머물다

linger at the door 문가에서 미적거리다
an aftertaste that lingers 남아 있는 뒷맛
One did not see much of the world in a day, but the eye could *linger* on what one saw in the past. 인간은 하루에 세상의 많은 부분을 보지는 못했지만, 그 눈은 과거에 본 것에 오래 머물 수 있었다. (기출)

lingering (형) 오래 끄는

☐ 0859
recur
[rikə́:r]

(동) 되풀이되다

recur to his mind 그의 머리에 다시 떠오르다
the disease recurs 병이 재발하다
He'd noticed that the same ideas *recur* in all mystical systems. 그는 모든 신화 체계에서 똑같은 주제들이 되풀이된다는 것을 알아챘다.

recurrence (형) 반복 recurrent (형) 되풀이되는
voca = reoccur, repeat 다시 발생하다, 반복되다

☐ 0860
stack
[stæk]

(동) 쌓다 (명) 쌓아 올림, 더미

stack bundles 묶음을 쌓아 올리다 **stack the odds** 사전 준비를 하다
'Reverse psychology' has given me the confidence to succeed, even when the odds are *stacked* against me. '역 심리학'은 나에게 장애물이 잔뜩 쌓여 있을 때에도 성공할 수 있다는 자신감을 주었다.

voca = pile, heap 쌓아 올리다

☐ 0861
thrust
[θrʌst]
-thrust-thrust

(동) 밀다, 찌르다

thrust on (옷 따위를) 서둘러 입다 **thrust in** 찔러 넣다
He jumped up and *thrust* the plate of sushi under the chef's nose. 그는 벌떡 일어나 회 접시를 요리사의 코앞에 디밀었다.

☐ 0862
extrinsic
[ikstrínsik]

(형) 외적인

extrinsic motivation 외적 동기 **extrinsic reward** 외적 보상
I start with a discussion of the main *extrinsic* and intrinsic factors. 나는 주요한 외부적, 내부적 요소로 논의를 시작하겠다.

voca ↔ intrinsic 본질적인, 내재하는

Link 어원 ex- 밖으로, ~을 넘어서

- exhale 숨을 내쉬다
- external 외부의
- exceed 초과하다
- extend 연장하다, 확장하다
- exclaim 외치다
- exclude 배제하다
- extrinsic 외적인
- expire 만료되다
- extract 뽑아내다, 발췌하다
- expand 넓히다, 확장하다
- export 수출하다
- exterior 외부의
- explicit 명백한, 분명한
- expel 쫓아내다
- expose 드러내다

A 영어는 우리말로, 우리말은 영어로 쓰시오.

① enchant _____ ⑪ 인정하다 _____

② console _____ ⑫ 음모를 꾸미다 _____

③ mandate _____ ⑬ 잡아채다 _____

④ stack _____ ⑭ 삼가다 _____

⑤ aspire _____ ⑮ 밀다 _____

⑥ reckon _____ ⑯ 되풀이되다 _____

⑦ commend _____ ⑰ 말을 더듬다 _____

⑧ grumble _____ ⑱ 분별하다 _____

⑨ harness _____ ⑲ 나타내다 _____

⑩ bypass _____ ⑳ 오래 머물다 _____

B 빈칸에 공통으로 들어갈 단어는?

① _____ to error 실수하기 쉬운   semi-_____ position 반쯤 엎드린 자세

② _____ to ~을 고수하다   _____ together 밀착하다

③ have a _____ at ~을 비웃다   a veiled _____ 마음속에 품은 조소

④ _____ motivation 외적 동기   _____ reward 외적 보상

C 다음 빈칸에 알맞은 단어를 〈보기〉에서 골라 넣으시오. (필요하면 형태를 변형하시오.)

[보기]
constrain quiver seduce beckon scorn

① They'll tease and ( ) you into doing their bidding.

② I ( ) to Jeremy to follow me.

③ It is not that I wish to ( ) your freedom.

④ If we don't go, Maggie will forever ( ) us.

⑤ I feel the air ( ) around me.

D 이번 테마를 다룬 독해 지문을 읽으면서 관련 어휘의 뜻을 확인해 보자.

When I first saw the horse, he was **quivering** incessantly. Besides, he **clung** to the trailer and never let people in. He also refused to get out of it. He seemed to **manifest** his distrust and fear of humans. I **conceded** his feeling. I never requested his immediate obedience. I just took care of him in the trailer. Whenever I visited him, I opened the door and induced him to watch other horses running. While looking outward, I **consoled** him and whispered **enchanting** stories of trotting in the meadow. One day as I opened the door, he **thrust** out his nose. He climbed down, stumbled a little, bumped into the **stacks** of hay, and began walking cautiously. I only followed him, **commending** him continuously. His recovery was **beckoning**. His intrinsic power **discerned** a real friend, and aroused a willingness in him to do something. Now he enjoys running with me on his back, which is the goal I had **aspired** to.

Translation　내가 그 말을 처음 보았을 때, 그는 끊임없이 **quiver**하고 있었다. 게다가 그는 트레일러에 **cling**해서 결코 사람을 들이려 하지 않았다. 그는 또한 거기서 나오기를 거부했다. 그는 인간에 대한 불신과 공포를 **manifest**하는 것 같았다. 나는 그의 감정을 **concede**했다. 나는 그의 즉각적인 복종을 결코 요구하지 않았다. 나는 그저 트레일러에 있는 그를 돌보았다. 내가 갈 때마다 나는 문을 열고 그가 다른 말들이 달리는 것을 보도록 유도했다. 바깥쪽을 보면서 나는 그를 **console**하고 초원을 달리는 **enchant**한 이야기를 속삭였다. 어느 날 내가 문을 열었을 때 그는 그의 코를 **thrust**했다. 그는 걸어 내려와서 조금 비틀거리더니, 건초 **stack**에 부딪히면서 조심스럽게 걷기 시작했다. 나는 끊임없이 그를 **commend**하면서 따라가기만 했다. 그의 회복이 **beckon**하고 있었다. 그에게 내재된 힘이 진정한 친구를 **discern**하고 무언가 기꺼이 하려는 의지를 불러일으켰다. 지금은 내가 **aspire**했던 목표대로, 그는 나를 등에 태운 채 달리기를 즐긴다.

Words　• incessantly 끊임없이　• distrust 불신　• obedience 복종　• induce 유도하다
• trot 빨리 걷다　• meadow 초원　• stumble 비틀거리다　• willingness 하려 함, 의지

정답

B　① prone　② cling　③ sneer　④ extrinsic
C　① seduce　② beckoned　③ constrain　④ scorn　⑤ quiver

졸린 걸 어떡해요!

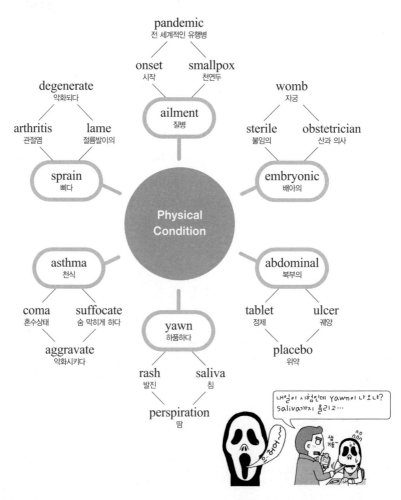

□ 0863
ailment
[éilmənt]

명 질병

a slight **ailment** 가벼운 병
ailments linked to weight 체중 관련 질병
Yellow dust in spring causes many diseases including eye *ailments*. 봄에 황사는 눈병을 포함한 많은 질병을 일으킨다.

🔖 **voca** = illness, disease 질병 = disorder 장애

□ 0864
onset
[ánsèt]

명 시작

the sudden **onset** of the disease 갑작스런 발병
the **onset** of pneumonia 폐렴의 발병
First snow usually marks the *onset* of winter. 첫눈은 겨울의 시작을 알린다.

□ 0865
pandemic
[pændémik]

명 전국(전 세계)적인 유행병

a **pandemic** caused by bird flu 조류 독감에 의한 전염병
a **pandemic** outbreak of malaria 말라리아의 전 세계적인 발병
Most scientists agree that a *pandemic* on a large scale could come anytime soon. 대부분의 과학자들은 조만간 큰 규모의 유행병이 온다는 데 동의한다.

🔖 **voca** = epidemic 유행병

□ 0866
smallpox
[smɔ́:lpɑ̀ks]

명 천연두

be infected with **smallpox** 천연두에 걸리다
suffer from **smallpox** 천연두를 앓다
Her face was covered with the scars of *smallpox*. 그녀의 얼굴은 천연두의 흉터로 가득했다.

□ 0867
sprain
[sprein]

동 (손목, 발목 등을) 삐다 명 삠

sprain one's ankle ~의 발목을 접질리다
a slight **sprain** 약하게 삠
The *sprain* wasn't too bad. 삔 것은 아주 심하지는 않았다.

□ 0868
arthritis
[ɑːrθráitis]

명 관절염

degenerative **arthritis** 퇴행성 관절염
rheumatoid **arthritis** 류머티즘성 관절염
The right kind of stress can protect us against chronic age-related diseases such as *arthritis* and heart disease. 적절한 종류의 스트레스는 관절염과 심장병과 같은 만성적이고 연령과 관련된 질병으로부터 우리를 보호해 줄 수 있다. (기출)

□ 0869
degenerate
[didʒénərèit]

동 악화되다

degenerate into a riot 폭동으로 악화되다
degenerate into the commonplace 평범한 일로 전락하다
His health *degenerated* quickly after he had the operation.
수술을 받은 후에 그의 건강이 빠르게 악화되었다.
degenerative 형 퇴행성의   degeneration 명 악화

□ 0870
lame
[leim]

형 절름발이의, 불구의 ; (근거 등이) 빈약한

become lame 절름발이가 되다   **lame excuses** 궁색한 변명
He suffered from polio as a child, which has left him *lame*.
그는 어렸을 때 소아마비에 걸렸고, 그것이 그를 절름발이로 만들었다.
➕ **voca** = crippled 다리를 저는 = disabled 장애를 가진

□ 0871
embryonic
[èmbriánik]

형 배아의 ; 초기의

in the embryonic stage 배아 상태의
extract embryonic stem cells 인간 배아 줄기세포를 추출하다
There is a lot of controversy over *embryonic* stem cell
research. 인간 배아 줄기세포 연구에 관한 많은 논란이 있다.
embryo 명 배아, 태아

□ 0872
sterile
[stéril]

형 불임의 ; 결실 없는 ; 살균한 ; 척박한

a sterile ideology 무익한 이념   **sterile water** 소독한 물
Buckwheat is the hearty crop that thrives in poor
conditions, such as *sterile* soil and freezing temperatures.
메밀은 열악한 조건 가령 척박한 토양, 영하의 기온에서도 잘 자라는 억센 작물이다. (기출)
➕ **voca** = barren 불임의 ; 척박한 = unfruitful 불모의 ↔ fertile 가임의 ; 비옥한

□ 0873
womb
[wuːm]

명 자궁

a child in the mother's womb 태내의 아기
die in the womb 태내에서 죽다
The baby in your *womb* is healthy. 당신의 배 속의 아기는 건강합니다.

□ 0874
obstetrician
[àbstətríʃən]

명 산과 의사

go see an obstetrician 산부인과에 가다
a skillful obstetrician 유능한 산과 의사
Obstetricians have a lot of experience delivering babies.
산과 의사들은 아이들을 받아 본 경험이 많다.

□ 0875
asthma
[ǽzmə]

(명) 천식

suffer from asthma 천식을 앓다　**bronchial asthma** 기관지 천식
What they found was those born in the autumn were nearly
30% more likely to get *asthma*. 그들이 발견한 것은 가을에 태어난 아이
들이 천식에 걸릴 가능성이 거의 30% 더 높았다는 것이다. (기출)

□ 0876
suffocate
[sʌ́fəkèit]

(동) 질식시키다 ; 숨 막히게 하다

be suffocated to death 질식사하다
suffocate him by mistake 실수로 그를 질식시키다
We felt *suffocated* because the room was stiflingly hot.
방 안은 숨 막힐 듯 더워서 우리는 질식할 것 같았다.

suffocating (형) 숨 막히는
　　voca = stifle 숨 막히게 하다

□ 0877
aggravate
[ǽgrəvèit]

(동) 악화시키다 ; 짜증나게 하다

aggravate the situation 상황을 악화시키다
aggravate the wound 상처를 악화시키다
Her physical strength gradually diminished as her illness
became *aggravated*. 병이 악화되면서 그녀의 체력은 서서히 약해졌다.
　　voca = worsen 악화시키다　= annoy 짜증나게 하다

□ 0878
coma
[kóumə]

(명) 혼수상태

fall into a coma 혼수상태에 빠지다
wake up from a coma 혼수상태에서 깨어나다
She was in a *coma*, on a breathing machine, her heartbeat
maintained with an electrical device. 그녀는 산소 호흡기로 호흡하고
심장 박동은 전기 장치로 유지된 채 혼수상태에 있었다. (기출)

□ 0879
abdominal
[æbdɑ́mənl]

(형) 복부의

abdominal pain 복통　**abdominal muscle** 복근
Laughter gives your *abdominal*, respiratory, facial, leg and
back muscles a workout. 웃음은 복부, 호흡, 안면, 다리, 등 근육을 운동시켜
준다. (기출)

□ 0880
ulcer
[ʌ́lsər]

(명) 궤양

a gastric ulcer 위궤양　**suffer from an ulcer** 궤양에 걸리다
I got an *ulcer* as a result of being continually under stress at
work. 직장에서 줄곧 스트레스를 받은 결과 궤양이 생겼다.

● ● ●

□ 0881
placebo
[pləsíːbou]

명 위약, 속임약

the **placebo** effect 위약 효과   take **placebos** 위약을 복용하다
Placebos are often used in tests of new drugs. 위약은 신약 실험에
종종 사용된다.

□ 0882
tablet
[tǽblit]

명 정제(錠劑); 판, 패

take one **tablet** at a time 한 번에 알약을 하나씩 먹다
a memorial **tablet** 기념패
Take two *tablets* every four hours after meals. 식후 4시간마다 두
알씩 드세요.

□ 0883
yawn
[jɔːn]

동 하품하다 명 하품

stretch and **yawn** 기지개를 켜며 하품하다
yawn while covering his mouth 입을 가리고 하품하다
To clear your ears, try moving your jaw, swallowing water,
chewing gum, or *yawning*. (멍멍한) 귀가 뚫리게 하려면 턱을 움직이거나,
물을 삼키거나, 껌을 씹거나, 하품을 해 보아라. (기출)

□ 0884
saliva
[səláivə]

명 침, 타액

swallow one's **saliva** 군침을 삼키다
secrete **saliva** 타액을 분비하다
When the food is located, the anteaters entrap it with their
sticky *saliva*. 먹이가 발견되면, 개미핥기는 자신들의 끈적한 타액을 이용해서 먹
이가 걸려들게 한다.

□ 0885
perspiration
[pə́ːrspəréiʃən]

명 땀; 땀 분비

be wet with **perspiration** 땀투성이가 되다
induce **perspiration** 땀을 흘리게 하다
Genius is ninety-nine percent *perspiration* and one percent
inspiration. 천재는 99퍼센트의 땀(노력)과 1퍼센트의 영감으로 이루어진다.
➕ voca = sweat 땀

□ 0886
rash
[ræʃ]

명 발진, 뾰루지 형 경솔한

get a red itchy **rash** 빨갛고 가려운 땀띠가 생기다
in a seemingly **rash** way 겉보기에는 경솔한 방식으로
Although she applied ointment to the *rash*, it got worse.
그녀가 발진에 연고를 발랐지만 그것은 심해졌다.
➕ voca = reckless 무모한 = hasty 성급한

0887
robust
[roubʌ́st]

⑱ 건장한, 튼튼한 ; 확신에 찬
a **robust** physique 튼튼한 체격
a boy of **robust** health 건장한 소년
Most men want to have a *robust* and muscular physique.
대부분의 남자들은 건장하고 근육질의 체격을 갖길 원한다.
robustness ⑲ 강건함

0888
tickle
[tíkl]

⑧ 간지럼 태우다 ; (흥미를) 돋우다
be sensitive to **tickling** 간지럼을 타다
tickle a person's feet 발바닥을 간질이다
There is historical evidence that *tickling* was used as a
method of torture and execution in centuries past. 간질이는 것이
수세기 전에 고문과 처형의 한 방법으로 사용되었다는 역사적 증거가 있다. （기출）

0889
vessel
[vésəl]

⑲ 선박 ; 그릇 ; 혈관
a war **vessel** 군함 a blocked blood **vessel** 막힌 혈관
It seems that exercise can make blood *vessels* in the brain
stronger and more fully developed. 운동이 뇌 속 혈관을 더 강하고 더
완전하게 발달하게 해 주는 것 같다. （기출）

0890
artery
[ɑ́ːrtəri]

⑲ 동맥 ; 주요 도로
the main **artery** 대동맥
the major **arteries** out of the city 도시의 주요 간선도로
Blood vessels consist of *arteries* and veins. 혈관은 동맥과 정맥으
로 이루어져 있다.

0891
invigorate
[invígərèit]

⑧ 기운 나게 하다 ; 활성화하다
invigorate the economy 경제를 활성화하다
invigorate the tourism industry 관광 산업을 활성화하다
Taking a walk made her feel refreshed and *invigorated*.
산책이 그녀를 상쾌하고 기운 나게 해 주었다.
➕ voca = inspire 고무하다 = vitalize 생기를 불어넣다

0892
latent
[léitnt]

⑱ 잠재적인, 잠복성의
latent demand 잠재적 수요
develop one's **latent** ability ~의 잠재 능력을 개발하다
The young boy has a *latent* linguistic ability that is not yet
developed. 그 남자아이는 아직 개발되지 않은 잠재적인 언어 능력이 있다.
latency ⑲ 잠복, 잠재
➕ voca = potential 잠재적인

A 영어는 우리말로, 우리말은 영어로 쓰시오.

① robust _____ ⑪ 하품하다 _____

② ailment _____ ⑫ 발진 _____

③ tickle _____ ⑬ 복부의 _____

④ artery _____ ⑭ 천식 _____

⑤ pandemic _____ ⑮ 위약 _____

⑥ saliva _____ ⑯ 자궁 _____

⑦ obstetrician _____ ⑰ 혼수상태 _____

⑧ ulcer _____ ⑱ 질식시키다 _____

⑨ embryonic _____ ⑲ 불임의 _____

⑩ smallpox _____ ⑳ 관절염 _____

B 빈칸에 공통으로 들어갈 단어는?

① become _____ 절름발이가 되다   _____ excuses 궁색한 변명

② _____ the situation 상황을 악화시키다   _____ the wound 상처를 악화시키다

③ a war _____ 군함   a blocked blood _____ 막힌 혈관

④ _____ one's ankle 발목을 접질리다   a slight _____ 약하게 삠

C 다음 빈칸에 알맞은 단어를 〈보기〉에서 골라 넣으시오. (필요하면 형태를 변형하시오.)

┌─────────────【 보기 】─────────────┐
latent onset degenerate tablet perspiration invigorate
└──────────────────────────────────┘

① First snow usually marks the (   ) of winter.

② His health (   ) quickly after he had the operation.

③ Genius is ninety-nine percent (   ) and one percent inspiration.

④ Taking a walk made her feel refreshed and (   ).

⑤ The boy has a (   ) linguistic ability that is not yet developed.

⑥ Take two (   ) every four hours after meals.

D 이번 테마를 다룬 독해 지문을 읽으면서 관련 어휘의 뜻을 확인해 보자.

Although recent developments in science and technology have raised the possibility of extending the human lifespan, there is no an elixir of life yet. You may want strong **abdominal** muscles and a **robust** physique at the age of seventy, but these will not be easy to obtain considering your age. Aging is an inevitable phase of life, and you should adapt to it. As you get old, your skin loses resilience and your body becomes weak and fragile, developing some kinds of age-related **ailments**. These include **degenerative** diseases such as **arthritis** and dementia. **Degenerative** nerve diseases also cause the worsening of your body's performance of many of its normal activities, including balance, movement, talking, breathing and heart function. But proper eating habits and exercise on a regular basis will delay the **onset** of these age-related diseases.

Translation 비록 최근의 과학 기술의 발전이 인간 수명을 연장하는 데 가능성을 높이긴 했지만, 아직 불로장생약은 없다. 당신은 70의 나이에도 단단한 abdominal 근육과 robust한 체격을 원하겠지만, 나이를 고려해 봤을 때 그런 것을 얻기는 쉽지 않다. 노화는 피할 수 없는 삶의 한 단계이며, 당신은 노화에 적응해야 한다. 나이가 들어감에 따라, 피부는 탄력을 잃고 몸은 약해져서, 노인성 ailment들을 얻게 된다. 이런 병들에는 arthritis와 치매와 같은 degenerative한 질환들이 포함된다. 또한 Degenerative한 신경병들은 균형감, 움직임, 말하기, 숨쉬기, 심장 기능을 포함하는 일반적인 활동의 많은 신체적 움직임을 악화시킬 수 있다. 하지만 적절한 식습관과 규칙적인 운동이 이러한 노인성 질환들의 onset을 늦출 것이다.

Words • possibility 가능성 • extend 연장하다, 늘이다 • elixir of life 불로장생약 • physique 체격 • inevitable 피할 수 없는 • phase 단계, 국면 • adapt 적응하다, 익숙해지다 • resilience 탄력, 회복력 • fragile 허약한 • dementia 치매 • worsen 악화시키다 • on a regular basis 정기적으로, 규칙적으로

정답

B ①lame ②aggravate ③vessel ④sprain
C ①onset ②degenerated ③perspiration ④invigorated ⑤latent ⑥tablets

Day 31 톱스타 A양의 굴욕

impartial 공정한	mediate 중재하다	solidarity 연대	kinship 친족	maternal 모성의
inflict 가하다	deterioration 악화	ordeal 시련	plight 역경	predicament 곤경
coax 달래다	delude 속이다	deceptive 속이는	hypocrisy 위선	integrity 정직
mischief 나쁜 짓	vice 악덕	delinquency 비행	corruption 부패	eradicate 근절하다
humility 겸손	decent 예의 바른	dignity 품위	demean 품위를 떨어뜨리다	humiliation 굴욕

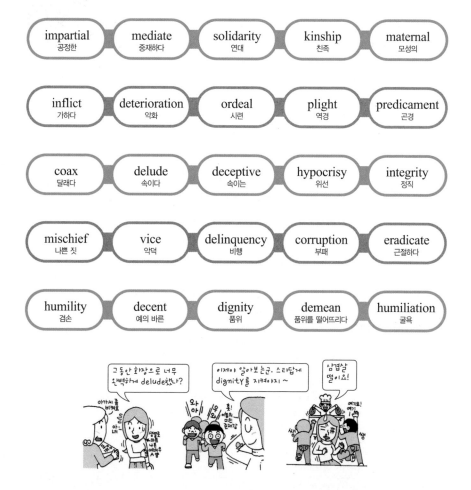

□ 0893
impartial
[impá:rʃl]

(형) 공정한, 공평한
impartial judgment 공정한 심판
an impartial report 공정한 보도
Today, auditions are as *impartial* as possible. 오늘날 오디션들은
가능한 한 공정하다.
🔲 **voca** = neutral 중립적인 = unbiased 편견 없는 ↔ partial 편파적인

□ 0894
mediate
[mí:dièit]

(동) 중재하다, 조정하다
mediate between two parties 양당을 중재하다
mediate a dispute 분쟁을 조정하다
The committee is expected to *mediate* a lot of these issues.
위원회가 이 많은 문제들을 조정할 것으로 기대된다.
mediation (명) 중재, 조정
🔲 **voca** = intervene (상황 개선을 위해) 개입하다

□ 0895
solidarity
[sà:lədǽrəti]

(명) 연대, 결속
show solidarity with ~에 대한 연대를 보여 주다
workers' solidarity 노동자들의 결속
We do have tremendous global *solidarity* on this issue.
우리는 이 사안에 관한 엄청난 국제적 연대를 갖고 있다.
🔲 **voca** = unification 통일, 단일화

□ 0896
kinship
[kínʃip]

(명) 친족 ; 연대감
prove kinship 친족임을 증명하다
kinship bonds 친족 간의 결속
Here are three essays dealing with *kinship*. 여기에 친족을 다룬 세
개의 글이 있다.
🔲 **voca** = affinity 밀접한 관계 ; 친밀감

□ 0897
intricate
[íntrikət]

(형) 복잡한, 뒤얽힌
intricate plots (소설 등의) 복잡한 줄거리
an intricate knot 뒤얽힌 매듭
They were sewing an *intricate* curtain of lace. 그들은 복잡한 레이
스 커튼을 바느질하고 있었다.
🔲 **voca** = complicated 복잡한

□ 0898
maternal
[mətə́:rnl]

(형) 모성의
maternal love 모성애   **maternal aunt** 이모, 외숙모
She does not have *maternal* instincts. 그녀에게는 모성 본능이 없다.

□ 0899
harass
[hərǽs]

동 괴롭히다

harass classmates 급우들을 괴롭히다
be **harassed** by anxiety 불안에 시달리다
I would tell him he cannot *harass* people like that. 나는 그에게
그렇게 사람들을 괴롭히면 안 된다고 말할 것이다.

voca = annoy, bother 괴롭히다

□ 0900
inflict
[inflíkt]

동 (괴로움 등을) 가하다

inflict a wound 상처를 입히다
inflict mischief on society 사회에 해악을 끼치다
Some bad people want to *inflict* harm on others. 몇몇 나쁜 사람
들은 다른 사람들에게 해를 끼치고 싶어 한다.
inflictive 형 가하는 ; 괴로운   infliction 명 가함 ; 고통

□ 0901
deterioration
[ditìəriəréiʃən]

명 악화, 퇴보

quality **deterioration** 품질 저하
deterioration of credit rating 신용 불량
The chemicals released by the microbes can cause
deterioration of water quality. 미생물들에 의해서 방출된 화학 물질들은
수질을 악화시킬 수 있다. (기출)
deteriorate 동 악화되다

□ 0902
ordeal
[ɔːrdíːəl]

명 시련

survive an **ordeal** 시련을 견뎌내다
spare an **ordeal** 시련을 모면하다
She would just want somebody to keep her company in this
terrifying *ordeal*. 그녀는 단지 이 끔찍한 시련을 겪는 동안 친구가 되어 줄 누군
가를 원했을 것이다.

voca = hardship 곤란

□ 0903
plight
[plait]

명 역경, 곤경

in a wretched **plight** 비참한 상황에 처한
feel sympathy for a **plight** 곤경에 대해 동정하다
Neil thought that the family's *plight* made them the perfect
candidate for the TV show. Neil은 그 가족의 역경이 그들을 TV쇼의 완벽
한 후보로 만들었다고 생각했다.

voca = difficulty 어려움

□ 0904
predicament
[pridíkəmənt]

명 곤경, 궁지

in a **predicament** 곤경에 처한
predicaments at work 회사 생활의 고충
Please don't put me in that *predicament*. 저를 그런 궁지로 몰아넣지
말아 주세요.

□ 0905
coax
[kóuks]

(동) 달래다, 구슬리다 (명) 감언, 달램
coax a child to take his medicine 아이를 달래어 약을 먹게 하다
coax a brilliant performance out of the cast 배우를 잘 다루어 놀라운 연기를 하게 하다
The pastor *coaxed* the cat and offered warm milk. 그 성직자는 고양이를 구슬려서 따뜻한 우유를 먹였다.

`voca` = persuade 설득하다   = cajole 꼬드기다

□ 0906
delude
[dilú:d]

(동) 속이다, 착각하게 하다
self-deluded 자신을 착각하는   **a deluded fool** 착각에 빠진 바보
Americans *delude* themselves about how much success is happening there. 미국인들은 미국에서 일어나는 성공의 정도에 대해서 스스로를 착각하고 있다.

delusion (명) 오해, 착각   delusive (형) 현혹하는

□ 0907
lure
[luər]

(명) 유혹 ; 미끼 (동) 유혹하다, 꾀다
jig a lure up and down 미끼를 위아래로 흔들다
lure customers 고객을 유치하다
Alcohol wouldn't be a *lure* for her. 술은 그녀의 마음을 끌지 못할 것이다.

`voca` = tempt 유혹하다   = attract (마음을) 끌다

□ 0908
deceptive
[diséptiv]

(형) 속이는, 현혹하는
deceptive labeling (소비자를) 현혹시키는 상표
deceptive simplicity 단순하다고 오해하기 쉬운
I think fame is very *deceptive*. 나는 명성이 매우 거짓된 것이라고 생각한다.

deceive (동) 속이다
`voca` = misleading 오해를 일으키는

□ 0909
hypocrisy
[hipákrəsi]

(명) 위선
the hypocrisy of the church 교회의 위선
the height of hypocrisy 위선의 극치
This *hypocrisy* is what drives the rest of us crazy. 이런 위선이 나머지 우리를 미치게 만드는 것이다.

□ 0910
integrity
[intégrəti]

(명) 정직, 진실 ; 완전한 상태
reputation for integrity 정직하다는 평
preserve the integrity of ~을 완전한 상태로 유지하다
Outsiders will think we are failures or lacking in *integrity*. 외부인들은 우리가 실패한 사람들이거나 정직하지 못한 사람들이라고 생각할 것이다.

`voca` = honesty 정직

□ 0911
mischief
[místʃif]

(명) 나쁜 짓, 장난 ; 해악
up to mischief 말썽을 피우는   the worst mischief 가장 심한 장난
They were acrobatics filled with *mischief* and seduction.
그것들은 장난과 유혹으로 가득한 곡예였다.
mischievous (형) 짓궂은 ; 유해한

□ 0912
vice
[vais]

(명) 악덕, 부도덕
a nest of vice 악의 온상   virtue and vice 미덕과 악덕
She had a secret *vice*. 그녀에게는 숨겨진 사악함이 있었다.
vicious (형) 악덕의 ; 악의 있는

□ 0913
delinquency
[dilíŋkwənsi]

(명) (청소년의) 비행 ; 의무 불이행 ; 연체
juvenile delinquency 청소년 범죄
interest in delinquency 연체 이자
The rate of juvenile *delinquency* is notably high. 청소년 비행률
은 현저히 높다.

□ 0914
corruption
[kərʌ́pʃn]

(명) 부패, 타락
eliminate corruption 부패를 근절하다
allegations of corruption 부정부패 혐의
A second factor causing poverty in Latin America is
governmental *corruption*. 라틴 아메리카에서 빈곤을 초래하는 두 번째 요인
은 정부의 부패이다.
corrupt (형) 타락한, 부정직한 (동) 타락시키다

□ 0915
eradicate
[irǽdikeit]

(동) 근절하다, 뿌리 뽑다
eradicate germs 병균을 제거하다
eradicate terrorism 테러를 근절하다
Discrimination is something government may take steps to
eradicate. 차별은 정부가 조치를 취하여 근절할 수 있는 것이다.
voca = root out, wipe out, eliminate 뿌리 뽑다, 없애다

□ 0916
dissent
[disént]

(명) 반대 (동) 반대하다
express dissent 이의를 제기하다
no room for dissent 이의의 여지가 없는
We ought to have a lot of political *dissent* — a lot of
political argument. 우리는 많은 정치적 반대, 즉 많은 정치적 논쟁을 해야 한다.
voca = disagree 동의하지 않다 ↔ assent 동의하다

☐ 0917
humility
[hju:mílǝti]

명 겸손
a man of humility 겸손한 사람
display humility 겸손함을 보이다
With *humility*, I thank you for this award. 겸손한 마음으로 이 상에 대해 감사드립니다.

☐ 0918
decent
[díːsnt]

형 (수준이) 괜찮은 ; 예의 바른
decent income 괜찮은 소득　**live a decent life** 사람답게 살다
We drove her old Porsche 911 to the nearest *decent* restaurant. 우리는 그녀의 낡은 포르쉐 911을 몰고 가장 가까운 괜찮은 레스토랑으로 갔다.
decency 명 체면, 품위　**decently** 부 점잖게

☐ 0919
hospitality
[hàspǝtǽlǝti]

명 환대
a sign of hospitality 환대의 표시　**a hospitality suite** 귀빈실
That's an ancient gesture of *hospitality*. 그것은 환대를 표현하는 옛날 표현이다.

☐ 0920
dignity
[dígnǝti]

명 존엄, 위엄, 품위
death with dignity 존엄사
the violation of human dignity 인간 존엄성의 침해
Though monitoring is sometimes necessary, it can't violate privacy and *dignity*. 감시가 때때로 필요하기는 하지만 그것이 사생활과 존엄성을 침해할 수는 없다. 기출

☐ 0921
demean
[dimíːn]

동 품위를 떨어뜨리다 ; 행동하다
demean oneself to do ~할 신세까지 떨어지다
demean oneself like a woman 여자답게 처신하다
The university was *demeaned* by a student's behavior.
그 대학교는 한 학생의 행동에 의해서 품위가 실추되었다.
┿ voca = degrade 지위를 낮추다 ; 품위를 떨어뜨리다

☐ 0922
humiliation
[hju:mìliéiʃǝn]

명 굴욕 ; 창피 줌
the humiliation of defeat 패배의 굴욕
the humiliation of being criticized 비난 받는 굴욕
People maintain that public *humiliation* is unjust. 사람들은 대중적으로 창피를 주는 일은 공정하지 못한 일이라고 주장한다. 기출
humiliate 동 굴욕감을 주다

A 영어는 우리말로, 우리말은 영어로 쓰시오.

① harass _____   ⑪ 품위를 떨어뜨리다 _____

② mischief _____   ⑫ 악화 _____

③ delinquency _____   ⑬ 반대 _____

④ inflict _____   ⑭ 근절하다 _____

⑤ decent _____   ⑮ 부패 _____

⑥ integrity _____   ⑯ 위선 _____

⑦ delude _____   ⑰ 존엄 _____

⑧ coax _____   ⑱ 굴욕 _____

⑨ plight _____   ⑲ 유혹 _____

⑩ ordeal _____   ⑳ 친족 _____

B 빈칸에 공통으로 들어갈 단어는?

① _____ judgment 공정한 심판   an _____ report 공정한 보도

② _____ love 모성애   _____ aunt 이모, 외숙모

③ _____ labeling (소비자를) 현혹시키는 상표

    _____ simplicity 단순하다고 오해하기 쉬운

④ a man of _____ 겸손한 사람   display _____ 겸손함을 보이다

C 다음 빈칸에 알맞은 단어를 〈보기〉에서 골라 넣으시오. (필요하면 형태를 변형하시오.)

┏━━━━━━━━━━━━ [보기] ━━━━━━━━━━━━┓

vice   predicament   mediate   solidarity   intricate   hospitality

┗━━━━━━━━━━━━━━━━━━━━━━━━━━━━┛

① The committee is expected to (   ) a lot of these issues.

② Pleas don't put me in that (   ).

③ That's an ancient gesture of (   ).

④ They were sewing an (   ) curtain of lace.

⑤ We do have tremendous global (   ) on this issue.

⑥ She had a secret (   ).

D 이번 테마를 다룬 독해 지문을 읽으면서 관련 어휘의 뜻을 확인해 보자.

Residents at refuges outside Harare, the capital of Zimbabwe, are waiting for the government to fulfill its promise to end their **ordeal**. During his presidential campaign, Mugabe promised that refugees expelled from the Porta and Churu farms, then owned by followers of the previous **corrupt** government would be assisted by the new government. The refugees showed their faith and supported him eagerly. Chisoni Magaya, residing at one of the refuges since 1994 said he had lost all hope of an end to their **predicament**, because of the apparent **hypocrisy** of Mugabe. Magaya said, "In 1995, Mugabe came to us and promised that the government would immediately end our **plight** by building houses for us and providing all the basic services. But, I realized that he was **deceptive** when he won the election. Politicians and government officials seem to completely lack **integrity**. They are interested only in our votes."

Translation 짐바브웨 수도인, Harare의 외곽 피난처의 거주자들은 정부가 자신들의 **ordeal**을 끝내겠다는 약속의 이행을 기다리고 있다. 대통령 선거 유세 기간 동안 Mugabe는 이전의 **corrupt**한 정부의 추종자들의 소유인 Porta와 Churu 농장에서 쫓겨난 난민들이 새로운 정부의 구조를 받을 것이라고 약속했다. 피난민들은 신뢰를 보였고 그를 열렬히 지지했다. 1994년부터 피난처 중 한 곳에서 거주하는 Chisoni Magaya는 Mugabe의 명백한 **hypocrisy** 때문에 그들의 **predicament**를 끝낼 것이라는 모든 희망을 잃었다고 말했다. "1995년에 Mugabe는 우리에게 와서 정부가 집을 짓고 모든 기본 서비스를 제공하여 우리의 **plight**를 즉시 끝낼 것을 약속했다. 그러나 나는 그가 선거에 승리했을 때 그가 **deceptive**하다는 것을 깨달았다. 정치가와 정부의 관료들은 **integrity**가 완전히 결여된 것 같다. 그들은 오로지 우리의 투표에만 관심이 있다."고 Magaya는 말했다.

Words • resident 거주자 • refuge 피난처 • fulfill 이행하다 • presidential 대통령의 • campaign 선거 운동 • expel 쫓아내다 • assist 돕다, 원조하다 • eagerly 열렬히, 열심히 • apparent 분명한, 명백한 • vote 투표(수)

정답 📁

B ① impartial ② maternal ③ deceptive ④ humility
C ① mediate ② predicament ③ hospitality ④ intricate ⑤ solidarity ⑥ vice

32

집단과 쟁점

Day

버림받은 아바타

compel 강요하다	**refute** 반박하다	**defy** 반항하다	**impede** 방해하다	**sabotage** 파괴
inaction 활동하지 않음	**trigger** 계기	**unleash** 촉발시키다	**fad** 유행	**prominent** 유명한
prolong 연장하다	**longevity** 장수	**mortality** 죽어야 할 운명	**corpse** 시체	**funeral** 장례식
calamity 재난	**perilous** 위험한	**demolish** 철거하다	**rubbish** 쓰레기	**disposal** 처리
mob 군중	**tangle** 엉키다	**detachment** 거리를 둠	**disperse** 흩어지다	**outcast** 버림받은 사람

· · ·

□ 0923
compel
[kəmpél]

(동) 강요하다 ; (반응을) 불러오다
compel obedience 복종을 강요하다   **compel pity** 연민을 자아내다
Authors felt *compelled* to add more information to new
editions of their textbooks. 저자들은 더 많은 정보들을 교과서의 개정판에
실어야 한다는 압박감을 느꼈다. (기출)
compulsion (명) 강요 ; 충동

□ 0924
refute
[rifjúːt]

(동) 반박하다 ; 부인하다
refute a statement 성명을 반박하다
refute an argument 주장을 반박하다
The lawyer *refuted* the testimony of the witness. 그 변호사는
증인의 증언을 반박했다.
voca = rebut 반박하다   = deny 부인하다

□ 0925
defy
[difái]

(동) 반항하다 ; 무시하다
defy the law 법을 위반하다   **defy a teacher** 선생님께 반항하다
She *defied* her parents and dropped out of school. 그녀는 부모에
게 반항하고 학교를 자퇴했다.
defiance (명) 반항   defiant (명) 반항하는
voca = resist 저항하다

□ 0926
impede
[impíːd]

(동) 방해하다, 지연시키다
impede the progress 진전을 방해하다
impede economic growth 경제 성장을 저해하다
He claimed that economic growth was being *impeded* by
government regulations. 그는 경제 성장이 정부의 규제에 의해 방해받고 있
다고 주장했다.
voca = hinder, hamper 방해하다, 막다

□ 0927
sabotage
[sǽbətɑ̀ːʒ]

(명) (설비) 파괴 ; 방해 (동) (설비를) 파괴하다 ; 방해하다
an act of sabotage 파괴 행위
sabotage the peace talks 평화 회담을 방해하다
Angry workers were responsible for the *sabotage* of the
machines. 화난 노동자들은 설비 파괴에 대해 책임이 있었다.

□ 0928
disparity
[dispǽrəti]

(명) (불공평한) 차이
the disparity in regional development 지역 발전 격차
**the disparity between the earnings of men and
women** 남녀의 소득 격차
Around the world, there is a wide *disparity* between rich
and poor. 세상에는 큰 빈부 격차가 존재한다.

□ 0929
inaction
[inǽkʃn]

명 활동하지 않음 ; 나태함
justification for inaction 행동을 취하지 않는 타당한 이유
inaction by workers 일꾼들의 나태함
They need an excuse for not doing that, so that they can justify their *inaction*. 그들은 자신들의 나태함을 정당화할 수 있도록 그 일을 하지 않는 것에 대한 변명이 필요하다. (기출)
inactive 형 활동하지 않는

□ 0930
trigger
[trígər]

명 방아쇠 ; 계기 동 발사하다 ; 일으키다
a hair-trigger situation 일촉즉발의 상황
trigger symptoms 증상을 일으키다
Food allergies can *trigger* certain reactions in your body.
음식 알레르기는 체내에 특정 반응을 일으킬 수 있다. (기출)
⚡ **voca** = bring about, cause 야기하다

□ 0931
unleash
[ʌnlíːʃ]

동 (강력한 반응을) 촉발시키다
unleash creativity 창조성을 발휘하다
unleash a wave of protest 항의의 물결을 일으키다
The editorial *unleashed* a torrent of angry responses.
그 사설은 빗발치는 분노의 반응들을 불러일으켰다.

□ 0932
fad
[fæd]

명 (일시적인) 유행
the latest fashion fad 최신 패션 경향
a fad for wearing miniskirts 미니스커트를 입는 유행
Rap music proved to be more than just a passing *fad*.
랩 음악은 스쳐 지나가는 유행 그 이상이라는 것을 입증했다.
⚡ **voca** = craze (일시적인) 열풍

□ 0933
prominent
[prάminənt]

형 중요한 ; 유명한 ; 돌출된
prominent figures 유명 인사   **prominent teeth** 뻐드렁니
Distance learning has recently become *prominent* in the field of further education. 원격 교육은 최근 들어 성인 교육 분야에서 유명해졌다. (기출)
⚡ **voca** = noticeable 현저한, 두드러진

□ 0934
feat
[fiːt]

명 위업, 공적 ; 솜씨
a feat of arms 무훈(군사상의 공적)
be no mean feat 대단한 솜씨이다
Writing that whole report in one night was quite a *feat*.
하룻밤에 그 전체 보고서를 쓰는 것은 엄청난 일이었다.
⚡ **voca** = performance 성과 = accomplishment 업적

☐ 0935
prolong
[prəlɔ́ːŋ]

(동) 연장하다

prolong life 생명을 연장하다　**prolong** a stay 체류를 연장하다
Drinking too much during *prolonged* exercise can lower sodium levels in the blood. 장시간 운동 중에 물을 너무 많이 마시면 혈액 내의 염분 수준을 낮출 수 있다. (기출)

+ voca = lengthen 늘이다

☐ 0936
longevity
[lɑndʒévəti]

(명) 장수 ; 오래 지속됨

a **longevity** village 장수 마을
the secret to **longevity** 장수의 비결
Several elements influencing *longevity* are set at birth.
장수에 영향을 미치는 여러 가지 요소들은 출생 시에 결정된다.

☐ 0937
mortality
[mɔːrtǽləti]

(명) 사망자 수 ; 죽어야 할 운명

mortality rate 사망률　**maternal mortality** 임산부 사망률
After her mother's death, she became aware of her own *mortality*. 어머니가 돌아가신 후에 그녀는 자신의 죽음에 대해서 인식하게 되었다.

mortal (형) 반드시 죽는
+ voca ⋯ immortality 불멸

☐ 0938
corpse
[kɔːrps]

(명) 시체, 송장

a decomposed **corpse** 부패한 시체　a living **corpse** 산 송장
According to some officials in India, carnivorous turtles happily eat both animal and human *corpses*. 인도의 몇몇 공무원들에 따르면 식인 거북이들은 동물과 사람의 시체를 즐겁게 먹어치운다고 한다. (기출)

☐ 0939
funeral
[fjúːnərəl]

(명) 장례식

a **funeral** hall 장례식장　hold a **funeral** 장례식을 집행하다
They were dressed inappropriately for a *funeral*. 그들은 장례식에 맞지 않는 옷을 입고 있었다.

☐ 0940
calamity
[kəlǽməti]

(명) 재난, 재앙

the natural **calamity** 자연재해　a war **calamity** 전쟁의 피해
Economic *calamity* brought about these long-term problems.
경제적 재앙은 이러한 장기적인 문제들을 유발했다.

+ voca = disaster 재난

□ 0941
ransom
[rǽnsəm]

명 (유괴나 납치된 사람의) **몸값**, 배상금
demand a **ransom** 몸값을 요구하다   a king's **ransom** 큰 돈
The kidnappers demanded a *ransom* of one million dollars.
그 유괴범들은 몸값으로 백만 달러를 요구했다.

□ 0942
perilous
[pérələs]

형 위험한, 모험적인
perilous conditions 위험한 환경
perilous regimes 위험한 정권
A journey through hostile territory is *perilous*. 적의 영토에서
돌아다니는 것은 위험하다.
+ voca = hazardous 위험한

□ 0943
precaution
[prikɔ́ːʃn]

형 예방책
safety **precaution** 안전 예방책
take the **precaution** 예방 조치를 취하다
As a *precaution*, we moved everybody out of that area.
예방 차원에서 우리는 모든 사람들을 그곳에서 나가게 했다.
precautious 형 조심하는

□ 0944
demolish
[dimáliʃ]

동 철거하다 ; 무너뜨리다
demolish a building 건물을 철거하다
demolish antiquities 고대 유물을 파괴하다
The old factory was *demolished* to make way for a new
parking lot. 그 낡은 공장은 새로운 주차장을 만들기 위해 철거되었다.
demolition 명 파괴, 폭파
+ voca = destroy 파괴하다

□ 0945
rubbish
[rʌ́biʃ]

명 쓰레기 ; 하찮은 것 ; 헛소리
rubbish works 졸작   talk **rubbish** 헛소리하다
Please, pick the *rubbish* up off the ground. 바닥에 있는 쓰레기를
주우세요.
+ voca = nonsense 터무니없는 말(생각)

□ 0946
implement
[ímplimənt]

명 도구 동 시행하다
a farm **implement** 농기구
implement a policy 정책을 시행하다
We urge you to design and *implement* very strict rules.
우리는 당신이 매우 엄격한 규칙들을 만들고 시행하도록 촉구하는 바입니다. (기출)

□ 0947
disposal
[dispóuzl]

⑧ 처리 ; 처분
disposal of radioactive waste 방사성 폐기물 처리
disposal of stocks 주식 매각
Tenants agree to make timely and appropriate use of the
garbage *disposal* facilities. 세입자들은 쓰레기 처리 시설을 적시에 적절한
방법으로 사용한다는 데 동의한다.
dispose ⑧ 배치하다 ; 처리하다

□ 0948
mob
[mɑb]

⑲ 군중, 무리 ⑧ 떼를 지어 몰려들다
an excited mob 흥분한 군중   **a mob scene** (영화 등의) 군중 장면
The angry *mob* smashed store windows and attacked
people on the streets. 분노한 군중이 가게 창문을 부수고 거리에 있는 사람들
을 공격했다.
voca = crowd 군중

□ 0949
tangle
[tǽŋgl]

⑲ 엉킴 ; 혼란 ⑧ 엉키다 ; 혼란에 빠지다
a tangle of hair 서로 엉킨 머리카락   **tangle with** ~와 싸움에 휘말리다
This fishing line *tangles* easily. 이 낚싯줄은 잘 엉킨다.

□ 0950
detachment
[ditǽtʃmənt]

⑲ 거리를 둠 ; 객관성 ; 분리
an air of detachment 무심한 태도
a retinal detachment 망막 분리
I wish the article had approached the issue with a bit more
detachment. 나는 그 기사가 좀 더 객관적으로 그 문제에 접근했었으면 한다.
detach ⑧ 분리하다 ; 파견하다

□ 0951
disperse
[dispɔ́:rs]

⑧ 흩어지다, 해산시키다
disperse the crowds 군중을 해산시키다
disperse demonstrations 시위대를 해산시키다
The crowd *dispersed* once the show ended. 공연이 끝나자 군중은
뿔뿔이 흩어졌다.
voca = scatter 흩뿌리다 = spread 펼치다, 뿌리다

□ 0952
outcast
[áutkæst]

⑲ 버림받은 사람
a political outcast 정치적 외톨이
an outcast at school 학교에서의 왕따
People with the disease were often treated as social
outcasts. 그 질병에 걸린 사람들은 종종 사회적으로 버림받은 사람으로 취급받았다.

TEST & READING

A 영어는 우리말로, 우리말은 영어로 쓰시오.

① impede _____ ⑪ 방어쇠 _____
② inaction _____ ⑫ 위업 _____
③ mortality _____ ⑬ 철거하다 _____
④ unleash _____ ⑭ 흩어지다 _____
⑤ calamity _____ ⑮ 몸값 _____
⑥ disposal _____ ⑯ 위험한 _____
⑦ detachment _____ ⑰ 예방책 _____
⑧ outcast _____ ⑱ 군중 _____
⑨ rubbish _____ ⑲ 시체 _____
⑩ sabotage _____ ⑳ 도구 _____

B 빈칸에 공통으로 들어갈 단어는?

① _____ obedience 복종을 강요하다　_____ pity 연민을 자아내다
② the latest fashion _____ 최신 패션 경향
　　a _____ for wearing miniskirts 미니스커트를 입는 유행
③ _____ life 생명을 연장하다　_____ a stay 체류를 연장하다
④ _____ figures 유명 인사　_____ teeth 뻐드렁니

C 다음 빈칸에 알맞은 단어를 〈보기〉에서 골라 넣으시오. (필요하면 형태를 변형하시오.)

[보기]
longevity　funeral　refute　defy　disparity　tangle

① The lawyer ( ) the testimony of the witness.
② Around the world, there is a wide ( ) between rich and poor.
③ Several elements influencing ( ) are set at birth.
④ They were dressed inappropriately for a ( ).
⑤ This fishing line ( ) easily.
⑥ She ( ) her parents and dropped out of school.

D 이번 테마를 다룬 독해 지문을 읽으면서 관련 어휘의 뜻을 확인해 보자.

The Dec. 26, 2004, tsunami that was **triggered** near Sumatra claimed nearly a quarter-million lives in 12 countries, and **demolished** most infrastructures along the  coast. Now, researchers have found evidence that wave-causing earthquakes occur in southern parts of Sumatra regularly, and the region of the 2004 **calamity** could be threatened again within 30 years. They say that in particular, the coastal city of Bengkalu, with a population of 350,000, could face flooding up to several miles inland. Despite the **disparity** between the opinions of various experts, there is agreement that if such a **calamity** were to occur, **mortality** and damage would be beyond imagination. To give warning in advance and take proper **precautions**, the buoy, **disposed** by the U.S. Agency for International Development, will have floated by next year as part of a set of 22 buoys planned for the Indian Ocean to become part of a tsunami warning system.

> **Translation** 수마트라 근처에서 **trigger**된 2004년 12월 26일의 쓰나미는 12개 나라에서 거의 25만 명의 목숨을 빼앗았고, 해안을 따라 대부분의 기반 시설을 **demolish**했다. 현재, 연구원들은 해일을 일으키는 지진이 수마트라 남부에서 규칙적으로 발생하며, 2004년 **calamity**의 그 지역이 30년 내에 다시 위협받을 수 있다는 것을 발견해 왔다. 그들은 특히 35만의 인구를 가진 Bengkalu의 해안 도시는 수 마일 내륙까지 범람할 수 있다고 말한다. 많은 전문가들의 의견에 **disparity**가 있지만, 그러한 **calamity**가 발생한다면 **mortality**와 손해는 상상을 초월할 것이라는 데는 의견이 일치한다. 미리 경보를 내리고 적절한 **precaution**들을 취하기 위해서 미 국제 개발처에 의해 **dispose**된 부표는 인도양이 쓰나미 경보 체계 지역이 되도록 계획된 22개 부표의 한 세트의 일부로 내년까지 떠다닐 것이다.

> **Words** • claim 요구하다 ; 인명을 빼앗다 • infrastructure 기반 시설 • wave-causing 해일을 일으키는 • threaten 위협하다, 협박하다 • coastal 해안의 • inland 내륙 • beyond imagination 상상을 넘어선 • in advance 미리 • buoy 부표 • float 떠다니다, 표류하다

정답 🔒

B ① compel ② fad ③ prolong ④ prominent
C ① refuted ② disparity ③ longevity ④ funeral ⑤ tangles ⑥ defied

역사와 전쟁

Day 33 역사를 되돌릴 수 있다면

epoch 시대	**foremost** 최초의	**subsequent** 그 후의	**unprecedented** 전례 없는	**turnaround** 호전
hierarchy 위계	**throne** 왕위	**sovereign** 군주	**wield** 행사하다	**peasant** 소작농
martial 전쟁의	**maneuver** 책략	**corps** 군단	**fortify** 요새화하다	**siege** 포위 작전
revolt 반란	**subdue** 진압하다	**submission** 항복	**vanish** 사라지다	**perish** 죽다
intrude 침범하다	**slaughter** 학살	**repel** 격퇴하다	**retrieve** 되찾아오다	**acclaim** 갈채를 보내다

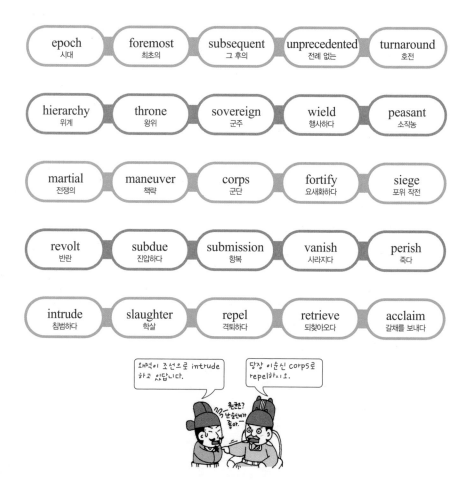

□ 0953
epoch
[épək]

몡 시대
mark an epoch in ~에서 새로운 시대를 열다
move into a new epoch 새로운 시대로 들어가다
We live in an interglacial period now, but the glacial *epoch* is not done yet. 우리는 현재 간빙기에 살고 있고, 빙하기가 아직 끝나지 않았다.
voca = period 기간 ; 시기

□ 0954
foremost
[fɔ́ːrmoust]

몡 가장 중요한 ; 최초의
one of the foremost painters 가장 훌륭한 화가 중 한 명
with one's feet foremost 발을 앞으로 하여
First and *foremost*, it can take forever to find a public phone. 무엇보다도 공중전화를 찾는 데 시간이 아주 많이 걸릴 수 있다. 기출
voca = principal 주요한 = leading 선두의

□ 0955
subsequent
[sʌ́bsikwənt]

몡 그 후의, 다음의
subsequent experiments 그 뒤에 이어진 실험들
deal with in a subsequent report 차후의 보고서에서 다루다
Tape recordings and *subsequent* witnesses showed that what he had said was a lie. 녹음 테이프와 그 후의 증인들은 그가 말한 것이 거짓이었음을 보여 줬다.
subsequently 몭 후에, 이어서 subsequence 몡 이어서 일어남

□ 0956
unprecedented
[ʌnprésidentid]

몡 전례 없는
an unprecedented matter 전례 없는 일
an unprecedented expansion 전례 없는 확장
The fundamental problem with this *unprecedented* contact of different species is that it poses a threat to biodiversity. 다른 종들과의 전례 없는 이 접촉이 가지는 근본적인 문제점은 생물의 다양성에 위협을 가한다는 것이다. 기출
voca ↔ precedented 전례가 있는

□ 0957
turnaround
[tɔ́ːrnəráund]

몡 (상황의) 호전 ; 180도 전환
put him into turnaround 그가 세력을 만회하다
the company's turnaround 회사 상황의 호전
It is one of the greatest business *turnarounds* I've seen so far. 그것은 내가 지금까지 봐 온 가장 훌륭한 기업 회생 중 하나이다.
voca = reversal 전환, 반전

□ 0958
hierarchy
[háiərɑ̀ːrki]

몡 위계, 계층
Maslow's hierarchy of needs Maslow의 욕구 위계설
the hierarchy of the civil service 공무원 조직의 위계
Boys' groups have a *hierarchy*, and each boy hustles for better status in the group. 남자아이들의 집단은 계층이 있으며, 각각의 아이는 그 집단 내의 더 좋은 지위를 얻기 위해 애쓴다. 기출

· · ·

□ 0959
throne
[θroun]

(명) **왕위, 왕좌**
accede to the **throne** 왕위에 오르다
the power behind the **throne** 막후(실질적인) 세력
The prince, at the age of 18, ascended to the *throne* after the king died. 왕이 서거한 뒤 18세의 나이로 왕자가 왕위를 계승했다.

□ 0960
sovereign
[sávrən]

(명) **군주, 국왕** (형) **주권을 가진 ; 자주적인**
the **sovereign** of Great Britain 영국의 군주
sovereign authority 주권
We must respect the rights of *sovereign* nations to conduct their own affairs. 우리는 그들 자신의 일을 수행하는 자주 국가의 권리를 존중해야 한다.
sovereignty (명) 통치권, 자주권
➕ **voca** = autonomous 자치의

□ 0961
wield
[wi:ld]

(동) **(권력 등을) 행사하다 ; (칼 등을) 휘두르다**
wield a considerable power 상당한 권력을 행사하다
wield a weapon 무기를 휘두르다
As a president of the party, he can *wield* enormous power within the party. 정당의 의장으로서, 그는 정당 내에서 막강한 권력을 행사할 수 있다.

□ 0962
peasant
[péznt]

(명) **소작농 ; 시골뜨기**
a group of **peasant** farmers 소작농 집단
a **peasant** girl 시골 처녀
The cost of equipment to harvest more crops was far too expensive for an average *peasant* farmer. 더 많은 농작물을 재배하기 위한 장비의 비용은 일반 소작농들에게는 너무 비쌌다.

□ 0963
tribute
[tríbju:t]

(명) **헌사, 찬사 ; 공물**
pay **tribute** to ~에게 찬사를 바치다
release a **tribute** album 헌정 앨범을 발매하다
Over two thousand college students attended her funeral in *tribute* to the wonderful woman. 2천 명이 넘는 대학생들이 그 훌륭한 여사를 기리기 위해서 그녀의 장례식에 참석했다. (기출)

□ 0964
martial
[má:rʃl]

(형) **전쟁의, 싸움의**
court-**martial** 군사 법원   **martial** art 무술
She won worldwide fame when she starred in Ang Lee's *martial*-arts epic, *Crouching Tiger, Hidden Dragon*. 그녀는 Ang Lee의 무술 대작 영화인 '와호장룡'에서 주연했을 당시 세계적인 명성을 얻었다.

0965
maneuver
[mənúːvər]

명 책략, 작전 동 교묘하게 유도하다 ; 조종하다

perform a maneuver for practice 작전 훈련을 하다
maneuver behind the scenes 배후에서 조종하다
There are continuous attempts at *maneuver* and conspiracy to break up our power. 우리 세력을 와해시키려는 공작과 음모 시도가 계속되고 있다.

0966
corps
[kɔːr]

명 군단 ; 부대 ; 단체

the Women's Army Corps 여군
volunteer for the Marine Corps 해병대에 지원하다
Two divisions make a *corps*. 두 개 사단이 하나의 군단을 이룬다.

0967
fortify
[fɔ́ːrtifài]

동 요새화하다 ; 강화하다

fortify a town against an attack 공격에 대비하여 도시를 요새화하다
be fortified by ~으로 강해지다
Since soy beverages are naturally low in calcium, manufacturers *fortify* them with calcium salts to boost the calcium content. 콩 음료는 원래 칼슘이 적기 때문에 제조자들은 칼슘 함유량을 높이기 위해 칼슘 소금으로 그것들을 강화한다. (기출)

voca = strengthen 강화하다

0968
siege
[siːdʒ]

명 (군사적) 포위 작전

be under siege 포위 공격을 받다
stand a long siege 오랜 포위 공격을 견디다
After a seven-day *siege*, they all were captured by the police. 7일 동안의 포위 후에 그들 모두는 경찰에 잡혔다.
besiege 동 포위하다

0969
spur
[spáːr]

명 자극, 원동력 동 박차를 가하다

on the spur of the moment 순간적인 충동으로
spur one's horse 말에 박차를 가하다
Concern over the environmental impact of burning fossil fuels has helped *spur* interest in an alternative fuel. 화석 연료를 태움으로써 생기는 환경적 영향에 대한 우려는 대체 연료에 대한 관심에 박차를 가했다.

0970
revolt
[rivóult]

명 반란, 저항 동 반란을 일으키다

plot a revolt 반란을 꾀하다
revolt against the military regime 군부 정권에 대항하여 반란을 일으키다
Air fighters had to bomb parts of the prison to quell the *revolt*. 전투기들이 폭동을 진압하기 위해서 교도소의 일부를 폭격해야만 했다.

voca = rebellion 반란

● ● ●

□ 0971
subdue
[səbdúː]

(동) 진압하다 ; 완화하다

subdue a riot 폭동을 진압하다
subdue one's desire ~의 욕망을 억누르다
The forest fire yesterday burned for 3 hours before the fire fighters began to *subdue* it. 어제의 산불은 소방대원들이 진압을 시작하기 전에 3시간 동안 타올랐다.

➕ **VOCA** = conquer 정복하다 = suppress 진압하다 ; 억누르다

□ 0972
submission
[səbmíʃn]

(명) 항복, 굴복 ; 제출

yield in submission to ~에 복종하다
frighten a person into submission ~을 위협하여 항복하게 하다
When is the *submission* deadline for our term paper? 학기말 과제의 제출 기한이 언제입니까?

submit (동) 굴복하다 ; 제출하다

□ 0973
vanish
[vǽniʃ]

(동) 사라지다

vanish into thin air 자취도 없이 사라지다
vanish into the darkness 어둠 속으로 사라지다
His numbness *vanished* while he was massaging the stranger's arms and legs. 그가 낯선 사람의 팔과 다리를 마사지하는 동안 그의 무감각증은 사라졌다.

➕ **VOCA** = disappear 사라지다

□ 0974
perish
[périʃ]

(동) 죽다 ; 소멸되다

perish in the fire 화재로 죽다
perish from the famine 기근으로 죽다
A lot of passengers *perished* in the car accident. 많은 승객들이 그 교통사고로 죽었다.

perishable (형) 썩기 쉬운

□ 0975
intrude
[intrúːd]

(동) 침범하다 ; 방해하다

intrude on my privacy 나의 사생활을 침범하다
intrude into a room 방으로 밀고 들어가다
Why are you *intruding* on the man who is reading a novel? 당신은 왜 소설을 읽고 있는 사람을 방해합니까?

intrusion (명) 침입 ; 방해 intruder (명) 침입자 ; 방해자

□ 0976
slaughter
[slɔ́ːtər]

(명) 도살 ; (대량) 학살 (동) 도살하다 ; (대량) 학살하다

the slaughter of animals 동물의 도살
slaughter many Jews 많은 유대인들을 학살하다
It was not only the *slaughter* on the battlefield that accelerated population decrease, but also the inevitable side effects. 인구 감소를 가속화한 것은 전장에서의 살육뿐만이 아니라 필연적으로 따르는 부작용 때문이었다. (기출)

□ 0977
savage
[sǽvidʒ]

(형) 야만적인, 사나운 (명) 야만인

a **savage** attack 가차없는 공격
live in a **savage** world 야만적인 세상에서 살다
The decision to cut taxes was a *savage* blow to the local governments. 세금을 줄이겠다는 결정은 그 지방 정부에 무참한 타격이었다.

➕ voca = brutal 잔인한 = barbarian 야만인

□ 0978
repel
[ripél]

(동) 격퇴하다 ; 쫓아버리다 ; 밀어내다

repel an attack 공격을 물리치다 **repel** water 물이 스며들지 않다
Magnets *repel* each other when they're placed with their like poles together. 자석은 같은 극끼리 놓였을 때 서로를 밀어낸다.

repellent (명) 방충제 (형) 역겨운

□ 0979
setback
[sétbæk]

(명) 차질, 좌절 ; 후퇴

a temporary **setback** 일시적인 좌절
experience a setback 좌절을 경험하다
The team suffered a serious *setback* when their best player, Park jiseong, was injured. 그 팀은 팀 내 최우수 선수인 박지성이 부상을 당했을 때 중대한 차질을 겪었다.

□ 0980
retrieve
[ritríːv]

(동) 되찾아오다 ; 검색하다

retrieve the investment 투자금을 회수하다
retrieve information 정보를 검색하다
Hawks can be taught to *retrieve* objects. 매는 물건을 찾아오도록 길들여질 수 있다.

➕ voca = get back, recover 되찾다

□ 0981
acclaim
[əkléim]

(동) 갈채를 보내다 (명) 갈채

be **acclaimed** for ~으로 갈채 받다
receive acclaim from the critics 비평가들의 갈채를 받다
The more lifelike the piece, the greater was its *acclaim*.
그 작품이 실물과 똑같을수록, 그 작품에 대한 갈채도 더 컸다. (기출)

Link 어원 fore- 사전에, 앞에

- foremost 최초의
- forehead 이마
- foregone 앞선, 이전의
- foredoom 미리 운명짓다
- foreknow 미리 알다

- foreshadow 조짐이 보이다
- foresee 예견하다
- forebode ~의 전조가 되다
- foreside 전면(前面) ; 연안 지대
- foreshow 예고하다, 예시하다

- forecast 예보하다
- forefather 선조
- forepart 앞부분
- foresaid 앞서 말한
- foretime 지난날

A 영어는 우리말로, 우리말은 영어로 쓰시오.

① foremost _____
② hierarchy _____
③ intrude _____
④ wield _____
⑤ fortify _____
⑥ subdue _____
⑦ corps _____
⑧ slaughter _____
⑨ siege _____
⑩ subsequent _____

⑪ 시대 _____
⑫ 왕위 _____
⑬ 소작농 _____
⑭ 책략 _____
⑮ 자극 _____
⑯ 야만적인 _____
⑰ 사라지다 _____
⑱ 반란 _____
⑲ 차질 _____
⑳ 헌사 _____

B 빈칸에 공통으로 들어갈 단어는?

① an _____ matter 전례 없는 일   an _____ expansion 전례 없는 확장
② the _____ of Great Britain 영국의 군주
   _____ authority 주권
③ _____ an attack 공격을 물리치다   _____ water 물이 스며들지 않다
④ court- _____ 군사 법원   _____ art 무술

C 다음 빈칸에 알맞은 단어를 〈보기〉에서 골라 넣으시오. (필요하면 형태를 변형하시오.)

┌─────────[보기]─────────┐
submission perish turnaround retrieve acclaim
└──────────────────────────┘

① It is one of the greatest business (_____) I've seen so far.
② Hawks can be taught to (_____) objects.
③ When is the (_____) deadline for our term paper?
④ A lot of passengers (_____) in the car accident.
⑤ The more lifelike the piece, the greater was its (_____).

D 이번 테마를 다룬 독해 지문을 읽으면서 관련 어휘의 뜻을 확인해 보자.

I have to say something to prove my innocence. My intent was not to overthrow the government. Forgive me for the **intrusion** but isn't this nation a **sovereign** nation? I may only be an ordinary man awaiting trial to be sentenced and executed under **martial** law, but don't we live in the **epoch** in which a simple **corps** soldier such as myself should be given a full hearing? To **fortify** my argument, I will call a witness who watched the **siege** of the nation, and his **subsequent** testimony will, I believe, provide grounds for my innocence. I will not **submit** a guilty plea as long as I stand here innocent. Your accusations are well known to all, and your strategy to **vanish** me from my existence is a simple play to **maneuver** yourself to the **throne**.

> **Translation**   저는 저의 무죄를 입증하기 위해서 무언가를 말해야겠습니다. 저의 의도는 정부를 쓰러뜨리려는 것이 아니었습니다. intrusion에 대해서 용서해 주시기 바랍니다. 하지만 이 나라는 sovereign 국가가 아닙니까? 저는 그저 재판의 선고가 내려지고 martial 법에 의해서 처형되기를 기다리는 한 명의 평범한 사람일 뿐이겠지만, 우리는 저와 같은 일개 corps 병사의 이야기도 제대로 경청해야 하는 그런 epoch에 살고 있지 않습니까? 저의 주장을 fortify하기 위해서, 국가의 siege를 본 목격자를 부를 것이고 그의 subsequent한 증언이 나의 무죄에 대한 근거를 제시해 줄 것이라고 믿습니다. 제가 여기에 죄가 없다고 서 있는 한 저는 유죄라는 판결에 submit하지 않을 것입니다. 당신의 고발은 모든 사람들에게 잘 알려져 있고, 저를 vanish하려고 하는 당신의 계획은 그저 스스로가 throne에 오르려고 maneuver하는 것일 뿐입니다.

> **Words**   • innocence 무죄 • intent 의도 • overthrow 전복시키다, 타도하다 • sentence 판결을 내리다 • execute 처형하다 • argument 논의, 주장 • witness 목격자 • testimony 증언 • ground 근거, 이유 • accusation 고발, 비난

정답 ⓐ

B ① unprecedented ② sovereign ③ repel ④ martial
C ① turnarounds ② retrieve ③ submission ④ perished ⑤ acclaim

사회 제도

군대 면제된 사연

Day 34

empower	entitle	eligible	designate	delegate
권한을 주다	자격을 주다	적격의	지정하다	대표자

fraud	jeopardy	denounce	convict	forfeit
사기(꾼)	위험	고발하다	유죄를 선고하다	몰수당하다

proponent	petition	plead	rehabilitate	restore
지지자	청원	간청하다	회복시키다	복구하다

uphold	jury	ballot	verdict	overturn
유지하다	배심원단	투표	평결	뒤집히다

alleged	assertive	potent	irresistible	rigorous
주장된	단언하는	강력한	저항할 수 없는	엄격한

loophole	evasion	exempt	extraterritorial	exile
허점	회피	면제되는	치외법권의	추방

병역 evasion을 위해 150kg까지 찌웠다.

exempt 조건입니다. 평발이시군요.

1980년대 신체검사장

지금은 몸무게와 평발로 면제되는 loophole은 없어졌다.

□ 0982
empower
[impáuər]

ⓢ 권한을 주다

be empowered to ~할 권한을 가지다
actively empower a person ~에게 적극적으로 권한을 주다
I want to *empower* women. 나는 여성들에게 권한을 부여하고 싶다.
empowerment ⓜ 권한 부여
🔲 voca = authorize 인가하다, 권한을 주다

□ 0983
entitle
[intáitl]

ⓢ 자격을 주다 ; 명칭을 붙이다

be entitled to a pension 연금을 받을 자격이 있다
be entitled to compensation 보상을 받을 자격이 있다
Just doing a good job does not *entitle* you to move up.
단순히 좋은 일을 하는 것이 너에게 승진할 자격을 주는 것은 아니다.
entitlement ⓜ 자격

□ 0984
eligible
[élidʒəbl]

ⓗ 적격의, 적임의

eligible for the presidency 대통령 자격이 있는
eligible for insurance 보험 적용 대상인
To be *eligible* for this bonus, you must complete a form
that is now available in break rooms. 보너스를 받을 자격이 되기 위해
서, 당신은 현재 휴게실에 비치되어 있는 양식을 작성해야 한다. (기출)
🔲 voca ↔ ineligible 자격이 없는

□ 0985
designate
[dézigneit]

ⓢ 지정하다 ; 임명하다 ; 표시하다 ⓗ 지명된

designate a guardian 후견인을 지정하다
the director designate 지명된 감독
A will allows you to *designate* who will receive your
property when you die. 유언은 당신이 죽을 때 누가 당신의 재산을 받게 될
지를 지명할 수 있게 한다.

□ 0986
delegate
[déligət]

ⓜ 대표자 ⓢ 위임하다

the Korean delegate 한국 대표
delegate authority to ~에게 권한을 위임하다
Israel *delegated* him to Haiti to erect a field hospital in the
disaster area. 이스라엘은 재해 지역에 임시 병원을 짓도록 Haiti에 그를 대표로
파견했다.
delegation ⓜ 대표단, 위임

□ 0987
fraud
[frɔːd]

ⓜ 사기(꾼)

commit a fraud 사기를 치다   identity fraud 신분 위조
Some *fraud* endangers the health and even the lives of
citizens. 일부 사기 행위는 건강을 비롯해 심지어 사람들의 삶을 위험에 빠뜨린다.

□ 0988
jeopardy
[dʒépərdi]

(명) 위험 ; 유죄가 될 위험성
in **jeopardy** 위험에 처한
prohibition against double jeopardy 일사부재리의 원칙
They're putting themselves in *jeopardy*. 그들은 스스로를 위험 속으로 몰아넣고 있다.

□ 0989
denounce
[dináuns]

(동) 비난하다 ; 고발하다 ; 탄핵하다
denounce the president 대통령을 비난하다
denounce an arms sale 무기 판매를 비난하다
She did not *denounce* anyone. 그녀는 아무도 비난하지 않았다.
voca = condemn 비난하다

□ 0990
convict
[kənvíkt] (동)
[kɔ́nvikt] (명)

(동) 유죄를 선고하다 (명) 죄인, 죄수
an ex-convict 전과자 **an escaped convict** 탈옥수
You cannot *convict* someone based on what their thoughts are. 당신은 그들의 생각이 무엇인지에 근거해서 누군가에게 유죄를 선언할 수 없다.
voca ↔ acquit 무죄를 선고하다

□ 0991
forfeit
[fɔ́ːrfit]

(동) (재산, 권리 등을) 몰수당하다 (명) 벌금 ; 박탈
forfeit assets 재산을 몰수당하다
forfeit an opportunity 기회를 박탈당하다
You don't need to *forfeit* all privacy. 너는 모든 사생활을 포기할 필요는 없다.

□ 0992
proponent
[prəpóunənt]

(명) 지지자, 옹호자
a proponent of the Constitution 헌법의 지지자
a proponent of freedom of expression 표현의 자유의 지지자
He has been a big *proponent* of the government. 그는 정부의 열렬한 지지자였다.
voca = advocate 지지자, 옹호자

□ 0993
petition
[pətíʃən]

(명) 청원[진정, 탄원](서) (동) 청원[진정, 탄원]하다
present a petition 탄원서를 제출하다
the right of petition 청원의 권리
Sign my *petition*, please. 저의 청원서에 서명해 주십시오.

□ 0994
plead
[pli:d]

(동) 간청하다 ; 변호하다 ; (유죄, 무죄를) 답변하다
plead for mercy 자비를 구하다 **plead** guilty 유죄를 인정하다
He hired a top attorney to *plead* his case. 그는 그의 사건을 변호하기
위해 최고의 변호사를 고용했다.
pleading (형) 변론하는 (명) 변론

□ 0995
rehabilitate
[rì:həbíləteit]

(동) 회복시키다, 갱생시키다
rehabilitate the economy 경제를 회복시키다
rehabilitate stroke patients 중풍 환자들을 회복시키다
They can *rehabilitate* their images. 그들은 자신들의 이미지를 회복시킬
수 있다.
rehabilitation (명) 회복, 갱생

□ 0996
restore
[ristɔ́:r]

(동) 복구하다, 되돌리다
restore a computer 컴퓨터를 복구하다
restore order 질서를 되찾다
In this situation, it may be best if the offended person takes
the initiative and tries to *restore* the friendship. 이 상황에서 화난
사람이 솔선하여 우정을 회복하려 한다면 가장 좋을 것이다.
restoration (명) 복구, 회복

□ 0997
uphold
[ʌphóuld]
-upheld-upheld

(동) 지지하다, 유지하다
uphold the law 법을 지키다 **uphold** slavery 노예제도를 유지하다
The Supreme Court is supposed to *uphold* and interpret the
law for us. 대법원은 우리를 위해서 법을 수호하고 해석할 의무가 있다.

□ 0998
jury
[dʒúəri]

(명) 배심원단 ; 심사원단
jury system 배심 제도 **common jury** (민사의) 보통 배심
About thirty minutes later, ten people were called to sit in
the *jury* box. 약 30분 후, 열 명이 호출되어 배심원석에 앉았다.
juror (명) 배심원

□ 0999
ballot
[bǽlət]

(명) (무기명) 투표 ; 투표용지
open **ballot** 기명 투표 a **ballot** box 투표함
A *ballot* is a piece of paper listing the candidates for
President. 투표용지는 대통령 후보들의 목록이 적힌 종이 쪽지이다.

□ 1000
verdict
[və́:rdikt]

명 (배심원단의) 평결
a guilty verdict 유죄 평결　give a verdict 평결을 내리다
Has the jury reached a *verdict*? 배심원단이 평결을 내렸습니까?

□ 1001
overturn
[òuvərtə́:n]

동 뒤집히다 ; 뒤엎다
overturn a chair 의자를 넘어뜨리다
overturn a verdict 평결을 뒤엎다
They *overturned* laws and created new ones. 그들은 법을 뒤엎고
새로운 법을 만들었다.

□ 1002
alleged
[əlédʒd]

형 (근거 없이) 주장된, 추정된
an alleged criminal 범인으로 추정되는 사람
an alleged accomplice 공범으로 추정되는 사람
He was arrested for his *alleged* role in the hijacking of an
airliner in 2010. 그는 2010년 여객기 납치 사건의 범인으로 추정되어 체포되었다.
allegedly ⊕ 주장한 바에 따르면　allege ⑧ 혐의를 주장하다

□ 1003
assertive
[əsə́:rtiv]

형 단언하는 ; 적극적인
an assertive sentence 평서문
assertive nature 적극적인 성격
Try to be more *assertive*. 더 자신감 있게 행동하도록 노력하라.
assert ⑧ 단언하다, 주장하다

□ 1004
potent
[póutnt]

형 강력한 ; 납득시키는 ; 효력이 있는
potent weapon 강력한 무기　potent reasoning 그럴듯한 논법
More *potent* drugs can be used to boost your brain power.
더 강력한 약이 당신의 뇌 활동을 활성화시키기 위해 사용될 수 있다.
voca = powerful 강한　= effective 효과적인

□ 1005
irresistible
[ìrizístəbl]

형 저항할 수 없는
an irresistible force 불가항력
an irresistible temptation 거부할 수 없는 유혹
All of a sudden, he had an *irresistible* urge to go to see his
beloved wife and his two sons. 갑자기 그는 사랑하는 아내와 두 아들을
보러 가고 싶은 참을 수 없는 충동을 느꼈다. 기출
voca ↔ resistible 저항할 수 있는

☐ 1006
rigorous
[rígərəs]

형 엄격한
rigorous discipline 엄격한 규율   **rigorous** training 혹독한 훈련
Massachusetts has the most *rigorous* standards in the
country. Massachusetts는 그 나라에서 가장 엄격한 기준을 갖고 있다.
voca = strict 엄격한

☐ 1007
loophole
[lúːphoul]

명 (법률상의) 허점, 구멍
find **loopholes** in ~의 허점을 찾아내다
a **loophole** in the law 법의 허점
Several states may want to close a controversial *loophole*.
몇몇 주들은 논란이 되고 있는 허점을 덮고 싶어 할 것이다.

☐ 1008
evasion
[ivéiʒn]

명 (책임, 의무 등의) 회피
tax **evasion** 탈세
an **evasion** of one's responsibilities as a parent 부모로서
의 책임 회피
Tax *evasion* deprives the government of about a third of its
annual operating budget. 탈세로 정부의 연간 운영 예산의 약 3분의 1이 빠
져나간다.
evade 통 (책임, 의무 등을) 회피하다

☐ 1009
exempt
[igzémpt]

형 면제되는 통 면제하다
tax-**exempt** 면세의
exempt from customs duty 관세를 면제받는
They can *exempt* the unions from this tax. 그들은 조합들에게 이 세
금을 면제해 줄 수 있다.
exemption 명 면제

☐ 1010
extraterritorial
[èkstrəterətɔ́ːriəl]

형 치외법권의
extraterritorial controls 치외법권의 통치
extraterritorial jurisdiction 치외법권에 의한 재판관할권
The new *extraterritorial* sanctions may be more effective.
그 새로운 치외법권 제재 조항들은 더 효과적일 것이다.

☐ 1011
exile
[égzail]

명 추방 ; 망명 통 추방하다
send into **exile** 추방하다   live in **exile** 망명 생활을 하다
Napoleon III was able to find *exile* in Britain. 나폴레옹 3세는
영국으로 망명할 수 있었다.
voca = banish (국외로) 추방하다

A 영어는 우리말로, 우리말은 영어로 쓰시오.

① uphold _____
② alleged _____
③ loophole _____
④ assertive _____
⑤ jury _____
⑥ verdict _____
⑦ rehabilitate _____
⑧ overturn _____
⑨ designate _____
⑩ jeopardy _____

⑪ 복구하다 _____
⑫ 대표자 _____
⑬ 사기(꾼) _____
⑭ 강력한 _____
⑮ 회피 _____
⑯ 치외법권의 _____
⑰ 저항할 수 없는 _____
⑱ 지지자 _____
⑲ 추방 _____
⑳ 엄격한 _____

B 빈칸에 공통으로 들어갈 단어는?

① an ex-_____ 전과자   an escaped _____ 탈옥수
② present a _____ 탄원서를 제출하다   the right of _____ 청원의 권리
③ _____ for the presidency 대통령 자격이 있는
   _____ for insurance 보험 적용 대상인
④ open _____ 기명 투표   a _____ box 투표함

C 다음 빈칸에 알맞은 단어를 〈보기〉에서 골라 넣으시오. (필요하면 형태를 변형하시오.)

[보기]
forfeit empower exempt entitle denounce plead

① I want to ( ) women.
② They can ( ) the unions from this tax.
③ She did not ( ) anyone.
④ He hired a top attorney to ( ) his case.
⑤ You don't need to ( ) all privacy.
⑥ Just doing a good job does not ( ) you to move up.

D 이번 테마를 다룬 독해 지문을 읽으면서 관련 어휘의 뜻을 확인해 보자.

Since 2000, the names of prospective jurors have been obtained randomly from lists of registered voters who are over 18. The Supreme Court may also **designate** other lists of residents from which jurors may be selected. All U.S. citizens who are at least 18 years old and are residents are **eligible** for **jury** duty. Persons qualified to be jurors are **exempt** from service only if they have been determined to be mentally incompetent, or if they are a **convicted** felon whose civil rights have not been **restored**. There are no automatic and **potent** excuses or **exemptions** from **jury** duty. Once selected, a prospective juror is subject to being called to court for 120 days. In superior court, a trial **jury** for a criminal case consists of 8 to 12 persons depending on the severity of the possible sentence and a unanimous **verdict** is required.

Translation 2000년 이래로, 후보 배심원들의 명단은 18세 이상의 등록된 투표자들의 목록에서 임의로 획득되어져 왔다. 대법원 또한 배심원으로 선택될 거주자들의 다른 목록을 **designate**할 수 있다. 최소 18세 이상의 거주자인 모든 미국 시민들은 **jury**의 의무에 **eligible**하다. 배심원 자격이 있는 사람들은 정신적으로 무능하거나, 시민권이 **restore** 되지 않은 **convict**된 중죄인인 경우에만 제도로부터 **exempt**된다. **jury**의 의무로부터 어떠한 자동적이고 **potent** 한 변명이나 **exemption**은 없다. 일단 선택되면, 후보 배심원은 120일 동안 법원으로 호출을 받는다. 고등법원에서 형 사 사건의 공판 **jury**는 가능한 선고의 심각성에 따라 8명에서 12명으로 구성되며, 만장일치의 **verdict**가 요구된다.

Words • prospective 장래의 • juror 배심원 • randomly 임의로 • register 등록하다
• Supreme Court 대법원 • qualified 자격이 있는 • incompetent 무능한, 부적당한 • felon 악당, 중
죄인 • be subject to ~을 받다 • criminal case 형사 사건 • severity 심각함 • sentence 판결, 선
고 • unanimous 만장일치의

정답 🔒

B ① convict ② petition ③ eligible ④ ballot
C ① empower ② exempt ③ denounce ④ plead ⑤ forfeit ⑥ entitle

과잉보호

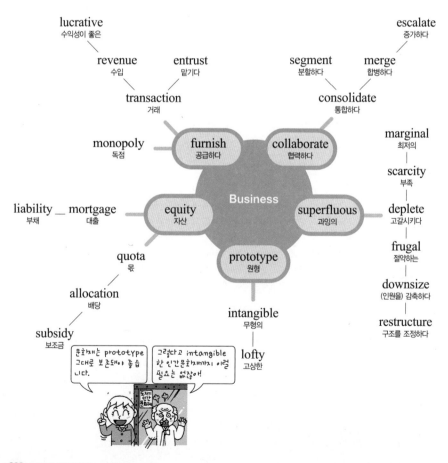

lucrative
수익성이 좋은

revenue
수입

entrust
맡기다

transaction
거래

monopoly
독점

furnish
공급하다

liability
부채

mortgage
대출

equity
자산

quota
몫

allocation
배당

subsidy
보조금

escalate
증가하다

segment
분할하다

merge
합병하다

consolidate
통합하다

collaborate
협력하다

Business

superfluous
과잉의

prototype
원형

intangible
무형의

lofty
고상한

marginal
최저의

scarcity
부족

deplete
고갈시키다

frugal
절약하는

downsize
(인원을) 감축하다

restructure
구조를 조정하다

문화재는 prototype 그대로 보존돼야 좋습니다.

그렇다고 intangible 한 인간문화재까지 이럴 필요는 없잖아!

□ 1012
furnish
[fə́:rniʃ]

⑧ (가구를) 갖추다 ; 공급하다
furnish an apartment 아파트에 가구를 갖추다
furnish a new home 새 집을 단장하다
North American parents typically *furnish* a room as the infant's sleeping quarters. 북미의 부모들은 일반적으로 아기의 침실로 방 하나를 꾸민다. 기출
➕ voca = equip 갖추다 = provide 공급하다

□ 1013
transaction
[trænzǽkʃn]

⑲ 거래 ; 처리
real estate transaction 부동산 거래
foreign exchange transaction 외환 거래
Almost every commercial *transaction* has within itself an element of trust. 거의 모든 상거래가 그 자체로 신뢰의 한 요소이다.
transact ⑧ 거래하다

□ 1014
entrust
[intrʌ́st]

⑧ 맡기다
entrust administration 관리를 맡기다
entrust mortgage 저당 잡히다
Rather than *entrust* the ship to the officers, Mary Patten took over herself. Mary Patten은 그 배를 다른 선원들에게 맡기지 않고 그녀 스스로 맡았다. 기출
entrustment ⑲ 위탁

□ 1015
revenue
[révənuː]

⑲ 수입, 세입
revenue loss 수입의 감소   **revenue stamps** 수입 인지
The above chart shows the travel *revenue* from 2000 to 2005. 위의 표는 2000년부터 2005년까지의 관광 수입을 보여 준다. 기출
➕ voca = income 수입

□ 1016
lucrative
[lúːkrətiv]

⑱ 수익성이 좋은, 유리한
lucrative business 수익이 좋은 사업
a lucrative appointment 돈벌이가 좋은 직책
This would be a very *lucrative* contract. 이것은 매우 유리한 계약이 될 것이다.
➕ voca = profitable 수익이 나는

□ 1017
monopoly
[mənápəli]

⑲ 독점
a state monopoly 국가의 독점   **make a monopoly** 독점하다
Copyright supplies its holder with a kind of *monopoly* over the created material. 저작권은 소유자에게 생산된 내용에 대한 일종의 독점권을 부여한다. 기출
monopolize ⑧ 독점하다   monopolistic ⑱ 독점의

□ 1018
collaborate
[kəlǽbərèit]

동 협력하다, 제휴하다
collaborate in ~에 대해 협력하다
collaborate efficiently 효율적으로 협력하다
The orchestra members *collaborate* on matters of interpretation, rehearsal, and personnel. 관현악단의 구성원들은 (곡의) 해석, 연습, 그리고 인원 선발을 함께 한다. (기출)
collaboration 명 협력   collaborative 형 협력적인

□ 1019
consolidate
[kənsálidèit]

동 통합하다 ; 강화하다
consolidate estates 재산을 통합하다
consolidate credit cards 신용 카드를 (하나로) 통합하다
There is a simple technique that can help virtually anyone *consolidate* new directional data into long-term memory.
실제로 어떤 사람이든 새로 얻은 방향 정보를 장기 기억으로 강화할 수 있는 간단한 기법이 있다.
consolidation 명 합병, 통합 ; 강화   consolidatory 형 통합하는

□ 1020
merge
[mə́ːrdʒ]

동 합병하다, 융합하다
merge the two companies 두 회사를 합병하다
merge the TV and Internet TV와 인터넷을 융합하다
Around the planet, the streams of the world's cultures *merge* together to form new currents of human interaction.
전 세계적으로 세계 문화의 흐름이 융합하여 인간 상호작용의 새로운 조류를 형성한다.

□ 1021
escalate
[éskəlèit]

동 증가하다, 확대하다
prices escalate 물가가 상승하다   **escalate a war** 전쟁을 확대하다
Just as he hoped, his soap sales *escalated*. 바로 그가 바라던 대로 그의 비누 판매량이 증가했다.

□ 1022
segment
[ségmənt]

명 부분 동 분할하다
segments of an orange 오렌지 여러 조각
segment worms (실험용) 벌레를 분할하다
Which of the two parallel line *segments* on the left is longer? 왼쪽의 두 평행선 중 어느 것이 더 긴가?
segmental 형 분절의   segmentation 명 분할
voca = section, part 부분

□ 1023
infrastructure
[ínfrəstrʌ̀ktʃər]

명 (사회) 기반 시설
national infrastructure 국가 기반 시설
building infrastructure 건설 기반 시설
Federal expenditures were higher for *infrastructure* than for temporary housing. 연방 정부의 지출은 일시적인 주택보다 기반 시설 마련에 더 많이 쓰였다.

☐ 1024
elastic
[iláestik]

형 탄력 있는 ; 고무로 된
elastic force 탄력   an **elastic** cord 고무 끈
Thanks to their very *elastic* skin, faces can quickly display various emotions. 아주 탄력 있는 피부 덕분에 얼굴은 다양한 감정들을 빨리 표현할 수 있다.

voca = flexible 신축성 있는

☐ 1025
equity
[ékwəti]

명 자산 (가치) ; 공평
equity capital 자기 자본   consider **equity** 형평성을 고려하다
In making these decisions, we should be governed by the principle of *equity*. 이러한 결정들을 내리는 데 있어서 우리는 형평성의 원칙에 의거해야 한다.

voca = fairness 공평함

☐ 1026
mortgage
[mɔ́:rgidʒ]

명 (담보) 대출 동 저당 잡히다
mortgage loans 모기지론(부동산 담보 대출)
lend money on **mortgage** 저당을 잡고 돈을 빌려 주다
He will have to take out a *mortgage* in order to buy the house. 그는 그 집을 사기 위해서 재산을 저당 잡혀야 할 것이다.

☐ 1027
liability
[làiəbíləti]

명 법적 책임 ; 부채 ; 골칫거리
contingent **liability** 불확정 책임   current **liability** 유동 부채
The company does not accept any *liability* with respect to these services. 그 회사는 이 서비스들과 관련해서 어떠한 책임도 인정하지 않는다.
liable 형 법적 책임이 있는 ; ~하기 쉬운

☐ 1028
quota
[kwóutə]

명 몫, 할당량
quota system 할당 제도   racial **quota** 소수 인종 할당제
Filmmakers argue that the current *quota* of Korean movies should be maintained. 영화 제작자들은 현재의 한국 영화 할당량이 유지되어야 한다고 주장한다.

☐ 1029
allocation
[æləkéiʃn]

명 배당, 할당
cost **allocation** 비용 분담   resource **allocation** 자원 배당
North Koreans depend on food received in *allocations*.
북한 사람들은 배급받는 식량에 의존한다.
allocate 동 할당하다

□ 1030
subsidy
[sʌ́bsədi]

명 보조금

child care subsidy 육아 보조금
government subsidies 정부 보조금
The government is cutting the *subsidy* for Medicare Advantage. 정부는 의료보험 혜택을 위한 보조금을 줄이고 있다.

subsidize 통 보조금을 주다

□ 1031
superfluous
[su:pə́rfluəs]

형 과잉의, 불필요한

superfluous hair 과도한 머리숱
superfluous wealth 필요 이상의 재산
The theory of totalitarianism actually made the empirical study of Leninist regimes *superfluous*. 전체주의 이론은 사실상 레닌주의 정권에 대한 실증적인 연구를 불필요한 것으로 만들었다.

voca = unnecessary 불필요한

□ 1032
deplete
[diplí:t]

동 고갈시키다, 격감시키다

deplete fossil fuels 화석 연료를 고갈시키다
ozone-depleting chemicals 오존을 감소시키는 화학 물질
Bacteria and yeasts enhance health rather than *deplete* it.
박테리아와 이스트는 건강을 해치기보다는 오히려 강화한다.

depletion 명 고갈   depletive 형 고갈시키는

□ 1033
scarcity
[skέərsəti]

명 부족, 결핍

scarcity of opportunity 기회의 결핍
valued for scarcity 희소성 때문에 가치 있는
In view of the increasing *scarcity* of landfill sites, the recycling of such materials is an important issue. 매립지의 부족이 증가한다는 면에서 그러한 재료의 재활용은 중요한 문제이다.

scarce 형 부족한   scarcely 부 거의 ~하지 않다

□ 1034
marginal
[má:rdʒinl]

형 한계의, 최저의 ; 가장자리의

marginal cost 한계 비용   **marginal utility** 한계 효용
Your *marginal* tax rate this year is 35 percent. 너의 올해 한계 세율은 35퍼센트이다.

margin 명 가장자리 ; 여백 ; 여지

□ 1035
frugal
[frú:gl]

형 절약하는, 알뜰한

frugal living 절약하는 생활   **frugal shopper** 알뜰한 소비자
She was even *frugal* with words. 그녀는 심지어 말도 아꼈다.

frugality 명 검소함
voca = thrifty 검소한

□ 1036
downsize
[dáunsaiz]

(동) (인원을) 감축하다
downsize **the scale** 규모를 축소하다
downsize **the workforce** 인력을 감축하다
Giant U.S. firms *downsize* and restructure. 미국의 거대 기업들은
규모를 줄이고 구조조정에 돌입하고 있다.
downsizing (명) 축소

□ 1037
restructure
[rìːstrʌ́ktʃər]

(동) 구조를 조정하다
restructure **the deal** 거래를 조정하다
restructure **the curriculum** 교육과정을 재편하다
The group has announced plans to *restructure* its business.
그 그룹은 사업을 개편하는 계획을 발표했다.

□ 1038
prototype
[próutətàip]

(명) 원형
paper prototype 종이 견본
prototype **development** 원형 개발
The Sherlock Holmes stories are the *prototypes* of modern
detective stories. 셜록 홈스 이야기는 현대 탐정 이야기의 원형이다.
prototypical (형) 원형의

□ 1039
intangible
[intǽndʒəbl]

(형) 무형의
intangible **assets** 무형의 재산
intangible **services** 무형의 서비스
It has a lot of *intangible* benefits to this. 여기에는 무형의 혜택들이
많이 있다.
intangibility (형) 만질 수 없음
VOCA ↔ tangible 유형의

□ 1040
lofty
[lɔ́ːfti]

(형) 높은 ; 고상한 ; 거만한
lofty **peaks** 우뚝 솟은 봉우리 lofty **aims** 고귀한 목표
It was not all *lofty* myth and glorious heroes. 그것은 전적으로 고
상한 신화와 영광스러운 영웅만은 아니었다.
VOCA = noble 고귀한 = arrogant 거만한

□ 1041
recess
[riːsés]

(명) 휴식 ; 구석진 곳 (동) 휴회하다
at recess 휴식 시간에 benefits of recess 휴식의 이점
It was noon *recess*, and the students milled about outside,
enjoying the warm September day. 정오 휴식 시간이었고, 학생들은
따스한 9월의 하루를 즐기면서 바깥에서 이리저리 서성거렸다.
recession (명) 불경기

A 영어는 우리말로, 우리말은 영어로 쓰시오.

① lofty _____

② scarcity _____

③ quota _____

④ infrastructure _____

⑤ liability _____

⑥ transaction _____

⑦ subsidy _____

⑧ segment _____

⑨ collaborate _____

⑩ recess _____

⑪ 자산 _____

⑫ 무형의 _____

⑬ 탄력 있는 _____

⑭ 구조를 조정하다 _____

⑮ 원형 _____

⑯ 맡기다 _____

⑰ 통합하다 _____

⑱ 고갈시키다 _____

⑲ 과잉의 _____

⑳ 합병하다 _____

B 빈칸에 공통으로 들어갈 단어는?

① _____ an apartment 아파트에 가구를 갖추다

 _____ a new home 새 집을 단장하다

② _____ loss 수입의 감소   _____ stamps 수입 인지

③ prices _____ 물가가 상승하다   _____ a war 전쟁을 확대하다

④ a state _____ 국가의 독점   make a _____ 독점하다

C 다음 빈칸에 알맞은 단어를 〈보기〉에서 골라 넣으시오. (필요하면 형태를 변형하시오.)

┌─────────── [보기] ───────────┐
  mortgage marginal downsize lucrative allocation frugal
└──────────────────────────────────┘

① This would be a very (   ) contract.

② She was even (   ) with words.

③ Giant U.S. firms (   ) and restructure.

④ North Koreans depend on food received in (   ).

⑤ Your (   ) tax rate this year is 35 percent.

⑥ He will have to take out a (   ) in order to buy the house.

D 이번 테마를 다룬 독해 지문을 읽으면서 관련 어휘의 뜻을 확인해 보자.

The dramatic **recession** in the economy has caused lots of companies to **downsize**. Despite lay-offs having been minimized, people from all walks of life are suffering. Meanwhile, a **prototype** for overcoming this is referred to as the 'Return to Farms' movement. In the movement, would-be farmers can be granted **subsidies** as well as education. Upon finishing the basic education, they are **allocated** to farms for their field training. More than a few established farmers would share **intangible** assets with these new farmers, such as their marketing methods or **transaction** keys for produce. Through this sharing, they **escalate** the value of their life with the newcomers in pastoral scenes. This eliminates the sense of failure felt by the would-be farmers. They aren't **superfluous** members of society any more. They get to believe in the **equity** of their country.

> **Translation** 급격한 경제 recession은 많은 회사들이 downsize하게 했다. 최소화된 해고에도 불구하고 모든 직종의 사람들이 고통받고 있다. 그러는 동안 이것을 극복하는 한 prototype이 '귀농' 운동으로 여겨진다. 그 운동에서 미래의 농부들은 교육은 물론 subsidy를 받을 수 있다. 기본 교육을 끝내고 나면, 그들은 자신들의 현장 학습을 위해 농장에 allocate된다. 꽤 많은 전임 농부들이 이 새로운 농부들에게 농산물에 대한 마케팅 방법이나 transaction의 핵심 같은 intangible한 자산을 나누어 줄 것이다. 이러한 공유를 통해, 그들은 목가적 풍경 속에서 신참자들과 자신들의 생활의 가치를 escalate한다. 이것이 미래의 농부들이 느끼는 실패감을 없앤다. 그들은 더 이상 사회의 superfluous한 구성원이 아니다. 그들은 그들 국가의 equity를 믿게 된다.

> **Words** • dramatic 극적인 • lay-offs 대량 해고 • suffer 고통받다 • would-be farmer 농부가 되려는 사람 • grant 수여하다, 주다 • field training 현장 학습 • asset 자산 • pastoral 전원의 • believe in ~을 믿다

정답 ⓒ

B ① furnish ② revenue ③ escalate ④ monopoly
C ① lucrative ② frugal ③ downsize ④ allocations ⑤ marginal ⑥ mortgage

철학과 종교

Day 36 자장면과 짬뽕의 딜레마

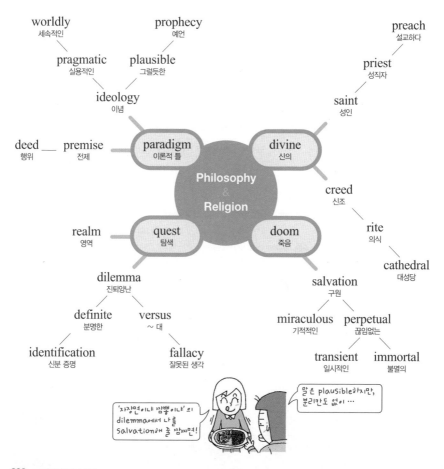

worldly
세속적인

prophecy
예언

preach
설교하다

pragmatic
실용적인

plausible
그럴듯한

priest
성직자

ideology
이념

saint
성인

deed
행위

premise
전제

paradigm
이론적 틀

divine
신의

Philosophy
&
Religion

creed
신조

realm
영역

quest
탐색

doom
죽음

rite
의식

cathedral
대성당

dilemma
진퇴양난

salvation
구원

definite
분명한

versus
~ 대

miraculous
기적적인

perpetual
끊임없는

identification
신분 증명

fallacy
잘못된 생각

transient
일시적인

immortal
불멸의

'자장면이나 짬뽕이나'의
dilemma에서 나를
salvation해 줄 짬뽕면!

말은 plausible하지만,
분리칸도 없이 …

290 • 2순위 VOCA 446

□ 1042
paradigm
[pǽrədaim]

명 전형적인 양식〔예〕, 이론적 틀
paradigm shift 패러다임 변화
the current cultural paradigm 현재의 문화 패러다임
An accurate *paradigm* explains and guides. 정확한 이론적 틀은 (사람들에게) 설명해 주고 (사람들을) 안내해 준다.
voca = model 모형 = pattern 양식

□ 1043
ideology
[àidiɑ́lədʒi]

명 이념, 관념
a basic ideology 기본 이념
the debate of ideology 이념 논쟁
This book is about the *ideology* of a totalitarian society.
이 책은 전체주의 사회의 이념을 다루고 있다.
ideologize **동** 관념적으로 표현하다 ideological **형** 이념의

□ 1044
pragmatic
[prægmǽtik]

형 실용적인
pragmatic philosophy 실용주의 철학
pragmatic lines of thought 실용적인 사고방식
A *pragmatic* basis for the human rights movement is needed. 인권 운동의 실용적인 기반이 필요하다.
pragmatism **명** 실용주의
voca = practical, realistic 현실적인, 실제적인

□ 1045
worldly
[wə́:rldli]

형 세속적인
worldly goods 재산 **worldly people** 속물들
The *worldly* and educated, so-called 'Generation-Y' is more apt to take an interest in classical music. 세속적이며 교양 있는 일명 'Y세대'는 클래식 음악에 더 관심을 가지는 경향이 있다.
worldliness **명** 세속적임
voca = secular 세속적인

□ 1046
plausible
[plɔ́:zəbl]

형 그럴듯한 ; 그럴듯하게 말하는
a plausible excuse 그럴듯한 변명
a plausible liar 능숙한 거짓말쟁이
It's a *plausible* explanation for the demise of that prehistoric species. 그것은 선사시대 종들의 종말에 대한 그럴듯한 설명이다.
plausibility **명** 타당성
voca = believable 그럴듯한

□ 1047
prophecy
[prɑ́fəsi]

명 예언
rosy prophecy 낙관적인 예언 **the man of prophecy** 예언자
This was a self-fulfilling *prophecy*. 이것은 자기 충족적인 예언이었다.
voca = prediction, forecast 예측

□ 1048
premise
[prémis]

명 전제 ; 저택
a major **premise** 대전제
see a person off the **premises** ~을 집 밖으로 내보내다
The basic *premise* of spiritual direction is that we need each other. 영적 훈련의 기본 전제는 우리가 서로를 필요로 한다는 것이다.

□ 1049
deed
[di:d]

명 행위, 행동 ; 증서
in **deed** 참으로, 실제로
a mortgage **deed** 대출 증서
A good *deed* is never lost. 선행은 절대로 사라지지 않는다. 기출

□ 1050
quest
[kwest]

명 탐색, 탐구
in **quest** of ~을 찾아   a **quest** for knowledge 지식의 탐구
Myth heroes are called upon to take up a *quest* or journey.
신화의 주인공들은 모험이나 여정을 받아들이라는 계시를 받는다. 기출
voca = search 탐구   = expedition 탐험

□ 1051
realm
[relm]

명 영역, 분야 ; 왕국
the **realm** of fiction 소설 분야   the home **realm** 고국
Today the top rewards go to those who can operate with equal confidence in different *realms*. 오늘날 최고의 보상은 다양한 영역에서 똑같은 자신감을 가지고 일할 수 있는 사람들에게 주어진다. 기출

□ 1052
dilemma
[dilémə]

명 진퇴양난, 곤경
a social **dilemma** 사회적 난제
prisoner's dilemma 죄수의 딜레마
The project will put an end to this *dilemma*. 그 계획은 이 진퇴양난의 문제를 끝낼 것이다. 기출
dilemmatic 형 진퇴양난의
voca = predicament, plight 곤경

□ 1053
definite
[définit]

형 분명한, 뚜렷한
a **definite** price 정가   a **definite** answer 확답
Climate and temperature have a *definite* effect on our mental abilities. 기후와 온도는 우리의 정신력에 확실한 영향을 미친다.
definitely 부 명백하게
voca ↔ vague 희미한, 모호한

□ 1054
identification
[aidèntəfikéiʃn]

명 신분 확인 ; 동일시
fingerprint identification 지문 감정
identification plate (자동차 등의) 등록 번호판
DNA swabs are different from fingerprints, which can only
be used for *identification*. DNA 표본은 신원 확인에만 사용될 수 있는 지문
과 다르다. (기출)
identify 동 확인하다

□ 1055
versus
[və́ːrsəs]

전 ~ 대, ~에 비해
the Cross versus the Crescent 그리스도교 대 이슬람교
traveling by plane versus traveling by train 비행기로 여행할
지 기차로 여행할지
We have a choice of going out *versus* staying home. 우리는 외
출을 할지 집에 있을지 선택할 수 있다.

□ 1056
fallacy
[fǽləsi]

명 잘못된 생각 ; 오류
a common **fallacy** 일반적인 잘못된 생각
the **fallacy** of composition 구성의 오류
The *fallacy* of their ideas about medicine soon became
apparent. 약에 대한 그들의 잘못된 생각은 곧 분명해졌다.

□ 1057
paradox
[pǽrədɑ̀ks]

명 역설
a curious **paradox** 기이한 역설
a well-known **paradox** 잘 알려진 역설
This is what one psychologist calls "the *paradox* of
choice." 이것이 바로 한 심리학자가 '선택의 역설' 이라고 부르는 것이다. (기출)
paradoxical 형 역설의 paradoxically 부 역설적으로
🞢 voca = contradiction 모순

□ 1058
divine
[diváin]

형 신의 ; 신성한
the **divine** Being 신, 하느님 **divine** grace 신의 은총
The saying, "To err is human, to forgive, *divine*," shows
the ideal we should have. '잘못은 사람이 하고, 용서는 신이 한다.' 라는 격언
은 우리가 가져야 할 이상을 보여 준다.
🞢 voca = heavenly 하늘의 = holy 신성한

□ 1059
entity
[éntəti]

명 독립체
a political **entity** 독립국
a separate legal **entity** 별개의 법적 단체
Good design brings house and garden together as a single
entity. 훌륭한 설계는 집과 정원을 단일한 영역으로 만들어 준다.

□ 1060
saint
[séint]

(명) 성인

a patron **saint** 수호성인   the departed **saint** 고인
He's not portrayed as a *saint*. 그는 성인으로 그려지지 않는다.
saintly (형) 성자 같은

□ 1061
priest
[príːst]

(명) 사제 ; 성직자

parish **priest** 교구 목사   **a priest** of art 예술 애호가
The *priest* moves closer to the boy's position. 그 성직자는 소년이
있는 곳으로 가까이 다가간다.

□ 1062
preach
[príːtʃ]

(동) 설교하다

preach to deaf ears 쇠귀에 경 읽다
preach the Gospel 복음을 전도하다
I used to hear your father *preach* when I was at Oxford.
내가 옥스퍼드에 있을 때 너의 아버지의 설교를 듣곤 했다.
preachment (명) 설교, 훈계   preacher (명) 전도사, 설교가   preachy (형) 설교하려 드는
➕ **voca** = address 연설하다

□ 1063
creed
[kríːd]

(명) 신조, 신념

a ten-point **creed** 신조 10개 항   **a political creed** 정치적 신념
Every man deserves respect; this was her *creed*. 모든 인간은 존
경받을 가치가 있다는 것이 그녀의 신조였다.
➕ **voca** = belief 신념   = principle 원리   = doctrine 교리

□ 1064
rite
[rait]

(명) (종교적) 의식, 의례

rite of reconciliation 고해성사   the funeral **rites** 장례식
A similar *rite* seems to have taken place at the Parthenon.
비슷한 의식이 파르테논 신전에서도 치러졌던 것으로 보인다.
ritual (형) 의식의 (명) 의식 절차
➕ **voca** = ceremony 의식

□ 1065
cathedral
[kəθíːdrəl]

(명) 대성당

a **cathedral** city 대성당이 있는 도시
cathedral ceiling 대성당 천장
The *Cathedral* has a fine site on the edge of the harbor.
그 대성당은 항구 가장자리의 좋은 위치에 있다.

□ 1066
doom
[du:m]

⨇ 죽음, 최후 ⨈ (불행한) 운명을 맞다

the day of **doom** 최후의 심판일　gloom and **doom** 매우 암울함
Print-oriented novelists seem *doomed* to disappear. 인쇄 문화
중심의 소설가들은 사라질 운명에 처한 것 같다. (기출)

➕ **voca** = fate 운명

□ 1067
salvation
[sælvéiʃn]

⨇ 구원

be the **salvation** of ~을 구제하다　the **salvation** army 구세군
The concept of personal *salvation* is not new. 개인적인 구원의 개
념은 새로운 것이 아니다.

□ 1068
miraculous
[mirǽkjuləs]

⨈ 기적적인

miraculous recovery 기적적인 회복
miraculous growth 경이로운 성장
Her memory is nothing short of *miraculous*. 그녀의 기억력은 기적
이나 다름없다.

miracle ⨇ 기적　miraculously ⨉ 기적적으로

□ 1069
perpetual
[pərpétʃuəl]

⨈ 끊임없는 ; 종신의

perpetual snow 만년설　**perpetual** punishment 종신형
The process is one of *perpetual* self-improvement. 그 과정은
끊임없는 자아발전의 일부이다.

perpetuate ⨈ 영구화하다　perpetually ⨉ 영속적으로
➕ **voca** = permanent 영속적인　= consistent 끊임없는

□ 1070
transient
[trǽnziənt]

⨈ 일시적인, 덧없는

transient population 유동 인구　a **transient** life 덧없는 인생
This has come to be regarded as normal, but it is now
looking rather *transient*. 이것은 통상적인 것처럼 여겨졌지만, 이제는 다소
일시적인 것처럼 보인다.

➕ **voca** = temporary 일시적인

□ 1071
immortal
[imɔ́:rtl]

⨈ 불멸의, 영원한

immortal fame 불후의 명성　an **immortal** enemy 영원한 적
In principle, because stem cells are self-renewing, they are
immortal. 이론상으로 줄기세포는 자가 재생하기 때문에 영원히 죽지 않는다.

immortalize ⨈ 영원성을 부여하다　immortality ⨇ 불멸
➕ **voca** = eternal, everlasting 영원한 ↔ mortal 영원히 살 수 없는

A 영어는 우리말로, 우리말은 영어로 쓰시오.

① priest　＿＿＿＿＿　⑪ 신조　＿＿＿＿＿
② rite　＿＿＿＿＿　⑫ 역설　＿＿＿＿＿
③ cathedral　＿＿＿＿＿　⑬ 설교하다　＿＿＿＿＿
④ immortal　＿＿＿＿＿　⑭ 신분 확인　＿＿＿＿＿
⑤ salvation　＿＿＿＿＿　⑮ ~ 대　＿＿＿＿＿
⑥ quest　＿＿＿＿＿　⑯ 일시적인　＿＿＿＿＿
⑦ fallacy　＿＿＿＿＿　⑰ 전제　＿＿＿＿＿
⑧ realm　＿＿＿＿＿　⑱ 실용적인　＿＿＿＿＿
⑨ deed　＿＿＿＿＿　⑲ 죽음　＿＿＿＿＿
⑩ ideology　＿＿＿＿＿　⑳ 성인　＿＿＿＿＿

B 빈칸에 공통으로 들어갈 단어는?

① ＿＿＿ goods 재산　　＿＿＿ people 속물들
② the ＿＿＿ Being 신, 하느님　　＿＿＿ grace 신의 은총
③ a ＿＿＿ price 정가　　a ＿＿＿ answer 확답
④ a ＿＿＿ excuse 그럴듯한 변명　　a ＿＿＿ liar 능숙한 거짓말쟁이

C 다음 빈칸에 알맞은 단어를 〈보기〉에서 골라 넣으시오. (필요하면 형태를 변형하시오.)

[보기]
paradigm entity prophecy dilemma perpetual miraculous

① An accurate (　　) explains and guides.
② The process is one of (　　) self-improvement.
③ Her memory is nothing short of (　　).
④ Good design brings house and garden together as a single
　(　　).
⑤ The project will put an end to this (　　).
⑥ This was a self-fulfilling (　　).

D 이번 테마를 다룬 독해 지문을 읽으면서 관련 어휘의 뜻을 확인해 보자.

Religion, the **realm** of God and philosophy, the **realm** of reason, have both similarities and differences. Religion **preaches** a set of **creeds**, morals, and rules set up to lead one's **deeds**. Philosophy is a discipline in **quest** of life, metaphysics, knowledge, and the ultimate truth through many **paradigms**. One of the major similarities between religion and philosophy is that they both deal with human life, the human mind, **immortal** truth, and so on. Thus, one can always argue that they are one and the same, and we just call them by different names. One of the major differences between religion and philosophy is the need for **rites**. While almost all the religions in the world have a certain set of **rites** to be followed, philosophy does not have **rites** of any sort. This is one big difference that leads people to say that religion and philosophy are mutually exclusive and cannot co-exist.

Translation 신의 **realm**인 종교와 이성의 **realm**인 철학은 유사점과 차이점을 둘 다 가지고 있다. 종교는 사람의 **deed**들을 이끌기 위해 설정된 일련의 **creed**, 도덕률과 규칙들에 대해 **preach**한다. 철학은 많은 **paradigm**들을 통해 삶과 형이상학, 지식 그리고 궁극의 진실을 **quest**하는 학문이다. 종교와 철학 사이의 주요한 유사점들 중의 하나는 그것들 모두가 인간의 삶과 인간의 마음, **immortal**한 진실 등을 다루고 있다는 것이다. 그러므로 그것들은 하나이고 같은 것이며 단지 우리가 그것들을 다른 이름으로 부를 뿐이라는 것에 대한 논의는 항상 가능하다. 종교와 철학 사이의 주요한 차이점들 중의 하나는 **rite**들의 필요성이다. 세계의 거의 모든 종교들이 따라야만 하는 특정한 양식의 **rite**들을 가지고 있는 반면, 철학은 어떤 종류의 **rite**도 가지고 있지 않다. 이것은 사람들이 종교와 철학이 상호 배타적이고 공존할 수 없다고 말하게 만드는 하나의 큰 차이점이다.

Words • religion 종교 • philosophy 철학 • reason 이성 • similarity 유사점 • moral 도덕률 • discipline 학문 분야 • metaphysics 형이상학 • ultimate 궁극적인 • deal with 다루다 • mutually exclusive 상호 배타적인 • co-exist 공존하다

정답 ⑥

B ① worldly ② divine ③ definite ④ plausible
C ① paradigm ② perpetual ③ miraculous ④ entity ⑤ dilemma ⑥ prophecy

● 정부와 외교

37 믿을 수 없는 공약

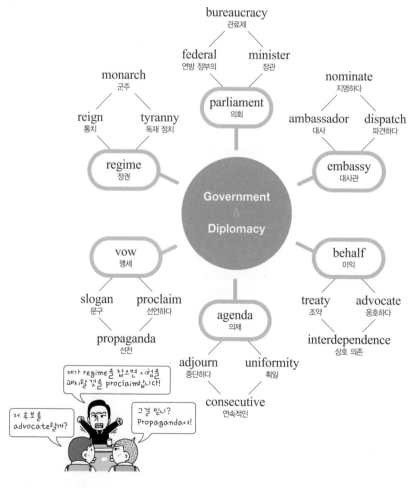

□ 1072
parliament
[pá:rləmənt]

명 의회, 국회
open Parliament 의회의 개회식을 하다
be in Parliament 하원 의원이다
In Egypt, a politician wouldn't think of being in *parliament* without a tie. 이집트에서 정치인이 넥타이를 매지 않고 의회에 들어가는 일은 생각할 수 없는 일이다.
+ **voca** = assembly, council, congress 의회

□ 1073
federal
[fédərəl]

형 연방 정부의, 연합의
Federal laws 연방법
Federal Bureau of Investigation (FBI) 미국 연방 수사국
Local police sought help from the *federal* government.
지방 경찰은 연방 정부로부터 도움을 구했다.

□ 1074
bureaucracy
[bjuərákrəsi]

명 관료제 ; 요식 체계
bloated bureaucracy 비대해진 관료제
unnecessary bureaucracy 불필요한 요식 체계
Organizational control is important for an enforcement *bureaucracy*. 조직의 통제는 관료제를 시행하는 데 중요하다.

□ 1075
minister
[mínistər]

명 장관 ; 목사
prime minister 총리
the Minister of Foreign Affairs 외무 장관
Our *minister* gives an interesting sermon every week.
우리 목사님은 매주 흥미로운 설교를 해 주신다.

□ 1076
subordinate
[səbɔ́:rdinət]

형 종속된 ; 부차적인
a subordinate state 속국
subordinate concern 부차적인 걱정
All other issues are *subordinate* to this one. 다른 모든 사안들은 이 사안에 비하면 부차적인 것들이다.
subordination 명 종속 ; 복종
+ **voca** = inferior 하위의 ↔ superior 상위의

□ 1077
municipal
[mju:nísipl]

형 시의, 지방 자치제의
municipal office 시청   **municipal engineering** 도시 공학
The first *municipal* legislation prohibiting the emission of 'dense' smoke was enacted in 1881. '짙은' 연기의 방출을 금지하는 최초의 시 법률은 1881년에 시행되었다.
municipalize 통 자치제로 하다

・・・

□ 1078
regime
[reiʒíːm]

(명) 정권 ; 제도
a military regime 군사 정권
under the new regime 새로운 제도 하에서
The old corrupt *regime* was overthrown. 오래되고 부패한 그 정권은
무너졌다.

□ 1079
reign
[rein]

(명) 통치, 지배 (동) 통치하다
under(in) the reign of ~의 통치 아래
hold the reigns of government 정권을 잡다
May kids *reign* forever! 아이들이 영원히 군림하기를!

□ 1080
monarch
[mánərk]

(명) 군주
an absolute monarch 전제 군주
the legitimate monarch 합법적 군주
The *monarch* became dependent on Parliament for consent
to the raising of taxes. 그 군주는 의회에 의지해 세금을 올리는 데 동의했다.

□ 1081
tyranny
[tírəni]

(명) 독재 정치 ; 압제, 폭압
resist tyranny 압제에 저항하다
under the yoke of tyranny 압제의 굴레 아래
The music reinforces the strong protest against *tyranny* and
persecution. 그 음악은 독재 정치와 박해에 대한 강력한 저항을 더욱 강화시킨다.
tyrannize (동) 압제하다   tyrannical (형) 폭군의
✚ voca = despotism 전제 정치 ; 폭정

□ 1082
communism
[kámjunizəm]

(명) 공산주의
the apparatus of communism 공산주의 체제
the spread of communism 공산주의의 확산
Stalin was following a definite plan for the expansion of
communism throughout the world. 스탈린은 전 세계로 공산주의를 확대
시키려는 분명한 계획을 따르고 있었다.
communist (명) 공산주의자

□ 1083
sanction
[sǽŋkʃn]

(명) 제재 ; 인가
military sanctions 군사적 제재
take sanctions against ~에 대한 제재 조치를 취하다
The country acted without the *sanction* of the other nations.
그 나라는 다른 국가들의 인가 없이 행동했다.
✚ voca = permission, approval 승인

☐ 1084
embassy
[émbəsi]

명 대사관

the Korean **Embassy** 한국 대사관
an **embassy** official 대사관 직원
I think the *embassy* should move to a new place. 나는 대사관을
새로운 장소로 옮겨야 한다고 생각한다. (기출)

☐ 1085
ambassador
[æmbǽsədər]

명 대사

an ordinary **ambassador** 주재 대사
an **ambassador** of peace 평화 사절
He was appointed as an *ambassador* to a country in Africa.
그는 아프리카 대사로 지명되었다. (기출)

☐ 1086
nominate
[námineit]

동 (후보자로) 지명하다 ; 임명하다

nominate a candidate 후보자를 지명하다
nominate a competent person 적임자를 지명하다
You may belong to an organization that *nominates*
candidates and elects officers. 당신은 후보자를 지명하고 임원을 선발하는
조직에 속할지도 모른다. (기출)

nomination 명 지명, 추천   nominal 형 명목상의
➕ voca = appoint, designate 지명하다

☐ 1087
dispatch
[dispǽtʃ]

동 파견하다 ; 발송하다   명 파견 ; 발송

the immediate **dispatch** of troops 즉각적 파병
a **dispatch** rider 전령병(명령 등을 전달하는 병사)
As all items were in stock, they have been *dispatched* to
you today. 모든 물건들의 재고가 있어서 오늘 당신에게 그것들을 발송했습니다.

☐ 1088
amnesty
[ǽmnəsti]

명 사면, 특사

Amnesty International 국제사면위원회
grant **amnesty** to criminals 죄인에게 사면을 내리다
Republicans were making mistakes by pushing things like
amnesty for illegals. 공화당원들은 불법을 저지른 자들의 사면을 지지함으로써
실수를 저지르고 있었다.

➕ voca = remission 감형, 사면

☐ 1089
vow
[vau]

명 맹세, 서약   동 맹세하다

make a **vow** of ~을 맹세하다
break a **vow** 맹세를 어기다
She made a *vow* never to pick a fight with him. 그녀는 그와 절대
로 싸우지 않겠다고 맹세했다.

• • •

□ 1090
proclaim
[prəkléim]

(동) 선언하다 ; 증명하다

proclaim war 선전 포고하다　**proclaim a victory** 승리를 선언하다
Colorful brochures and posters *proclaim* bargain weekends.
형형색색의 소책자들과 광고 전단들이 주말 세일 기간임을 증명한다.

proclamation (명) 선언
🔟 voca ＝ declare 선언하다　＝ announce 발표하다

□ 1091
propaganda
[prɑ̀pəgǽndə]

(명) (주의, 신념의) 선전

a propaganda film 선전 영화
anti-war propaganda 반전 선전
The report was nothing but lies and *propaganda*. 그 보고서는 순
전히 사기와 선전일 뿐이다.

propagandize (동) 선전하다　propagandist (명) 선전원

□ 1092
slogan
[slóugən]

(명) 문구, 슬로건

a propaganda slogan 선전 문구
advertising slogans 광고 문구
The *slogan* was "run by the people for the people." 그 문구는
'사람에 의한 사람을 위한 경영' 이었다.

🔟 voca ＝ catch phrase 기발한 문구

□ 1093
behalf
[bihǽf]

(명) 이익 ; 자기편

on behalf of ~을 대신하여　**in behalf of** ~을 위하여
He argued before the court on her *behalf*. 그는 법정에서 그녀 대신
에 논쟁했다.

□ 1094
advocate
[ǽdvəkèit]

(동) 옹호하다, 지지하다　(명) 옹호자 ; 변호사

an advocate for peace 평화론자
devil's advocate (논의에서) 일부러 반대하는 사람
He *advocates* traditional teaching methods. 그는 전통적인 교습 방
법을 옹호한다.

advocatory (형) 변호인의
🔟 voca ↔ oppose 반대하다

□ 1095
interdependence
[ìntərdipéndəns]

(명) 상호 의존

international interdependence 국제적인 상호 의존
the beginning of interdependence 서로 의지하기 시작하는 것
People in collectivist cultures celebrate the values of
interdependence. 집단주의 문화 속에 살고 있는 사람들은 상호 의존성의 가치를
찬양한다. (기출)

🔟 voca ＝ mutual dependence 상호 의존

☐ 1096
treaty
[tríːti]

몡 조약, 협정
a forced **treaty** 강화 조약 to draw up a **treaty** 조약을 작성하다
The Russians have refused to sign the European
cybercrime *treaty*. 러시아는 유럽 사이버 범죄 협정에 서명하는 것을 거절해 왔
다.

☐ 1097
agenda
[ədʒéndə]

몡 의제
meeting **agenda** 회의 안건
the first item on the **agenda** 의사 일정의 제1항
He wants to push his own *agenda* no matter what the others
say. 그는 다른 사람들이 뭐라고 하든지 자신의 의제를 밀어붙이기를 원한다.

☐ 1098
uniformity
[jùːnəfɔ́ːrməti]

몡 한결같음 ; 획일, 균일
the **uniformity** of opinion 의견의 일치
the dull **uniformity** of houses 주택의 단조로운 획일성
The *uniformity* of its top executives is the crucial case in
point. 최고 경영진들의 일관성은 중요한 요소이다.
➕ voca = standardization 획일

☐ 1099
consecutive
[kənsékjutiv]

혱 연속적인
consecutive numbers 일련 번호
consecutive interpretation 순차 통역
The team's winning streak has lasted for seven *consecutive*
games. 그 팀은 7번 연승을 이어가고 있다.
consecution 몡 연속 consecutively 튄 연속하여
➕ voca = successive 연속적인

☐ 1100
adjourn
[ədʒɔ́ːrn]

통 (재판, 회의 등을) 중단하다
adjourn a meeting 회의를 중단하다
adjourn the court 재판을 휴정하다
Congress will not *adjourn* until the budget has been
completed. 의회는 예산안이 마무리될 때까지 휴회하지 않을 것이다.
adjournment 몡 휴회

Link 어원 **inter-** 사이에, 중간에

• interdependence 상호 의존
• international 국제적인
• interaction 상호 작용
• intermediate 중간의
• intercommunication 의사소통
• intermarry (인종, 국적 등이 다른 사람들이) 결혼하다

• interval 간격
• interpret 해석하다
• interface 접속기
• interfaith 종교 간의
• interglacial 간빙기의

• interrupt 방해하다
• interfere 간섭하다
• intercollegiate 대학 간의
• interstate 주 사이의

A 영어는 우리말로, 우리말은 영어로 쓰시오.

① parliament _____ ⑪ 상호 의존 _____
② embassy _____ ⑫ 중단하다 _____
③ agenda _____ ⑬ 파견하다 _____
④ consecutive _____ ⑭ 연방 정부의 _____
⑤ tyranny _____ ⑮ 조약 _____
⑥ propaganda _____ ⑯ 대사 _____
⑦ nominate _____ ⑰ 한결같음 _____
⑧ municipal _____ ⑱ 사면 _____
⑨ monarch _____ ⑲ 공산주의 _____
⑩ bureaucracy _____ ⑳ 정권 _____

B 빈칸에 공통으로 들어갈 단어는?

① prime _____ 총리
   the _____ of Foreign Affairs 외무 장관
② on _____ of ~을 대신하여   in _____ of ~을 위하여
③ a _____ state 속국   _____ concern 부차적인 걱정
④ _____ war 선전 포고하다   _____ a victory 승리를 선언하다

C 다음 빈칸에 알맞은 단어를 〈보기〉에서 골라 넣으시오. (필요하면 형태를 변형하시오.)

┌─────────── [보기] ───────────┐
│ slogan   reign   sanction   vow   advocate │
└──────────────────────────────┘

① May kids ( ) forever!
② The country acted without the ( ) of the other nations.
③ The ( ) was "run by the people for the people."
④ He ( ) traditional teaching methods.
⑤ She made a ( ) never to pick a fight with him.

D 이번 테마를 다룬 독해 지문을 읽으면서 관련 어휘의 뜻을 확인해 보자.

China's position in the international community is expanding to the level of a superpower. Even the United States seems to **proclaim** that China is its strategic partner in world affairs. Its  economic and military power is increasing rapidly. Looking at Northeast Asia, China faces many challenges. One of them is that other states might also qualify as great powers in the future. Another challenge is that neighboring nations such as the two Koreas have taken different approaches toward China on their own **behalf**. Under these circumstances, China needs to fall in line with the global community. The **interdependence** between Beijing and the global community could reduce tensions among its relatively weak neighbors such as Taiwan, South Korea and others. The important issue is how China will cope with the new responsibilities and burdens that have been imposed on it. I hope that Beijing will more willingly follow the already agreed upon international **regimes**.

Translation　국제 사회에서 중국의 입지는 초강대국의 수준으로 확대되고 있다. 미국조차도 세계 문제에 있어서 중국이 미국의 전략적 동반자라고 proclaim하는 듯하다. 중국의 경제력과 군사력은 급속도로 증가하고 있다. 동북아시아를 살펴보면, 중국은 많은 도전들에 직면하고 있다. 그 중 하나는 다른 국가들 역시 미래에 그만큼의 강한 국력을 가지게 될 수도 있다는 것이다. 또 다른 도전은 남한과 북한과 같은 이웃한 나라들이 그들 자신의 behalf를 위해 중국을 향한 다른 방식의 접근법을 취하고 있다는 것이다. 이러한 상황 하에서, 중국은 국제 사회의 규정에 따라야 한다. 베이징과 국제 사회 간의 interdependence는 대만이나 남한 등과 같은 상대적으로 약한 이웃나라들 사이에 긴장감을 완화시킬 수 있을 것이다. 중요한 문제는 중국이 어떻게 새로운 책임과 중국에게 부과되어 왔던 부담에 대처할 것인가이다. 베이징이 이미 합의된 종래의 국제적 regime을 더 기꺼이 따르기를 희망한다.

Words　• superpower 초강대국　• strategic 전략적인　• qualify 자격이 주어지다　• fall in line 규정을 따르다　• tension 긴장, 갈등　• cope with ~에 대처하다　• impose on ~에 부과하다　• willingly 기꺼이

정답

B　① minister　② behalf　③ subordinate　④ proclaim
C　① reign　② sanction　③ slogan　④ advocates　⑤ vow

Day

38

예술적 표현

삐뚤어질 테다!

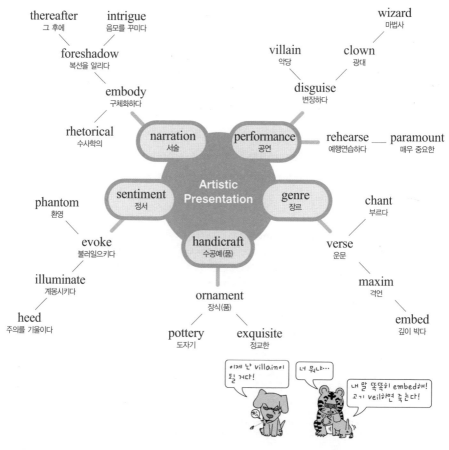

thereafter
그 후에

intrigue
음모를 꾸미다

foreshadow
복선을 알리다

embody
구체화하다

rhetorical
수사학의

wizard
마법사

villain
악당

clown
광대

disguise
변장하다

narration
서술

performance
공연

rehearse
예행연습하다

paramount
매우 중요한

sentiment
정서

Artistic
Presentation

genre
장르

chant
부르다

phantom
환영

evoke
불러일으키다

handicraft
수공예(품)

verse
운문

illuminate
계몽시키다

maxim
격언

heed
주의를 기울이다

ornament
장식(품)

embed
깊이 박다

pottery
도자기

exquisite
정교한

이제 난 villain이 될 거다!

너 뭐냐…

내 말 똑똑히 embed해! 고기 veil하면 죽는다!

□ 1101
narration
[nəréiʃn]

(명) 서술 ; 이야기
a graphic **narration** 그림을 보는 듯한 서술
indirect **narration** 간접 화법
An inside point of view provides a more intimate *narration*. 내부자의 관점(1인칭 시점)은 더 친밀한 이야기를 제공한다.

□ 1102
embody
[imbádi]

(동) 구체화하다, 구현하다
embody all the rules 모든 규칙을 구체화하다
embody democratic ideas 민주주의 사상을 구체적으로 나타내다
In Chinese food, the idea of boiling hot is *embodied* in the phrase *wok hei*. 중국 음식에서 뜨겁게 끓여야 한다는 생각은 '웍 헤이'라는 구절에서 구체적으로 표현된다. (기출)
embodiment (명) 구체화

□ 1103
rhetorical
[ritɔ́:rikl]

(형) 수사학의 ; 미사여구의
a **rhetorical** device 수사학적 기교
a **rhetorical** question 수사학적 의문문
It's *rhetorical* only. 그것은 수사학일 뿐이다(말 뿐이다).
rhetoric (명) 수사학 ; 미사여구   rhetorically (부) 수사학적으로 ; 화려하게

□ 1104
foreshadow
[fɔ:rʃǽdou]

(동) 복선을 알리다, ~의 전조가 되다
foreshadow a bright future 밝은 미래를 암시하다
foreshadow an event 사건의 전조가 되다
No one can *foreshadow* what the conclusions will be.
어느 누구도 결과가 무엇이 될지 암시할 수 없다.

□ 1105
intrigue
[intrí:g]

(동) 흥미를 끌다 ; 음모를 꾸미다   (명) 음모
intrigue the eye 시선을 끌다
a diplomatic **intrigue** 외교상의 음모
Greg has thrown us into an incident of international *intrigue*. Greg는 우리를 국제적인 음모 사건에 빠뜨렸다.
VOCA = conspiracy 음모

□ 1106
thereafter
[ðèrǽftər]

(부) 그 후에
shortly **thereafter** 그 후 곧
the history **thereafter** 그 이후의 역사
Nearly two hundred million dollars are needed for their operation and maintenance every year *thereafter*. 그 이후에 매년 거의 200만 달러가 그것들의 운영 및 유지에 필요하다.

□ 1107
veil
[veil]

명 면사포 ; 장막 **동** 베일로 가리다 ; 감추다
wedding **veil** 면사포   lift the **veil** 진상을 밝히다
A light mist lay along the earth, partly *veiling* the lower features of the landscape. 옅은 안개가 풍경의 낮은 쪽의 모습을 부분적으로 가리며 지면을 따라 펼쳐져 있었다. (기출)

➕ **voca** ↔ unveil 베일을 벗기다

□ 1108
performance
[pərfɔ́:rməns]

명 공연 ; 실적 ; 수행
public **performance** 대중 공연
performance reporting 실적 보고
Even though he was accomplished as a singer, he was still nervous before a *performance*. 비록 그는 가수로 성공했지만, 여전히 공연을 앞두고 긴장했다.
perform **동** 공연하다 ; 수행하다

□ 1109
rehearse
[rihə́:rs]

동 예행연습하다
rehearse a play 연극을 시연하다
rehearse the final scene 마지막 장을 예행연습하다
On stage, the actors have a script that allows them to *rehearse* what they will say and do. 무대에서 배우들은 그들이 무엇을 말하고 어떻게 행동할지 예행연습을 할 수 있게 해 주는 대본을 가지고 있다.
rehearsal **명** 예행연습

□ 1110
paramount
[pǽrəmaunt]

형 매우 중요한 ; (권력 등이) 최고의
be of **paramount** importance 매우 중요하다
the lord **paramount** 국왕
Safety considerations must be *paramount*. 안전에 대한 고려가 제일 중요하다.

□ 1111
disguise
[disgáiz]

동 변장하다 ; 숨기다 **명** 변장, 가장
facial **disguise** 얼굴 변장   **disguise** techniques 변장술
If you want not to be a victim of an enemy, *disguise* would be essential. 당신이 적의 희생자가 되기를 원치 않는다면, 변장이 필수적이다.

□ 1112
villain
[vílən]

명 악당
evil **villains** 사악한 악당들   cartoon **villains** 만화에 등장하는 악당들
We identified him early on as a potential *villain*. 우리는 일찍부터 그가 잠재적인 악당임을 알아봤다.

□ 1113
clown
[klaun]

명 광대
clown costumes 광대 의상   **act the clown** 광대 시늉을 하다
If you think being a *clown* is just putting on makeup and acting like an idiot, you are wrong. 만약 광대가 되는 것이 단순히 분장을 하고 바보처럼 구는 것이라고 생각한다면 당신의 생각은 틀렸다.

□ 1114
wizard
[wízərd]

명 마법사 ; 귀재
Wizard of Oz 오즈의 마법사
a computer **wizard** 컴퓨터 분야의 귀재
This *wizard* will complete the installation of this device.
이 마법사는 이 장치의 설치를 완료할 것이다.

□ 1115
maze
[meiz]

명 미로 ; 혼란
play a game maze 미로 게임을 하다
a **maze** of bureaucracy 관료제의 복잡함
Sally expertly steered through the twisting *maze* of streets.
Sally는 그 굽이지는 미로 같은 길들을 노련하게 운전해 나갔다.
mazy 형 미로 같은

□ 1116
sentiment
[séntimənt]

명 정서, 감정 ; 감상
adverse **sentiment** 반감   my **sentiments** 나의 소감
Sentiments prove you're human. 감정은 네가 인간이라는 것을 입증한다.
sentimental 형 감상적인

□ 1117
evoke
[ivóuk]

동 불러일으키다, 환기하다
evoke a memory 기억을 불러일으키다
evoke a sentiment 감정을 불러일으키다
The music *evoked* a feeling of love in the people. 그 음악은 사람들에게 사랑의 감정을 불러일으켰다.
voca = arouse (느낌, 태도를) 불러일으키다

□ 1118
phantom
[fǽntəm]

명 유령 ; 환영
a **phantom** company 유령 회사
phantom of the opera 오페라의 유령
My father's *phantom* voice nagged me for sleeping in.
아빠는 유령 목소리로 나에게 들어가서 자라고 잔소리하셨다.

• • •

□ 1119
illuminate
[ilú:mineit]

(동) 밝게 하다 ; 계몽시키다 ; 분명히 하다
illuminate small areas 좁은 공간을 밝히다
illuminate the subject 문제를 분명히 하다
Some miracles *illuminate* our lives. 몇몇 기적들은 우리의 삶을 밝게
한다.
illumination (명) 조명 ; 계몽   illuminative (형) 밝게 하는 ; 계몽적인

□ 1120
heed
[hi:d]

(동) (충고나 경고에) 주의를 기울이다 (명) 주의
heed parents' words 부모의 말에 귀를 기울이다
take heed of ~을 주의하다
If we do not *heed* past history, we are doomed to repeat our
mistakes. 우리가 지나간 역사에 귀를 기울이지 않는다면, 우리는 실수를 반복하게
될 것이다.

□ 1121
handicraft
[hǽndikrӕft]

(명) 수공예(품)
handicraft tools 수공예 도구
handicraft industries 수공예 산업
The organizations established thousands of popular
handicraft stores known as "World Shop." 그 단체들은 'World
Shop'으로 알려진 수천 개의 인기 있는 수공예 상점들을 설립했다.

□ 1122
ornament
[ɔ́:rnəmənt]

(명) 장식(품) (동) 장식하다
ornament trees 장식용 나무
for mere ornament 단지 장식으로
I am going to award you this red *ornament* to wear on your
head. 내가 머리에 쓰는 이 빨간 장식을 너에게 상으로 주겠다.
ornamental (형) 장식용의
➕ **voca** = decoration, adornment 장식(품)

□ 1123
pottery
[pátəri]

(명) 도자기
antique pottery 고대풍의 도기   **clay pottery** 점토 도자기
Pottery reaches back into civilization's earliest moments.
도기는 문명의 초기까지 거슬러 올라간다.

□ 1124
exquisite
[ikskwízit]

(형) 정교한, 세련된, 아름다운
exquisite jewelry 정교한 보석
an exquisite day 참으로 멋진 하루
They were all impressed by the *exquisite* dance. 그들은 모두 그
아름다운 춤에 감동했다.
exquisitely (부) 정교하게, 우아하게

□ 1125
genre
[ʒɑ́:nrə]

(명) 장르
literary **genres** 문학 장르
the oldest of film **genre** 가장 오래된 영화 장르
Some writers write in only one *genre*, or in very similar
genres. 일부 작가들은 단 한 가지 또는 매우 비슷한 장르의 글을 쓴다.

□ 1126
verse
[və́:rs]

(명) 운문, 시가
chant **verse** 시를 음송하다
christmas card **verses** 크리스마스카드에 적힌 시구
Poets repeat certain sounds in certain combinations and
arrangements, and thus add musical meaning to *verse*. 시인들
은 특정한 조합과 배열에서 특정 소리들을 반복함으로써 운문에 음악적 의미를 더한다.

□ 1127
chant
[tʃænt]

(동) 구호를 외치다 ; (성가를) 부르다 (명) 구호 ; 성가
chant slogans 슬로건을 외치다　**chant** a charm 주문을 외다
We *chanted* and the mood was great. 우리는 구호를 외쳤고 분위기는
좋았다.

□ 1128
prologue
[próulɔ:g]

(명) 머리말, 서막
prologue of a play 연극의 서막
in the **prologue** of life 인생의 초기에
I read the *Prologue* to 'The Adventures of Tom Sawyer.'
나는 '톰 소여의 모험'의 머리말을 읽었다.

□ 1129
maxim
[mǽksim]

(명) 격언
a golden **maxim** 금언　lay down a **maxim** 격언을 만들다
He was somebody who always followed that *maxim*.
그는 항상 그 격언을 따르는 사람이었다.
voca = proverb 속담, 격언

□ 1130
embed
[imbéd]

(동) 깊이 박다 ; 파견하다
embed tag (물건에) 꼬리표를 내장시키다
embed images to web pages 웹페이지에 그림 파일을 삽입하다
Embed the video clip on a blog, or send it to YouTube.
그 동영상을 블로그에 올리거나 유튜브에 보내시오.

A 영어는 우리말로, 우리말은 영어로 쓰시오.

① exquisite _____ ⑪ 장르 _____
② sentiment _____ ⑫ 유령 _____
③ ornament _____ ⑬ 운문 _____
④ chant _____ ⑭ 구체화하다 _____
⑤ narration _____ ⑮ 수공예(품) _____
⑥ clown _____ ⑯ 복선을 알리다 _____
⑦ pottery _____ ⑰ 머리말 _____
⑧ thereafter _____ ⑱ 예행연습하다 _____
⑨ maxim _____ ⑲ 주의를 기울이다 _____
⑩ maze _____ ⑳ 깊이 박다 _____

B 빈칸에 공통으로 들어갈 단어는?

① facial _____ 얼굴 변장   _____ techniques 변장술
② wedding _____ 면사포   lift the _____ 진상을 밝히다
③ _____ of Oz 오즈의 마법사   a computer _____ 컴퓨터 분야의 귀재
④ public _____ 대중 공연   _____ reporting 실적 보고

C 다음 빈칸에 알맞은 단어를 〈보기〉에서 골라 넣으시오. (필요하면 형태를 변형하시오.)

┌─────────────[보기]─────────────┐
  intrigue rhetorical paramount villain evoke illuminate
└──────────────────────────────────┘

① Greg has thrown us into an incident of international (   ).
② The music (   ) a feeling of love in the people.
③ Safety considerations must be (   ).
④ It's (   ) only.
⑤ Some miracles (   ) our lives.
⑥ We identified him early on as a potential (   ).

D 이번 테마를 다룬 독해 지문을 읽으면서 관련 어휘의 뜻을 확인해 보자.

Like tragedy, comedy as a **genre** dates back to ancient Greece. While tragedy was meant to engage human **sentiments**, thereby cleansing spectators of their fears, comedy's intent was simply to entertain and amuse audiences. The Athenian poet Aristophanes is considered the greatest and **paramount** ancient writer of comedy. His plays, written for the festival of Dionysus, were a mix of social, political, and literary satire. Later, his comedy evolved into a new form of comedy, which was less biting and more romantic and realistic in nature. This new form of comedy, which was marked by strong character development and often subtle and **exquisite** humor, is also found in the works of Greek playwright Menander and those of Roman comic writers Plautus, all of whom influenced Ben Jonson, William Shakespeare, Jean Molière, and other writers of the sixteenth and seventeenth centuries.

Translation 비극과 마찬가지로, **genre**로서 희극은 고대 그리스로 거슬러 올라간다. 비극이 인간의 **sentiment**들을 주로 다루고 그럼으로써 관객들의 두려움을 정화시켜 주는 반면에, 희극의 의도는 단순히 청중들을 즐겁고 재미있게 하는 것이었다. 아테네의 시인 Aristophanes는 가장 뛰어나고 **paramount**한 고대 희극 작가로 여겨진다. Dionysus 축제를 위해 쓰인 그의 희곡은 사회적이고 정치적이며 문학적인 풍자의 혼합물이었다. 후에, 그의 희극이 새로운 형식의 희극으로 진화했는데, 그것은 덜 신랄하고 더 낭만적이며 자연에 대해서는 더 사실적이었다. 이 새로운 형식의 희극은 강한 등장인물의 설정과 종종 미묘하고 **exquisite**한 유머로 특징지어지며, 그리스 극작가인 Menander의 작품과 로마의 희극 작가인 Plautus의 작품에서도 발견되는데, 이들 모두는 Ben Jonson과 William Shakespeare, Jean Molière와 다른 16~17세기 작가들에게 영향을 끼쳤다.

Words • tragedy 비극 • date back to ~의 시대로 거슬러 올라가다 • engage 끌어들이다 • thereby 그것에 의해 • spectator 관객 • amuse 재미있게 하다 • play 희곡, 연극 • literary 문학적인 • satire 풍자 • evolve 진화하다 • biting 신랄한, 비판적인 • mark 특징을 이루다 • subtle 미묘한

정답 ⑨

B ① disguise ② veil ③ wizard ④ performance
C ① intrigue ② evoked ③ paramount ④ rhetorical ⑤ illuminate ⑥ villain

오락가락하는 일기예보

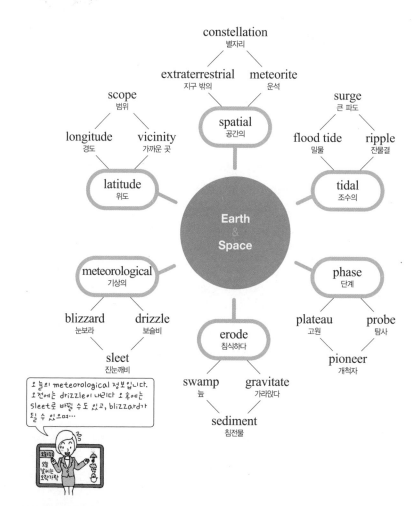

constellation
별자리

extraterrestrial
지구 밖의

meteorite
운석

scope
범위

surge
큰 파도

spatial
공간의

longitude
경도

vicinity
가까운 곳

flood tide
밀물

ripple
잔물결

latitude
위도

tidal
조수의

Earth & Space

scope
범위

meteorological
기상의

phase
단계

blizzard
눈보라

drizzle
보슬비

plateau
고원

probe
탐사

erode
침식하다

sleet
진눈깨비

pioneer
개척자

오늘의 meteorological 정보입니다.
오전에는 drizzle이 내리다 오후에는
sleet로 바뀔 수도 있고, blizzard가
될 수 있으며…

swamp
늪

gravitate
가라앉다

sediment
침전물

□ 1131
latitude
[lǽtitùːd]

⑲ 위도 ; 지역
the cold **latitudes** 한대 지방
the same **latitude** as Seoul 서울과 같은 위도
A degree of *latitude* or longitude is not the same distance
everywhere on the Earth's surface. 위도나 경도 1도가 지구 표면의
모든 곳에서 똑같은 거리는 아니다.

□ 1132
longitude
[lάndʒətjùːd]

⑲ 경도
the west **longitude** 서경
at **longitude** 21 degrees east 동경 21도에
He claimed to be able to read *longitude* by celestial
observations. 그는 천체 관측으로 경도를 읽을 수 있다고 주장했다.

□ 1133
scope
[skoup]

⑲ 범위, 영역 ; 시야
a great **scope** of land 광대한 토지
beyond one's **scope** 자기의 능력이 미치지 않는 곳에
Its *scope* has expanded since Johannesburg City decided to
cooperate. 요하네스버그시의 협력 결정 이후 그 범위는 확대되어 왔다.
voca = range 범위 = area 영역

□ 1134
vicinity
[vəsínəti]

⑲ 가까운 곳
in the **vicinity** of stations 역 근처에
immediate **vicinity** 아주 가까운 곳
She casts an eye to the darkness and the *vicinity* of the rock.
그녀는 어둠 속과 바위 근처로 눈길을 돌린다.

□ 1135
spatial
[spéiʃl]

⑱ 공간의, 공간적인
a **spatial** limit 공간적 한계   **spatial** structures 공간 구조
Spatial-temporal abilities of college students who
participated in the experiment temporarily increased.
그 실험에 참가했던 대학생들의 시공간적 능력은 일시적으로 증가했다. 기출
space ⑲ 공간   spatiality ⑲ 공간성, 넓이
voca ↔ temporal 시간의

□ 1136
extraterrestrial
[èkstrətəréstriəl]

⑱ 지구 밖의
extraterrestrial beings 외계인
extraterrestrial intelligence 뛰어난 지능
Searching for *extraterrestrial* life is more than a trend.
외계의 생명체를 탐색하는 것은 단순한 유행 그 이상이다.
voca ↔ terrestrial 지구의

• • •

□ 1137
constellation
[kànstəléiʃn]

(명) 별자리
the **constellation** of Ursa Major 큰곰자리
the **constellation** Gemini 쌍둥이자리
I can't figure out the name of that particular *constellation*.
나는 특정 별자리의 이름을 구별할 수 없다.

□ 1138
meteorite
[míːtiərait]

(명) 운석
a falling **meteorite** 떨어지는 운석
a **meteorite** impact 운석 충돌
He wondered if a *meteorite* might have slammed into the
ground there. 그는 그 땅에 운석이 충돌했을지 궁금했다.
meteoritic (형) 운석의

□ 1139
rugged
[rʌ́gid]

(형) 바위가 많은, 울퉁불퉁한 ; 강인하게 생긴
a **rugged** path 울퉁불퉁한 길   **rugged** kindness 무뚝뚝한 친절
He was cute — dark-haired and *rugged*, fit and tall. 그는 짙은
머리카락과 강인한 얼굴, 탄탄한 몸과 큰 키를 가진 귀여운 남자였다.
ruggedness (명) 울퉁불퉁함   ruggedly (부) 거칠게
+ voca = rocky 바위로 된 = craggy 우락부락한

□ 1140
twilight
[twáilait]

(명) 어스름, 황혼(기)
in the **twilight** 황혼 속에서   a **twilight** zone 중간지대
The pale gold of the sinking sun fades out into the smoky
gray of the winter *twilight*. 지는 태양의 옅은 금빛이 겨울 황혼 녘의 잿빛
속으로 어렴풋해졌다.

□ 1141
tidal
[táidl]

(형) 조수의
tidal current 조류   a **tidal** harbor 만물 때만 운항 가능한 항구
The barrier drastically restricts *tidal* flows. 그 장벽은 조류의 흐름
을 철저하게 차단한다.
tide (형) 조수

□ 1142
flood tide
[flʌ́d taid]

(명) 밀물
at **flood tide** 밀물 때에   **flood tide** gate 밀물 수문
Forecasters warned *flood tides* of up to 4.5 meters could
swallow up the coastal district. 기상 요원은 4.5미터 높이의 밀물이 해안
지역을 삼킬 수 있다고 경고했다.
+ voca = rising tide 밀물 ↔ low tide 썰물

□ 1143
surge
[sə́:rdʒ]

⑧ 급등하다 ; 밀려들다 ⑲ 급등 ; 큰 파도
prices surge 물가가 급등하다 **surging crowds** 밀어닥치는 인파
Africa's population is expected to *surge* from 900 million to almost two billion. 아프리카의 인구는 9억에서 대략 20억으로 급증할 것으로 예상된다.

□ 1144
ripple
[rípl]

⑲ 잔물결 ⑧ 잔물결이 일다 ; 파문이 일다
ripple gently 조용히 잔물결이 일다
ripple the lake 호수에 잔물결을 일으키다
When they turned their eyes that way, they saw *ripples* in the grass coming from that direction also. 그들이 그쪽으로 눈을 돌렸을 때 풀의 물결 또한 그쪽에서 일어 오는 것을 보았다.
ripply ⑲ 잔물결이 이는 ; 파문이 있는

□ 1145
align
[əláin]

⑧ 정렬시키다 ; 제휴하다, 동조하다
align the outside edges 바깥 가장자리를 일렬로 맞추다
align oneself with ~와 제휴하다
It doesn't *align* with our beliefs and values. 그것은 우리의 믿음과 가치관에 맞지 않는다.
alignment ⑲ 가지런함 ; 지지

□ 1146
phase
[feiz]

⑲ 단계, 국면, 양상 ⑧ 단계적으로 진행하다
enter a new phase 새로운 국면에 접어들다
phase in ~을 단계적으로 도입하다
Our website provides valuable information on the moon *phases*! 우리 웹사이트는 달의 변화 양상에 따른 가치 있는 정보를 제공합니다!

□ 1147
probe
[proub]

⑲ 탐사 ; 우주 탐사선 ⑧ 조사하다
probe the space 우주를 탐사하다
probe one's conscience 자기 양심에 물어보다
Different nations have sent more than thirty *probes* toward Mars. 여러 국가들이 30대가 넘는 탐사선을 화성으로 보냈다. (기출)
🔹 **voca** = examination, investigation 조사 = exploration 탐사

□ 1148
pioneer
[pàiəníər]

⑲ 개척자 ⑧ 개척하다
pioneer period 개척 시대 **the pioneer days** 초창기
Native Americans and New England *pioneers* boiled and ate the nuts of the white oak. 아메리카 원주민들과 뉴잉글랜드 개척자들은 흰 떡갈나무의 열매를 끓여 먹었다. (기출)

• • •

□ 1149
plateau
[plætóu]

(명) 고원 ; 정체기, 안정기
the **Plateau** of Iran 이란 고원
dry inland **plateau** 건조한 내륙 고원
After several years of rapid growth, the company is now at a *plateau*. 몇 년간의 급격한 성장 이후, 그 회사는 지금 정체기에 있다.

□ 1150
bulge
[bʌldʒ]

(동) 부풀다, 불룩해지다 (명) 부푼 것
be **bulging** with ~로 불룩하다(가득 차다)
cheeks **bulge** 볼이 불룩해지다
The doctor showed me the faint *bulge* under the skin on my neck and chest. 그 의사는 나에게 나의 목과 가슴의 피부 아래에 있는 희미한 돌기를 보여 주었다.
bulging (형) 불룩한, 튀어나온
voca = swell 붓다, 부풀다

□ 1151
erode
[iróud]

(동) 부식시키다, 침식하다 ; 약화시키다
soil **erodes** 토양이 부식되다
erode public support 대중의 지지를 약화시키다
Traditional funding models continue to *erode*. 기존의 자금 조달 모형은 계속해서 쇠퇴하고 있다.
erosion (명) 부식   erosive (형) 부식성의

□ 1152
gravitate
[grǽvətèit]

(동) 끌리다 ; 가라앉다
gravitate towards ~에 끌리다
gravitate to the cities 도시로 몰리다
We tend to *gravitate* toward what is happening rather than what it is. 우리는 그것이 무엇인가보다 무슨 일이 일어나는가에 더 끌리는 경향이 있다. (기출)
gravity (명) 중력

□ 1153
sediment
[sédimənt]

(명) 침전물, 퇴적물
sediment transport 하천 유사량
a thick layer of **sediment** 두꺼운 퇴적층
He pulled the stone free of the *sediment*. 그는 침전물을 털어내고 돌을 빼냈다.
sedimentary (형) 퇴적물의

□ 1154
swamp
[swɑmp]

(명) 늪, 습지 (동) 뒤덮다
drain the **swamp** 늪의 물을 빼다
be bogged down with the **swamp** 늪에 빠져서 꼼짝 못하다
We got *swamped* with homework and bogged down in math problems. 우리는 숙제로 시달렸고 수학 문제들로 꼼짝 못했다.
swampy (형) 늪이 많은 ; 질척질척한
voca = bog, marsh 늪, 습지

□ 1155
basin
[béisn]

명 세면대 ; (강의) 유역 ; 분지
the Thames basin 템스 강 유역   a collecting basin 침전지
The *basin* near the window provided an easy step up.
창문 가까이에 있는 세면대에는 발을 디딜 수 있는 곳이 있었다. (기출)

□ 1156
meteorological
[mìːtiərəlɑ́dʒikəl]

형 기상(학)의
meteorological statistics 기상 통계학
the **meteorological** control (공항의) 기상관제
The authors collected and analyzed the data regarding
meteorological parameter. 저자들은 기상 변수에 관한 자료를 수집하고 분
석했다.
meteorology 명 기상학   meteorologic 형 기상의

□ 1157
drizzle
[drízl]

동 (비가) 보슬보슬 내리다 ; (액체를) 조금 붓다   명 보슬비
drizzle the topping 토핑을 뿌리다   freezing **drizzle** 진눈깨비
A fine *drizzle* turned into a heavy rain. 가는 보슬비가 폭우로 변했다.

□ 1158
sleet
[sliːt]

명 진눈깨비   동 진눈깨비가 내리다
it **sleets** 진눈깨비가 내리다   continuing **sleet** 계속되는 진눈깨비
The massive storm spread a wall of snow, *sleet* and rain.
그 대규모 폭풍우는 눈, 진눈깨비, 그리고 비를 한차례 흩뿌렸다.
sleety 형 진눈깨비의

□ 1159
blizzard
[blízərd]

명 눈보라 ; 많은 양
blizzard conditions 눈보라가 치는 기상 조건
a **blizzard** of letters 쇄도하는 편지
A *blizzard* is likely to be on its way. 눈보라가 곧 들이닥칠 것 같다.

□ 1160
petroleum
[pətróuliəm]

명 석유
crude **petroleum** 원유
Organization of **Petroleum** Exporting Countries 석유수출
국가기구(OPEC)
Many automotive experts claim that synthetic motor oils
are better than natural *petroleum* oil. 많은 자동차 전문가들은 합성 자
동차 연료가 천연 석유 연료보다 낫다고 주장한다. (기출)
petrolic 형 석유의, 석유로 만든

A 영어는 우리말로, 우리말은 영어로 쓰시오.

① pioneer _____ ⑪ 고원 _____

② blizzard _____ ⑫ 석유 _____

③ constellation _____ ⑬ 탐사 _____

④ basin _____ ⑭ 단계 _____

⑤ gravitate _____ ⑮ 급등하다 _____

⑥ extraterrestrial _____ ⑯ 늪 _____

⑦ meteorological _____ ⑰ 부풀다 _____

⑧ latitude _____ ⑱ 경도 _____

⑨ twilight _____ ⑲ 밀물 _____

⑩ scope _____ ⑳ 진눈깨비 _____

B 빈칸에 공통으로 들어갈 단어는?

① a _____ limit 공간적 한계   _____ structures 공간 구조

② _____ gently 조용히 잔물결이 일다   _____ the lake 호수에 잔물결을 일으키다

③ a _____ path 울퉁불퉁한 길   _____ kindness 무뚝뚝한 친절

④ a falling _____ 떨어지는 운석   a _____ impact 운석 충돌

C 다음 빈칸에 알맞은 단어를 〈보기〉에서 골라 넣으시오. (필요하면 형태를 변형하시오.)

┌─────[보기]─────┐
vicinity tidal align erode sediment drizzle
└──────────────────┘

① She casts an eye to the darkness and the ( ) of the rock.

② A fine ( ) turned into a heavy rain.

③ The barrier drastically restricts ( ) flows.

④ He pulled the stone free of the ( ).

⑤ It doesn't ( ) with our beliefs and values.

⑥ Traditional funding models continue to ( ).

D 이번 테마를 다룬 독해 지문을 읽으면서 관련 어휘의 뜻을 확인해 보자.

Of the two main types of wetlands — the coastal **tidal** wetlands, and inland freshwater wetlands, coastal wetlands are formed along the shorelines of mid-to-high **latitude** areas all over the world. According to some **probes**, they are most common along the Atlantic, Pacific, Alaskan and Gulf Coasts. They form in the **vicinity** of areas in which a river meets the sea, and which are prone to varying levels of salinity and water levels owing to **tidal** action. Due to the changing nature of these locations, most coastal wetlands are composed of non-vegetated mud and sand flats. Some plants, however, have adapted to such conditions. As a result, mangrove **swamps** consist of salt-loving trees or shrubs. The most biologically productive ecosystems in the world, wetlands are important. They can act as a buffer between the land and the sea — a significant thing in areas prone to storm **surges** and hurricanes. In addition, wetlands also act as a filter for pollution and excess **sediment**.

Translation 두 가지 주된 유형의 습지, 근해 **tidal**의 습지와 내륙 민물 습지 중에서 근해 습지는 전 세계의 중 **latitude**에서 고**latitude** 지역의 해안을 따라 형성된다. 몇몇 **probe**들에 따르면, 그것들은 대서양, 태평양, 알래스카와 걸프만을 따라 가장 흔히 존재한다. 근해 습지들은 강과 바다가 만나는 지역의 **vicinity**와 **tidal**의 활동에 따른 염도와 수위가 변하기 쉬운 지역에 형성된다. 이러한 지역들의 변화하는 성질 때문에, 대부분의 근해 습지들은 초목이 없는 진흙과 모래의 평지로 구성되어 있다. 그러나 몇몇 식물들은 그런 환경에 적응해 왔다. 그 결과 홍수림으로 이루어진 **swamp**들은 호염분의 수목이나 관목들로 구성된다. 세계에서 생물학적으로 가장 생산적인 생태계인 습지는 중요하다. 그것들은 육지와 바다 사이의 완충 지역, 즉 **surge**와 허리케인이 급습하기 쉬운 지역에서 중요한 것으로서 역할을 할 수 있다. 게다가, 습지들은 또한 오염 물질과 과도한 **sediment**를 위한 여과기로서의 역할도 한다.

Words • wetland 습지 • prone ~하기 쉬운 • salinity 염분 • non-vegetated 초목이 없는, 황량한 • mangrove 홍수림 • buffer 완충 지역

정답 🔒

B ① spatial ② ripple ③ rugged ④ meteorite
C ① vicinity ② drizzle ③ tidal ④ sediment ⑤ align ⑥ erode

조금 더 빨리!

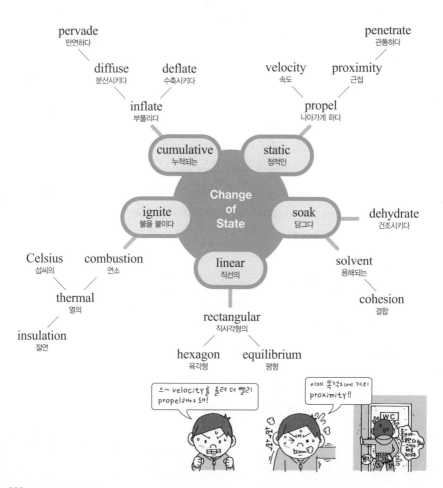

pervade
만연하다

penetrate
관통하다

diffuse
분산시키다

deflate
수축시키다

velocity
속도

proximity
근접

inflate
부풀리다

propel
나아가게 하다

cumulative
누적되는

static
정적인

Change of State

ignite
불을 붙이다

soak
담그다

dehydrate
건조시키다

Celsius
섭씨의

combustion
연소

linear
직선의

solvent
용해되는

thermal
열의

cohesion
결합

insulation
절연

rectangular
직사각형의

hexagon
육각형

equilibrium
평형

으~ velocity를 올려 더 빨리 propel해야 돼!

이제 목적지에 거의 proximity!!

WC

· · ·

□ 1161
cumulative
[kjúːmjuleitiv]

형 누적되는
cumulative dividend 누적 배당
cumulative evidence 누적 증거
Cumulative global carbon emissions must be limited to 1 trillion metric tons. 세계의 탄소 누적 배출량은 1조 미터톤으로 제한되어야 한다.
cumulate 동 쌓아 올리다 accumulate 동 축적하다

□ 1162
inflate
[infléit]

동 부풀리다 ; (물가를) 인상하다 ; 우쭐하게 하다
inflate prices 가격을 인상하다 **be inflated** with pride 뽐내다
They'll *inflate* the completion and job-placement rates.
그들은 작업 완성도와 채용률을 증가시킬 것이다.
inflation 명 인플레이션, 물가 상승 inflated 형 폭등한 ; 부풀린

□ 1163
deflate
[difléit]

동 수축시키다 ; (물가를) 끌어내리다
deflate prices 물가를 떨어뜨리다
deflate an argument 논쟁을 완화시키다
She was beautiful, but her beauty had begun to *deflate* slightly. 그녀는 아름다웠지만 그녀의 아름다움은 조금씩 시들어 가기 시작했다.
deflation 명 디플레이션, 물가 하락 deflated 형 기분 상한

□ 1164
diffuse
[difjúːz]

동 분산시키다 ; 퍼지다
diffuse power 권력을 분산시키다
diffuse knowledge 지식을 퍼뜨리다
Air circulation will be slow and *diffuse* up through the chimneys. 공기 순환은 점점 느려지다가 굴뚝을 통해 발산될 것이다.
diffusion 명 발산, 확산 diffusive 형 잘 퍼지는, 확산성의

□ 1165
pervade
[pərvéid]

동 만연하다, 보급하다 ; 스며들다
pervade the air 대기에 넘치다 **be pervaded by** ~가 배어 있다
The aftershocks of that lightning bolt still *pervade* Rudd's life. 그 벼락의 후유증은 여전히 Rudd의 삶을 지배하고 있다.
pervasion 명 보급 ; 침투 pervasive 형 만연하는 ; 배어 있는

□ 1166
probability
[prὰbəbíləti]

명 가능성, 개연성
in all probability 십중팔구는
be every probability of ~일 가능성이 높다
The system will minimize the *probability* that the present situation will repeat itself. 그 제도는 현재의 상황이 반복될 가능성을 최소화할 것이다.
probable 형 있을 것 같은 probably 부 아마
🔼 voca = chance, possibility 가능성

□ 1167
likelihood
[láiklihud]

명 가능성
be little likelihood 가능성이 거의 없다
a likelihood of rain 비가 올 가능성
The better educated you are, the greater the *likelihood* you'll maintain high cognitive functioning. 교육 수준이 높을수록 높은 인지 기능을 유지할 가능성이 더 높다.

□ 1168
precondition
[prìːkəndíʃn]

명 전제 조건
a precondition for negotiation 협상의 전제 조건
a precondition for a promotion 승진의 필수 조건
The family met the school's essential *precondition* for entrance. 그 가족은 그 학교의 필수 입학 조건을 충족시켰다.

□ 1169
static
[stǽtik]

형 정적인 명 정전기
static testing 정지(지상) 시험 **static electricity** 정전기
Mobile flowers are visited more often by pollinating insects than their more *static* counterparts. 정적인 꽃들보다 동적인 꽃들에 수분 곤충들이 더 많이 찾아간다. (기출)
statically 부 정적으로
VOCA ↔ dynamic 역동적인

□ 1170
propel
[prəpél]

동 나아가게 하다, 추진하다
propelling power 추진력
be propelled by steam 증기로 나아가다
The World Cup's global TV audience is undoubtedly helping to *propel* the use of social media to a higher level. 월드컵의 세계적인 TV 시청자는 확실히 사회적 매체의 사용을 더 높은 수준으로 끌어올려 주고 있다.
propulsion 명 추진, 추진력 propulsive 형 추진력 있는

□ 1171
velocity
[vəlásəti]

명 속도
flow velocity 유속 **the velocity of sound** 음속
The *velocity* of a river is reduced when it enters a large body of water such as a lake. 호수와 같은 커다란 지류에 합류되면 강물의 속도는 줄어든다.

□ 1172
proximity
[prɑksíməti]

명 근접, 가까움
in close proximity 아주 근접하여
proximity of blood 친족 관계
We chose the house for its *proximity* to the subway. 우리는 지하철까지의 근접성을 기준으로 집을 골랐다.
proximate 형 가장 가까운 approximate 형 거의 근접한

☐ 1173
penetrate
[pénitreit]

⑧ 관통하다 ; 침투하다 ; 간파하다
penetrate the wall 벽을 관통하다
penetrate the dark 어둠 속에서도 보다
The UVA rays *penetrate* window glass. UVA 광선은 유리창을 관통한다.
penetration ⑲ 관통 ; 침투 penetrative ⑱ 관통하는 ; 철두철미한

☐ 1174
ignite
[ignáit]

⑧ 불을 붙이다 ; 흥분시키다
ignite fire 발화시키다 **ignite** a conflict 갈등을 촉발하다
To *ignite*, the combustion chambers require an infusion of air. 발화하기 위해서, 연소실에 공기의 주입이 필요하다.
ignitability ⑲ 가연성
⊂ **voca** ⊃ = inflame 흥분시키다

☐ 1175
combustion
[kəmbΛstʃən]

⑲ 연소
complete **combustion** 완전 연소
combustion products 연소 생성물
10 liters of water surrounding the chamber is 20 degrees centigrade before *combustion*. 연소 전에 그 방을 둘러싸고 있는 10리터의 물은 섭씨 20도이다. (기출)
combustive ⑱ 연소(성)의

☐ 1176
thermal
[θə́:rməl]

⑱ 열의 ; 보온성이 좋은
thermal diffusion 열의 확산 a **thermal** bottle 보온병
The *thermal* camera actually shows the extent of all the oil. 열상 카메라는 실제로 석유가 있는 모든 곳을 보여 준다.

☐ 1177
Celsius
[sélsiəs]

⑱ 섭씨의
38 degrees **Celsius** 섭씨 38도
a thermometer with a **Celsius** scale 섭씨 눈금의 온도계
Below ten degrees *Celsius* the worms do not function properly. 섭씨 10도 이하에서는 그 벌레들이 제대로 활동하지 못한다.

☐ 1178
insulation
[ìnsəléiʃn]

⑲ 절연, 단열 ; 격리
insulation panels 절연판 thermal **insulation** 단열
That gave them some political *insulation* on the issue. 그 일은 그들에게 그 사안에 대해 다소 정치적인 고립을 초래했다.
insulate ⑧ 절연 처리를 하다 ; 격리하다

□ 1179
linear
[líniər]

(형) 직선의 ; 1차의
linear expansion 선의 확장　**linear** perspective 직선 원근법
Even if not smoothly *linear*, history has a forward motion.
매끄러운 직선은 아닐지라도 역사는 전진한다.
+voca ↔ non-linear 비선형의

□ 1180
rectangular
[rektǽŋgjulər]

(형) 직사각형의
a **rectangular** plate 장방형 판
rectangular enclosure 직사각형 공간
The hold itself was nothing more than a *rectangular* cargo
container. 그 요새 자체는 직사각형의 화물 컨테이너 그 이상은 아니었다.
rectangle (명) 직사각형

□ 1181
hexagon
[héksəgən]

(명) 육각형
hexagon headed bolt 육각 볼트　**hexagon** steel 육모강
There is no information about the giant *hexagon* discovered
in Saturn. 토성에서 발견된 커다란 육각형에 대한 아무런 정보가 없다.

□ 1182
equilibrium
[ìːkwilíbriəm]

(명) 평형, 균형 ; 평정
the **equilibrium** between production and consumption
생산과 소비의 균형
the inner **equilibrium** 내면의 평정
A violin creates tension in its strings and gives each of
them an *equilibrium* shape. 바이올린은 줄을 팽팽하게 만들고 각각의 줄이
평형 상태를 이루게 한다.
+voca = balance 균형

□ 1183
parabolic
[pæ̀rəbálik]

(형) 비유의, 우화 같은 ; 포물선의
a **parabolic** orbit 포물선 궤도　a **parabolic** mirror 오목 거울
Some proverbs connect at a deeper, more *parabolic* level.
몇몇 속담들은 더 깊고 비유적인 차원에서 연결된다.
parabola (명) 포물선

□ 1184
soak
[souk]

(동) 담그다 ; 빨아들이다
soak bread in milk 빵을 우유에 담그다
soak up ink (압지가) 잉크를 빨아들이다
After the beans are steamed, they are *soaked* in water.
원두는 쪄진 후 물속에 담가진다.
+voca = saturate, drench 흠뻑 적시다

□ 1185
solvent
[sálvənt]

(형) 용해되는 ; 지불 능력이 있는 (명) 용제, 용액
stay solvent 지불 능력을 유지하다　a liquid solvent 액체 용제
These banks were highly *solvent*. 이 은행들은 지불 능력이 매우 좋았다.
solvency (명) 지불 능력　dissolvent (형) 용해력이 있는
　voca　↔ insolvent 파산한

□ 1186
transparent
[trænspǽrənt]

(형) 투명한 ; 명료한
transparent colors 투명 그림물감
transparent management 투명한 경영
They are willing to be totally *transparent* about how this aid money is spent. 그들은 이 원조금이 어떻게 쓰이는가에 대해 기꺼이 완전히 투명해지기로 했다.
transparency (명) 투명도 ; 명료성　transparently (부) 투명하게
　voca　↔ opaque 불투명한

□ 1187
cohesion
[kouhíːʒn]

(명) 결합 ; 응집(력)
national cohesion 국가적 단결　social cohesion 사회적 화합
At that moment, there was no *cohesion* to the visions in her mind. 그때 그녀는 마음속에서 그 통찰력을 집중시킬 수 없었다.

□ 1188
magnitude
[mǽgnituːd]

(명) (엄청난) 규모 ; 중요성 ; 진도
the magnitude of the universe 우주의 거대함
an earthquake of magnitude 5 진도 5의 지진
They did not realize the *magnitude* of the incident.
그들은 그 사건의 중요성을 깨닫지 못했다.
　voca　= immensity 엄청남　= significance 중요성

□ 1189
dehydrate
[diːháidreit]

(동) 건조시키다 ; 탈수 상태가 되다
dehydrate vegetables 채소를 건조시키다
dehydrate the body 탈수 증세를 일으키다
You will *dehydrate* very rapidly in this hot weather if you don't drink lots of water. 물을 많이 마시지 않으면, 이 더운 날씨에 너는 급속도로 탈수 상태가 될 것이다.
dehydration (명) 탈수　dehydrator (명) 탈수기

□ 1190
decimal
[désiml]

(형) 십진법의 (명) 소수
a decimal point 소수점
a circulating decimal 순환 소수
He doesn't have to calculate the numbers all the way to the last *decimal* place. 그는 마지막 소수점 자리까지 그 모든 숫자들을 계산할 필요가 없다.
decimalize (동) 십진법으로 표현하다

A 영어는 우리말로, 우리말은 영어로 쓰시오.

① Celsius _____   ⑪ 비유의 _____

② equilibrium _____   ⑫ 직사각형의 _____

③ magnitude _____   ⑬ 결합 _____

④ cumulative _____   ⑭ 전제 조건 _____

⑤ combustion _____   ⑮ 수축시키다 _____

⑥ dehydrate _____   ⑯ 열의 _____

⑦ pervade _____   ⑰ 육각형 _____

⑧ decimal _____   ⑱ 근접 _____

⑨ static _____   ⑲ 나아가게 하다 _____

⑩ diffuse _____   ⑳ 투명한 _____

B 빈칸에 공통으로 들어갈 단어는?

① be little _____ 가능성이 거의 없다   a _____ of rain 비가 올 가능성

② flow _____ 유속   the _____ of sound 음속

③ _____ fire 발화시키다   _____ a conflict 갈등을 촉발하다

④ in all _____ 십중팔구는   be every _____ of ~일 가능성이 높다

C 다음 빈칸에 알맞은 단어를 〈보기〉에서 골라 넣으시오. (필요하면 형태를 변형하시오.)

┌─────────────[보기]─────────────┐
inflate penetrate insulation linear soak solvent
└──────────────────────────────────┘

① They'll ( ) the completion and job-placement rates.

② Even if not smoothly ( ), history has a forward motion.

③ They gave them some political ( ) on the issue.

④ After the beans are steamed, they are ( ) in water.

⑤ The UVA rays ( ) window glass.

⑥ These banks were highly ( ).

D 이번 테마를 다룬 독해 지문을 읽으면서 관련 어휘의 뜻을 확인해 보자.

Recently, the Korean government has released health guidelines for enthusiastic sports fans. The "HEALTHY" guidelines include suggestions like Exercise, Low-calorie diet, using Public Transportation, keep a Happy mind, Stop Yelling and so on. The guidelines remind sports fans that feelings of extreme tension or excitement accelerate the **velocity** of the bloodstream and raise blood pressure. In addition, these symptoms have the **probability** of leading to cardiac arrest. Proper rest, a relaxed body posture and taking slow, deep breaths during the game can help decrease such symptoms. If people yell loudly, it can damage the vocal cords. Alcohol and smoking also cause people to become **dehydrated**. The guidelines said that drinking water can be helpful for maintaining an **equilibrium** of humidity. They advised not to shout for more than 30 minutes, and to avoid noise and dust.

Translation 　최근 한국 정부는 열광적인 스포츠 팬들을 위한 건강 지침서를 발표했다. '건강' 지침서는 운동, 저칼로리 식이요법, 대중교통 이용, 행복한 마음 갖기, 고함치지 않기 등과 같은 제안을 포함한다. 그 지침서는 스포츠 팬들에게 극도의 긴장 혹은 흥분이 혈류의 **velocity**를 가속시키고, 혈압을 높인다고 말한다. 게다가 이 증상들은 심장마비를 일으킬 수 있는 **probability**를 가지고 있다. 경기 중의 적절한 휴식, 편안한 자세와 느리고 깊은 숨쉬기는 그런 증상들의 감소에 도움이 될 수 있다. 만약 사람들이 큰소리로 고함친다면, 그것은 성대에 손상을 줄 수 있다. 술과 흡연은 또한 사람들이 **dehydrate**되게 한다. 지침에는 물을 마시는 것이 수분의 **equilibrium**을 유지하는 데 도움이 될 것이라고 쓰여 있다. 30분 이상 소리치지 않고, 소음과 먼지를 피할 것을 충고한다.

Words 　• enthusiastic 열광적인　• tension 긴장　• accelerate 가속화하다　• bloodstream 혈류　• cardiac arrest 심장마비　• vocal cords 성대　• humidity 습도

정답 🔒

B ① likelihood　② velocity　③ ignite　④ probability
C ① inflate　② linear　③ insulation　④ soaked　⑤ penetrate　⑥ solvent

0 순위
IDIOM 300

Link

Rank

in / into

in	in advance	미리
안에, 끼어들어	in general	일반적으로
	in need	빈곤한
	in turn	차례로
	in question	문제의
	in a sense	어떤 의미에서
	in no time	즉시
	in that	~라는 점에서
	in the end	결국
	in the long run	결국
	in case (of)	~에 대비하여
	in charge (of)	~라는 맡고 있는
	in favor of	~을 찬성하는
	in place of	~을 대신하여
	in spite of	~에도 불구하고
	in terms of	~라는 점에서

in	in want of	~이 필요한
	in the course of	~하는 동안
	in the light of	~의 관점에서
	in accordance with	~에 따라
	in addition to	~에 덧붙여서
	abound in	풍부하다
	deal in	거래하다
	break in	침입하다
	consist in	~에 있다
	fill in	작성하다
	hand in	제출하다
	result in	(결과) ~을 낳다
into ~의 안으 로	bump into	~에 부딪치다 ; ~와 우연히 마주치다
	burst into	터뜨리다

□ 1191
in advance

미리
This sauce can be made a day *in advance* and refrigerated.
이 소스는 하루 전에 만들어서 냉동시켜도 된다.
People in their fifties should begin planning for retirement about a year *in advance*.
50대 사람들은 약 1년 전에 은퇴를 준비하기 시작해야 한다.

□ 1192
in general

일반적으로
These genes may be candidates for stress resistance *in general*. 이러한 유전자들은 일반적으로 스트레스에 내성을 가진 유전자들일 것이다.
Why has southern Africa *in general*, and Zimbabwe become a notable site for the development of new art forms?
왜 일반적으로 남아프리카, 그리고 짐바브웨가 새로운 예술 형식의 발전으로 유명한 지역이 되었을까?

□ 1193
in need

빈곤한 ; 곤경에 처한
So many people are *in need* of assistance.
매우 많은 사람들이 도움을 필요로 한다.
The challenge is that we're talking about 3.5 million people *in need*. 문제는 우리가 350만 명의 빈곤한 사람들에 대해 이야기하고 있다는 사실이다.

□ 1194
in turn

차례로
They *in turn* recruited their friends. 그들은 차례로 지인들을 채용했다.
Animals *in turn* live by eating the organic materials that plants have produced through photosynthesis.
동물들은 차례로 식물들이 광합성으로 생산한 유기 물질들을 먹으며 살아간다.

□ 1195
in question

문제의, 논쟁 중인
No new facts have been discovered about the period *in question*. 문제의 그 기간에 대해서는 어떤 새로운 사실도 발견되지 않았다.
If you have any important data on the hard drive *in question*, you should back it up.
만약 네가 문제의 그 하드 드라이브에 중요한 자료를 갖고 있다면 너는 그것을 백업해야 한다.

□ 1196
in a sense

어떤 의미에서
Whatever the facts are doesn't change my life, *in a sense*.
어떤 의미에서 보면 사실이 무엇이든 간에 그것은 내 인생을 바꿀 수 없다.
In a sense, it's just a continuation of what we have seen.
어떤 의미에서, 그것은 단지 우리가 지금까지 봐 왔던 것의 연장선이다.

□ 1197
in no time

즉시

You'll be home *in no time*.
너는 곧 집에 가게 될 것이다.
The blueberry scones went *in no time*.
블루베리 스콘은 즉시 다 팔렸다.

□ 1198
in that

~라는 점에서, ~이므로

He was fortunate *in that* he had friends to help him.
그는 그를 도울 친구들이 있다는 점에서 운이 좋았다.
The paper is not a statistical paper *in that* we omitted the technical aspects.
우리가 기술적인 측면들을 생략했다는 점에서 그 논문은 통계학적인 논문이 아니다.

□ 1199
in the end

결국, 마침내

In the end, he agreed to let me stay.
마침내 그는 내가 머무르는 것에 동의했다.
In the end, it might result in happier children.
결국 그것은 더 행복한 아이들이라는 결과를 가져올 것이다.

□ 1200
in the long run

결국

How are you going to help us *in the long run*?
결국 너는 우리를 어떻게 도울 거니?
I knew that it would hurt my financial situation, *in the long run*.
나는 그것이 결국 나의 재정 상황을 악화시키리라는 것을 알았다.

□ 1201
in case (of)

~에 대비하여

He urged coastal residents to head for higher ground *in case of* tsunamis.
그는 해안가에 사는 사람들에게 쓰나미에 대비하여 더 높은 지대로 이동하라고 경고했다.
There is always at least one ship docked in the harbor as a 'lifeboat' *in case of* an emergency.
비상시를 대비해서 '구조선'으로 항구에 정박된 최소 한 대의 배가 항상 있다.

□ 1202
in charge (of)

~을 맡고 있는

Who's *in charge of* cleanup for the oil leakage?
누가 기름 유출 정화에 책임이 있는가?
Peter is the gardener *in charge of* the building's rooftop gardens.
Peter는 건물의 옥상 정원을 책임지고 있는 정원사이다.

□ 1203
in favor of

~을 찬성하는

I believe I would be *in favor of* the tax increase.
나는 세금 인상에 찬성한다.

The commissioner turned down the construction of the new road *in favor of* improving the old trail.
그 위원은 옛길을 정비하는 데 찬성하여 새로운 길의 건설을 부결했다.

□ 1204
in place of

~을 대신하여

I think we can barter, profitably, *in place of* money.
나는 우리가 돈 대신에 유익하게 물물교환을 할 수 있다고 생각한다.

In the last 50 years, NGOs have very often stood *in place of* government institutions that were not functioning properly.
지난 50년간, 비정부기구들은 매우 종종 제 기능을 하지 못하는 정부 기관들을 대신했다.

□ 1205
in spite of

~에도 불구하고

They kept on *in spite of* their fears.
그들은 두려움에도 불구하고 계속 나아갔다.

In spite of the fact that he was a machine, his authority felt absolute.
그가 기계적인 사람이었음에도 불구하고 그의 권위는 절대적으로 느껴졌다.

□ 1206
in terms of

~라는 점에서

We started to calculate all creation *in terms of* usefulness.
우리는 유용성의 관점에서 모든 것을 계산하기 시작했다.

This film offers nothing *in terms of* entertainment.
이 영화는 즐거움 면에서는 아무 것도 제공하지 않는다.

□ 1207
in want of

~이 필요한, ~이 부족한

Many of the main streets are now *in want of* repair.
주요 도로들의 상당수가 현재 보수가 필요한 상황이다.

In want of accurate information, they misunderstood the situation.
정확한 정보의 부족으로, 그들은 그 상황을 오해했다.

□ 1208
in the course of

~하는 동안

This is what he had told Amy *in the course of* their whirlwind courtship.
이것은 그들의 격렬했던 구애 기간 동안 그가 Amy에게 했던 말이다.

In the course of human history, from time to time, a man happens to decide which direction he should take.
인간 역사의 과정에서, 인간이 어떤 방향을 택해야 할지를 결정하는 일이 때때로 발생한다.

□ 1209
in the light of

~의 관점에서

We saw them *in the light of* our loved ones' eyes.

우리는 사랑하는 이들의 관점에서 그들을 보았다.

In the light of film history, most past winners look sad.

영화사의 관점에서 대부분의 과거 수상자들은 슬퍼 보인다.

□ 1210
in accordance with

~에 따라

That's being done *in accordance with* a timetable that we initiated.

그 일은 우리가 제안했던 시간표에 따라 진행되고 있다.

He is reconstructing his life *in* exact *accordance with* the seven principles of souls.

그는 정확히 영혼의 7가지 원칙에 따라서 그의 인생을 재건하고 있다.

□ 1211
in addition to

~에 덧붙여서

He presented long lists of prizes *in addition to* his portfolio.

그는 포트폴리오에 덧붙여 긴 수상 목록을 발표했다.

There are ways of visual communication *in addition to* ways of verbal communication.

언어적 의사소통 방법에 더불어 시각적 의사소통 방법도 있다.

□ 1212
abound in

풍부하다

Many undiscovered forgeries *abound in* important archives of every description.

다수의 발견되지 않은 위조에는 모든 종류의 중요한 문서가 아주 많다.

The theme of environmental revenge *abounds in* the field of scientific fiction.

환경의 역습이라는 주제는 공상과학 소설 분야에 많이 있다.

□ 1213
deal in

거래하다

They can still *deal in* Myanmar's oil and gas.

그들은 여전히 미얀마의 석유와 가스를 거래할 수 있다.

The merchant *dealt in* wheat instead of rice.

그 상인은 쌀 대신 밀을 거래했다.

□ 1214
break in

침입하다 ; 끼어들다 ; 길들이다

The burglar's attempt to *break in* ended in failure because of the alarm.

그 도둑의 침입 시도는 경고음 때문에 실패로 돌아갔다.

His assistant *broke in* with the bad news just as we were ready to sign the agreement.

우리가 약정에 막 서명하려 했을 때 그의 조수가 나쁜 소식을 가지고 끼어들었다.

□ 1215
consist in

~에 있다
A good turn may *consist in* removing a piece of banana peel from the pavement.
친절은 바나나 껍질을 보도에서 치우는 것에 있을지도 모른다.
Its function seemed to *consist in* connecting the urban center with the river.
그것의 기능은 도심과 강을 연결하는 것에 있는 것 같았다.

□ 1216
fill in

작성하다 ; 채우다 ; 대신하다
Could you please show me how to *fill in* this application form?
이 지원서를 작성하는 방법을 알려 주시겠습니까?
I couldn't attend, so will you *fill* me *in*?
제가 참석할 수 없으니 제 자리를 대신해 주시겠어요?

□ 1217
hand in

제출하다 ; 인계하다
I *handed in* my paper, leaving the question blank.
나는 그 문제를 빈칸으로 남겨둔 채 시험지를 제출했다.
Please *hand in* the remaining task to the replacement.
남은 업무를 후임자에게 인계하세요.

□ 1218
result in

(결과) ~을 낳다
An increase in the supply of money can *result in* inflation.
자금 공급의 증가는 인플레이션을 유발할 수 있다.
His effort to find out the truth *resulted in* justice for all.
진실을 알아내려는 그의 노력은 모두를 위한 정의라는 결과를 가져왔다.

□ 1219
bump into

~에 부딪치다 ; ~와 우연히 마주치다
Be careful not to *bump into* anything.
아무 데나 부딪치지 않도록 조심해라.
They *bumped into* each other at the corner of the park.
그들은 그 공원의 모퉁이에서 서로 마주쳤다.

□ 1220
burst into

(갑자기) 터뜨리다
She looked at it and *burst into* tears.
그녀는 그것을 보고 울음을 터뜨렸다.
This dry woodpile may well *burst into* flames.
이 마른 장작더미는 바로 불이 붙을 수도 있다.

A 영어는 우리말로, 우리말은 영어로 쓰시오.

① in want of _____

② abound in _____

③ deal in _____

④ in the end _____

⑤ break in _____

⑥ in turn _____

⑦ in terms of _____

⑧ burst into _____

⑨ in spite of _____

⑩ in the long run _____

⑪ ~하는 동안 _____

⑫ ~에 부딪치다 _____

⑬ 제출하다 _____

⑭ 일반적으로 _____

⑮ 문제의 _____

⑯ ~을 대신하여 _____

⑰ ~에 대비하여 _____

⑱ ~을 찬성하는 _____

⑲ ~라는 점에서 _____

⑳ 작성하다 _____

B 다음 빈칸에 알맞은 말을 〈보기〉에서 골라 넣으시오. (필요하면 형태를 변형하시오.)

[보기]

in advance   in need   in a sense   in no time
result in   in charge of   in the light of   in that

① This sauce can be made a day (   ) and refrigerated.

② You'll be home (   ).

③ We saw them (   ) our loved ones' eyes.

④ So many people are (   ) of assistance.

⑤ Who's (   ) cleanup for the oil leakage?

⑥ Whatever the facts are doesn't change my life, (   ).

⑦ He was fortunate (   ) he had friends to help him.

⑧ His effort to find out the truth (   ) justice for all.

C 이번 테마를 다룬 독해 지문을 읽으면서 관련 어휘의 뜻을 확인해 보자.

The separated families of South and North Korea had another chance to meet. As soon as they entered the room, they **burst into** tears. They were sisters and brothers, though they could be strangers **in the light of** their separation of 60 years. **In a sense** it was an awkward situation, but they discerned each other and talked about their father or mother who had passed away. To meet their own siblings, they **filled in** papers, **handed** them **in**, waited, and **in the end**, they are here together. Now, time is up. The men **in charge of** security **break in** and urge them to get on the buses. **In no time**, the chamber is filled with tears. They go out and ride the buses **in turn**. They fully realize that they'll never see each other again for the rest of their life. They carve their sisters' or brothers' faces in their minds **in case** they meet them in heaven.

Translation 남한과 북한의 이산가족들이 만나는 또 하나의 기회가 있었다. 그들은 방에 들어서자마자, 눈물을 **burst into**했다. 60년의 헤어짐이라는 **in the light of**에서 이방인일 수 있었음에도 그들은 형제자매였다. **In a sense** 어색한 상황이었지만, 그들은 서로를 알아보고 그들의 돌아가신 부모에 대해 이야기했다. 자신의 형제자매를 만나기 위해 그들은 서류를 **fill in**했고, 그것들을 **hand in**했고, 기다렸고, **in the end** 여기에 함께 있다. 이제, 시간이 다 되었다. 보안을 **in charge of**하는 사람들이 **break in**하여 그들에게 버스에 타라고 재촉한다. **In no time**, 방은 눈물로 가득 찬다. 그들은 나가서 **in turn**으로 버스를 탄다. 그들은 여생 동안 서로를 결코 다시 보지 못한다는 것을 깊이 깨닫는다. 그들은 하늘나라에서 만날 것에 **in case**하여 형제자매의 얼굴을 그들의 마음에 새긴다.

Words • awkward 어색한 • discern 알아보다 • pass away 돌아가시다 • sibling 형제자매
• security 보안 • chamber 방 • carve 새기다

정답

B ①in advance ②in no time ③in the light of ④in need ⑤in charge of ⑥in a sense ⑦in that
⑧resulted in

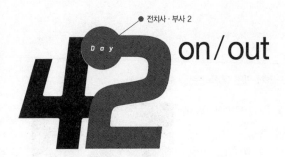

전치사 · 부사 2

Day

42 on / out

on	on account of	~ 때문에
위에, 계속해서	on behalf of	~을 대신하여
	on credit	신용으로
	on duty	근무 중인
	on one's way (to)	가는 도중에
	on purpose	고의로
	on the grounds that (of)	~을 이유로
	on the other hand	다른 한편으로는
	on the whole	대체로
	carry on	계속하다
	count on	~에 의지하다
	rest on	~에 의지하다
	dwell on	깊이 생각하다
	reflect on	곰곰이 생각하다
	live on	~을 먹고 살다

on	try on	입어 보다
	wait on	~을 시중들다
out	out of date	구식이 된
밖에, 퍼져서, 없어져	out of one's mind	제정신이 아닌
	out of order	고장 난
	out of the question	불가능한
	break out	발발하다
	check out (of)	나오다, 확인하다
	figure out	이해하다
	find out	알아내다
	sort out	가려내다
	watch out (for)	조심하다
	leave out	빼다
	rule out	제외하다
	wear out	닳다

□ 1221
on account of

~ 때문에

I'm near in tears *on account of* what I've done to the guy.

나는 내가 그에게 했던 일 때문에 거의 울 지경이다.

We canceled the beach picnic *on account of* the bad weather forecast.

우리는 나쁜 일기 예보 때문에 해변에서의 야유회를 취소했다.

voca = because of, owing to, due to ~ 때문에

□ 1222
on behalf of

~을 대신하여, ~을 대표하여

The lead singer speaks *on behalf of* the entire band.

리드 싱어가 밴드 전체를 대신해서 말한다.

You should never give your money to someone else to invest *on behalf of* you.

너는 너 대신에 투자하도록 너의 돈을 다른 어떤 사람에게도 주면 안 된다.

□ 1223
on credit

신용으로, 외상으로

They fell into the trap of relying too much *on credit*.

그들은 신용 구매에 지나치게 의존함으로써 어려움에 처했다.

Cutting back *on credit* is absolutely essential to your financial well-being.

신용 구매를 줄이는 것은 너의 재정적인 풍요로움에 절대적으로 필수적이다.

□ 1224
on duty

근무 중인

Extra police are *on duty* as crime has gone up.

범죄가 증가하면서 추가 인원의 경찰들이 근무 중이다.

It was the fourth time she had been badly hurt while *on duty*.

그녀가 근무 중에 심하게 다친 것은 네 번째였다.

□ 1225
on one's way (to)

가는 도중에

On my way home, I ran into a fox.

집으로 가는 길에 나는 여우 한 마리와 마주쳤다.

It seemed that my brother would soon be *on his way*.

내 남동생이 곧 출발할 것처럼 보였다.

□ 1226
on purpose

고의로

He pretended not to see her *on purpose*.

그는 고의로 그녀를 못 본 척 했다.

You sound as if you think I did it all *on purpose*.

당신은 마치 내가 그것을 전부 일부러 한 것처럼 말하는군요.

voca ↔ by accident 우연히

□ 1227
on the grounds that[of]

~을 이유로

He was turned down for an insurance policy *on the grounds that* he was too old.

그는 너무 늙었다는 이유로 보험 가입을 거절당했다.

They selected the boy as a winner, *on the grounds that* he did his best.

그들은 그가 최선을 다했다는 이유로 그 소년을 우승자로 선발했다.

□ 1228
on the other hand

다른 한편으로는, 반면에

On the other hand, it takes no time at all to load a dishwasher.

반면에 식기세척기에 그릇을 넣는 데는 전혀 시간이 걸리지 않는다.

The two larger models, *on the other hand*, are more suited to sporting events and wildlife observation.

반면에, 그 두 개의 더 큰 모형들은 스포츠 행사나 야생 동물 관찰에 더 적합하다.

□ 1229
on the whole

대체로, 전반적으로

On the whole, boys tend to be more deviant and aggressive.

대체로 남자아이들은 더 일탈적이고 공격적인 경향이 있다.

It seems to be, *on the whole*, a very encouraging report.

그것은 전반적으로 매우 고무적인 보고서처럼 보인다.

□ 1230
carry on

계속하다

You could *carry on* the simple conversation with patience.

너는 인내심을 가지고 간단한 대화를 계속해 나갈 수 있을 것이다.

The professor asked his students to *carry on* the research while he was away.

그 교수는 학생들에게 자신이 없는 동안에도 연구를 계속하라고 요청했다.

□ 1231
count on

~에 의지하다

Evan is one of the guys you can *count on*.

Evan은 네가 의지할 수 있는 사람들 중 한 명이다.

He used to *count on* the support of someone.

그는 다른 사람의 도움에 의지하곤 했다.

voca = depend on, rely on ~에 의지하다

□ 1232
rest on

~에 의지하다[달려 있다]

A team should not *rest on* a single player.

팀은 한 선수에게만 의지해서는 안 된다.

This is a fine idea but it seems to *rest on* biological, theological and philosophical mistakes.

이것은 좋은 생각이지만 생물학적, 신학적, 그리고 철학적인 오류들에 의지하는 것처럼 보인다.

☐ 1233
dwell on

깊이 생각하다, 숙고하다
No point *dwelling on* that.
계속 그 생각만 해 봤자 소용없다.
Let's not *dwell on* this topic too long.
이 주제에 대하여 너무 오래 생각하지 말자.

☐ 1234
reflect on

곰곰이 생각하다 ; 반성하다
Teachers encourage pupils to *reflect on* their answers.
선생님들은 학생들이 답을 곰곰이 생각해 볼 것을 장려한다.
As we travel, let us *reflect on* some of the things we see.
여행하는 동안 우리가 보는 어떤 것들에 대해 곰곰이 생각해 보자.

☐ 1235
live on

~을 먹고 살다
His pension is too small to *live on*.
그의 연금은 (의존하여) 먹고 살기에는 너무 적다.
Rufus used to say that if left to themselves, most men would *live on* meat and cake.
Rufus는 대부분의 남자들은 혼자 남겨지면 고기와 케이크만 먹고 살 것이라고 말하곤 했다.

☐ 1236
try on

(옷 등을) 입어 보다 ; 시도하다
I gave her my bracelet to *try on*, not to keep.
나는 그녀에게 한번 해 보라고 나의 팔찌를 준 것이지 가지라고 준 것은 아니었다.
The teacher wanted to *try* the new method *on* before using it.
그 교사는 그것을 사용하기 전에 새로운 그 방법을 시도해 보기를 원했다.

☐ 1237
wait on

~을 시중들다
You can sit back and let them *wait on* you.
너는 가만히 앉아서 그들이 너를 시중들게 하면 된다.
Some children have moms who *wait on* them for everything.
몇몇 아이들에게는 그들이 모든 것을 하게끔 시중을 들어 주는 엄마가 있다.

☐ 1238
out of date

구식이 된
I think your illustration is a little *out of date*.
나는 너의 삽화가 다소 구식이라고 생각한다.
What one learns at school is always a bit *out of date*.
학교에서 배우는 것은 언제나 다소 시대에 뒤진다.

☐ 1239
out of one's mind

제정신이 아닌

I was scared half *out of my mind*.
나는 무서워서 반쯤 정신이 나갔다.
After he heard that what he had mined was worthless, the miner went *out of his mind*.
그가 채굴한 것이 가치 없다고 들은 후, 그 광부는 미쳤다.

☐ 1240
out of order

고장 난 ; 정리가 안 된

I noticed the refrigerator was *out of order*.
나는 그 냉장고가 고장이 났음을 알아차렸다.
I'm sorry, but the pages are *out of order*.
죄송하지만, 그 페이지는 정리가 안 되어 있어요.

☐ 1241
out of the question

불가능한 ; 문제가 되지 않는

Renovating the house was *out of the question*.
그 집을 개조하는 것은 불가능했다.
Starting over again is certainly *out of the question*.
다시 시작하는 것은 확실히 불가능하다.

☐ 1242
break out

(사건 등이) 발발하다

A fight seemed likely to *break out* at any minute.
곧 싸움이 일어날 것처럼 보였다.
A teenager's face often *breaks out* in pimples.
십대의 얼굴에는 종종 여드름이 난다.

☐ 1243
check out (of)

(절차를 밟고) 나오다 ; 확인하다

As soon as my bags are packed I'll *check out of* the hotel.
가방을 싸자마자, 나는 호텔에서 나갈 것이다.
When you feel clear about the plan, *check out* any legal or practical implications.
그 계획에 확신이 든다면 관련 법적 또는 실질적 영향들을 확인해라.

☐ 1244
figure out

이해하다 ; 해결하다

You soon *figure out* what is going on.
너는 무슨 일이 일어나고 있는지 곧 알게 될 것이다.
Can you *figure out* the puzzle?
너는 수수께끼를 풀 수 있니?

□ 1245
find out

알아내다

They *found out* what he said was true.
그들은 그가 말한 것이 사실임을 알아냈다.

You would be able to *find out* where they are now.
너는 그들이 지금 어디에 있는지 알아낼 수 있을 것이다.

□ 1246
sort out

가려내다 ; 해결하다

We will *sort out* the health and safety elements with in-house training.
우리는 가정 내 훈련을 통해서 건강 및 안전 요소들을 가려낼 것이다.

This doesn't seem to me the way to *sort out* the problem at all.
내가 볼 때 이것은 그 문제를 해결할 수 있는 방법이 전혀 아니다.

□ 1247
watch out (for)

조심하다, 경계하다

Watch out, now she is in a bad mood.
조심해라, 그녀는 지금 기분이 나쁘다.

Watch out for drivers who might not have seen you on the crosswalk.
네가 횡단보도에 있는 것을 못 볼 수도 있는 운전자를 조심해라.

□ 1248
leave out

빼다

It is hard to choose who to include and who to *leave out*.
누구를 넣고 누구를 뺄지 선택하기 어렵다.

As a key word has been *left out*, the sentence doesn't make sense.
중요 단어가 생략되었기 때문에, 그 문장은 말이 안 된다.

□ 1249
rule out

제외하다 ; 방해하다

They could not *rule out* the possibility of someone else having fired the machine.
그들은 다른 누군가가 그 기계에 불을 질렀을 가능성을 제외할 수 없었다.

The snowstorm *ruled out* our weekly rehearsal.
눈보라는 우리의 주간 예행연습을 방해했다.

□ 1250
wear out

(낡아서) 닳다 ; 지치게 하다

My red leather slippers never seemed to *wear out*.
나의 붉은 가죽 슬리퍼들은 절대 닳지 않는 것 같았다.

Everyday routine has *worn* her *out*.
일상사가 그녀를 지치게 했다.

A 영어는 우리말로, 우리말은 영어로 쓰시오.

① check out (of) ＿＿＿＿＿＿＿ ⑪ 가는 도중에 ＿＿＿＿＿＿＿

② break out ＿＿＿＿＿＿＿ ⑫ 신용으로 ＿＿＿＿＿＿＿

③ on purpose ＿＿＿＿＿＿＿ ⑬ 고장 난 ＿＿＿＿＿＿＿

④ rule out ＿＿＿＿＿＿＿ ⑭ ~을 이유로 ＿＿＿＿＿＿＿

⑤ count on ＿＿＿＿＿＿＿ ⑮ 빼다 ＿＿＿＿＿＿＿

⑥ try on ＿＿＿＿＿＿＿ ⑯ 제정신이 아닌 ＿＿＿＿＿＿＿

⑦ sort out ＿＿＿＿＿＿＿ ⑰ 계속하다 ＿＿＿＿＿＿＿

⑧ on the whole ＿＿＿＿＿＿＿ ⑱ 구식이 된 ＿＿＿＿＿＿＿

⑨ wait on ＿＿＿＿＿＿＿ ⑲ ~을 먹고 살다 ＿＿＿＿＿＿＿

⑩ reflect on ＿＿＿＿＿＿＿ ⑳ 다른 한편으로는 ＿＿＿＿＿＿＿

B 다음 빈칸에 알맞은 말을 〈보기〉에서 골라 넣으시오. (필요하면 형태를 변형하시오.)

［ 보기 ］
on account of on behalf of on duty rest on
figure out dwell on wear out out of the question

① I'm near in tears (   ) what I've done to the guy.

② A team should not (   ) a single player.

③ Extra police are (   ) as crime has gone up.

④ My red leather slippers never seemed to (   ).

⑤ Let's not (   ) this topic too long.

⑥ The lead singer speaks (   ) the entire band.

⑦ You soon (   ) what is going on.

⑧ Renovating the house was (   ).

C 이번 테마를 다룬 독해 지문을 읽으면서 관련 어휘의 뜻을 확인해 보자.

Bills and coins seem to be **out of date**. You buy things **on credit** so frequently that it is hard to imagine the time when you traded without plastic money. When you first got the card, you vowed to **watch out for** excessive use or late payment. What has

happened since then? To **figure out** your situation, let's ask some simple questions. First, do you know the total amount you owe on all of your cards? Second, can you tell me the interest rate of your card without **checking out** your statement? Finally, can you **find out** how often you pay extra fees because of late payment? If you can't answer any of these questions, you are putting your finances **out of order**. You should not **leave out** the possibility that you could enter a dangerous cycle of debt. **On the whole**, one cannot be too careful about the use of credit cards.

Translation 지폐와 동전들은 out of date인 것 같다. 당신은 on credit으로 매우 자주 물건들을 사서 신용 카드 없이 거래했던 때를 상상하기 어렵다. 당신이 처음 카드를 가졌을 때, 당신은 과도한 사용이나 지불 연체를 watch out for하겠다고 맹세했다. 그 이후로 무슨 일이 일어났는가? 당신의 상황을 figure out하기 위해, 간단한 질문들을 해 보자. 우선, 당신의 카드 전부에 빚지고 있는 총액을 아는가? 두 번째로, 당신은 카드 명세서를 check out하지 않고도 카드의 이자율을 알 수 있는가? 마지막으로 당신은 지불 연체 때문에 얼마나 자주 추가 수수료를 내는지 find out 할 수 있는가? 만일 당신이 이 질문들 중 어느 것에도 대답할 수 없다면, 당신은 당신의 재정 상태를 out of order로 두고 있는 것이다. 당신은 카드를 통해 위험한 빚의 순환에 빠질 가능성을 leave out해서는 안 된다. On the whole, 신용 카드의 사용은 아무리 주의해도 지나치지 않다.

Words • bill 지폐 • trade 거래하다 • plastic money 신용 카드 • vow 맹세하다 • excessive 과도한 • owe 빚지다 • interest rate 이자율 • statement 명세서 • finance 재정 • cannot ~ too 아무리 ~해도 지나치지 않다

정답

B ① on account of ② rest on ③ on duty ④ wear out ⑤ dwell on ⑥ on behalf of ⑦ figure out
⑧ out of the question

up / down / for / at

up 위로, 끝까지	up to date	최신의
	back up	지지하다
	blow up	폭파하다
	build up	쌓아 올리다
	fill up	채우다
	cheer up	기운이 나게 하다
	end up	결국 ~이 되다
	grow up	자라다
	hang up	끊다 ; 걸다
	stay up	깨어 있다
	wind up	처하게 되다
down 아래로, 고정되어	break down	고장 나다
	hand down	물려주다
	settle down	정착하다
	slow down	속도를 줄이다

down	step down	물러나다
	upside down	거꾸로
for ~을 위해, ~을 향해	for ages	오랫동안
	for nothing	공짜로
	for the sake of	~을 위하여
	account for	설명하다
	care for	좋아하다
	long for	갈망하다
at ~에, ~으로	at a loss	어쩔 줄을 모르는
	at any rate	어쨌든
	at hand	가까이
	at least	최소한
	at most	기껏해야
	at the cost of	~을 대가로
	at the mercy of	~에 좌우되는

□ 1251
up to date

최신의

I am not *up to date*.

나는 세련된 사람이 아니다.

The program has been brought *up to date* each year.

그 프로그램은 매년 최신식으로 개편되었다.

□ 1252
back up

지지하다, 뒷받침하다

You should have facts to *back up* your statement.

너는 너의 진술을 뒷받침할 만한 사실이 있어야 한다.

You can use those examples to *back up* your main point.

너는 너의 주요 쟁점을 보강하기 위해 그러한 예시들을 사용할 수 있다.

□ 1253
blow up

폭파하다 ; 불다

They made a threat that they would *blow up* a dam.

그들은 자신들이 댐을 폭파할 것이라고 위협했다.

The dynamite-packed petrol tanker was set to *blow up* a bridge near the town.

다이너마이트로 가득 찬 석유 탱크가 그 도시 가까이에 있는 다리를 폭파하도록 설치되었다.

□ 1254
build up

쌓아 올리다

It takes six years to *build up* credibility.

신용을 쌓는 데는 6년이 걸린다.

Each partner can *build up* a capacity to contribute to the organization.

각각의 파트너는 그 조직에 공헌할 역량을 쌓을 수 있다.

□ 1255
fill up

채우다

Thick white dust *filled up* our room.

짙은 흰 가루가 우리 방을 채웠다.

An old lady will come in and *fill up* an ice cream tub.

한 노부인이 들어와서 아이스크림 통을 채울 것이다.

□ 1256
cheer up

기운이 나게 하다

What will *cheer* you *up*?

무엇을 해야 네가 기운이 나겠니?

Once I got into the house, I began to *cheer up*.

그 집에 들어가자마자 나는 기운이 나기 시작했다.

□ 1257
end up

결국 ~이 되다
He *ended up* governor of the state.
그는 결국 주지사가 되었다.
The company *ended up* collapsing because of the IMF crisis.
그 회사는 IMF 위기 때문에 결국 쓰러지고 말았다.

□ 1258
grow up

자라다
Let's make a better place to live and for children to *grow up* in.
살기에 더 좋고 아이들이 자라는 데 더 좋은 곳을 만들자.
Children will *grow up* to be adults who won't repeat the sins of their forefathers.
아이들은 자라서 조상들의 죄를 되풀이하지 않는 어른들이 될 것이다.

□ 1259
hang up

(전화를) 끊다 ; (물건을) 걸다
Don't *hang up* the phone.
전화를 끊지 마라.
Let's *hang up* your coat.
너의 코트를 걸자.

□ 1260
stay up

(자지 않고) 깨어 있다
They *stayed up* late watching Shrek again.
그들은 늦게까지 자지 않고 슈렉을 다시 보았다.
He will *stay up* all night and study for his English exam.
그는 밤을 새서 영어 시험 공부를 할 것이다.

□ 1261
wind up

처하게 되다 ; 끝내다
She *wound up* taking on all of her father's debts.
그녀는 아버지의 빚을 전부 떠맡게 되었다.
The company *wound up* worse off than when it started.
그 회사는 시작했을 때보다 사정이 더 나빠졌다.

□ 1262
break down

고장 나다 ; 실패하다 ; 아주 나빠지다
He took it for granted that the cars would not *break down*.
그는 자동차가 고장 나지 않을 거라고 당연하게 여겼다.
If schools existed solely to cultivate genius, then society would *break down*.
만약 학교가 전적으로 천재를 길러내기 위해서만 존재했다면, 사회는 붕괴했을 것이다.

□ 1263
hand down

물려주다

Hand down your used clothes to someone who needs them.

당신의 헌 옷을 필요한 사람에게 물려줘라.

Status in today's society rarely depends on an unchangeable identity *handed down* over the generations.

현대 사회의 지위는 대대로 물려받은 변하지 않는 신분에 거의 의존하지 않는다.

□ 1264
settle down

정착하다 ; 편안히 앉다

I'd like to *settle down* here, but I have to go back to my country.

나는 여기에 정착하고 싶지만 고국으로 돌아가야만 한다.

He didn't want to *settle down*, but to be constantly on the move.

그는 편안히 앉지 않고 계속 돌아다니기를 원했다.

□ 1265
slow down

속도를 줄이다 ; 느긋해지다

One motorist got angry when a car suddenly cut in front of him, forcing him to *slow down*.

한 운전자는 어떤 차가 갑자기 앞에 끼어들어 속도를 줄여야 했을 때 화가 치밀었다.

When a person goes to bed, his or her bodily functions *slow down*, including digestion.

사람은 자려고 할 때, 소화를 포함한 신체의 기능이 느려진다.

□ 1266
step down

물러나다

It is time for you to *step down* from your post.

당신이 자리에서 물러나야 할 때이다.

The CEO was expected to *step down* from his position on Monday.

그 최고경영자는 월요일에 사퇴할 것으로 예상되었다.

□ 1267
upside down

거꾸로

I don't know why that suddenly fell *upside down*, but it's alright.

나는 왜 그것이 갑자기 거꾸로 떨어졌는지 모르겠지만 괜찮다.

The death of his father turned his life *upside down*.

아버지의 죽음은 그의 삶을 뒤집어 놨다.

□ 1268
for ages

오랫동안

Nutson has been my friend *for ages*.

Nutson은 오랫동안 나의 친구였다.

She stared at the picture *for ages*.

그녀는 오랫동안 그 사진을 쳐다보았다.

□ 1269
for nothing

공짜로 ; 헛되이
Nobody should get something *for nothing*.
아무도 공짜로 무언가를 얻어서는 안 된다.
People fought and died *for nothing*.
사람들은 헛되이 싸웠고 죽었다.

□ 1270
for the sake of

~을 위하여
For the sake of this community, I pray they do that.
이 지역 사회를 위해서 나는 그들이 그렇게 하기를 기도한다.
He insists it is crucial *for the sake of* efficiency.
그는 효율성을 위해서 그것이 꼭 필요한 일이라고 주장한다.

□ 1271
account for

설명하다 ; (비율을) 차지하다
People have long been using birth order to *account for* personality factors.
사람들은 성격 요인들을 설명하기 위해 오랫동안 출생 순서를 이용해 왔다. (기출)
Black people don't *account for* half of the population of America.
흑인은 미국 인구의 절반을 차지하지 않는다.

□ 1272
care for

좋아하다 ; 신경 쓰다 ; 돌보다
We didn't much *care for* the results.
우리는 그 결과를 별로 좋아하지 않았다.
He didn't seem to *care for* the consequences.
그는 그 결과에 신경 쓰지 않는 것처럼 보였다.

□ 1273
long for

갈망하다
Peace is what they *long for*.
평화는 그들이 갈망하는 것이다.
I *long for* someone to help me with my ironing.
나의 다림질을 도와줄 누군가가 정말 필요하다.

□ 1274
at a loss

어쩔 줄을 모르는
I started out by telling you I was *at a loss*.
나는 어찌할 바를 모르겠다는 말로 이야기를 시작했다.
When he met her, he was *at a loss* for words.
그가 그녀를 만났을 때, 그는 무슨 말을 해야 할지 몰랐다.

□ 1275
at any rate

어쨌든

At any rate, we drew a conclusion.
어쨌든, 우리는 결론을 도출했다.
At any rate, the president shies away from that.
어쨌든, 대통령은 그것을 피하고 있다.

□ 1276
at hand

가까이

The mid-term exam is close *at hand*.
중간고사가 얼마 안 남았다.
Tom knows the work *at hand* is immense.
Tom은 눈앞의 그 일이 매우 중대하다는 것을 안다.

□ 1277
at least

최소한

At least four people were reported dead.
최소 4명이 사망한 것으로 보도되었다.
At least one of the sculptures addresses people's fears of AIDS.
최소한 한 개의 조각 작품이 에이즈에 대한 사람들의 두려움을 말해 준다.

□ 1278
at most

기껏해야, 많아야

It was very small — five feet *at most*.
그것은 매우 작았는데, 기껏해야 5피트 정도였다.
He says it will take 10 days *at most* to make a final decision.
그는 최종 결정을 내리는 데 길어야 열흘이 걸릴 거라고 말한다.

□ 1279
at the cost of

~을 대가로, ~을 희생하여

I earned experience *at the cost of* my time and efforts.
나는 시간과 노력의 대가로 경험을 얻었다.
We do not lower the price *at the cost of* quality.
우리는 질을 희생하여 가격을 낮추지 않는다.

□ 1280
at the mercy of

~에 좌우되는

A vampire is never *at the mercy of* his emotions.
뱀파이어는 결코 감정에 휘둘리지 않는다.
In the past, agriculture was *at the mercy of* the climate.
과거에 농업은 기후에 좌우되었다.

A 영어는 우리말로, 우리말은 영어로 쓰시오.

① at most	_____	⑪ 공짜로	_____
② cheer up	_____	⑫ ~을 위하여	_____
③ for ages	_____	⑬ 지지하다	_____
④ account for	_____	⑭ 거꾸로	_____
⑤ end up	_____	⑮ 고장 나다	_____
⑥ grow up	_____	⑯ 가까이	_____
⑦ blow up	_____	⑰ 물려주다	_____
⑧ settle down	_____	⑱ ~을 대가로	_____
⑨ at any rate	_____	⑲ 채우다	_____
⑩ wind up	_____	⑳ ~에 좌우되는	_____

B 다음 빈칸에 알맞은 말을 〈보기〉에서 골라 넣으시오. (필요하면 형태를 변형하시오.)

[보기]
step down   up to date   build up   hang up
stay up   long for   at a loss   care for

① The program has been brought (　　　　) each year.
② Peace is what they (　　　　).
③ They (　　　　) late watching Shrek again.
④ It takes six years to (　　　　) credibility.
⑤ I started out by telling you I was (　　　　).
⑥ Don't (　　　　) the phone.
⑦ It is time for you to (　　　　) from your post.
⑧ We didn't much (　　　　) the results.

C 이번 테마를 다룬 독해 지문을 읽으면서 관련 어휘의 뜻을 확인해 보자.

If your child is playing with his food instead of eating it, you are sure to give him a classic "mother" look and say, "A starving person would be happy just to smell this. You had better eat it." Many of us have **grown up**, hearing similar statements repeated constantly **for ages**. Even today, some people want to **hand down** this 'lesson' to their children. The lesson is "Don't waste food, if you can avoid." But some people misinterpret this lesson to be, "If it's on your plate, you must eat it." These people have to **fill up** their stomachs, and tend to be overweight and unhealthy. When you happen to **end up** with more food on your plate than you want, don't eat it. Rather, admit your mistake and try not to do it again. It is not easy for you to waste leftovers. But if you eat the unwanted food **at the cost of** your health, is that not a real waste?

Translation 만약 당신의 아이가 음식을 먹지 않고 가지고 놀고 있다면, 당신은 확실히 전형적인 '엄마 같은 표정'을 짓고 다음처럼 말할 것이다. "굶어죽는 사람은 이 냄새만 맡아도 행복해할 거야. 너는 그걸 먹는 게 좋아." 많은 사람들은 **for ages** 끊임없이 비슷한 말을 들으면서 **grow up**했다. 심지어 요즘에 어떤 사람들은 이러한 '교훈'을 그들의 자녀에게 **hand down**하길 원한다. 교훈은 "피할 수 있다면, 음식을 낭비하지 마라"이다. 그러나 어떤 사람들은 이 교훈을 "만약 당신의 음식이 접시에 있다면, 당신은 먹어야 한다."로 잘못 해석한다. 이러한 사람들은 자기들의 배를 **fill up**해야 하고 비만이 되고 건강하지 않게 되는 경향이 있다. 당신이 원하는 것보다 더 많은 음식이 **end up** 남아 있게 될 때, 그것을 먹지 마라. 오히려 당신의 실수를 인정하고 다시는 그렇게 하지 않도록 노력해라. 남아 있는 음식을 낭비하는 것은 쉽지 않다. 그러나 만약에 당신이 원치 않는 음식을 건강을 **at the cost of**로 먹는다면, 그것이야말로 진짜 낭비가 아니겠는가?

Words • classic 전형적인 • starve 굶다 • statement 진술 • misinterpret 잘못 해석하다
• stomach 배 • happen to 우연히 ~하다 • leftover 남은 음식

정답 🔒

B ① up to date ② long for ③ stayed up ④ build up ⑤ at a loss ⑥ hang up ⑦ step down ⑧ care for

from / to / by / with / away

from ~로부터, ~와 구별 하여	from all walks of life	각계각층의
	apart from	~을 제외하고
	aside from	~을 제외하고
	far from	결코 ~이 아닌
	free from	~이 없는
	result from	~로부터 유래하다
	tell A from B	A와 B를 구별하다
to ~에, ~까지	to begin with	처음에는, 우선
	to some extent	어느 정도까지
	commit to	전념하다
	correspond to	일치하다
	due to	~ 때문에
	lead to	~에 이르다
	manage to	가까스로 ~하다
	never fail to	반드시 ~하다

to	owe A to B	B에게 A를 빚지다
	stick to	들러붙다
	succeed to	뒤를 잇다
	yield to	굴복하다
by 곁으로, 지나서	by accident	우연히
	by and large	대체로
	by means of	~에 의해
	by nature	본래
	by the way	그런데
	by turns	교대로
with ~와 함께	cope with	다루다
	deal with	다루다
	dispense with	없애다
away 떨어져, 없어져	pass away	사망하다
	throw away	버리다

□ 1281
from all walks of life

각계각층의

He has friends *from all walks of life*.

그는 각계각층에 친구들이 있다.

We are *from all walks of life*: doctor, teacher, construction worker.

우리는 각계각층에서 온 사람들로 의사, 교사, 건설 노동자이다.

□ 1282
apart from

~을 제외하고, ~ 이외에

Apart from a few acquaintances, I have no friends.

몇몇의 아는 사람들을 제외하고, 나는 친구가 없다.

Apart from aspirin for the pain, there were no other drugs.

그 고통에는 아스피린을 제외하고는, 다른 어떤 약이 없었다.

□ 1283
aside from

~을 제외하고, ~ 이외에

Aside from that story, nothing is known about his life.

그 이야기를 제외하고는, 그의 삶에 대해서는 아무것도 알려지지 않았다.

Aside from skin cancer, stomach cancer is the most common cancer among Korean men.

피부암을 제외하고, 위암은 한국 남자들에게 가장 흔한 암이다.

□ 1284
far from

결코 ~이 아닌

Their opinions are *far from* flattering.

그들의 의견은 결코 아첨이 아니다.

The policy is *far from* what we need now.

그 정책은 우리가 지금 원하는 것이 전혀 아니다.

□ 1285
free from

~이 없는, ~로부터 자유로운

I bet no man is *free from* faults.

나는 흠이 없는 사람은 없다고 확신한다.

Nobody is *free from* the tricks and traps of life.

아무도 인생의 속임수와 함정에서 자유로울 수 없다.

□ 1286
result from

~로부터 유래하다, ~에서 생기다

Your emotions *result from* your choices.

당신의 감정은 당신의 선택으로부터 비롯된다.

The profit *results from* improved resource efficiency.

이익은 개선된 자원 효율성에서부터 나온다.

voca = come from ~에서 비롯되다

• • •

□ 1287
tell A from B

A와 B를 구별하다

You have to *tell* questions *from* comments.
너는 질문과 주석을 구별해야 한다.
A pilot has to *tell* the sea *from* the sky during his flight.
비행기 조종사는 비행하는 동안 바다와 하늘을 구별해야 한다.

✚ voca = know A from B A와 B를 구별하다

□ 1288
to begin with

처음에는, 우선

To begin with, we decided to give students books.
우선 우리는 학생들에게 책을 주기로 결정했다.
To begin with, we had four people but no office to work in.
처음에 우리는 네 명의 직원이 있었지만 일할 사무실이 없었다.

□ 1289
to some extent

어느 정도까지, 다소

To some extent, both have a similar range of needs.
어느 정도까지는 둘 다 비슷한 범위의 욕구를 가지고 있다.
People are, *to some extent*, encouraged by the Government's response.
사람들은 어느 정도 정부의 반응에 용기를 얻는다.

□ 1290
commit to

전념하다, 헌신하다

There was nobody to *commit to* the business.
그 일에 전념하는 사람은 아무도 없었다.
At the end of November, we will *commit to* writing his report in summary version.
11월 말에, 우리는 그의 보고서를 요약된 형태로 쓰는 데 전념할 것이다.

□ 1291
correspond to

일치하다, 해당하다

Their programs do not *correspond to* the needs of the people.
그들의 프로그램들은 사람들의 요구에 부합하지 않는다.
The day has yet to come when my reality *corresponds to* my belief.
내 현실이 생각과 일치하는 날은 아직 오지 않았다.

□ 1292
due to

~ 때문에 ; ~할 예정인

They suffer from famine *due to* the catastrophic state of the economy.
그들은 경제의 비극적인 상태 때문에 기근으로 고통 받는다.
People are *due to* leave for home on Friday.
사람들은 금요일에 집으로 향할 예정이다.

□ 1293
lead to

~에 이르다, ~의 원인이 되다

These chemicals can *lead to* a decline in water quality.
이러한 화학 물질들은 수질 저하를 이끌 수 있다.

Cultural misunderstandings can *lead to* serious conflicts.
문화적인 오해가 심각한 갈등의 원인이 될 수 있다.

□ 1294
manage to

가까스로 ~하다

Somehow you will *manage to* do that.
너는 어떻게든 그 일을 해낼 것이다.

He *managed to* retrieve the hard drive.
그는 가까스로 하드 드라이브를 회수했다.

□ 1295
never fail to

반드시 ~하다

I *never fail to* remember the day of the year on which I was made a priest.
나는 내가 신부가 된 그 해의 그날을 반드시 기억한다.

He *never failed to* answer my questions, regardless of what I asked.
내가 무엇을 묻는지에 상관없이, 그는 어김없이 질문에 답했다.

□ 1296
owe A to B

B에게 A를 빚지다 ; B는 A 덕택이다

I *owe* 5 dollars *to* him.
나는 그에게 5달러를 빚졌다.

Don't lose your confidence. You don't *owe* anything *to* anyone.
자신감을 잃지 마라. 너는 아무에게도 빚진 것이 없다.

□ 1297
stick to

들러붙다 ; 고수하다

A sincere person doesn't *stick to* labels.
진실한 사람은 상표에 집착하지 않는다.

You're fine, as long as you *stick to* caution and sincerity.
주의와 진심을 고수하는 한 너는 괜찮다.

□ 1298
succeed to

뒤를 잇다, 계승하다

Males didn't necessarily *succeed to* the title.
반드시 남자만 그 직위를 잇는 것은 아니었다.

King Sejong *succeeded to* the throne in 1418.
세종대왕은 1418년에 왕위를 계승했다.

□ 1299
yield to

굴복하다 ; 대체되다

I finally *yielded to* the demands of my son.
결국 나는 내 아들의 요구에 굴복했다.

I will not *yield to* the temptation to ignore such problems.
나는 그러한 문제들을 무시하려는 유혹에 굴복하지 않을 것이다.

□ 1300
by accident

우연히

It was *by accident* that I came across her.
내가 그녀를 만난 것은 우연이었다.

The families say they strayed across the border into Iran *by accident*.
그 가족들은 우연히 길을 잃고 국경을 지나 이란으로 들어갔다고 말한다.

□ 1301
by and large

대체로, 대개

By and large, I took advantage of my ability.
대체적으로, 나는 내 능력을 이용했다.

Employees know that they, *by and large*, are in control.
직원들은 자신들이 대체로 통제 하에 있다는 것을 안다.

□ 1302
by means of

~에 의해, ~을 수단으로

We tried to escape from the town *by means of* a train.
우리는 기차를 이용해서 그 도시를 탈출하려고 했다.

They can use an application *by means of* a text message.
그들은 문자 메시지로 응용 프로그램을 이용할 수 있다.

□ 1303
by nature

본래

Man, says a psychologist, is competitive *by nature*.
한 심리학자는 남자는 본래 경쟁심이 강하다고 말한다.

'All men, *by nature*, desire to know,' said Aristotle.
'모든 인간은 선천적으로 알고 싶어 한다' 고 아리스토텔레스는 말했다.

□ 1304
by the way

그런데, 그건 그렇고

It is delicious, *by the way*.
그런데 그거 참 맛있다.

What's her real name, *by the way*?
그런데 그녀의 진짜 이름은 뭐니?

□ 1305
by turns

교대로

The play was *by turns* sad and comical.
그 연극은 번갈아가면서 슬프고 재미있었다.

When I was in the hospital, my friends came to see me *by turns*.
내가 병원에 있을 때, 친구들이 교대로 병문안을 왔다.

□ 1306
cope with

다루다, 대처하다

You should *cope with* loss in different ways.
당신은 다양한 방법으로 손실에 대처해야 한다.

Some books make it easier to *cope with* more difficult issues.
몇 권의 책들은 더욱 어려운 문제들을 다루는 것을 더 쉽게 해 준다.

□ 1307
deal with

다루다, 처리하다

She chose to *deal with* the matter personally.
그녀는 그 문제를 직접 다루기로 결정했다.

As president, Obama has to *deal with* all these major crises.
대통령으로서 Obama는 이 모든 주요 위기들을 처리해야 한다.

□ 1308
dispense with

없애다

They have *dispensed with* a lot of luxuries since their father lost his job.
아버지가 실직한 이래로 그들은 많은 사치품을 없앴다.

The advent of PCs has *dispensed with* the need for typists.
PC의 등장은 타이피스트에 대한 수요를 없앴다.

□ 1309
pass away

사망하다 ; 없어지다

When dealing with death, people might say that someone has "departed this life" or has "*passed away*."
죽음을 다룰 때, 사람들은 누군가가 '이 생을 떠났다'거나 '돌아가셨다'라고 말할 것이다.

All things must *pass away*.
모든 것은 사라지기 마련이다.

□ 1310
throw away

버리다 ; 허비하다

We often see a lot of people *throwing* cans *away*.
우리는 종종 많은 사람들이 캔을 버리는 것을 본다.

People usually *throw away* a very nutritious part of the fruit — the peel.
사람들은 대개 과일에서 영양분이 매우 풍부한 부분인 껍질을 버린다.

A 영어는 우리말로, 우리말은 영어로 쓰시오.

① due to _____
② stick to _____
③ correspond to _____
④ by nature _____
⑤ succeed to _____
⑥ by the way _____
⑦ tell A from B _____
⑧ never fail to _____
⑨ free from _____
⑩ aside from _____
⑪ 각계각층의 _____
⑫ ~에 이르다 _____
⑬ 사망하다 _____
⑭ B에게 A를 빚지다 _____
⑮ 교대로 _____
⑯ 전념하다 _____
⑰ 처음에는 _____
⑱ 버리다 _____
⑲ 없애다 _____
⑳ 어느 정도까지 _____

B 다음 빈칸에 알맞은 말을 〈보기〉에서 골라 넣으시오. (필요하면 형태를 변형하시오.)

[보기]
apart from   far from   result from   by accident
deal with   manage to   yield to   cope with

① ( ) a few acquaintances, I have no friends.
② Somehow you will ( ) do that.
③ I finally ( ) the demands of my son.
④ You should ( ) loss in different ways.
⑤ Your emotions ( ) your choices.
⑥ The policy is ( ) what we need now.
⑦ It was ( ) that I came across her.
⑧ She chose to ( ) the matter personally.

C 이번 테마를 다룬 독해 지문을 읽으면서 관련 어휘의 뜻을 확인해 보자.

Babies are quick learners **by nature**. **To begin with**, they start absorbing new information as soon as they are born. They are believed to be capable of **telling** their mother's voice **from** others. **Apart from** this ability, they are prepared to speak any language, simply **by means of** hearing certain sounds repeatedly. A recent new study reveals that babies need not even be awake to do this. This research shows that **to some extent**, the sleeping babies' brains are programmed to learn. This contradicts the belief that people must be **committed to** the task in order to learn something. The study draws our attention because it rejects the thought that information input **never fails to** require direct attention.

Translation 아기들은 **by nature** 빠른 학습자이다. **To begin with**, 아기들은 태어나자마자 새로운 정보를 흡수하기 시작한다. 그들은 어머니의 목소리와 다른 사람들의 목소리를 **tell**할 수 있다고 믿어진다. 이러한 능력을 **apart from**하고, 그들은 특정 음을 단지 반복해서 듣는 것에 **by means of**해서 어떤 언어를 말할 준비가 된다. 최근에 한 새로운 연구는 이것을 하기 위해 아기들이 반드시 깨어 있을 필요는 없다고 밝힌다. 이 연구는 자고 있는 아기들의 뇌가 **to some extent**는 배우도록 프로그램화되었다는 것을 보여 준다. 이것은 사람들이 어떠한 것을 배우기 위해 그 일에 **commit to**해야 한다는 믿음을 반박한다. 이 연구는 정보의 습득이 직접적인 관심을 **never fail to**하게 요구한다는 생각을 거부하기 때문에 우리의 관심을 끈다.

Words • absorb 흡수하다 • be capable of ~을 할 수 있다 • contradict 반박하다 • draw 끌다 • reject 거부하다, 거절하다 • direct 직접적인

정답 ⑧

B ① Apart from ② manage to ③ yielded to ④ cope with ⑤ result from ⑥ far from ⑦ by accident
⑧ deal with

Day 45

of / as / off / all / but / not / 기타

of	consist of	~으로 구성되다
~에서 떨어져, ~로부터, ~에 관해	deprive A of B	A에게서 B를 빼앗다
	rob A of B	A에게서 B를 빼앗다
	dispose of	처분하다
	regardless of	~에 상관없이
	remind A of B	A에게 B를 생각나게 하다
	think much of	중요하게 생각하다
	speak ill of	나쁘게 말하다
as	as a rule	대체로
~처럼, ~로서	as far as I know	내가 아는 한
	as(so) long as	~하기만 하면 ; ~하는 한
off	see off	배웅하다
떨어져서, 완전히	show off	자랑하다
all	above all	우선
온통	all at once	갑자기

but	anything but	결코 ~이 아닌
단지, ~ 외에	nothing but	오직
	cannot but	~하지 않을 수 없다
not	not to speak of	~은 말할 것도 없이
아닌	nothing more than	~에 지나지 않는
	second to none	제일의
기타	before long	머지않아
	sooner or later	조만간
	name after	~의 이름을 따다
	feel like doing	~하고 싶다
	more or less	거의 ; 다소
	quite a few	꽤 많은
	only a few	매우 적은
	now that	~이므로
	that is to say	다시 말해서

□ 1311
consist of

~으로 구성되다

The things I trade *consist of* luxury goods.

내가 거래하는 물건들은 명품이다.

The controls *consist of* a focus wheel, volume buttons, and a power switch.

제어 장치는 중심 휠, 볼륨 버튼, 그리고 전원 스위치로 구성된다.

□ 1312
deprive A of B

A에게서 B를 빼앗다

I tried to *deprive* him *of* the use and enjoyment of his talent.

나는 그가 자신의 재능을 사용하고 즐길 수 없도록 하기 위해 노력했다.

She grabbed her hat before the wind could *deprive* her *of* it.

그녀는 바람에 모자가 날아가기 전에 모자를 붙잡았다.

□ 1313
rob A of B

A에게서 B를 빼앗다

He cursed those who tried to *rob* him *of* his happiness.

그는 자신에게서 행복을 빼앗으려고 했던 사람들을 저주했다.

Her job *robbed* her *of* the chance to see more of the wonderful scenery.

그녀의 일은 그녀에게서 멋진 경치를 더 볼 수 있는 기회를 빼앗았다.

□ 1314
dispose of

처분하다

Human waste is still being *disposed of* in our oceans.

인간의 쓰레기가 여전히 우리 바다에 버려지고 있다.

People often *dispose of* their prescription medication.

사람들은 종종 자신들의 처방약을 버린다.

□ 1315
regardless of

~에 상관없이, ~에 관계없이

We want to make the joke work, *regardless of* who gets the laugh.

우리는 누가 웃든 상관없이 농담이 효과가 있기를 바란다.

This organization is open to anyone suffering from any kind of stress, *regardless of* financial status.

이 기관은 재정 상태에 상관없이 어떤 스트레스로든 고통받는 사람들에게 열려 있다.

□ 1316
remind A of B

A에게 B를 생각나게 하다

She *reminds* me *of* her mother when she says that.

그녀가 그렇게 말할 때 나는 그녀의 어머니가 생각난다.

Lemons *remind* her *of* things that are fresh.

레몬은 그녀에게 신선한 것들을 생각나게 한다.

□ 1317
think much of

중요하게 생각하다

I don't ***think much of*** packaging paper.
나는 포장지를 중요하게 생각하지 않는다.

I didn't ***think much of*** the group when it was first set up.
나는 그 그룹이 처음 만들어졌을 때 별로 중요하게 생각하지 않았다.

□ 1318
speak ill of

나쁘게 말하다, 험담하다

He is not one to ***speak ill of*** his best friends.
그는 가장 친한 친구들을 험담할 사람이 아니다.

We must not ***speak ill of*** our dear allies.
우리는 소중한 동료들을 험담해서는 안 된다.

□ 1319
as a rule

대체로, 보통

When he's in the bathroom, he hears, ***as a rule***, what he chooses to hear.
그는 욕실에 있을 때, 보통 자신이 듣고 싶은 소리를 듣는다.

He desperately wanted us to do something that we don't do ***as a rule***.
그는 우리가 보통 하지 않는 일을 하기를 필사적으로 원했다.

□ 1320
as far as I know

내가 아는 한

We were the first, ***as far as I know***.
내가 아는 한 우리가 일등이었다.

As far as I know, this was the first time she deceived me.
내가 아는 한 그녀가 나를 속인 것은 이번이 처음이었다.

□ 1321
as[so] long as

~하기만 하면 ; ~하는 한

As long as the weather is fine, we will go hiking.
날씨가 좋기만 하면, 우리는 하이킹할 것이다.

For ***as long as*** I can remember, I've skated.
내가 기억하는 한 나는 스케이트를 탔다.

□ 1322
see off

배웅하다

Are you going to ***see*** her ***off***?
그녀를 배웅하실 건가요?

I'm really sorry that I won't be able to ***see*** you ***off*** at the airport.
제가 공항에 배웅하러 갈 수 없을 것 같아 정말 미안합니다.

□ 1323
show off

자랑하다, 과시하다
She likes to *show off* how well she can speak Chinese.
그녀는 자신이 얼마나 중국어를 잘할 수 있는지 자랑하는 것을 좋아한다.
Youngsters were *showing off* their creatively decorated bicycles to get a free lunch.
젊은이들은 공짜 점심을 먹기 위해 창의적으로 장식된 그들의 자전거를 뽐내고 있었다.

□ 1324
above all

우선, 무엇보다도
The one thing they fear *above all* else is violence.
그들이 다른 무엇보다도 두려워하는 한 가지는 폭력이다.
Above all, we're going to keep fighting to renew the American dream.
무엇보다도 우리는 아메리칸 드림을 새로이 하기 위해 계속해서 싸울 것이다.
voca = most of all, first of all 우선

□ 1325
all at once

갑자기
We wouldn't be able to change *all at once*.
우리는 갑자기 바꿀 수는 없을 것이다.
So many people were excited *all at once*.
매우 많은 사람들이 갑자기 흥분했다.
voca = all of a sudden 갑자기

□ 1326
anything but

결코 ~이 아닌
This hotel was *anything but* expensive.
이 호텔은 결코 비싼 것은 아니었다.
This movie is *anything but* ordinary.
이 영화는 결코 평범하지 않다.
voca = by no means 결코 ~이 아닌

□ 1327
nothing but

오직, 단지
I could do *nothing but* watch.
나는 보고 있을 수밖에 없었다.
Nothing but a miracle will save him.
오직 기적만이 그를 구할 것이다.

□ 1328
cannot but

~하지 않을 수 없다
We *cannot but* laugh at her.
우리는 그녀를 비웃을 수밖에 없다.
I *cannot but* bestow on you a gift.
나는 너에게 선물을 줄 수밖에 없다.

☐ 1329
not to speak of

~은 말할 것도 없이

She can play soccer, *not to speak of* basketball.
그녀는 농구는 말할 것도 없고, 축구도 할 수 있다.

A Third World War would mean the destruction of civilization, *not to speak of* the extermination of the human race.
3차 세계 대전은 인류의 멸망은 말할 것도 없고 문명의 파괴를 의미할 것이다.

☐ 1330
nothing more than

~에 지나지 않는

Children love *nothing more than* a good story.
아이들은 좋은 이야기에 지나지 않는 것들을 좋아한다.

Too many people believe football is *nothing more than* a game.
너무 많은 사람들이 축구가 그저 놀이에 지나지 않는다고 생각한다.

☐ 1331
second to none

제일의

The meals were *second to none*.
그 식사는 최고였다.

He is *second to none* in this field.
그는 이 분야에서 누구에게도 뒤지지 않는다.

☐ 1332
before long

머지않아, 곧

Before long, I began to feel dizzy.
얼마 지나지 않아 나는 어지러움을 느끼기 시작했다.

Before long, we were all laughing.
곧 우리는 모두 웃고 있었다.

☐ 1333
sooner or later

조만간

Sooner or later he will leave the stage.
조만간 그는 무대를 떠날 것이다.

If such a risk is accepted, *sooner or later* an accident will occur.
만약 그러한 위험이 감수된다면 조만간 사고가 발생할 것이다.

☐ 1334
name after

~의 이름을 따다

The Nobel prize was *named after* Alfred Nobel to commemorate his accomplishments.
노벨상은 Alfred Nobel의 업적을 기리기 위해 그의 이름을 따서 지어진 것이다.

The Eiffel Tower was *named after* Gustave Eiffel, the contractor.
에펠탑은 그 계약자인 Gustave Eiffel의 이름을 따서 지어졌다.

□ 1335
feel like doing

~하고 싶다 ; ~처럼 느껴지다
I don't *feel like eating* out tonight.
나는 오늘 저녁에 외식하고 싶지 않다.
She didn't *feel like singing* and rejected it.
그녀는 노래를 부르고 싶지 않아서 거절했다.

□ 1336
more or less

거의 ; 다소
Most couples in the survey said that they were *more or less* happy in their marriage.
조사에서 대부분의 부부들은 대체로 그들의 결혼이 행복하다고 말했다.
Human behavior is *more or less* temporarily changed.
인간의 행동은 다소 일시적으로 바뀐다.

□ 1337
quite a few

꽤 많은
I've fallen asleep in the class *quite a few* times.
나는 수업 시간에 꽤 여러 번 잠들었다.
There are *quite a few* minor changes to the contract procedure.
그 계약 과정에 상당수의 사소한 변동 사항이 있다.
voca = a good few 상당수

□ 1338
only a few

매우 적은
Only a few wives expressed any confidence in working with machines.
매우 적은 수의 주부들만이 기계로 일하는 것에 자신감을 나타냈다.
Despite being caught in traffic on the highway, he was *only a few* minutes late.
고속도로에서 길이 막혔는데도, 그는 아주 조금 늦었다.

□ 1339
now that

~이므로, ~이기 때문에
Now that the Soviet Union no longer exists, the whole of Europe has become stable.
소련이 더 이상 존재하지 않으므로 전 유럽이 안정되었다.
Now that he is out of his teens, he needs to be more prudent.
그가 10대를 지났으니, 보다 신중해질 필요가 있다.

□ 1340
that is to say

다시 말해서
That is to say, I love you.
다시 말해서, 나는 너를 사랑한다.
That is to say, you can stay as long as you need.
다시 말해서, 네가 필요한 만큼 머물러도 좋다.

A 영어는 우리말로, 우리말은 영어로 쓰시오.

① name after _____
② sooner or later _____
③ as long as _____
④ only a few _____
⑤ remind A of B _____
⑥ quite a few _____
⑦ all at once _____
⑧ rob A of B _____
⑨ speak ill of _____
⑩ dispose of _____

⑪ 중요하게 생각하다 _____
⑫ ~하고 싶다 _____
⑬ ~에 지나지 않는 _____
⑭ 내가 아는 한 _____
⑮ 제일의 _____
⑯ 다시 말해서 _____
⑰ ~에 상관없이 _____
⑱ 우선 _____
⑲ 대체로 _____
⑳ ~이므로 _____

B 다음 빈칸에 알맞은 말을 〈보기〉에서 골라 넣으시오. (필요하면 형태를 변형하시오.)

┌─────────── 【 보기 】───────────┐
consist of see off show off anything but
more or less nothing but cannot but not to speak of
└──────────────────────────────┘

① This movie is (   ) ordinary.
② (   ) a miracle will save him.
③ The things I trade (   ) luxury goods.
④ Are you going to (   ) her (   )?
⑤ We (   ) laugh at her.
⑥ She likes to (   ) how well she can speak Chinese.
⑦ She can play soccer, (   ) basketball.
⑧ Human behavior is (   ) temporarily changed.

C 이번 테마를 다룬 독해 지문을 읽으면서 관련 어휘의 뜻을 확인해 보자.

Social scientists have long **thought much of** the relationship between lifelong education and income. Put simply, individuals who have invested in further education and in-service training earn more money than individuals who have not. **That is to say**, a young worker, when entering his job, has a relatively low income, but as the worker participates in the training courses and increases his maturity and experience, his income rises. **As a rule**, human capital **consists of** the skills and knowledge that an individual uses to produce goods and services. Human capital is developed by investing time, **not to speak of** money and energy, in the acquisition of new skills that enable us to be more productive. When we continuously invest in ourselves, **before long** we can expect to become more productive and to gain a higher income, greater job satisfaction and better professional opportunities.

Translation 사회 과학자들은 평생 교육과 수입의 관련성을 오랫동안 **think much of**해 왔다. 간단히 말해서, 성인 교육과 현장 교육에 투자해 왔던 개인들은 그렇지 않았던 개인들보다 더 많은 돈을 번다. **That is to say**, 일을 시작했을 때 젊은 노동자는 상대적으로 적은 소득을 받지만, 훈련 과정에 참여하고 그의 성숙함과 경험을 증가시킴에 따라 소득은 증가한다. **As a rule**, 인간의 자산은 개인이 제품과 서비스를 생산하는 데 사용하는 기술과 지식으로 **consist of**되어 있다. 인적 자본은 우리를 더욱 생산적이게 만드는 새로운 기술의 습득에 대해 돈과 정력은 **not to speak of**하고, 시간을 투자함으로써 개발된다. 우리들 자신에게 지속적으로 투자할 때, **before long** 우리는 더욱 생산적이게 되는 것과, 보다 많은 수입과 보다 큰 직업의 만족, 그리고 보다 나은 전문적인 기회를 얻기를 기대할 수 있다.

Words • lifelong 평생의 • put simply 간단히 말해서 • relatively 상대적으로 • participate 참여하다 • maturity 성숙 • capital 자산, 자본 • goods 상품 • acquisition 취득, 획득 • continuously 지속적으로, 계속해서 • professional 직업의, 전문의

정답 ⓘ

B ① anything but ② Nothing but ③ consist of ④ see, off ⑤ cannot but ⑥ show off ⑦ not to speak of ⑧ more or less

be 있다	be about to	막 ~하려 하다
	be absorbed in	열중하다
	be apt to	~할 것 같다
	be likely to	~할 것 같다
	be(get) in one's way	방해가 되다
	be inclined to	~하고 싶어지다
	be concerned with	~와 관련 있다
	be out of stock	품절되다
	be over	끝나다
	be short of	부족하다
	be subject to	~을 당하기 쉽다
	be through with	끝내다
	be up to	~에 달렸다
	be well off	유복하다

go 가다	go off	자리를 뜨다 ; 폭발하다
	go on	계속하다 ; 나아가다
	go out	외출하다
	go through	겪다
run 달리다	run across	우연히 마주치다
	run after	뒤쫓다
	run for	출마하다
	run out	바닥나다
	run over	(차가) 치다
come 오다	come about	일어나다
	come across	우연히 마주치다
	come by	잠깐 들르다
	come down with	몸져눕다
	come out	나오다
	come up	일어나다
	come up with	떠올리다

□ 1341
be about to

막 ~하려 하다
We might *be about to* make the same mistake in cyberspace.
우리는 이제 막 사이버 공간에서 같은 실수를 저지를지도 모른다.
They didn't build any consensus for what they *were about to* do.
그들은 자신들이 하려고 했던 일에 대해 어떤 합의도 만들어 내지 못했다.

□ 1342
be absorbed in

열중하다
She sits at a table, pretending to *be absorbed in* her book.
그녀는 책에 열중하는 척하면서 탁자에 앉는다.
When she approached me after class, I pretended to *be absorbed in* grading.
수업이 끝난 후 그녀가 나에게 다가왔을 때, 나는 채점에 열중하는 척했다.

□ 1343
be apt to

~할 것 같다, ~하기 쉽다
He'll *be apt to* make a mistake out of me.
그는 나로 인해 실수를 저지를 것 같다.
More states and cities *are apt to* issue short-term bonds.
보다 많은 주와 도시들이 단기채를 발행할 것 같다.

□ 1344
be likely to

~할 것 같다, ~하기 쉽다
The sculptures *are likely to* be influenced by our conversations.
그 조각 작품들은 우리의 대화에 영향을 받을 것 같다.
In rural areas in Zimbabwe, women *are likely to* be dependent on their guardians.
짐바브웨의 시골 지역에서 여자들은 자신들의 보호자에게 의존하기 쉽다.

□ 1345
be[get] in one's way

방해가 되다
A few things *got in my way*.
몇 가지가 나를 방해했다.
If anybody *is in my way*, I will knock them down.
만약 누구라도 나를 방해한다면, 나는 그들을 때려눕혀 버릴 것이다.

□ 1346
be inclined to

~하고 싶어지다 ; ~하는 경향이 있다
I *am inclined to* say yes.
나는 승낙하고 싶어진다.
An introvert *is inclined* not *to* repeat the same behavior.
내성적인 사람은 같은 행동을 반복하지 않으려는 경향이 있다.

□ 1347
be concerned with

~와 관련 있다

She *is* not directly *concerned with* the crime.
그녀는 그 범죄와 직접적인 관련이 없다.
I *am* just a little *concerned with* your earlier caller.
나는 당신에게 방금 전에 전화했던 사람과 조금 관련이 있다.

□ 1348
be out of stock

품절되다

The company has confirmed that the iPhone *is out of stock* online.
그 회사는 아이폰이 온라인 상점에서 품절되었음을 확인했다.
The products *were out of stock* and the shopkeeper didn't know when more would arrive.
그 제품들은 품절되었고 가게 주인은 언제 제품이 더 도착할지 몰랐다.

□ 1349
be over

끝나다

They expected that the ordeal would soon *be over*.
그들은 시련이 곧 끝날 거라고 기대했다.
I anticipated that the concert would *be over* by about nine-thirty.
나는 콘서트가 약 9시 반쯤에 끝날 거라고 예상했다.

□ 1350
be short of

부족하다

On my way home, I *was short of* fuel.
집에 오는 길에 연료가 떨어졌다.
They *were short of* even the bare necessities of life.
그들은 생활의 기본적인 필수품조차도 부족했다.

□ 1351
be subject to

~을 당하기 쉽다 ; ~에 달렸다

Menu listings and prices *are subject to* change.
메뉴 목록과 가격은 바뀔 수 있다.
This project *is subject to* his approval.
이 계획은 그의 승인에 달렸다.

□ 1352
be through with

끝내다

Are you *through with* that?
그것을 다 끝냈니?
She *was through with* her boyfriend.
그는 남자친구와 헤어졌다.

□ 1353
be up to
~에 달렸다

His future *is up to* the voters who elected him.
그의 미래는 그를 선택한 유권자들에게 달렸다.

If you want to cooperate and talk to people, that *is up to* you.
만약 네가 사람들과 협력하고 대화하고 싶다면, 그것은 너에게 달렸다.

□ 1354
be well off
유복하다

Her family *was* not *well off*, but not as poor as mine.
그녀의 가족은 부유하지는 않았지만 우리 가족만큼 가난하지는 않았다.

A surprisingly large number of Islamic radicals *are* relatively *well off*.
놀라울 정도로 많은 수의 이슬람교 급진주의자들은 비교적 유복하다.

□ 1355
go off
자리를 뜨다 ; 폭발하다 ; (경보기 등이) 울리다

He *went off* to have lunch.
그는 점심을 먹으러 자리를 떴다.

Because of its broken timer, the bomb didn't *go off*.
고장 난 타이머 때문에, 폭탄은 터지지 않았다.

□ 1356
go on
계속하다 ; 나아가다 ; (일이) 일어나다

She should *go on* a diet because she is overweight.
그녀는 비만이기 때문에 계속 다이어트를 해야 한다.

She is somewhat slow at perceiving things, so it takes some time for her to understand what's *going on* around her.
그녀는 상황을 인지하는 데 좀 느려서, 그녀 주변에서 무슨 일이 일어나고 있는지를 이해하는 데 시간이 좀 걸린다.

□ 1357
go out
외출하다 ; 교제하다 ; (불이) 꺼지다

You can't *go out* at night without your parents' permission.
너는 부모님의 허락 없이 밤에 외출할 수 없다.

Her parents didn't allow us to *go out* together.
그녀의 부모님은 우리가 교제하는 것을 허락하지 않았다.

□ 1358
go through
겪다 ; 자세히 조사하다

Most teenagers *go through* a period of rebellion.
대부분의 십대들은 반항기를 겪는다.

He will *go through* his own pre-season training schedule.
그는 시즌 전 훈련 계획을 자세히 검토할 것이다.

□ 1359
run across

우연히 마주치다

He ***ran across*** an old neighbor in the town.
그는 시내에서 옛 이웃을 우연히 만났다.

I ***ran across*** a friend of mine the other day at the department store.
며칠 전 백화점에서 나는 우연히 친구 한 명을 만났다.

□ 1360
run after

뒤쫓다

If you ***run after*** two hares, you will catch neither.
두 마리 토끼를 쫓으면 너는 한 마리도 잡지 못할 것이다.

The policeman ***running after*** the suspect became exhausted, and just stood staring at the empty street.
용의자를 쫓던 경찰은 지쳤고 텅 빈 거리만을 쳐다보며 서 있을 뿐이었다.

□ 1361
run for

출마하다

When does he plan to ***run for*** governor?
그는 언제 주지사에 출마할 계획입니까?

At age 40, she decided to ***run for*** political office.
마흔 살의 나이에, 그녀는 공직에 출마하기로 결심했다.

□ 1362
run out

바닥나다

Don't let the water ***run out***, save it.
물이 바닥나게 하지 말고 절약해라.

Electrical power will still be able to be used when coal and gas supplies ***run out***.
전력은 석탄과 가스 공급이 고갈되었을 때에도 여전히 사용 가능할 것이다.

□ 1363
run over

(차가) 치다

Oh! I've just ***run over*** a dog!
오! 내가 방금 개를 쳤어!

A truck driver ***ran over*** a passerby's leg.
화물차 운전사가 행인의 다리를 쳤다.

□ 1364
come about

일어나다, 발생하다

How did the traffic accident ***come about***?
그 교통사고는 어떻게 일어났습니까?

Some new products also ***come about*** through new technology rather than marketing.
일부 신제품들은 마케팅보다는 오히려 신기술로부터 나오기도 한다.

□ 1365
come across

우연히 마주치다 ; 이해되다
A bright idea *came across* my mind.
나에게 멋진 생각이 떠올랐다.
Simmons was studying eagles in Africa when he *came across* a pair of male giraffes locked in combat.
Simmons는 아프리카에서 독수리를 연구하다가 싸움에 몰두하고 있는 한 쌍의 수컷 기린을 우연히 보게 되었다.

□ 1366
come by

잠깐 들르다 ; ~을 구하다
She *came by* last evening and picked up the books.
그녀는 어제 저녁에 들러서 책들을 가져갔다.
Are you able to *come by* the cleaner's to pick up my clothes?
제 옷을 찾으러 세탁소에 들를 수 있습니까?

□ 1367
come down with

(병으로) 몸져눕다
She *came down with* the flu yesterday.
그녀는 어제 독감으로 몸져누웠다.
He had four patients who had *come down with* what looked like Hantavirus.
그는 한타 바이러스처럼 보이는 것에 쓰러진 네 명의 환자들을 돌봤다.

□ 1368
come out

나오다 ; 드러나다
How many people *come out* and vote for your councillors?
몇 명이 나와서 의원 투표에 참여합니까?
The truth will *come out* some day.
언젠가는 진실이 드러날 것이다.

□ 1369
come up

일어나다, 생기다 ; 오르다
This will *come up* in any other business.
이것은 다른 어떤 사업에서 발생할 것이다.
I can *come up* at nine o'clock and see if she's here.
나는 9시 정각에 올라와서 그녀가 여기에 있는지 볼 수 있다.

□ 1370
come up with

떠올리다 ; 고안하다
A friend of mine and I *came up with* a really nice thing to say about it.
나와 내 친구는 그것에 대한 아주 좋은 말을 떠올렸다.
We can't force an artist to *come up with* the goods.
우리는 예술가에게 상품을 만들라고 강요할 수 없다.

Ⓐ 영어는 우리말로, 우리말은 영어로 쓰시오.

① go off	_____	⑪ 끝내다	_____
② come by	_____	⑫ ~을 당하기 쉽다	_____
③ run across	_____	⑬ 막 ~하려 하다	_____
④ be up to	_____	⑭ 겪다	_____
⑤ come up	_____	⑮ 품절되다	_____
⑥ go on	_____	⑯ 열중하다	_____
⑦ be apt to	_____	⑰ ~와 관련 있다	_____
⑧ come about	_____	⑱ 뒤쫓다	_____
⑨ be well off	_____	⑲ ~하고 싶어지다	_____
⑩ run over	_____	⑳ 출마하다	_____

Ⓑ 다음 빈칸에 알맞은 말을 〈보기〉에서 골라 넣으시오. (필요하면 형태를 변형하시오.)

┌─────────────────────【 보기 】─────────────────────┐
be over   get in one's way   be short of   go out
come across   run out   come down with   come out
└───┘

① A few things (   ).

② They expected that the ordeal would soon (   ).

③ Don't let the water (   ), save it.

④ Her parents didn't allow us to (   ) together.

⑤ She (   ) the flu yesterday.

⑥ On my way home, I (   ) fuel.

⑦ A bright idea (   ) my mind.

⑧ The truth will (   ) some day.

C 이번 테마를 다룬 독해 지문을 읽으면서 관련 어휘의 뜻을 확인해 보자.

People may **go through** periods in which they are often considered to be rude unintentionally. When people **are absorbed in** their own thoughts, they **are likely not to** see the motions of someone trying to greet them. Some may **come across** a friend, but walk right by without noticing him or her. Others indeed do not see — they are without their contact lenses or are quite nearsighted. It is important to take into consideration absent-mindedness or poor eyesight before being ready to believe that a friend is actually disregarding you. One friendship I know of was tense for months because a woman thought she was being ignored by her friend who simply was not wearing her glasses and couldn't see beyond her nose. Therefore, don't **be concerned with** making hasty conclusions, and think carefully when trying to **come up with** the reason for someone's behavior.

> **Translation** 사람들은 그들이 의도하지 않게 무례하다고 종종 생각되는 시기를 **go through**할지도 모른다. 사람들이 자신들의 생각에 **be absorbed in**될 때, 그들은 자신들에게 인사하려고 하는 누군가의 움직임을 보지 못하기 **be likely to**하다. 어떤 사람들은 친구를 **come across**하지만, 그 또는 그녀를 알아보지 못하고 지나쳐 버릴지도 모른다. 다른 사람들은 실제로 보지 못한다. 그들은 콘택트렌즈를 착용하지 않고 있거나 심한 근시이다. 친구가 실제로 당신을 무시하고 있다고 믿기 전에 딴 데 정신이 팔려 있는지 또는 시력이 나쁜지 생각해 보는 것이 중요하다. 내가 알고 있는 한 친구 관계는 수 개월 동안 긴장 상태였는데, 왜냐하면 한 여자가 안경을 착용하지 않아서 바로 코앞도 볼 수 없었던 그녀의 친구에게 무시당하고 있다고 생각했기 때문이다. 그러므로 누군가의 행동에 대한 이유를 **come up with**하려고 할 때, 성급한 결론에 **be concerned with**하지 말고 조심스럽게 생각해라.

> **Words** • rude 무례한 • unintentionally 의도하지 않게 • motion 동작, 움직임 • walk by 지나치다 • nearsighted 근시의 • take into consideration 고려하다 • absent-mindedness 정신이 딴 데 팔림 • eyesight 시력 • disregard 무시하다 • tense 긴장한, 팽팽한 • hasty 성급한

정답

B ① got in my way ② be over ③ run out ④ go out ⑤ came down with ⑥ was short of ⑦ came across ⑧ come out

give / take / keep

give	give away	선물로 주다
주다	give birth to	낳다
	give rise to	낳다 ; 일으키다
	give way to	못 이기다
	give up	포기하다
	give in	항복하다
	give off	발산하다
	give out	나눠 주다
take	take apart	분해하다
받다	take off	벗다 ; 이륙하다
	take on	떠맡다
	take out	꺼내다
	take over	떠맡다 ; 인수하다
	take to	습관이 생기다
	take turns	교대로 하다
	take up	착수하다
	take after	닮다

take	take A for B	A를 B로 잘못 알다
	take ~ for granted	~을 당연하게 여기다
	take ~ into consideration	~을 고려하다
	take account of	고려하다
	take place	일어나다
	take the place of	대신하다
	take advantage of	이용하다
	take charge of	떠맡다
	take notice of	주의하다
keep	keep ~ in mind	~을 명심하다
유지하다	keep A from doing	A가 ~하지 못하게 하다
	keep up	계속하다
	keep up with	따라가다

□ 1371
give away

선물로 주다 ; 거저 주다
We have gift certificates to *give away* to our readers!
우리는 독자들에게 선물로 줄 상품권들이 있다!
Traditionally, Chinese people think blood is too precious to *give away*.
전통적으로 중국인들은 혈액은 너무 소중해서 나누어 줄 수 없다고 생각한다. (기출)

□ 1372
give birth to

낳다
Two weeks later she was due to *give birth to* her first child.
2주 후에 그녀는 첫 아이를 낳을 예정이었다.
Polar bears usually *give birth to* two cubs — sometimes three.
북극곰은 보통 한 번에 두 마리, 가끔은 세 마리의 새끼를 낳는다.

□ 1373
give rise to

낳다 ; 일으키다, 초래하다
Germ cells are the cells that *give rise to* sperm and egg.
생식 세포는 정자와 난자를 낳는 세포이다.
The research on human cloning *gave rise to* endless arguments.
인간 복제에 대한 연구가 끊임없는 논쟁을 일으켰다.

□ 1374
give way to

못 이기다, 양보하다
You must not *give way to* despair.
당신은 절망에 빠져서는 안 된다.
They say that they will not let frustration *give way to* defeat.
그들은 좌절이 자신들을 이기게 두지 않겠다고 말한다.

□ 1375
give up

포기하다
There is no reason to *give up* your dream of becoming a doctor.
의사가 되겠다는 너의 꿈을 포기할 이유가 없다.
He has made several attempts to *give up* smoking over the last two years.
지난 2년 간 그는 담배를 끊기 위해서 여러 번 시도했다.

□ 1376
give in

항복하다 ; 제출하다 ; (마지못해) 동의하다
He was struggling not to *give in* to temptation.
그는 유혹에 넘어가지 않으려고 애쓰고 있었다.
If you *give in* to adversities in your life, you will never succeed in anything.
만약 당신이 삶의 역경에 굴복하면, 당신은 어떠한 일에서도 성공할 수 없을 것이다.

➕ voca = hand in 제출하다

● ● ●

□ 1377
give off

(열, 빛 등을) 발산하다

They *give off* gases such as methane and carbon dioxide.
그들은 메탄이나 이산화탄소와 같은 가스를 발산한다.

We conduct emission tests regularly to detect whether the cars *give off* harmful gases.
우리는 차들이 유해 가스를 방출하는지 여부를 조사하기 위해 정기적으로 방출 검사를 실시한다.

□ 1378
give out

나눠 주다 ; (열, 빛 등을) 발산하다

The band used to *give out* their addresses and phone numbers without hesitation.
그 밴드는 주저 없이 자신들의 주소와 전화번호를 나눠 주곤 했다.

Cells *give out* and receive signals from neighboring cells.
세포들은 주변의 세포들과 신호를 주고받는다.

□ 1379
take apart

분해하다, 해체하다

The mechanics are *taking* the engine *apart* in the garage.
정비소에서 수리공들이 엔진을 분해하고 있다.

The boy likes to *take apart* his robot and then put it back together again.
그 소년은 로봇을 분해했다가 다시 조립하는 것을 좋아한다.

□ 1380
take off

(옷 등을) 벗다 ; 이륙하다 ; (갑자기) 인기를 얻다

Grandpa *took off* his hat and watched the sunrise.
할아버지는 모자를 벗고 일출을 바라보셨다.

Cricket began to *take off* in the mid-19th century.
크리켓은 19세기 중반에 인기를 얻기 시작했다.

□ 1381
take on

(일 등을) 떠맡다 ; 고용하다

If possible, *take on* projects for other divisions.
가능하면 다른 부서의 프로젝트를 맡아라.

The new group members aren't able to *take on* the job at present.
새로운 그룹 멤버들은 현재 그 일을 맡을 수 없다.

□ 1382
take out

꺼내다, 들어내다 ; 데리고 나가다 ; 얻다

I've had a tooth *taken out*.
나는 치아 하나를 뽑았다.

Take out a 1-year subscription to TIME, and you will receive one free.
TIME지를 1년 구독하시면 다음 1년은 무료로 드립니다.

voca = take away 없애다

□ 1383
take over

떠맡다 ; 인수하다
He is too young to *take over* this kingdom.
그는 이 왕국을 떠맡기에는 너무 어리다.
The college would not *take over* the ownership of the site.
그 대학교는 그 부지의 소유권을 인수하려 하지 않았다.

□ 1384
take to

습관이 생기다 ; 좋아하다
He *took to* drinking right after we got divorced two years ago.
우리가 2년 전에 이혼한 직후에 그는 술에 의지했다.
I didn't *take to* my supervisor at all.
나는 내 상사를 전혀 좋아하지 않았다.

□ 1385
take turns

교대로 하다
Both parents *take turns* incubating the eggs.
양 부모가 교대로 알을 품는다.
Every member of the group should *take turns* leading the discussion.
모든 팀원이 교대로 그 논의를 이끌어 가야 한다.

□ 1386
take up

착수하다 ; 차지하다
It's important to get more children to *take up* school dinners.
더 많은 아이들이 학교에서 저녁을 먹게 하는 것은 중요하다.
I won't *take up* much of your time.
너의 시간을 많이 빼앗지 않겠다.

□ 1387
take after

닮다 ; 재빨리 쫓아가다
She is told she *takes after* her father rather than her mother.
그녀는 엄마보다는 아빠를 닮았다는 말을 듣는다.
I don't think any one of us will *take after* my mother.
나는 우리들 중 어느 누구도 엄마를 닮을 것 같다고 생각하지 않는다.

□ 1388
take A for B

A를 B로 잘못 알다[오해하다]
Noah *took* him *for* a farmer.
Noah는 그를 농부로 오해했다.
To hear him speak English, you might *take* him *for* an American.
그가 영어를 말하는 것을 들으면, 너는 그를 미국인으로 착각할지도 모른다.

□ 1389
take ~ for granted

~을 당연하게 여기다

He seemed to *take* it *for granted* that everyone would do what he told them.
그는 모든 사람들이 자신이 그들에게 말한 것을 할 거라고 당연하게 생각하는 것 같았다.

We *take for granted* the fact that water is liquid at normal earthly temperatures and pressures.
우리는 정상적인 지구의 온도와 압력에서 물이 액체라는 사실을 당연하게 여긴다.

□ 1390
take ~ into consideration

~을 고려하다

There are several options to *take into consideration*.
고려할 몇 가지 선택 사항들이 있다.

I hope that our public companies *take into consideration* the possibility of future inflation in the future.
나는 우리 공기업들이 미래의 인플레이션 가능성을 고려하기를 바란다.

□ 1391
take account of

고려하다, 감안하다

You should *take account of* all aspects of the matter.
너는 그 문제의 모든 측면을 고려해야 한다.

We need to *take account of* the range of experience when we plan drama with young children.
우리는 아이들과 극작품을 계획할 때 경험의 범위를 고려해야 한다.

□ 1392
take place

일어나다, 개최되다

It was difficult to determine exactly where the accident had *taken place*.
그 사고는 정확히 어디서 발생했는지 밝히기 어려웠다. (기출)

I think the consultation should *take place* as soon as possible.
나는 상담이 가능하면 빨리 이루어져야 한다고 생각한다.

□ 1393
take the place of

대신하다, 대리하다

No one will ever be able to *take the place of* Tony.
어떤 사람도 절대로 Tony를 대신할 수 없을 것이다.

They found other marvelous arts to *take the place of* tricks and old stories.
그들은 곡예나 전래동화를 대신할 다른 놀라운 예술품들을 찾아냈다.

□ 1394
take advantage of

이용하다

It is immoral for lawyers to *take advantage of* people's grief.
변호사들이 사람들의 슬픔을 이용하는 것은 부도덕한 일이다.

We can *take advantage of* discount coupons at this supermarket.
우리는 이 슈퍼마켓에서 할인 쿠폰을 이용할 수 있다.

□ 1395
take charge of

떠맡다, 책임지다 ; 돌보다
I'm going to *take charge of* the sales administration department.
나는 판매 관리부를 맡을 것이다.
When I was thirty years old, I was asked to *take charge of* this business.
내가 서른 살이었을 때, 이 사업을 맡으라는 요청을 받았다.

□ 1396
take notice of

주의하다
No one seems to *take notice of* what the teachers said.
아무도 선생님들이 말하신 것에 대해 신경을 쓰는 것 같지 않다.
She appealed for society to *take notice of* the problems faced by young people.
그녀는 사회가 젊은이들이 직면한 문제들에 주의할 것을 호소했다.

□ 1397
keep ~ in mind

~을 명심하다
Keep in mind the simple definition that applies in this context.
이 문맥에 적용되는 간단한 정의를 명심해라.
It is essential to *keep in mind* the kind of healthy look you are aiming for.
당신이 목표로 하는 건강한 외모를 마음속에 새겨두는 일은 필수적이다.

□ 1398
keep A from doing

A가 ~하지 못하게 하다
The heavy rainstorm *kept* us *from going* to Jeju Island.
엄청난 폭풍우로 우리는 제주도에 가지 못했다.
If you wrap it around you, it'll *keep* you *from feeling* any pain.
그것을 몸에 두르면 너는 고통을 느끼지 않게 될 것이다.
voca = stop(prevent) A from doing A가 ~하지 못하게 하다

□ 1399
keep up

계속하다 ; 내려가지 않게 하다
Keep up the good work.
계속 열심히 일 하세요.
Runners in a long marathon *keep up* a steady pace throughout the race.
장거리 마라톤 주자들은 경주 내내 일정한 속도를 유지한다.

□ 1400
keep up with

따라가다 ; 연락하고 지내다
She can't *keep up with* current fashion trends.
그녀는 현재의 패션 경향을 따라갈 수 없다.
It was almost impossible to *keep up with* him because he was really fast.
그가 너무 빨라서 그를 따라잡는 일은 거의 불가능했다.

A 영어는 우리말로, 우리말은 영어로 쓰시오.

① take place	_____	⑪ 낳다	_____
② keep up	_____	⑫ ~을 고려하다	_____
③ give away	_____	⑬ 꺼내다	_____
④ take A for B	_____	⑭ 못 이기다	_____
⑤ take over	_____	⑮ 착수하다	_____
⑥ give out	_____	⑯ 포기하다	_____
⑦ take apart	_____	⑰ 주의하다	_____
⑧ take turns	_____	⑱ ~을 명심하다	_____
⑨ give off	_____	⑲ 닦다	_____
⑩ give rise to	_____	⑳ 이용하다	_____

B 다음 빈칸에 알맞은 말을 〈보기〉에서 골라 넣으시오. (필요하면 형태를 변형하시오.)

[보기]
take account of   give in   take off   keep up with
take on   take charge of   take to   take the place of

① He was struggling not to (　　　　) to temptation.
② No one will ever be able to (　　　　) Tony.
③ If possible, (　　　　) projects for other divisions.
④ Cricket began to (　　　　) in the mid-19th century.
⑤ I didn't (　　　　) my supervisor at all.
⑥ She can't (　　　　) current fashion trends.
⑦ You should (　　　　) all aspects of the matter.
⑧ I'm going to (　　　　) the sales administration department.

C 이번 테마를 다룬 독해 지문을 읽으면서 관련 어휘의 뜻을 확인해 보자.

A poor man's ability to **take advantage of** an opportunity to gain wealth should never be underestimated. Poverty **gives rise to** passion and passionate people are known to never **give in** when facing serious challenges in their lives. We can see these kinds of people around us every day. Among them, **take notice of** the tale of a man named Napoleon Bonaparte, who redefined Europe's borders through wars that **took place** about 200 years ago. The lesson that the tale teaches us is that an ordinary man with enough passion can **take charge of** a nation's armies, which fought to **give rise to** the birth of a new Europe.

Translation 부를 축적하기 위한 기회를 take advantage of하는 가난한 사람의 능력은 절대 과소평가 되어서는 안 된다. 가난은 열정을 give rise to하고, 열정적인 사람들은 자신들의 삶에서 심각한 도전에 직면했을 때 절대로 give in하지 않는다고 알려져 있다. 우리는 우리 주변에서 이런 사람들을 매일 만날 수 있다. 그들 중, 약 200년 전에 take place한 전쟁을 통해서 유럽의 국경을 재정의한 Napoleon Bonaparte라는 이름의 한 사람의 이야기에 take notice of해라. 그 이야기가 우리에게 가르쳐 주는 교훈은 충분한 열정을 가진 한 평범한 개인이 국가의 군대를 take charge of할 수도 있다는 것이다. 이 군대는 새로운 유럽의 탄생을 give rise to하기 위해서 싸웠다.

Words • opportunity 기회 • wealth 부, 재산 • underestimate 과소평가하다 • passion 열정 • passionate 열정적인, 열렬한 • redefine 재정의하다

B ①give in ②take the place of ③take on ④take off ⑤take to ⑥keep up with ⑦take account of ⑧take charge of

동사 3

call / cut / put / lay / set / turn

call	call back	다시 전화를 하다
부르다	call for	요구하다
	call off	취소하다
cut	cut down	줄이다
자르다	cut off	잘라내다
	cut out	그만두다
put	put aside	한쪽으로 치우다
놓다, 넣다	put away	집어넣다
	put down	내려놓다
	put off	연기하다
	put on	입다
	put out	끄다
	put through	연결해 주다
	put up	올리다, 세우다
	put up with	참다

lay	lay aside	한쪽으로 제쳐 놓다
놓다	lay off	해고하다
	lay out	배치하다
set	set aside	한쪽으로 치워 놓다
놓다	set off	출발하다
	set out	출발하다
	set up	세우다
turn	turn down	소리를 낮추다 ; 거절하다
돌다	turn in	돌려주다 ; 제출하다
	turn off	끄다
	turn on	켜다
	turn out	밝혀지다
	turn over	뒤집다
	turn to	의지하다
	turn up	나타나다

• • •

□ 1401
call back

다시 전화를 하다

Please tell him to *call* me *back*.
내게 전화해 달라고 그에게 전해 주세요.

My hands are tied at the moment. Can I *call* you *back* in about half an hour?
제가 지금은 바빠서요. 30분 정도 후에 다시 전화를 드려도 될까요?

□ 1402
call for

요구하다 ; 데리러 가다

Experts strongly *call for* a tsunami warning system in the Pacific Ocean.
전문가들은 태평양에 쓰나미 경고 시스템을 (설치할 것을) 강력히 요구한다.

The Korean government *calls for* a new peace treaty.
한국 정부는 새로운 평화 협정을 요구하고 있다.

□ 1403
call off

취소하다 ; 철수시키다

The orchestra was forced to *call off* the concert.
그 관현악단은 콘서트를 취소할 수밖에 없었다.

Why don't we *call off* the meeting with him today?
오늘 그와의 회의를 취소하는 게 어때?

□ 1404
cut down

줄이다 ; (나무를) 베어 넘어뜨리다

To *cut down* construction costs, the building is being made as quickly as possible.
건설비를 줄이기 위해, 그 건물은 가능한 한 빨리 지어지고 있다.

A lot of trees have been *cut down* each year to make paper.
수많은 나무들은 매년 종이를 만들기 위해서 잘린다.

□ 1405
cut off

잘라내다 ; 차단하다, 중단하다

The process begins when the branches of a tree are *cut off*.
그 과정은 한 그루 나무의 나뭇가지를 자를 때부터 시작된다.

Her father will *cut off* her allowance for the time being.
그녀의 아버지는 당분간 그녀의 용돈을 안 줄 것이다.

□ 1406
cut out

그만두다 ; 가리다

She *cut out* sweets like cakes and cookies to lose some weight.
그녀는 살을 빼기 위해서 케이크와 쿠키 같은 단 것들을 끊었다.

It is probably best to *cut out* alcohol altogether when pregnant.
임신했을 때는 술을 완전히 끊는 것이 아마도 가장 좋을 것이다.

□ 1407
put aside

한쪽으로 치우다 ; 저축하다 ; 무시하다
You will be able to *put* that emotion and memory *aside* and find peace of mind.
당신은 그 감정과 기억을 제쳐두고 마음의 평화를 찾을 수 있을 것이다. (기출)
Fifty dollars a month might be a reasonable investment to *put aside* for the children.
한 달에 50달러는 아이들을 위해서 저축하기에 적당한 투자일 것이다.

□ 1408
put away

집어넣다(치우다)
After playing with his toys, he *put away* his toys by himself.
장난감을 가지고 논 후, 그는 혼자서 장난감을 치웠다.
Once tea with guests was over, she *put away* her cake.
손님들과 차를 다 마시자마자, 그녀는 케이크를 치웠다.

□ 1409
put down

내려놓다 ; 지불하다 ; 적어두다
He *put down* his fountain pen and looked at her carefully.
그는 그의 만년필을 내려놓고 그녀를 유심히 보았다.
Before making a final contract, we *put down* a 10% deposit on the house.
최종 계약을 하기 전에, 우리는 그 집에 10%의 보증금을 지불했다.

□ 1410
put off

연기하다 ; 약속을 취소하다
He wished he could *put off* telling her the truth.
그는 그녀에게 사실을 말하는 것을 미루기를 바랐다.
Would it be possible to *put off* the conference scheduled for next week?
다음 주로 예정된 회의를 미루는 것이 가능할까요?

□ 1411
put on

(옷 등을) 입다 ; (피부에) 바르다 ; 작동시키다
You'd better *put on* a life jacket before going into the water.
물에 들어가기 전에 구명조끼를 입는 것이 좋겠다.
As soon as he *puts* skis *on* his feet, it seems as if he had to learn to walk all over again.
발에 스키를 착용하자마자, 그는 걷기를 완전히 다시 배워야 할 것처럼 보인다. (기출)

□ 1412
put out

(불 등을) 끄다, 내놓다
He is helping others *put out* the fire.
그는 다른 사람들을 도와 불을 끄고 있다.
He wished me good night, and *put out* the lights.
그는 나에게 잘 자라는 인사를 하고 불을 껐다.

☐ 1413
put through

(전화로) 연결해 주다 ; 겪게 하다 ; (계획 등을) 성사시키다

Could you *put* me *through* to the personnel department, please?

인사부로 연결해 주시겠습니까?

My baby was *put through* a lot of tests at the hospital.

우리 아기는 병원에서 많은 검사를 받아야 했다.

☐ 1414
put up

올리다, 세우다 ; 게시하다

At the campsite, I *put up* a tent with my father.

야영지에서, 나는 아빠와 함께 텐트를 쳤다.

A separate notice will be *put up* in the locker room.

개별적인 공지가 탈의실에 게시될 것이다.

☐ 1415
put up with

참다

He had to *put up with* her arrogance.

그는 그녀의 오만함을 참아야 했다.

I don't know how my poor mom ever *put up with* such pain.

나는 불쌍한 엄마가 어떻게 그런 고통을 견뎠는지 모르겠다.

☐ 1416
lay aside

한쪽으로 제쳐 놓다, 따로 놓아 두다

Lay aside other tasks and do the most important thing first.

다른 일들을 제쳐 놓고 가장 중요한 일을 먼저 해라.

She has *laid aside* as much money as possible for a wonderful holiday in Europe.

그녀는 유럽에서의 멋진 휴가를 위해 가능한 한 많은 돈을 저축해 왔다.

☐ 1417
lay off

해고하다

The company had to *lay off* 5 employees due to the economic recession.

그 회사는 경기 침체 때문에 5명의 직원을 해고해야만 했다.

The financial report suggests the firm may be forced to *lay off* more workers.

그 재정 보고서는 그 회사가 더 많은 직원들을 해고시켜야 할지도 모른다는 것을 암시한다.

☐ 1418
lay out

배치하다 ; 설계하다 ; 지출하다

They *lay out* a little town, using the river as a divider.

그들은 강을 분기점으로 작은 도시를 설계한다.

His friends gathered in his room to *lay out* their group assignment.

그의 친구들은 그룹 과제를 구상하기 위해서 그의 방에 모였다.

□ 1419
set aside

한쪽으로 치워 놓다, 따로 떼어 두다 ; 고려하지 않다

He had *set aside* an hour to visit an old friend.
그는 오랜 친구를 방문하기 위해서 한 시간을 비워 뒀었다.

Set aside time for yourself every day, even if it's only a few minutes.
단 몇 분일지라도, 매일 당신 자신을 위한 시간을 따로 비워 둬라. 기출

□ 1420
set off

출발하다 ; 폭발시키다

She had to prepare a lot of things before actually *setting off* for Europe.
그녀는 실제로 유럽으로 출발하기 전에 많은 것을 준비해야 했다.

She climbed onto the bike and *set off* in the direction from which she had come.
그녀는 왔던 방향으로 자전거를 몰고 가기 시작했다.

□ 1421
set out

출발하다 ; 착수하다

They were about to *set out* on a trip to Japan.
그들은 일본으로의 여행을 출발하려던 참이었다.

Then they *set out* to sea and travel to the right area.
그 다음 그들은 항해를 시작하여 적당한 해역으로 간다. 기출

□ 1422
set up

세우다 ; 설립하다

He *set up* a goal of coming back to his hometown.
그는 고향에 돌아온다는 목표를 세웠다.

They want to *set up* their own publishing company sooner or later.
그들은 조만간 그들의 출판사를 설립하기를 원한다.

□ 1423
turn down

소리를 낮추다 ; 거절하다

Please *turn* the volume *down* so that I can concentrate on my studies.
제가 공부에 집중할 수 있게 소리 좀 줄여 주세요.

Why did you decide to *turn down* the job offer from the company you wanted to work for?
당신이 일하고 싶어 했던 회사의 취업 제의를 왜 거절하기로 했나요?

□ 1424
turn in

돌려주다 ; 제출하다 ; 고발하다

You have to *turn in* your key when you leave the room.
당신이 방을 나갈 때 열쇠를 돌려줘야 합니다.

I failed to *turn in* an essay on climate change.
나는 기후 변화에 관한 에세이를 제출하지 못했다.

□ 1425
turn off

끄다 ; 신경을 끄다 ; (길을) 벗어나다

Turn off your computer right away and do your homework.

당장 컴퓨터를 끄고 숙제를 해라.

Turn off everything around you and enjoy a peaceful moment.

주변의 모든 것에 신경을 끄고 평화로운 순간을 즐겨라.

□ 1426
turn on

켜다 ; ~에 달렸다

He does not bother to *turn on* the bedside lamp.

그는 번거롭게 침대 옆의 램프를 켜지 않는다.

It only takes a few seconds to *turn on* the computer.

컴퓨터를 켜는 데 몇 초 밖에 안 걸린다.

□ 1427
turn out

밝혀지다, 판명되다 ; 모습을 드러내다

It is difficult to say how the result will *turn out*.

결과가 어떻게 나올지 말하기 어렵다.

Most of us want to see ourselves on the TV screen although it may *turn out* to be an unpleasant experience!

비록 유쾌하지 않은 경험이 될지도 모르지만, 우리들 대부분은 우리 자신들을 TV 화면에서 보길 원한다!

□ 1428
turn over

뒤집다 ; 넘겨주다

Don't *turn over* your exam papers until I say so.

내가 그렇게 말할 때까지는 시험지를 넘기지 마라.

The Soviet Union agreed to *turn over* control of all weapons systems within Cuba.

소련은 쿠바 내의 모든 무기 체계에 대한 통제권을 넘겨주는 데 동의했다.

□ 1429
turn to

의지하다 ; 호소하다

Everyone *turned to* him whenever there was a problem.

문제가 있을 때마다 모든 사람들은 그에게 의지했다.

She always *turns to* her boyfriend for help.

그녀는 항상 남자친구에게 도움을 호소한다.

□ 1430
turn up

나타나다 ; (소리를) 높이다

Why do we have to spend time waiting for people who never *turn up*?

왜 우리가 절대로 나타나지 않는 사람들을 기다리며 시간을 보내야 하는가?

Please *turn up* the volume so that I can hear the TV.

TV 소리를 들을 수 있게 소리를 높여 주세요.

A 영어는 우리말로, 우리말은 영어로 쓰시오.

① put away _____ ⑪ 나타나다 _____

② set aside _____ ⑫ 해고하다 _____

③ set out _____ ⑬ 의지하다 _____

④ put down _____ ⑭ 배치하다 _____

⑤ lay aside _____ ⑮ 켜다 _____

⑥ put aside _____ ⑯ 취소하다 _____

⑦ cut off _____ ⑰ 끄다 _____

⑧ turn down _____ ⑱ 줄이다 _____

⑨ call back _____ ⑲ 뒤집다 _____

⑩ cut out _____ ⑳ 입다 _____

B 다음 빈칸에 알맞은 말을 〈보기〉에서 골라 넣으시오. (필요하면 형태를 변형하시오.)

[보기]
call for put off put out set up
put through put up with turn in turn out

① The Korean government (   ) new peace treaty.

② He is helping others (   ) the fire.

③ He wished he could (   ) telling her the truth.

④ It is difficult to say how the result will (   ).

⑤ He had to (   ) her arrogance.

⑥ My baby was (   ) a lot of tests at the hospital.

⑦ He (   ) a goal of coming back to his hometown.

⑧ I failed to (   ) an essay on climate change.

C 이번 테마를 다룬 독해 지문을 읽으면서 관련 어휘의 뜻을 확인해 보자.

I have been working for this company for almost eight years, since I graduated from college. At first I worked really hard to be a successful employee, but as time went by I felt I was just being treated as a kind of working machine in the company. **Setting aside** the unbearable rude  behaviors of my senior manager, there was still the fact that I only got paid minimum wage, compared with the amounts being earned my colleagues. So I decided not to **put up with** my poor working conditions and **called for** a raise. I must confess that my application for an increase in salary was finally **turned down**, after months of being **put off** and ignored. The management said to me that, due to ongoing economic recession, they must **cut down** on every expense, including taxes and employee payroll. I feel so upset that I plan to quit my job soon and **set up** my own company.

Translation 나는 대학교를 졸업한 이후로 거의 8년 동안 이 회사에서 일해 왔다. 처음에 나는 훌륭한 직원이 되기 위해서 정말 열심히 일했는데, 시간이 지날수록 내가 회사에서 그저 일하는 기계로 취급된다는 생각이 들었다. 나의 상사의 참을 수 없는 오만한 행동은 set aside하더라도, 동료들이 받는 액수에 비하면 최저 임금만을 받은 사실도 있었다. 그래서 나는 나의 열악한 근무 환경을 put up with하지 않기로 결정했고 임금 인상을 call for했다. 실은 나의 임금 인상 신청은 몇 개월간 put off되고 묵살되다가, 결국은 turn down되었다. 경영진은 나에게 계속되는 불황 때문에 회사는 세금과 직원들의 월급을 포함한 모든 비용을 cut down해야 한다고 말했다. 나는 매우 화가 나서 곧 일을 그만두고 나의 회사를 set up하는 계획을 세우고 있다.

Words • graduate from ~을 졸업하다 • unbearable 참을 수 없는 • minimum wage 최저 임금 • application 신청, 지원 • management 관리, 경영진 • ongoing 진행 중인 • recession 불황; 후퇴 • expense 비용, 지출 • payroll 급여 총액

정답 ⑨

B ① calls for ② put out ③ put off ④ turn out ⑤ put up with ⑥ put through ⑦ set up ⑧ turn in

동사 4

Day
49

make / get / have / bring / catch / hold

make 만들다	make a fool of	놀리다
	make fun of	놀리다
	make it	해내다
	make out	작성하다 ; 이해하다
	make up	구성하다
	make up for	보충하다 ; 보상하다
	make up one's mind	결심하다
	make sense	이치에 맞다
	make ends meet	수지를 맞추다
	make the best (most) of	최대한으로 이용하다
get 받다	get along (with)	잘 지내다
	get in	들어가다
	get on	타다
	get off	내리다
	get out (of)	나가다
	get over	극복하다

get	get rid of	제거하다
	get through	통과하다 ; 끝마치다
	get used to	익숙해지다
have 가지다	have a hard time (in) doing	~하는 데 어려움을 겪다
	have something to do with	관계가 있다
	have an effect on	영향을 미치다
bring 가져오다	bring about	초래하다
	bring up	양육하다
catch 잡다	catch on	유행하다
	catch up with	따라잡다
hold 쥐다	hold back	저지하다
	hold on	잡고 있다
	hold out	버티다
	hold up	떠받치다 ; 견디다

□ 1431
make a fool of

놀리다
Don't *make a fool of* your friend in front of his parents.
친구 부모님 앞에서 친구를 놀리지 마라.
You only *make a fool of* yourself when you speak in public.
너는 대중 앞에서 말할 때 웃음거리만 된다.

□ 1432
make fun of

놀리다
Now, do not *make fun of* Peter.
이제 Peter를 놀리지 마라.
Don't *make fun of* me, Wallace.
나를 그만 놀려, Wallace.

□ 1433
make it

해내다, 성공하다 ; 도착하다
Alan can't *make it*.
Alan은 그 일을 해낼 수 없다.
Even then, they didn't *make it* on time.
그때조차도 그들은 제시간에 오지 않았다.

□ 1434
make out

작성하다 ; 이해하다 ; 잘하다
I *made out* a list of questions and possible answers.
나는 질문들과 가능한 답의 목록을 작성했다.
We couldn't *make out* what was wrong.
우리는 무엇이 잘못되었는지 이해할 수 없었다.

□ 1435
make up

구성하다, 지어내다 ; 화장하다
Teacher salaries *make up* an increasingly large proportion of current budgets.
교사의 임금이 현재 예산에서 차지하는 부분은 점점 더 증가하고 있다.
It always feels like things will get easier if you *make up* an excuse.
만약 당신이 변명을 지어낸다면 항상 일이 수월해질 것 같은 느낌이 든다.

□ 1436
make up for

보충하다 ; 보상하다
He wanted to *make up for* neglecting his children by spending more time with them.
그는 아이들과 더 많은 시간을 보냄으로써 아이들을 등한시했던 것을 보상하고 싶어 했다.
Perhaps now she could *make up for* her crime against society.
아마도 지금쯤 그녀는 자신의 반사회적 범죄를 만회할 수 있을 것이다.

• • •

□ 1437
make up one's mind

결심하다

Give me time to *make up my mind*.
나에게 결심할 시간을 좀 줘.

I am writing this to get it clear in my head and to help me to *make up my mind*.
나는 머릿속을 정리하고 결심하도록 내 자신을 돕기 위해서 이 글을 쓰고 있다.

□ 1438
make sense

이치에 맞다

At first glance this does not *make sense*.
얼핏 보면 이것은 말이 되지 않는다.

I am sorry if I do not *make sense*.
제 말이 이치에 맞지 않는다면 미안합니다.

□ 1439
make ends meet

수지를 맞추다

We struggled to *make ends meet*.
우리는 수지를 맞추려고 부단히 노력했다.

Never being able to *make ends meet*, they have become very bad off indeed.
수지를 맞출 수 없어서, 그들은 형편이 정말 나빠졌다.

□ 1440
make the best[most] of

최대한으로 이용하다

They have *made the best of* a bad situation.
그들은 악조건을 최대한으로 이용했다.

She realized he could provide her with some top-class partners and she has *made the best of* him.
그녀는 그가 자신에게 최상류층의 고객들을 소개시켜 줄 수 있다는 것을 알고 그를 최대한 활용했다.

□ 1441
get along (with)

잘 지내다

We just couldn't *get along*.
우리는 그냥 잘 지낼 수 없었다.

Does my child *get along with* others?
우리 애가 다른 애들과 잘 어울립니까?

□ 1442
get in

들어가다 ; (차 등에) 타다 ; 도착하다

We had to *get* a doctor *in* to deal with the emergency.
우리는 응급 상황에 대처하기 위해 의사를 안으로 들여보내야 했다.

When *getting in* and out of the subway, people should be careful not to get caught in the gap between train and platform.
지하철을 타고 내릴 때, 사람들은 차량과 승강장 사이의 틈에 끼지 않도록 조심해야 한다.

□ 1443
get on

(차 등에) 타다 ; 계속하다 ; 사이좋게 지내다
The man is about to *get on* the elevator.
그 남자는 승강기에 타려고 한다.
People must form quick judgments to *get on* with what they have to do.
사람들은 그들이 해야 하는 것을 계속 해 나가기 위해 빠른 판단을 해야 한다.

□ 1444
get off

(차 등에서) 내리다 ; 출발하다 ; 떨어지다
I watched a man on the Metro try to *get off* the train and fail.
나는 Metro를 탄 한 남자가 전동차에서 내리려다가 실패하는 것을 지켜보았다. (기출)
We *got off* early on our camping trip.
우리는 캠핑 여행을 위해 일찍 출발했다.

□ 1445
get out (of)

나가다 ; 피하다
Please raise your hand when you want to *get out*.
나가고 싶을 때 손을 들어 주세요.
If you can't stand the heat, *get out of* the kitchen.
열을 참을 수 없다면 부엌에서 나가라.

□ 1446
get over

극복하다
She was trying to *get over* the death of her husband.
그녀는 남편의 죽음을 극복하기 위해 노력하고 있었다.
I don't mind talking about it because it helps me *get over* what happened.
나는 그 일에 대해서 말하는 것을 꺼리지 않는다. 그 이유는 내가 지난 일을 극복하도록 도와주기 때문이다.

□ 1447
get rid of

제거하다
We have to *get rid of* this inheritance idea.
우리는 이 인습적인 생각을 버려야 한다.
It's time to *get rid of* our old computer and buy a new one.
우리의 오래된 컴퓨터를 버리고 새것을 사야 할 시기이다.

□ 1448
get through

통과하다 ; 끝마치다 ; 연락이 되다
UVA radiation can *get through* the top layer of skin.
UVA 자외선은 피부의 최상위 층을 통과할 수 있다.
You only have a few weeks to *get through* the assignment.
너는 그 과제를 마칠 시간이 몇 주밖에 남지 않았다.

□ 1449
get used to
익숙해지다
It takes a while to *get used to* it.
그것에 익숙해지는 데는 시간이 좀 걸린다.
Don't worry, you'll *get used to* it.
걱정 마, 익숙해질 거야.

□ 1450
have a hard time (in) doing
~하는 데 어려움을 겪다
Doctors and nurses *have a hard time working* at this hospital.
의사들과 간호사들은 이 병원에서 일하는 데 어려움을 겪고 있다.
You may think you *have a hard time getting* through airport security.
너는 공항 보안대를 통과하는 일이 어렵다고 생각할 수도 있다.

□ 1451
have something to do with
관계가 있다
Does she *have something to do with* that fact?
그녀가 그 사실과 관계가 있습니까?
I think they *have something to do with* Buddhism.
나는 그것들이 불교와 관련이 있다고 생각한다.

voca ·· have nothing to do with 관계가 없다

□ 1452
have an effect on
영향을 미치다
These particles may *have an effect on* hearing in one or both ears.
이러한 입자들은 한쪽이나 양쪽 귀의 청력에 영향을 미칠 수 있다.
Do you feel that this will *have an effect on* immigration policies?
이것이 이민 정책에 영향을 미칠 거라고 생각합니까?

□ 1453
bring about
초래하다, 유발하다
What *brought about* this crisis?
무엇이 이 위기를 초래했습니까?
Many consumers want to know exactly what problems GM foods *bring about*.
많은 소비자들은 GM(유전자 변형) 식품이 어떤 문제들을 초래할지에 대해 정확하게 알고 싶어 한다.

□ 1454
bring up
양육하다 ; (의제 등을) 내놓다
My mother was left with four children to *bring up*.
우리 엄마는 남아서 네 명의 아이들을 양육했다.
This district is bad area to *bring up* kids.
이 구역은 아이들을 기르기에는 안 좋은 곳이다.

□ 1455
catch on

유행하다 ; 이해하다
The crowd would *catch on* fire by his speech.
관중은 그의 연설에 열광할 것이다.
I was able to *catch on* very quickly.
나는 아주 빨리 이해할 수 있었다.

□ 1456
catch up with

따라잡다
The police eventually *caught up with* him in Busan.
경찰이 결국 부산에서 그를 붙잡았다.
I spent more than three months trying to *catch up with* him.
나는 그를 잡기 위해 세 달 이상을 보냈다.

□ 1457
hold back

저지하다 ; 방해하다 ; 망설이다
He was unable to *hold back* his tears.
그는 눈물을 참을 수 없었다.
Do you ever *hold back* your true feelings because you are afraid someone could get hurt?
다른 사람이 상처를 받을까 두려워서 당신의 진심을 억누른 적이 있나요?

□ 1458
hold on

잡고 있다 ; (전화를) 끊지 않고 있다 ; 견디다
The steps are slippery; you'd better *hold on* to the railing.
계단이 미끄러우니, 너는 난간을 붙잡는 것이 좋겠어.
Hold on to something, such as the back of a chair, to maintain balance.
균형을 유지하기 위해 의자 등받이와 같은 것을 붙잡아라.

□ 1459
hold out

버티다 ; 지속되다
The troops were able to *hold out* until help arrived.
그 부대는 원조가 올 때까지 버틸 수 있었다.
He couldn't *hold out* much longer if only because he wasn't getting any sleep.
그가 전혀 잠을 자지 않고 있었다면, 더 오래 버티지 못했을 것이다.

□ 1460
hold up

떠받치다 ; 견디다 ; 지체시키다
I don't want to *hold up* the minutes.
나는 그 몇 분을 기다리고 싶지 않다.
Hold up for 5 counts.
5까지 세면서 참아라.

A 영어는 우리말로, 우리말은 영어로 쓰시오.

① hold out _____
② get in _____
③ get over _____
④ get rid of _____
⑤ bring about _____
⑥ get on _____
⑦ make up _____
⑧ bring up _____
⑨ get out _____
⑩ catch on _____

⑪ 놀리다 _____
⑫ 결심하다 _____
⑬ 수지를 맞추다 _____
⑭ 이치에 맞다 _____
⑮ 따라잡다 _____
⑯ 해내다 _____
⑰ 영향을 미치다 _____
⑱ 관계가 있다 _____
⑲ 보충하다 _____
⑳ 잘 지내다 _____

B 다음 빈칸에 알맞은 말을 〈보기〉에서 골라 넣으시오. (필요하면 형태를 변형하시오.)

[보기]
get through   make out   hold on   get off
hold up   get used to   hold back   make the best of

① We couldn't ( ) what was wrong.
② UVA radiation can ( ) the top layer of skin.
③ It takes a while to ( ) it.
④ We ( ) early on our camping trip.
⑤ The steps are slippery; you'd better ( ) to the railing.
⑥ He was unable to ( ) his tears.
⑦ They have ( ) a bad situation.
⑧ I don't want to ( ) the minutes.

C 이번 테마를 다룬 독해 지문을 읽으면서 관련 어휘의 뜻을 확인해 보자.

"Our military is facing a tremendous crisis," said the Korean Minister of Defense. He is right. Now is the time for him to **make up** an effective prescription for settling the crisis. If not, people will continue to lose trust in the military. The military also needs to make an effort to eliminate its negative image. If it fails to **get rid of** that image, it will be unable to **make it**. To **get over** these problems, the military must first **get used to** working together. It will **have a hard time achieving** true unity. But if the new military leadership is determined to change old practices, it is not impossible. We hope that the military leaders of the four branches of the military — the Army, Navy, Air Force and Marines — will **get along with** one another and successfully coordinate the noble mission of maintaining our security.

> **Translation** "우리 군은 엄청난 위기에 직면하고 있다."라고 한국 국방 장관이 언급했다. 그가 옳다. 이제 그가 위기를 해결하기 위한 효과적인 처방을 **make up**해야 할 시기이다. 그렇게 하지 않는다면, 사람들은 군에 대한 신뢰를 계속 잃어버리게 될 것이다. 군 당국은 또한 군의 부정적인 이미지를 제거하기 위해 노력을 기울일 필요가 있다. 만약 그 이미지를 **get rid of**하는 데 실패한다면, **make it**할 수 없을 것이다. 이러한 문제들을 **get over**하기 위해, 군은 먼저 공조 체제에 **get used to**해야만 한다. 진정한 통합을 **achieve**하는 것은 **have a hard time**할 것이다. 그러나 만약 새로운 군 지도력이 오랜 관행을 바꾸기로 결심한다면, 그것은 불가능하지 않다. 우리는 군의 네 분과인 육군, 해군, 공군, 해병대의 지도자들이 서로 **get along with**하여 우리의 안보 유지의 귀중한 임무를 성공적으로 조율할 수 있기를 희망한다.

> **Words** • tremendous 엄청난 • Minister of Defense 국방장관 • prescription 처방전
> • eliminate 제거하다 • unity 통합, 통일 • branch 분점 ; 분과 • coordinate 조정하다 • security 안보, 안전

정답 **①**

Day

look / fall / let / attend / do / drop / pull / stand

look 보다	look after	보살피다
	look down on	멸시하다
	look for	찾다
	look forward to	고대하다
	look up	찾아보다
	look up to	존경하다
	look upon A as B	A를 B로 간주하다
fall 떨어지다	fall back on	의지하다
	fall off	줄다
	fall on	해당되다
	fall over	넘어지다
let 허락하다	let alone	~은 말할 것도 없이
	let down	실망시키다
	let go of	놓다
	let out	내다

attend 참석하다	attend on	시중들다
	attend to	주의를 기울이다
do 하다	do away with	없애다
	do over	다시 하다
	do without	~ 없이 지내다
drop 떨어지다	drop by	잠깐 들르다
	drop off	깜빡 잠이 들다
	drop out	낙오하다
pull 끌다	pull apart	떼어 놓다
	pull over	(차를) 한쪽에 대다
	pull up	멈추다
	pull together	함께 일하다
stand 서다	stand by	가만히 있다
	stand for	나타내다
	stand out	두드러지다

□ 1461
look after

보살피다 ; 감독하다

Please *look after* the baby while I'm away.
내가 없는 동안 아기를 돌봐 주세요.
They asked a friend to *look after* their house while they were away.
그들은 떠나 있는 동안 집을 봐 달라고 한 친구에게 부탁했다.

□ 1462
look down on

멸시하다

She always seemed to *look down on* children.
그녀는 언제나 아이들을 얕보는 것 같았다.
His colleagues will *look down on* him if he stays in the same old rut.
그가 계속 판에 박힌 일을 한다면 동료들은 그를 멸시할 것이다.

□ 1463
look for

찾다 ; 기대하다

We'll *look for* them by sending a boat out.
우리는 보트를 보내서 그들을 찾을 것이다.
Our aim should be to *look for* methods of addressing the emotive issues.
우리의 목표는 감정적인 문제들을 다룰 방법을 찾는 것이어야 한다.

□ 1464
look forward to

고대하다

Olivia did not *look forward to* the interview.
Olivia는 그 면담을 고대하지 않았다.
She's *looking forward to* meeting new friends.
그녀는 새 친구들을 만날 것을 고대하고 있다.

□ 1465
look up

찾아보다

Look up an appropriate article in the encyclopedia.
백과사전에서 적절한 글을 찾아보아라.
If you don't know what a word means, you should *look it up* in the dictionary.
만약 어떤 단어가 무엇을 의미하는지 모른다면, 너는 사전에서 그것을 찾아봐야 한다.

□ 1466
look up to

존경하다

I really *look up to* people like Mary.
나는 Mary와 같은 사람들을 정말 존경한다.
He's a wise team leader, and the members *look up to* him.
그는 현명한 상사로, 팀원들은 그를 존경한다.

• • •

□ 1467
look upon
A as B

A를 B로 간주하다

I *look upon* him *as* the authentic voice of the Labor party.
나는 그가 노동당의 진정한 목소리라고 생각한다.

She still found it very difficult to *look upon* him *as* her father in flesh and blood.
그녀는 아직도 그가 자신의 생부라는 사실을 받아들이기 어려웠다.

□ 1468
fall back on

의지하다

I have a little money in the bank to *fall back on*.
나는 은행에 의지할 돈이 좀 있다.

That's why everyone continues to *fall back on* this idea of race.
그것이 바로 모두가 인종에 대한 이 관념에 계속해서 의지하는 이유이다.

□ 1469
fall off

(양이) 줄다 ; (분리되어) 떨어지다

Experts forecast that demand for luxuries is not likely to *fall off* in the foreseeable future.
전문가들은 명품에 대한 수요가 당분간 감소하지 않을 것이라고 예측한다.

The handle was so loose that it almost *fell off*.
손잡이가 너무 느슨해서 거의 떨어졌다.

□ 1470
fall on

(어떤 날이) 해당되다 ; (부담이) ~에게 떨어지다

What day of the week does new year's day *fall on* next year?
내년에는 1월 1일이 무슨 요일입니까?

The company *fell on* some unexpected competition.
그 회사는 예상치 못한 경쟁에 놓이게 되었다.

□ 1471
fall over

넘어지다

The shelf *fell over* with a bump.
선반이 쾅하며 쓰러졌다.

He *fell over* because he had been tripped.
그는 발이 걸려서 넘어졌다.

□ 1472
let alone

~은 말할 것도 없이

I didn't even get a rest, *let alone* sleep soundly.
나는 숙면을 취하기는커녕 쉬지도 못했다.

Much of Europe, *let alone* the world at large, was economically backward.
대부분의 세상은 말할 것도 없고 유럽의 상당 부분도 경제적으로 후퇴한 상태였다.

□ 1473
let down

실망시키다

If you trust me, you'll never be *let down*.
네가 나를 신뢰한다면, 너는 결코 실망하지 않을 것이다.
At the last moment, he *let* me *down* by breaking his promise to help me.
마지막 순간에 그는 도와주겠다는 약속을 지키지 않아 나를 실망시켰다.

□ 1474
let go of

놓다 ; 해고하다

He *let go of* the greed, the selfishness, and the jealousy.
그는 욕심과 이기심, 그리고 질투심을 버렸다.
He *let go of* 50 employees.
그는 50명의 직원을 해고했다.

□ 1475
let out

(소리를) 내다 ; 끝나다

She *let out* a scream.
그녀는 소리를 질렀다.
The lion *let out* a low groan.
사자는 낮은 신음 소리를 냈다.

□ 1476
attend on

시중들다

His duty was to *attend on* the king.
그의 임무는 왕을 시중드는 것이었다.
The young girl *attended on* the princess all day.
그 어린 소녀는 종일 공주의 시중을 들었다.

□ 1477
attend to

주의를 기울이다

If you don't sleep well at night, you won't be able to *attend to* your lectures.
밤에 푹 자지 않으면 강의에 집중할 수 없을 것이다.
We have to *attend to* the facts with respect to different periods of our politics.
우리는 서로 다른 정치 시기들을 고려하며 사실에 주의를 기울여야 한다.

□ 1478
do away with

없애다, 폐지하다

We must *do away with* pollution.
우리는 공해를 없애야 한다.
He really believed that it was possible to *do away with* nuclear weapons.
그는 정말로 핵무기를 폐지하는 것이 가능하다고 믿었다.

• • •

□ 1479
do over
다시 하다
Our teacher asked him to *do* the assignment *over*.
우리 선생님은 그에게 과제를 다시 하라고 했다.
You have a lot of work to *do over* the next month.
너는 다음 달에 다시 해야 할 일이 많다.

□ 1480
do without
~ 없이 지내다
They should *do without* the coffee.
그들은 커피 없이 지내야 한다.
I don't know how we ever *did without* computers.
나는 우리가 컴퓨터 없이 어떻게 지냈는지 모르겠다.

□ 1481
drop by
잠깐 들르다
His sister *dropped by* unexpectedly.
그의 여동생이 예상치 못하게 잠깐 들렀다.
Sumi, one of Vicky's close friends, has *dropped by* to say hello.
Vicky의 친한 친구인 Sumi는 인사를 하기 위해 들렀다.
voca = stop by 잠깐 들르다

□ 1482
drop off
깜빡 잠이 들다 ; 줄어들다 ; (차에서) 내려주다
The baby tends to *drop off* after he eats.
아기는 먹은 후에는 잠이 드는 경향이 있다.
If you are waiting on an item you ordered, we will *drop it off* at your place.
주문하신 상품을 기다리고 계신다면 당신이 계신 곳으로 배달해 드리겠습니다.

□ 1483
drop out
낙오하다, 중퇴하다 ; 탈퇴하다
She took my advice and did not *drop out* of school.
그녀는 내 조언을 받아들여 학교를 중퇴하지 않았다.
She had *dropped out* of the student council.
그녀는 학생회에서 손을 뗐다.

□ 1484
pull apart
떼어 놓다 ; 뜯어말리다
The city has become two areas *pulled apart*.
그 도시는 두 개의 분리된 지역이 되었다.
He was trying to *pull* them *apart*.
그는 (싸우는) 그들을 뜯어말리려고 했다.

☐ 1485
pull over

(차를) 한쪽에 대다
Three times he had to *pull over* to examine the map.
그는 지도를 보기 위해서 세 번이나 차를 한쪽에 대야 했다.
I drive out past him and *pull over* to the other side of the
road. 나는 그를 지나쳐서 길 반대편에 차를 댄다.

☐ 1486
pull up

(차가) 멈추다 ; 비난하다 ; 끌어올리다
I *pulled up* alongside the road.
나는 길가에 차를 세웠다.
He tried to *pull up* on the sill, but his fingers scrabbled
uselessly.
그는 창턱을 잡고 멈추려고 노력했지만 그의 손가락은 헛되이 허우적거렸다.

☐ 1487
pull together

함께 일하다
We must *pull together* if we are to succeed in the future.
미래에 성공하려면 우리는 협력해야 한다.
They were urged to *pull together* to avoid the recession.
불황을 피하기 위해서 그들은 협력하도록 촉구받았다.

☐ 1488
stand by

가만히 있다 ; 대기하다 ; 지지하다
I cannot *stand by* and let the boy be ill-treated.
나는 그 소년이 학대받고 있는 것을 그냥 내버려 둘 수 없다.
A majority of the people in Korea *stand by* the
government's new economic policies for the
disadvantaged.
한국의 대다수의 사람들은 혜택 받지 못한 사람들을 위한 정부의 새로운 경제 정책에 찬
성한다.

☐ 1489
stand for

나타내다, 의미하다 ; 지지하다
Each color *stands for* different feelings.
각각의 색은 다양한 감정들을 나타낸다.
Once you know how words are pronounced and what they
stand for, you can safely use them.
일단 단어들이 어떻게 발음되는지, 그리고 무엇을 의미하는지 알면, 너는 그것들을 안전
하게 사용할 수 있다.

☐ 1490
stand out

두드러지다
A little imagination will make you *stand out* from the
crowd.
약간의 상상력은 너를 사람들 사이에서 두드러지게 만들어 줄 것이다.
New strategies are needed to have something special and
different to *stand out*.
뭔가 특별하고 색다른 것이 두드러지려면 새로운 정책들이 필요하다.

A 영어는 우리말로, 우리말은 영어로 쓰시오.

① attend to _____ ⑪ 낙오하다 _____

② let down _____ ⑫ 보살피다 _____

③ drop by _____ ⑬ 고대하다 _____

④ look for _____ ⑭ 떼어 놓다 _____

⑤ do over _____ ⑮ 멸시하다 _____

⑥ let out _____ ⑯ 나타내다 _____

⑦ look up _____ ⑰ 시중들다 _____

⑧ fall off _____ ⑱ 없애다 _____

⑨ let go of _____ ⑲ 두드러지다 _____

⑩ fall on _____ ⑳ 멈추다 _____

B 다음 빈칸에 알맞은 말을 〈보기〉에서 골라 넣으시오. (필요하면 형태를 변형하시오.)

┌─────────── 【 보기 】───────────┐
look up to fall back on fall over stand by
let alone do without pull over drop off
└──────────────────────────────┘

① Three times he had to ( ) to examine the map.

② I really ( ) people like Mary.

③ I have a little money in the bank to ( ).

④ The baby tends to ( ) after he eats.

⑤ I didn't even get a rest, ( ) sleep soundly.

⑥ He ( ) because he had been tripped.

⑦ I cannot ( ) and let the boy be ill-treated.

⑧ I don't know how we ever ( ) computers.

C 이번 테마를 다룬 독해 지문을 읽으면서 관련 어휘의 뜻을 확인해 보자.

The Supreme Court consisting of chief justices was created in Korea in 1945 when the United States Army Military Government came into power. It has the  definitive judgment on individual trials and the definitive interpretation of the law. So, the verdicts depend on who **looks after** the court. Accordingly, these judges must free themselves from bias and **fall back on** only the laws. These chief justices need to **let go of** academic, regional and religious prejudices. They should be able to **attend to** the interests and demands of various segments of society. In this respect, chief justice Kim, whose six-year term will expire next month, is **looked upon as** a truly magnificent judge. She has been **looked up to** for **standing for** the voices of social minorities during her term. She has played a key role in many important trials.

Translation 대법관들로 구성된 대법원은 1945년 미군정(美軍政)이 정권을 잡았을 때 한국에 생겼다. 대법원은 개별 사건에 대해 최종 판결권을 가지며, 법률에 대한 최종 해석권을 갖는다. 그러므로 평결은 누가 법정을 **look after**하는가에 달렸다. 따라서 이러한 대법관들은 편견 없이, 오직 법에만 **fall back on**해야 한다. 이러한 대법관들은 학연, 지연이나 종교적 편견들을 **let go of**할 필요가 있다. 그들은 사회의 다양한 계층의 이해와 요구에 **attend to**할 수 있어야만 한다. 이러한 점에서, 다음 달에 6년의 임기를 마치는 김 대법관은 진정 훌륭한 대법관으로 **look upon as**된다. 그녀는 임기 동안 사회적 약자들의 목소리를 **stand for**해 왔다는 점에서 **look up to**받아 왔다. 그녀는 많은 중요한 재판에서 핵심적인 역할을 해 왔다.

Words • chief justice 대법관 • come into power 정권을 잡다 • definitive 최종적인 • trial 재판 • interpretation 해석 • verdict 평결, 판결 • bias 편견 • segment 부분 • in this respect 이런 점에서 • term 임기 • social minority 사회적 약자

정답

B ① pull over ② look up to ③ fall back on ④ drop off ⑤ let alone ⑥ fell over ⑦ stand by ⑧ did without

I N D E X 찾아보기

INDEX

INDEX

24개로 정리한 어원

Prefixes 접두사

01 반대

in-(=not): incorrect 틀린 / indifferent 무관심한

im-(=not): impolite 무례한 / impatient 성급한

il-(=not): illogical 비논리적인 / illegal 불법의

ir-(=not): irregular 불규칙한 / irrelevant 관련이 없는

ig-(=not): ignoble 비천한 / ignorant 무지한

un-(=not): unfair 불공평한 / unbearable 참을 수 없는

dis-(=not): discourage 낙담시키다 / disgrace 불명예

counter-(=against): counterpart 상대 / counteract 거스르다, 방해하다

contra-/contro-(=against): contradict 모순되다 / controversy 논쟁

anti-(=against): antibiotic 항생 물질의 / antipathy 반감

ob-/op-(=against): obstacle 장애물 / obstruct 막다

non-(=against): nonsense 무의미 / nonviolence 비폭력주의

02 좋음/나쁨

bene-(=good): benefit 이익 / beneficence 자선

mal-(=bad): malnutrition 영양실조 / malfunction 기능 장애

mis-(=wrong): mislead 잘못 인도하다 / misunderstand 오해하다

03 분리/제거

de-(=down/from): decline 감소하다, 거절하다 / degrade 품위를 떨어뜨리다

ab-(=off/away/from): abnormal 비정상적인 / absent 결석한

04 방향

① 앞
pro-(=forward): proceed 나아가다 / propel 추진하다

② 뒤
re-(=backward): retreat 후퇴하다 / repel (적 등을) 격퇴하다

③ 위/아래
up-(=upward/thoroughly): upgrade 질을 높이다 / uproot 근절시키다

under-(=inferior/insufficient): underlying 내재하는 / underprivileged 소외 계층의

④ 안/밖
in-: internal 내부의 / income 수입

im-: import 수입(하다) / immigrate 이민 오다

ex-: external 외부의 / extract 뽑아내다

e-: emigrate 이민 가다 / emit 발산하다

se-: separate 분리하다, 분리된 / segregate 차별하다

a-(=on/in/at): aboard 승선하는 / awake 깨어 있는

05 주변/관통

peri-(=around): perimeter 둘레 / peripheral 주위의

circum-(=around): circumstance 상황 / circumference 원주

trans-(=across): transport 운송하다 / transparent 투명한

ambi-/amphi-(=around/both): ambiguity 애매함 / amphibia 양서류

06 방식

① 사이/통과

inter-(=between) : interfere 간섭하다 / interaction 교류, 상호작용

per-(=through) : pervade 만연하다 / perceive 감지하다

② 같이/함께

con-(=with/together) : concord 일치 / consensus 합의

co-(=with/together) : cooperate 협동하다 / coincidence 동시 발생

col-(=with/together) : collide 충돌하다 / colleague 동료

com-(=with/together) : compromise 타협하다 / companion 친구, 동료

cor-(=with/together) : correlation 상관관계 / correspond 교신하다

syn-(=with/together) : synonym 동의어 / synthesis 합성

sym-(=with/together) : sympathy 동정, 공감 / symmetry 대칭, 균형

simil-/simul-(=alike/at the same time) : similarity 유사함 / simultaneous 동시에 일어나는

③ 다시

re-(=again/back) : remind 상기시키다 / restore 회복하다

with-(=back/against) : withdraw 철회하다 / withhold 보류하다

④ 크기/거리

macro-(=large) : macrocosm 대우주 / macroeconomics 거시 경제학

micro-(=small) : microscope 현미경 / microcosm 소우주

tele-(=far) : telescope 망원경 / telegram 전보

07 정도

① 비교급(더)

over-(=beyond/excessive) : overflow 범람하다 / overwork 과로하다

out-(=better/more) : outlive ~보다 더 오래 살다 / outnumber ~보다 수가 더 많다

② 아래/위

sub-(=under/secondary) : submarine 잠수함 / substandard 표준 이하의

super-(=over) : supervise 감독하다 / supernatural 초자연적인

sur-(=over) : surplus 잉여 / surpass 능가하다

ultra-(=exceeding) : ultrasonic 초음파의 / ultraviolet 자외선의

③ 수

mono-(=one) : monologue 독백 / monopoly 독점

uni-(=one) : uniform 제복 / unanimity 만장일치

sol(i)-(=one) : solitary 고독한 / sole 유일한

bi-(=two) : biweekly 2주일에 한 번 / bilingual 이중 언어의

di-(=two) : carbon dioxide 이산화탄소 / dilemma 진퇴양난

tri-(=three) : triangle 삼각형 / triple 세 배의

octo-(=eight) : octopus 문어(다리가 8개) / October 10월(로마력으로 원래 8월이었음)

deca-(=ten) : decade 10년 / Decameron 「10일간의 이야기」

multi-(=many) : multiply 곱하다 / multipurpose 다목적의

08 같음/다름

homo-(=same) : homogeneous 동종의 / homonym 동음이의어

hetero-(=different) : heterogeneous 이종의

09 동사형 접미사

-ize : civilize 문명화하다 / globalize 세계화하다

-en : lengthen 늘이다 / broaden 넓히다

-ate : motivate 동기를 유발하다 / illuminate 밝게 하다

-ish : extinguish 끄다 / cherish 소중히 하다

-(i)fy : clarify 명료하게 하다 / classify 분류하다

10 형용사형 접미사

-ary : imaginary 상상의 / customary 관습의

-ous : luxurious 사치스러운 / spacious 공간이 넓은

-ant/-ent : hesitant 주저하는 / consistent 일치하는

-able/-ible : profitable 이익이 되는 / audible 들리는

-al : governmental 정부의 / optional 선택의

-ful : thoughtful 사려 깊은 / dreadful 두려운

-ic/-al : diplomatic 외교적인 / logical 논리적인

-less : careless 조심성 없는 / valueless 가치 없는

-some : troublesome 문젯거리의 / quarrelsome 싸우기 좋아하는

-ish : childish 유치한 / yellowish 누르스름한

-y : picky 까다로운 / thirsty 목마른

-ate/-ite : considerate 사려 깊은 / passionate 열렬한

-ive : talkative 수다스러운 / sensitive 민감한

-ly : costly 비싼 / timely 시기적절한

11 부사형 접미사

-ly : necessarily 반드시 / apparently 명확히

-wise : clockwise 시계 방향으로 / otherwise 그렇지 않으면

-ward : outward 외부로 / upward 위로

-ways : sideways 옆으로

12 명사형 접미사

① 행위자

-er/-or : wanderer 방랑자 / counselor 조언자

cf. 도구/장치 : pager 무선 호출기 / opener 병따개

-ee : employee 고용인 / refugee 피난민

-ary : secretary 비서 / adversary 적, 경쟁자

-ic : alcoholic 술 중독자 / workaholic 일 중독자

-ian : magician 마술사 / electrician 전기 기사

-ant/-ent : accountant 회계사 / respondent 응답자

-ist : optimist 낙천주의자 / physicist 물리학자

② 성질/상태

-ion : acquisition 습득 / meditation 명상

-(i)ty : brevity 간략함 / scarcity 부족

-age : coverage 적용 범위 / shortage 부족

-th : growth 성장 / width 너비

-(a)cy : adequacy 충분함 / accuracy 정확성

-tude : gratitude 감사 / solitude 외로움

-dom : boredom 권태 / stardom 스타의 위치

-ment : advertisement 광고 / management 경영

-ure : posture 자세 / moisture 습기

-ness : willingness 흔쾌히 하는 마음 / darkness 어두움

-al : denial 부인 / betrayal 배반

-ship : ownership 소유권 / hardship 고난

-ance/-ence : acceptance 수용 / tolerance 관용

-ry : flattery 아첨 / robbery 강도 사건

③ 학문

-ology : sociology 사회학 / anthropology 인류학

-ic(s) : ethics 윤리학 / politics 정치학

④ 주의/사상

-ism : realism 사실주의 / plagiarism 표절

13 신체

① 머리

cap- : capital 대문자, 수도 / per capital 1인당, 머릿수로 나누어

② 손

man(u)- : manipulate 손으로 다루다 / manufacture 제조하다

③ 발

ped- : pedestrian 보행자 / peddler 행상인

④ 몸

corp- : corpse 시체 / incorporate 합치다

14 감각

① 보다

-scop : telescope 망원경 / microscope 현미경

② 목소리

voc- : vocal 목소리의 / vocation 직업, 천직

vis-/vid- : visible 볼 수 있는 / evidence 증거

③ 느끼다

-path : apathy 냉담 / empathy 감정이입, 공감

④ 감각/분별력

sens-/sent- : sensible 분별력 있는 / sentiment 감상

15 글/그림

① 글자

litera- : literacy 읽고 쓰는 능력 / illiterate 문맹자

② 쓰다

-scrib/-script : inscribe 새기다 / manuscript 원고

③ 글자/그림

-gram/-graph(y) : telegram 전보 / photograph 사진

④ 묘사하다

pict- : picturesque 그림 같은 / depict 묘사하다

16 동작/행위

① 서다

sta- : stance 입장, 위치 / statue 상, 조각

② 움직이다

mob-/mot-/mov- : mobile 움직이는 / promotion 승진 / move 움직이다

③ 묻다/구하다

-quest/-quire : request 요구, 요청하다 / inquire 질문하다

④ 달리다

curr- : current 전류, 현재의 / currency 통화

⑤ 닫다/가두다

clos- : closet 벽장 / enclose 둘러싸다

⑥ 만지다

-tact : contact 접촉 / tangible 만질 수 있는

⑦ 보내다

-mis/-mit : emission 발산 / transmit 송신하다

⑧ 잡다

-cap : capable 유능한 / capture 포획

-prehend : apprehend 잡다, 체포하다 / comprehend 이해하다

⑨ 이끌어 내다

-duc(t) : introduce 도입하다 / productive 생산적인

⑩ 걸다

-pend : appendix 부록 / pendant 늘어뜨린 장식

⑪ 기울다

-cli : decline 쇠하다 / recline 눕히다, 기대다

⑫ 돌다

-vert : convert 바꾸다, 개종하다 / inversion 전도, 도치

⑬ 보존하다

-tent : detention 억류, 구금 / retention 보류

⑭ 놓다

-pos : impose 부과하다 / position 위치

⑮ 던지다

-ject : eject 쫓아내다 / reject 거절하다

⑯ 가져오다

-fer : transfer 수송하다 / conference 상담, 회의

⑰ 입을 다물다
-clude : conclude 결론을 짓다 / preclude 차단하다

⑱ 판단하다/구별하다
cri(s)- : criticism 비평 / criterion (비평의) 기준

⑲ 풀다
-solv/-solu : dissolve 해산하다 / resolution 해결

⑳ 명령하다
-mand : command 명령하다 / mandatory 의무적인

㉑ 준비하다
par(a)- : preparation 준비 / reparation 보상

㉒ 먹다
-vour : devour 게걸스럽게 먹다 / carnivorous 육식성의

㉓ 만들다
fact- : factory 공장 / manufacture 제조하다

⑰ 상호 관련

① 믿음/신용
cred- : credit 신용 / credible 믿을 만한
-fid : confidence 믿음 / confidential 비밀의

② 더하다/연결하다
-sert : insert 삽입하다 / desert 버리다

③ 결합하다
-here/-hes : adhere 고수하다, 집착하다 / cohesion 결합

④ 모이다
-greg : aggregation 집합체 / gregarious 떼지어 사는

⑤ 약속하다/응하다
-spons : correspond 상응하다 / responsible 책임 있는

⑱ 상태/형태 변화

① 깨뜨리다
-rupt : erupt 분화하다 / bankrupt 파산하다

② 비틀다

-tort : distort 왜곡시키다 / torture 고문하다

③ 부수다
frac- : fracture 골절 / fragile 깨지기 쉬운

④ 휘다
-flec/-flex : reflect 반사하다 / flexible 융통성 있는

⑤ 흐르다
-fluc/-flux : fluctuate 변동하다 / fluid 액체, 유동성의

⑲ 삶/죽음

① 살아 있는
-viv : revive 소생시키다 / survive 생존하다

② 생명
bio- : biology 생물 / biochemistry 생화학

③ 생산
gen- : generate 생산하다 / genetics 유전학

④ 존재하다
ess-/-est- : essential 본질적인 / existence 존재

⑤ 의료
medic- : medicine 의학, 약 / medical 의학의

⑥ 죽음
mor(t)- : mortal 죽을 수밖에 없는 / postmortem 부검

⑦ 죽이다
-cide : suicide 자살 / insecticide 살충제

⑳ 말

① 단어
dict- : dictionary 사전 / dictation 받아쓰기

② 말/논리
log- : dialog 대화 / logic 논리
loq- : eloquent 말을 잘하는 / colloquial 구어체의

③ 언어
lingu- : linguistics 언어학 / bilingual 이중 언어 구사자

● 24개로
◉ 정리한 어원

㉑ 물질/인지

① 물질
physi- : physics 물리 / metaphysical 형이상학의

② 물
hydro- : hydrogen 수소 / hydrant 소화전
aqua- : aquarium 수족관 / aquatic 수생의

③ 인지의
cogn- : recognize 인식하다 / cognition 인지

④ 알다
-sci : conscious 알고 있는 / conscience 양심

⑤ 심리
psycho- : psychiatry 정신과 / psychology 심리학

㉒ 시간/공간

① 앞
fore-(=before) : foresight 선견지명 / forecast 예보(하다)
ante-(=before) : antecedent 이전의, 선례 / anticipate 고대하다
pre-(=before) : predict 예언하다 / preview 미리 보기

② 뒤
post-(=after/behind) : postpone 연기하다 / postwar 전후의
retro-(=backward) : retrospect 회고, 회상 / retroactive (법) 소급의

③ 연속적 시간
chrono- : chronic 만성의 / chronology 연대기

④ 일시적 시간
tempo- : temporary 일시적인 / contemporary 동시대의

⑤ 장소
loc- : location 위치 / locate 위치를 확인하다

⑥ 곳
-a(o)rium : auditorium 강당 / aquarium 수족관

⑦ 흙/토양
terra- : territory 영토 / terrain 지형

⑧ 지리
geo- : geography 지리학 / geology 지질학

㉓ 천체

① 별
astro- : astronomy 천문학 / astronaut 우주비행사

② 태양
sol- : solar 태양의 / parasol 양산

③ 지구
geo- : geography 지리학 / geologist 지질학자

④ 우주
cosmo- : cosmos 우주 / cosmic 우주의

㉔ 기타

① 힘
fort- : fortify 강화하다 / reinforce 보강하다

② 넘는
meta- : metaphor 은유 / metaphysics 형이상학

③ 측정하다
-met(e)r : barometer 기압계 / thermometer 온도계

④ 자기 자신
auto- : autobiography 자서전 / autograph 자필 서명

⑤ 찬성
pro-(=for) : proponent 지지자 / pro-life 낙태 찬성

⑥ 참신한
nov- : innovate 혁신하다 / novice 초보자

⑦ 첫째의
prim-/prio- : primary 주요한 / priority 우선권

⑧ 비어 있는
vac-/van- : vacant 비어 있는 / vacuum 진공의

⑨ 한계
fin- : confine 제한하다 / define 정의를 내리다

⑩ 통치
-reg : regulation 규정 / regime 정권, 통치 기간
-cracy : autocracy 독재 정치 / democracy 민주주의

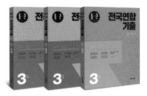